まるかじり日本史

リベラル社

はじめに

世の中にはなぜ、「歴史」というジャンルが存在するのでしょう？

歴史には、大きくわけて2つの活用法があります。歴史とは、単純に「過去を知る」だけのものではありません。そこには、過去の時代を生きたそれぞれの人間たちの意志があり、思いがあり、そしてロマンが詰まっています。そうした人々によってつくられた流れは、人間のドラマであり、壮大な物語でもあるのです。1つはそう、ドラマチックな物語として、歴史を楽しむという方法。

そしてもう1つは、現代に活かす方法です。よく、「歴史は繰り返す」といいますが、歴史は過去だけのものではありません。今この瞬間もやがては歴史の1ページとなり、また、過去のページの中にも現代とよく似た時代を見出すことができるはずです。そして私たちは、過去の歴史から、先人たちの知恵を拝借して困難を切り抜け、未来につなげることができるのです。

けれども歴史の活用法を誤ると、戦前の軍国教育のような恐ろしい事態を招いてしまうのもまた事実です。例えば、戦前における足利尊氏《あしかがたかうじ》と楠木正成《くすのきまさしげ》の評価。南北朝時代を生きたこの2人ですが、かたや尊氏は「天皇に背いた逆臣」として大悪人とされ、長く不遇の扱いを受けていました。尊氏のことを「人格的には優れている」と言ったある大臣は、辞職にまで追い込まれる始末。

かたや正成は、「天皇への忠義を貫いた忠臣」として美化され、その悪口を言おうものなら「非国民」「国賊」とされました。国家が、国民統治のため歴史を利用した結果です。尊氏は、敵である正成の死をたいへん惜しみ、遺体を丁重に遺族へ送り返したとか、正成が尊氏との和睦を天皇に進言して死んでいったとか、そういった不都合な部分は切り捨てられたのです。

また、美しい物語として日本人になじみの深い「忠臣蔵《ちゅうしんぐら》」も、戦時下の日本ではタブー視する見方もありました。それはなぜか。赤穂浪士たちの忠義が、天皇という国家君主ではなく、藩主という一私人にのみ向けられたものだったからです。

けれど今の私たちは、歴史を自由に解釈することができます。それが本来の歴史の姿でもあるのです。中央だけでなく地方からも、全体だけでなく部分からも、様々な角度から楽しむことができる歴史は、その面白みも2倍、3倍に、そして無限に広がっていく……。

本書は、日本の歴史を誕生から現代まで幅広く、1つの流れのもとにわかりやすくまとめたものです。２ページ見開き完結となっており、どこでも好きな時代から、あるいは、索引から好きな語句や人物を探して読むのも楽しみ方の１つでしょう。

この本が、あなたの歴史への第一歩となれば幸いです。気になるエピソード、もっと深く知りたい出来事・人物をどんどん見つけて、歴史をもっともっと、楽しみましょう。歴史はとっても、身近で面白いものなのですから。

目次

はじめに

第1章 日本史のあけぼの 原始～古墳時代

日本の歴史、はじまる……20

1 【日本人のルーツ】日本人はどこからやって来た？……22

2 【縄文時代】縄文人の意外に進んだ暮らしぶり……24

3 【弥生時代】稲作伝来は争いの歴史のはじまりだった！……26

4 【古代人の信仰】土偶と銅鐸は何のためのもの？……28

5 【邪馬台国】近畿か九州か？ 邪馬台国の位置で歴史が変わる！……30

6 【大和政権】4～5世紀、大和政権はアジアの一大勢力だった！……32

7 【古墳時代】古墳の変遷で何がわかる？……34

COLUMN 歴史こぼれ話 神話にみる日本の始まり……36

兄か夫か？『古事記』の中の物語 …… 37
蝦夷～まつろわぬ人々 …… 38

第2章 朝廷の治世 飛鳥～平安時代

天皇・貴族たちの時代 …… 40
1 聖徳太子とは何者か？【飛鳥時代の政治】 …… 42
2 「大化の改新」はなかった？【大化の改新】 …… 44
3 壬申の乱は単なる後継者争いではない！【壬申の乱】 …… 46
4 律令国家って何？【律令国家の誕生】 …… 48
5 防人の歌は民衆の悲痛な声だった！【民衆の負担】 …… 50
6 古代律令国家は土地制度から崩壊した！【古代の土地制度】 …… 52
7 奈良時代、愛と憎しみの政変劇【奈良時代の政治】 …… 54
8 「蝦夷征討」東北人たちの自衛戦争【蝦夷の征討】 …… 56
9 桓武天皇が恐れた怨霊たち【平安京遷都】 …… 58

10 【古代日本のアジア外交】
中国・朝鮮との関係からわかる
古代日本の変遷……60

11 【藤原氏の繁栄①】
藤原氏が栄華を極めた2大秘訣とは？……62

12 【藤原氏の繁栄②】
政敵の怨霊に狙われた藤原氏……64

13 【藤原氏の繁栄③】
藤原道長、栄華を極めた政治手腕とは？……66

14 【平安仏教】
バラエティーに富んだ平安時代の仏教……70

15 【平将門の乱】
関東独立国家を目指した平将門の挑戦……72

16 【院政と武士の台頭】
武士は院政によって出世した！……74

17 【源平の争乱①】
武士の中央進出を早めた保元・平治の乱……76

18 【源平の争乱②】
清盛の才覚が光る！史上初の武士政権……78

19 【源平の争乱③】
源平共倒れを狙った後白河院の策略……80

20 【源平の争乱④】
親子兄弟手に手をとって……
平氏一門の最期……82

COLUMN　歴史こぼれ話

大津皇子の悲劇……68
平安時代の結婚あれこれ……69
平安貴族の男色日記……84
平家落人たちの末路……85
鎌倉悲恋ものがたり……86

第3章 武士の治世

鎌倉～室町時代

幕府政治のはじまり …… 88

1 【鎌倉政権】
頼朝はなぜ鎌倉に幕府を開いたのか？ …… 90

2 【執権政治のはじまり】
源氏ついに絶える、幕府をのっとった北条氏 …… 92

3 【承久の乱】
鎌倉幕府の危機を救った尼将軍の大演説 …… 94

4 【御成敗式目の制定】
武家政治の鏡！3代執権・北条泰時 …… 96

5 【元寇】
初めての侵略軍！幕府はどうやって乗り越えた？ …… 98

6 【鎌倉仏教】
鎌倉仏教が民衆に慕われたわけ …… 100

7 【天皇家の分裂】
天皇、ご謀反！異質の帝王・後醍醐天皇 …… 102

8 【南北朝の動乱①】
鎌倉幕府を滅亡させた武将たちの寝返り …… 104

9 【南北朝の動乱②】
天皇の失政が招いた足利尊氏の反乱 …… 106

10 【南北朝の動乱③】
南北朝の動乱を長引かせた足利兄弟の愛憎劇！ …… 108

11 【南北朝の動乱④】
60年の内乱終わる！南北朝統一の立役者とは？ …… 110

12 【室町幕府の将軍】足利将軍15代の軌跡……116
13 【足利義満の政治】日本国王になろうとした3代将軍・足利義満……118
14 【関東の動乱】戦国時代に一番近い場所・関東……120
15 【嘉吉の乱】くじ引き将軍・6代義教は家臣に殺された！……122
16 【民衆の台頭】名前なき主人公、民衆たちの時代がやって来た！……124
17 【応仁の乱】応仁の乱は戦国時代のはじまりだった！……126

COLUMN 歴史こぼれ話
武士の世に咲く女領主……112
六波羅勢の壮絶な最期……113
動乱が生んだ「婆娑羅」たち……114
足利尊氏、本当はどんな人？……115
日本食の起源は室町時代にあり……128

第4章 下剋上の戦国

戦国時代

家臣が主を選ぶ時代……130

1 【下剋上の時代】
戦国時代の代名詞「下剋上」とは?……132

2 【戦国大名の群像①】
戦国時代のスタートをきった
関東の北条早雲……134

3 【戦国大名の群像②】
土着武士から中国の覇者へ!
毛利元就の知謀……136

4 【戦国大名の群像③】
主家を滅亡、将軍を殺害、
松永久秀の下剋上人生!……138

5 【戦国大名の群像④】
川中島の合戦、本当はどんな戦いだった?……140

6 【織田信長の登場】
革命児・織田信長は、
ここが他者より優れていた!……142

7 【一向一揆】
戦国大名たちも手こずった
一向宗の勢力とは?……144

8 【商業都市の発達】
自由都市・堺は
なぜ繁栄することができたか?……146

9 【本能寺の変】
明智光秀は、なぜ信長を裏切ったのか?……150

10 【秀吉の天下統一】
秀吉、天下取りのための2大原則とは?……152

11 【朝鮮出兵】
秀吉最大の汚点!朝鮮出兵の真意は?……154

12 【家康の台頭】
苦渋の人生・徳川家康!天下統一への軌跡……156

13 【関ヶ原の戦い】
裏切りの連鎖反応!
関ヶ原は家康の戦略勝ち……158

14 【戦国女性の群像】敵味方にわかれた浅井三姉妹、それぞれの運命……160

COLUMN 歴史こぼれ話
戦国武士のヘアスタイル……148
信長、命名センスの謎……149
女同士の熾烈なバトル……162
友情に殉じた戦国武将……163
「伊達男」の登場……164

第5章 太平の時代 江戸時代

緩やかな変化の時代……166

1 【大坂の陣】真田の兵は日本一！ 家康、死を覚悟した大坂の陣……168

2 【江戸幕府のしくみ】江戸幕府が260年も続いたわけ……170

3 【江戸幕府の将軍】徳川将軍15代の軌跡……172

4 【キリシタンの弾圧】島原の乱勃発！キリシタンたちの受難……174

5 【鎖国の完成】幕府にとって鎖国はこんなに便利だった！……176

6 【幕府の危機】
3代将軍・家光死去！
幕府を襲った2大危機 …… 180

7 【生類憐みの令】
悪名高き「生類憐みの令」は
なぜ生まれたか？ …… 182

8 【元禄赤穂事件】
「忠臣蔵」は
幕府の裁断ミスが原因だった！ …… 184

9 【享保の改革】
幕府中興の祖
8代将軍・吉宗は農民の敵？ …… 186

10 【田沼政治と寛政の改革】
新しい道を求めて……
田沼意次の革新政治！ …… 188

11 【藩政改革】
借金踏み倒し？
薩摩藩を雄藩へ導いた男 …… 190

12 【江戸の文学】
江戸の文学はこんなに面白い！ …… 192

13 【蘭学の発達】
出島から出た唯一の西洋人
シーボルトとは？ …… 194

COLUMN 歴史こぼれ話

「巌流島の決闘」の謎 …… 178

幕府公認の歓楽街・吉原 …… 179

「下らないもの」の語源 …… 196

「首斬り役人」山田浅右衛門 …… 197

100年先を見つめた思想家 …… 198

第6章

幕末の動乱

江戸～明治時代

再び動乱の中へ …… 200

1 【外国船の来航】日本が植民地にならなかった理由 …… 202

2 【鎖国の終焉】幕府衰退を決定づけた開国の瞬間！ …… 204

3 【安政の大獄】幕府最後の強硬政策！井伊直弼の登場 …… 206

4 【幕末の思想】尊王攘夷とは？ …… 208

5 【幕末の群像①】幕末の快男児・高杉晋作！ 長州を討幕に導いた男 …… 212

6 【幕末の群像②】幕府の衰退から誕生した 幕末最強の集団・新選組！ …… 214

7 【幕末の群像③】薩長同盟成立！ 無血革命を目指した坂本龍馬 …… 216

8 【大政奉還】大政奉還なる！ 維新は無血革命のはずだった …… 220

9 【王政復古の大号令】朝廷随一の策士・岩倉具視の「徳川外し」クーデター …… 222

10 【戊辰戦争①鳥羽・伏見の戦い】
大軍を擁する旧幕府軍が敗北したのはなぜ？ …… 224

11 【戊辰戦争②江戸開城と彰義隊】
江戸の分裂！ 無血開城と彰義隊の死闘 …… 226

12 【戊辰戦争③奥羽越列藩同盟】
東北諸藩はなぜ新政府に抵抗したのか？ …… 228

13 【戊辰戦争④会津戦争】
会津戦争の悲劇 …… 230

14 【戊辰戦争⑤箱館戦争】
北海道に「蝦夷共和国」誕生！ …… 232

COLUMN　歴史こぼれ話
幕末江戸の剣術道場 …… 210
皇女和宮と将軍家茂 …… 211
松下村塾の人々 …… 218
外国メディアの見た幕末 …… 219
幕末を駆け抜けた土方歳三 …… 234

第7章　近代化する日本　明治～平成

世界戦争の時代 …… 236

1 【廃藩置県】
廃藩置県が「第二の維新」といわれるのはなぜ？ …… 238

2 【地租改正】農民を苦しめた地租改正の実態……240
3 【文明開化】明治の文明開化　日本洋服ものがたり……242
4 【征韓論争】西郷隆盛が征韓論で主張したこととは？……244
5 【士族の反乱】西南戦争勃発！　士族の反乱とは何だったのか？……246
6 【自由民権運動】言論の時代到来！　自由民権運動の隆盛と衰退……250
7 【大日本帝国憲法】民衆は誰も知らなかった大日本帝国憲法！……252
8 【不平等条約の改正】明治最大の外交課題、不平等条約の改正に成功！……254
9 【日清戦争】日清戦争の勝利は　ロシアとの戦いの始まり！……256
10 【日露戦争】日本が大国ロシアに勝てた理由……258
11 【韓国併合】伊藤博文暗殺が朝鮮支配を完成させた！……264
12 【第一次世界大戦】第一次世界大戦で　日本が大国になれたのは？……266
13 【普通選挙と治安維持法】普通選挙の裏にひそむ戦前最悪の法律！……268
14 【大正時代の文化】モダンガールにサラリーマン　都市文化が花開いた時代……270
15 【満州事変】満州事変が生み出した3つの過ちとは？……274

16 【日中戦争】日中戦争はなぜ泥沼化したのか……276
17 【真珠湾攻撃】真珠湾攻撃はこうして始まった……278
18 【太平洋戦争】戦線拡大、無謀な戦争はなぜ続けられたか？……280
19 【原爆投下】ヒロシマ・ナガサキ　原爆投下の秘密……282
20 【満州の悲劇】満蒙開拓団の悲劇はなぜおこったか？……284
21 【占領政策】ＧＨＱはこうして日本統治に成功した！……286
22 【日本の現代①】経済大国へむけて疾走する日本……288
23 【日本の現代②】国際情勢の中の日本……290

COLUMN　歴史こぼれ話

東京は正式な首都じゃない？……248
洋行経験者の西南戦争……249
軍神・広瀬中佐の恋……260
世界に感動を呼んだ佐久間艇長……261
軍医・森鴎外の失態……262
夏目漱石と日露戦争……263
芥川賞と直木賞のはじまり……272
魔都・上海の裏の顔……273
戦犯たちの敗戦……293

主な参考文献……293

索引……303

第1章

日本史のあけぼの

原始～古墳時代

原始

日本の歴史、はじまる

紀元前→

縄文

2300年前　1万年前　3万年前

日本列島に人類（数十万年前）

古モンゴロイドの渡来

日本列島が大陸から分離

縄文文化はじまり

新モンゴロイドの渡来

稲作・金属器伝来
（弥生文化はじまり）

穏やかな暮らし

日本列島がまだ大陸と地続きだったころから、この日本には人類が生活していた。彼らは洞窟などの住まいを転々とし、狩猟・採取をしながら少数家族で暮らしたという。数十万年前の話である。

今からおよそ1万年前、ちょうど日本が大陸から分かれて島国になったころ、土器を使った新たな文化が誕生した。縄文《じょうもん》時代のはじまりである。

縄文時代の人々は、土器や石器類などの道具に様々な改良を加え、食事や生活習慣を豊かなものに工夫していく。その生活は自然や大地を神として畏れ、敬いながらも、知恵や食物を平等に分け合う、穏やかなものであった。

← 紀元後

弥生 | 300 | 古墳 | 400

年	出来事
57	倭の奴国王、後漢に使者
107	倭国王・帥升、後漢に使者
239	邪馬台国の卑弥呼、魏に使者
266	邪馬台国の壹与、晋に使者
	大和政権が成立
391	大和政権、朝鮮半島へ出兵
	前方後円墳の最盛期（５世紀）
	倭の５王、次々と宋に使者
478	倭王武、宋に使者

戦争のはじまり

人々の生活に争いや身分・貧富の差をもたらしたのが、大陸から伝わった稲作と金属器である。米を主食とするようになると、土地や水、収穫をめぐって集団同士が争い、貧富の差が生まれた。さらに、金属器は農具の他に戦争の道具としても使用され、人々の戦争の歴史がはじまったのである。

日本列島にはたくさんの小国が分立し、相争う時代が続く。3世紀には有力な国家・邪馬台国《やまたいこく》が現れ、また4世紀になると畿内に大和《やまと》政権が成立、全国統一に成功する。今に連なる天皇家のはじまりだ。

邪馬台国以来、王たちは中国に使者を送り、称号をもらって自分の地位を確立した。大和政権の大王《おおきみ》もそれに倣い、さらには朝鮮半島へ進出していく。

大和政権の発足から、日本の国家としての歴史が始まった。だがそこには、激しい貧富の差、身分の差が完全に出来上がっていたのである。

1

日本人はどこからやって来た?

我々の先祖は、太古の昔、大陸からこの日本列島にやってきた。その渡来ルートは、今も多数説がある。

人類には4種類ある

私たち現代人の直接の祖先は、4～3万年前に誕生した新人《しんじん》といわれている。それ以前の15～3万年前には旧人《きゅうじん》がいて、さらに前の80～15万年前には原人《げんじん》、400～80万年前には最初の人類・猿人《えんじん》が生活していた。

日本列島が大陸から分離したのは約1万年前といわれるが、それ以前にも人は住んでいた。これまで日本で見つかっている人骨には、兵庫県の明石《あかし》原人（旧人との説もある）や愛知県の牛川《うしかわ》旧人、群馬県の岩宿《いわじゅく》旧人（新人との説もある）などがある。

日本人は混血だった

今からおよそ3万年前、まだ地続きであった日本列島に、大陸からマンモスやナウマン象などの獲物を追って、古《こ》モンゴロイドといわれる人種がやって来た。その渡来ルートは諸説あって、沿海州やシベリアなどの北方ルートや朝鮮ルート、華南ルート、沖縄ルート、台湾ルート、さらには太平洋からのルートも考えられている。こうして日本列島に住み着いた人々は旧石器《きゅうせっき》人と呼ばれ、さらに混血を繰り返して生まれたのが、我々日本人の原型となる縄文人《じょうもんじん》である。

一方、今から2300年ほど前、新《しん》モンゴロイドと呼ばれる人々が海を越えてやって来た。弥生《やよい》時代初期のことで、弥生人《やよいじん》とも呼ばれる。こうして、日本列島には縄文人と弥生人が共存し、混血を繰り返して、現在の日本人に至ったと思われる。日本人は単一民族であるという言い方があるが、その実態は、大陸から渡って来た様々な人々の混血だったのである。

3万〜2300年前

■日本人の渡来ルート

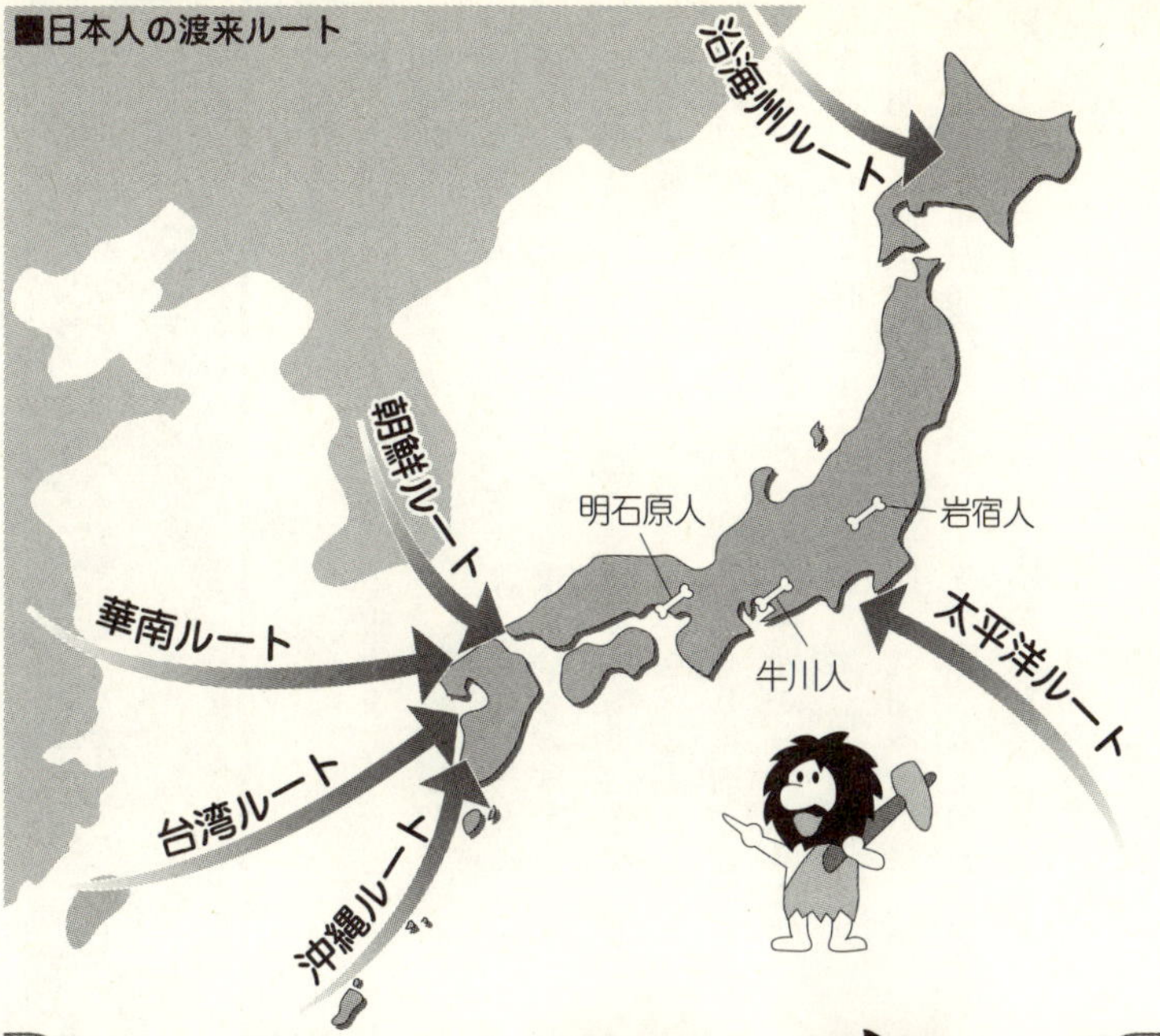

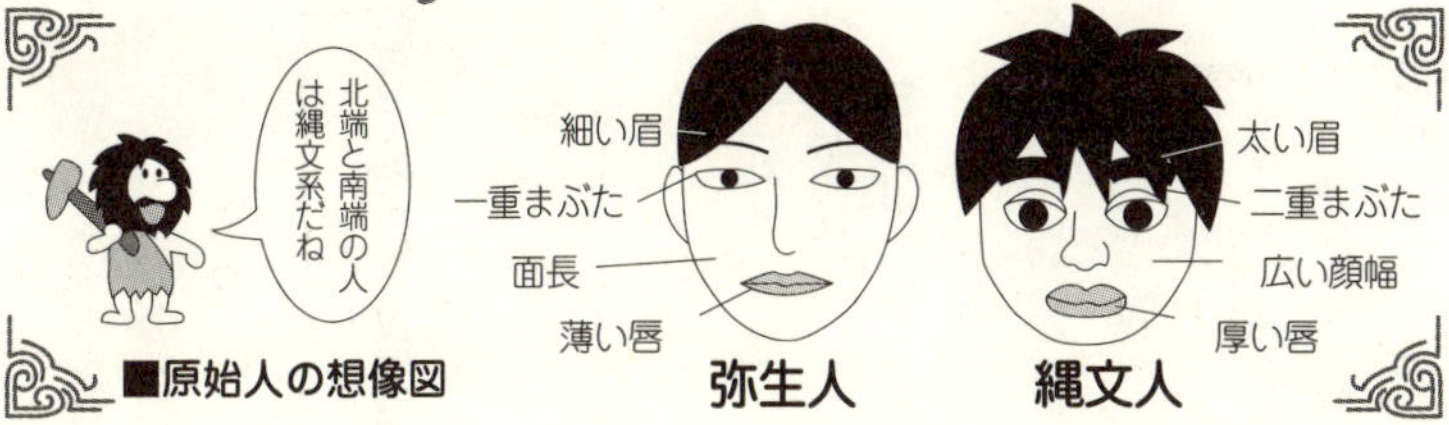

■原始人の想像図

縄文人と弥生人

発掘された人骨から、縄文人と弥生人の顔ではかなり違うことが分かっている。一般に縄文人は顔幅が広く、二重まぶたで唇が厚く、眉が太い。一方、弥生人の場合は面長で一重まぶた、唇が薄く眉が細かった。

現在の日本列島でも、北端と南端の人々の顔と、本州の人々の顔形が異なるという研究結果がある。前者はより縄文人系、後者は弥生人系の顔つきであるという。これは、新参である弥生人の血が北端、南端に進むにつれて薄まり、先住の縄文人の血がより濃く残ったためと考えられる。

2 縄文人の意外に進んだ暮らしぶり

大規模集落の発見が、縄文時代＝狩猟メインの原始的生活という常識を覆しつつある！

縄文時代とは

縄文《じょうもん》時代というと、「槍を持って獲物を追う」という原始的なイメージを描きがちだが、最近の研究では想像以上に豊かな時代だったことがわかりはじめている。

縄文時代を考える上で、最も重要なものは土器である。土器とは、食料の貯蔵や煮炊きに使用されるもので、この発明により人々の食生活は大きく変わった。

長崎県の福井《ふくい》洞穴で、約１万３０００年前とされる隆線文状《りゅうせんもんじょう》土器が発見された。その模様から、以降の時代を縄文時代と呼ぶ。縄文時代は、土器の種類により草創期・早期・前期・中期・後期・晩期の６つに分かれるというのが通説であるが、青森県の大平山元《おおだいやまもと》Ⅰ遺跡で１万６５００年前の無文土器が発掘されており、縄文時代の見直しが必要との意見もある。いずれにしても、世界でも有数の古さを誇る土器文明なのである。

意外に裕福な食生活

縄文人の食生活は、ゴミ捨て場である貝塚《かいづか》の発掘でほぼ明らかになっている。主食は木の実・イモ類であった。ドングリは加熱やアク抜きが施され、土器はドングリのアク抜きのために発明された、という説さえある。ユリ根やヒョウタンも食用とされ、それらを栽培する技術がすでにあったとする説もある。

道具の変化もあらわれ、弓矢が発達し、獲物のバリエーションも増えた。磨製石斧《ませいせきふ》で丸木舟が作られ、漁労も盛んに行われた。フナやコイなどの淡水魚、スズキなどの海水魚の他、モリの発達によりイルカやクジラといった、大型のものも捕獲できるようになった。

四季により採取方法、食物の種類も異なり、我々が想像するよりも食料は豊富にあったようだ。すでに焼畑農耕でイモを栽培する技術もあり、晩期には水田稲

■縄文文化の遺跡分布

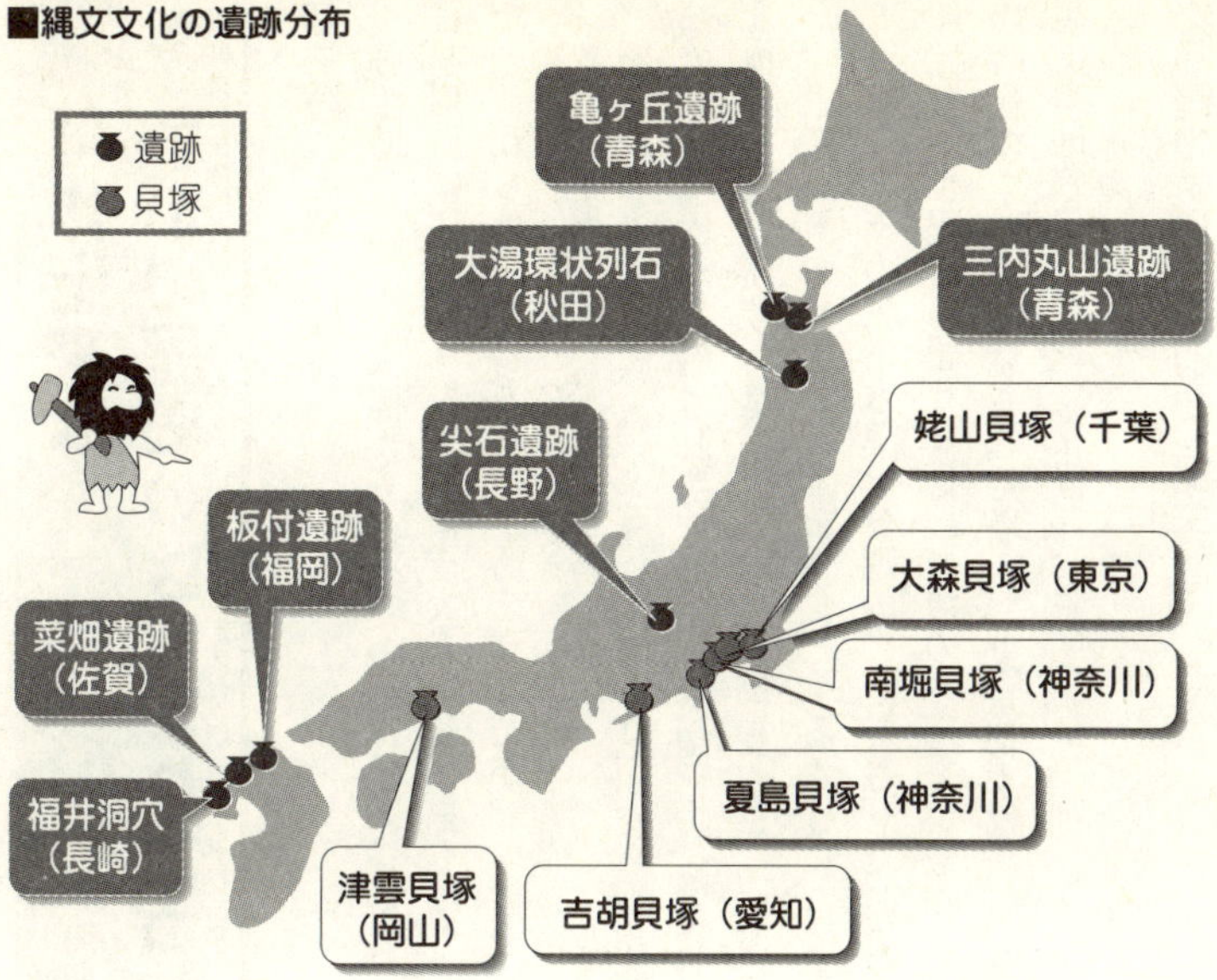

作もあった。だが大量栽培する技術は、弥生時代になってから伝わったと考えられる。

三内丸山遺跡の発見

1994年、青森県で発掘された三内丸山《さんだいまるやま》遺跡は、従来の縄文人に対する常識を覆す大発見であった。ここには、約5500年前からの1500年間、最大でなんと500人以上が定住していたというのだ。

遺跡は約35ヘクタール（10万坪）の広範囲にわたる。集落の中央にはクリの木の柱の跡が6本あり、3本ずつ2列に並び、高床式《たかゆかしき》の神殿のようなものが建てられていたと想像できる。居住地の区画整備がなされ、メインストリートを中心に居住地・墓地・貝塚が整備されていた。他所との交易もあったらしく、各地の産物が発見され、実用品だけでなくアクセサリー類も発見されている。さらにDNA分析から、クリを栽培していたこともわかっている。

住居の規模や構造、埋葬品にも著しい差はなく、貧富の差や階級差はほとんど見られず、食料を分け合って平和に暮らしていたのだろう。

3 稲作伝来は争いの歴史のはじまりだった！

稲作と金属器の伝来は、人々に裕福な生活をもたらすと同時に、競争や戦争をもたらしたのである。

弥生時代とは

弥生《やよい》時代に中国大陸から伝わった稲作と金属器は、日本列島に住む人々の生活に、大きな変化をもたらした。それらは確かに人々の生活を潤したが、一方で戦争の歴史の幕開けでもあったのだ。

紀元前5～4世紀、縄文時代の終わり頃から九州北部で水田稲作が開始された。やがて東国にも波及し、北海道と沖縄を除く日本列島全域で営まれるようになった。生産技術が発達し、米を主食とするようになったことは、人々の生活水準を飛躍的に上昇させた。この紀元前4世紀から紀元3世紀までの時期を、最初にこの時代の土器が発見された場所（東京都本郷弥生町・現文京区弥生）から、弥生時代と呼ぶ。

集団間の争い、権力者の誕生

稲作は灌漑《かんがい》・治水などの共同作業が必要で、そこから作業集団が生まれた。この集団にはそれぞれ指導者が生まれ、その統率の下、より高度な組織へ成長する。耕地や用水をめぐる集団同士の抗争では、勝者が敗者を支配してクニができていく。貯蔵できる米は、その収穫量や保存量から、貧富の差をもたらした。

一方で、金属器の普及もまた、貧富・階級の差を生んだ。農業の作業効率は格段に上がったが、同時に、殺し合いの道具が大量に作られるようになった。

弥生時代の墓には、おびただしい副葬品とともに手厚く葬られた首長のものらしき墳丘墓《ふんきゅうぼ》があらわれる。規模が大きいものは、争いに勝利して領土を拡大した小国の王のものであった可能性が高い。

この時代の代表的な遺跡である佐賀県の吉野ヶ里《よしのがり》遺跡は、内外二重の環濠《かんごう》をめぐらした40ヘクタールに及

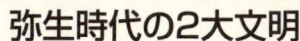

2300〜1800年前

■戦争・身分差のはじまり

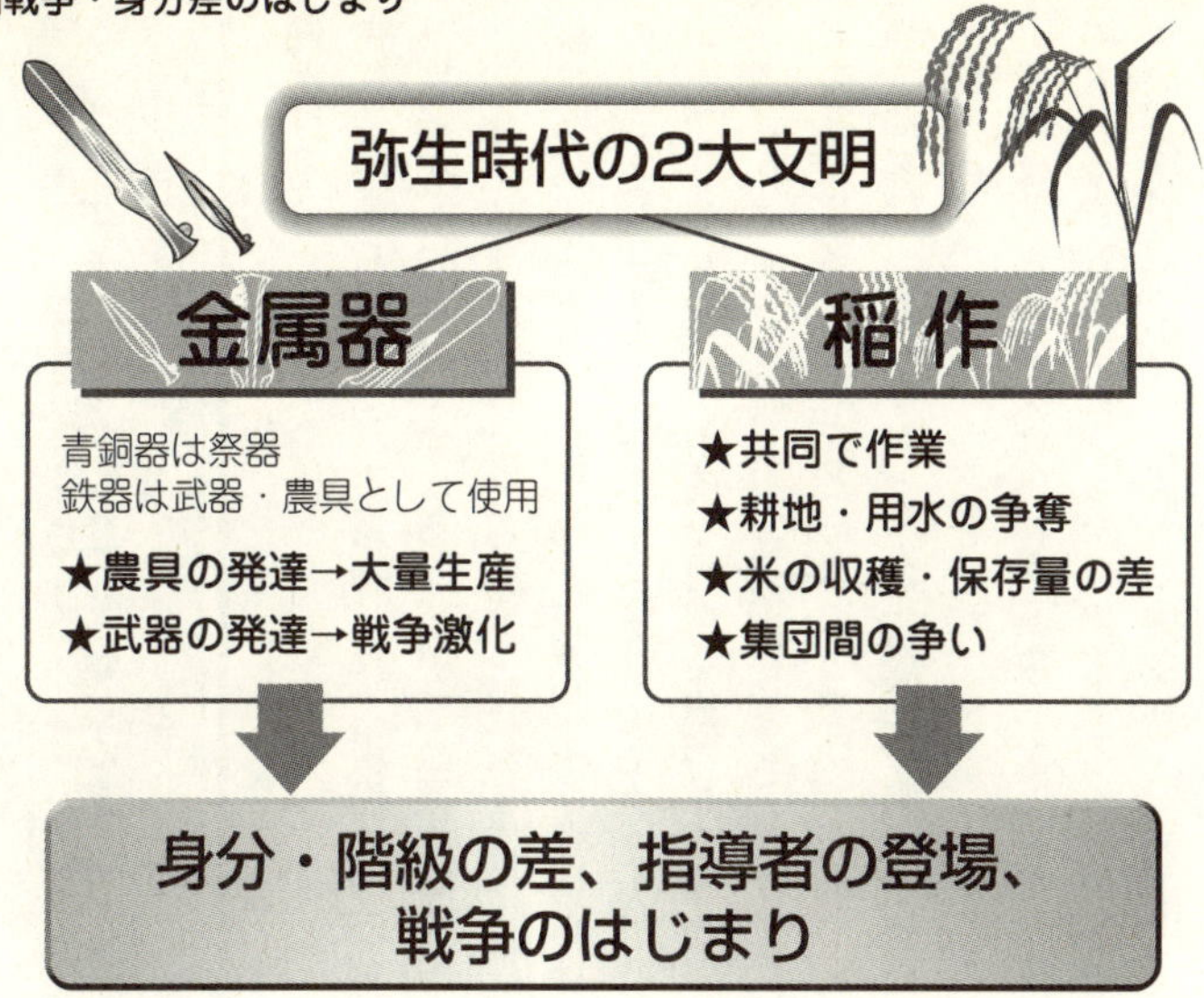
弥生時代の2大文明
金属器
稲作
青銅器は祭器
鉄器は武器・農具として使用
★農具の発達→大量生産
★武器の発達→戦争激化
★共同で作業
★耕地・用水の争奪
★米の収穫・保存量の差
★集団間の争い
身分・階級の差、指導者の登場、
戦争のはじまり

ぶ大規模な集落で、掘立《ほったて》柱の建設跡などが見つかった。こうした環濠集落が、各地で発見されている。

中国の歴史書にみる弥生時代

弥生時代の日本にはまだ文字による記録が存在せず、当時の状況を知るには中国の書物に頼るしかない。

紀元前１世紀に、前漢《ぜんかん》の歴史を記した『漢書《かんじょ》』地理《ち り》志《し》によると、倭人《わじん》は１００余の国に分かれ、定期的に楽浪郡《らくろうぐん》（前漢の武帝《ぶてい》が朝鮮半島に置いた行政機関の一つ）に使者を送っていたという。中国は当時、日本のことを「倭国《わこく》」、日本人のことを「倭人」と呼んでいた。

また『後漢書《ごかんじょ》』東夷《とうい》伝には57年に倭の奴国《なこく》の王が後《ご》漢《かん》の都・洛陽《らくよう》に使者を送り、光武帝《こうぶてい》から印綬《いんじゅ》を受け、１０７年には倭国王・帥升《すいしょう》が安帝《あんてい》に奴隷１６０人を献上したとの記事が残っている。

弥生時代には、旧来の縄文文化を継承しつつも、稲作と金属器の伝来により争いが生まれ、多数の小国が誕生した。そこにはすでに貧富・階級の差がある。さらに、小国の長たちは中国皇帝に朝貢し、その権威を自国の統治や他国への脅威として利用したのであった。

4 土偶と銅鐸は何のためのもの？

いまだ謎の残る土偶と銅鐸。次第にその用途が判明しつつあり、そこには古代人の信仰のあり方が垣間見える。

土偶とは？

古代遺跡から発掘される遺物には、用途のわからない不思議なものがいくつかあり、中でも縄文時代の土《ど》偶《ぐう》と、弥生時代の銅鐸《どうたく》は、今なお謎に包まれている。

縄文時代の人々は、自然物や自然現象などあらゆるものに霊が存在するという、アニミズムの考え方を持っていた。そのため、呪術的な習慣を思わせる遺物が多数発掘されている。成人の通過儀礼とされる抜歯《ばっし》や、死者の霊が生者に災いを及ぼすことを防ぐための屈葬《くっそう》という埋葬法、人をかたどった土製品である土偶などがそれである。

土偶のほとんどは女性の体を具象したもので、妊娠姿のものや、乳房を表現したものもある。その多くがなぜか、体の一部が欠けた形で発掘されている。手、足、顔など、故意に壊されたあとがあり、完全体で発掘された土偶は、全出土数の1％にすぎない。また、始めから体の一部をつくっていない土偶もある。これらのことから、大きく3つの用途が考えられている。

①身代わり説　体の一部をわざと壊して、人に降りかかるべき病気やケガなどの災いを、土偶に集めるまじないに使ったとする考えだ。

②豊饒《ほうじょう》多産の説　妊娠姿の土偶はそのあらわれで、出産を祈願すると同時に、大地が潤い、作物がたくさん実ることを祈ったという。

③再生祭祀《さいし》の説　出産という女性特有の能力になぞらえ、出産・死・再生の輪廻《りんね》思想を土偶に託し、子孫の繁栄を願った。

他にも、人を呪うときのわら人形のようなものだったり、先祖を崇拝する偶像であったとする他、土偶の用途は何通りもあったという説もある。

■土偶と銅鐸

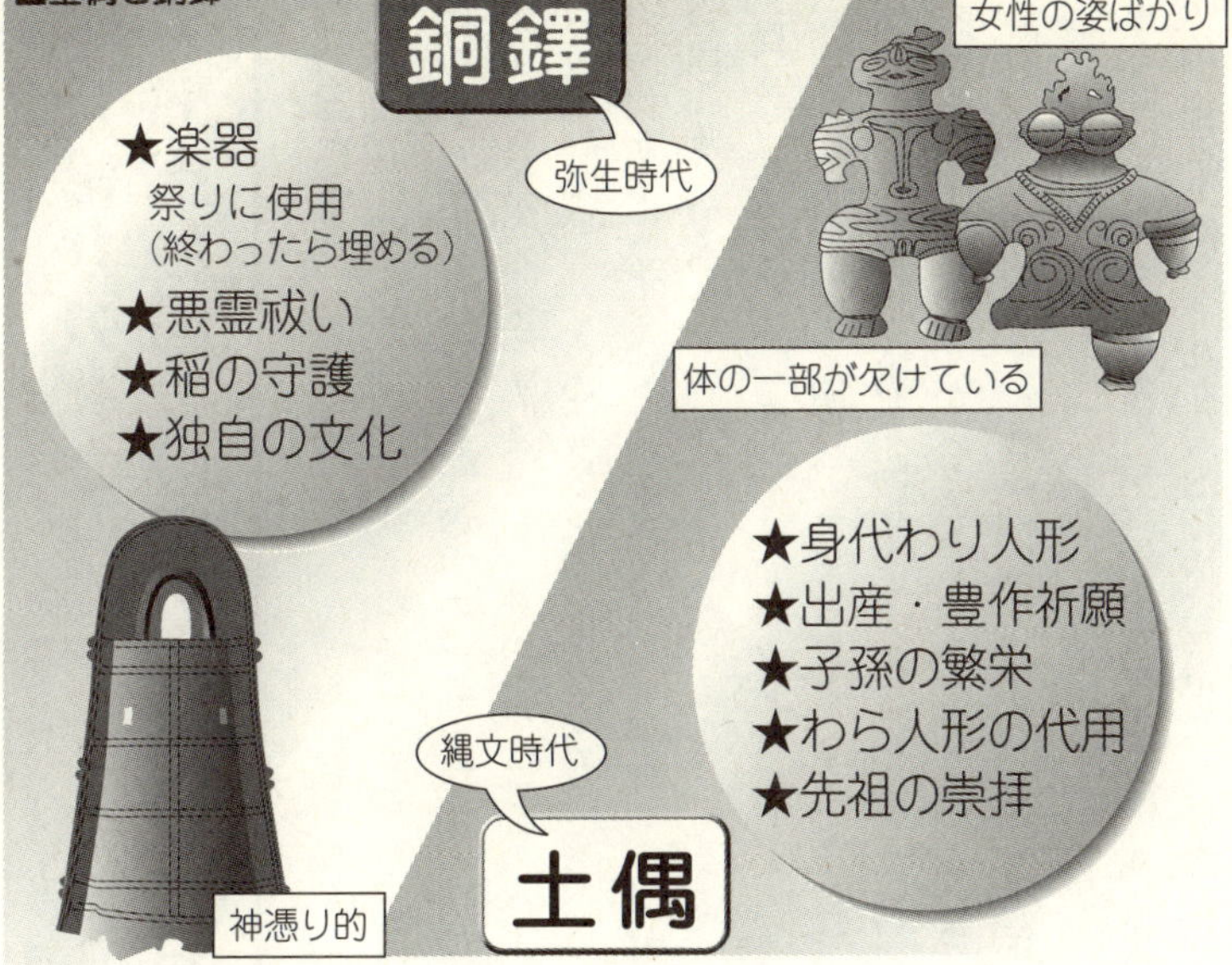

銅鐸とは？

銅鐸は、弥生時代に大陸から伝わった青銅器の一つである。祭器として使用されたようだが、その使い方は不明な点が多い。古い時代の小型のものは、つるして鳴らし、楽器のような役割を果たしたと考えられているが、段階を経て大きな銅鐸になると、楽器としての性格は薄れていったらしい。

銅鐸のほとんどが、意図的に土に埋められた格好で出土することから、祭りが終わったあとに人の手で埋められ、次の祭りの時期に掘り出したとする説がある。

他にも、銅鐸を祀り、土中に埋めることで大地の怒りを鎮めるとする説、また、銅鐸の金属音が悪霊を追い払い、稲を守護する役割を持っていたという解釈もある。

さらに、銅鐸は近畿地方や出雲地方など一定の地域から固まって出土することから、独自の文化を持つ国の道具だったのではないか、とも考えられている。

土偶も銅鐸も、神がかり的な不思議な道具だが、古代人の自然に対する恐れや尊敬の心は、現代の我々よりもはるかに深かったのだ。

5 近畿か九州か？ 邪馬台国の位置で歴史が変わる！

3世紀の日本に現れた謎の邪馬台国。その所在地によって、日本の国内統一の時期が見えてくる！

邪馬台国とは

邪馬台国《やまたいこく》とは、中国が魏《ぎ》・呉《ご》・蜀《しょく》に三分された三国時代を描いた史書『三国志《さんごくし》』の中の「魏志《ぎし》」倭人伝《わじんでん》に登場する日本の一国家のことで、その実態は謎のベールに包まれている。この邪馬台国の位置をめぐっては、江戸時代から論争が繰り返されてきた。俗にいう「邪馬台国論争」である。

「魏志」倭人伝によると、日本では2世紀の終わりから、小国同士が戦争に明け暮れていたという。そこで諸国が共同で邪馬台国の卑弥呼《ひみこ》を女王にたてたところ、混乱はおさまり、人々がみな女王のもとに従った。卑弥呼は、宮殿の奥深くに住み、呪術によって国を統治し、政務補佐は弟が行っていた。

卑弥呼は２３９年に魏の皇帝に使者を送り、「親魏倭《しんぎわ》王《おう》」の称号を得、それを国内統治に活用していた。晩年、卑弥呼は狗奴《くな》国と争い、２４７年頃に亡くなった。その後に男の王が立ったが国が乱れ、卑弥呼の一族の女性である壱与《いよ》が女王として立ったところ、争乱がおさまったという。この壱与も２６６年に魏にかわった晋《しん》に使いを送ったことが記されているが、以後のやりとりは不明である。

邪馬台国の所在地について、「魏志」倭人伝はあいまいな記述を残すのみで明らかにされていない。諸説ある中、現在では近畿地方の大和とする近畿説と、九州北部とする九州説に大きく二分され、論議されている。

邪馬台国の位置はなぜそれほど大切？

では、なぜそこまで邪馬台国の位置が大事なのか。それは単に、邪馬台国という国の実態を明らかにするだけでなく、4世紀に誕生する大和《やまと》政権の成立過程に

■「魏志」倭人伝の記述による邪馬台国の位置

九州
近畿
邪馬台国論争
九州説
〈未解決〉
近畿説
★北九州の小規模な連合政権
★邪馬台国≠大和政権
★記述と比べ距離が短い
×
★3世紀前半に、すでに北九州〜近畿が統一もしくは同盟関係
★邪馬台国＝大和政権
★記述と方角が合わない
4世紀半ばに大和政権が全国統一

大きく影響するからだ。

邪馬台国がもし近畿にあれば、3世紀前半にはすでに近畿から北九州におよぶ西日本一帯が、統一もしくは政治連合としてまとまっていたことになる。一方、九州ならば、邪馬台国は北九州の小規模な連合政権にすぎず、大和政権とは別の政権となる。そうなると、大和政権は近畿で発生して後に邪馬台国を統合したか、逆に邪馬台国が近畿に進出して制圧したとも考えられる。

ともかく、近畿説をとれば、3世紀前半には西日本が統一されていたことになり、九州説ならば統一は4世紀まで待たねばならない。邪馬台国の所在地によって、大和政権の統一時期が1世紀ほどずれてくるのである。

6 4~5世紀、大和政権はアジアの一大勢力だった！

国内をおおよそ統一した大和政権の大王は、朝鮮半島や中国との関係に目を向け、地位の確立に奔走していた。

大和政権の成立

古代日本史の謎といわれる古墳《こふん》は、権力者たちの墓であり、中でも巨大な前方後円墳《ぜんぽうこうえんふん》は、日本最古の統一政権である大和政権の長の墓であったと思われる。

その古墳の分布から、大和政権が近畿地方から徐々に勢力を拡大し、4世紀には北九州から東北地方中部に至る、国内のほぼ全土を支配下においたことがわかっている。始めは連合政権だったようで、地方豪族とは同盟関係にあったが、次第に大和政権の盟主である大王《おおきみ》の権力が大きくなっていく。

大王を頂点とした大和政権は、豪族を血縁ごとに氏《うじ》という単位でくくり、氏は大王から姓《かばね》という地位を与えられるという氏姓《しせい》制度を取り入れた。こうして、大王の豪族への支配力は完全なものになっていった。

朝鮮半島の情勢

4~5世紀の中国は、晋の統治が続かず北魏《ほくぎ》（北朝）と宋《そう》（南朝）に分かれ南北朝時代がはじまり、朝鮮半島への影響力を弱めていた。朝鮮半島北部では新興国・高句麗《こうくり》が楽浪郡を滅ぼし、南部では百済《くだら》、新羅《しらぎ》、加羅《から》が誕生、それぞれ対立していた。大和政権は早くから加羅を影響下において、百済とも国交を結んでいた。

高句麗の都である丸都《がんと》（現中華人民共和国・吉林《きつりん》省）に建つ好太王《こうたいおう》の碑によると、391年に、大和政権が朝鮮半島に攻め込み、高句麗と戦ったと記されている。大和政権は、緊張が続く朝鮮半島へ積極的に干渉し、隙あらば勢力拡大を狙っていたのだった。

「倭の五王」南朝への朝貢の意味は？

5世紀初めから約100年間、讃《さん》・珍《ちん》・済《せい》・興《こり》・武《ぶ》という倭の5人の大王が、次々と中国の南朝に朝貢している。これは『宋書《そうじょ》』倭《わ》国伝《こくでん》という中国の書物に書かれていることで、これを『日本書紀』に照らし合わせると、済・興・武は允恭《いんぎょう》・安康《あんこう》・雄略《ゆうりゃく》天皇だろうとわかるが、讃・珍については断定できない。

倭の王たちが朝貢したのは、中国から称号を得るためである。武こと雄略天皇は、宋の順帝《じゅんてい》に上表文を提出し、「東は毛人《もうじん》を征すること五十五国、西は衆夷《しゅうい》を服すること六十六国、渡りて海北を平《たいら》らぐること九十五国」と自分の勢力を誇り、「使持節都督《しじせつととく》倭・新羅・任那《みまな》・加羅・秦韓《しんかん》・慕韓《ぼかん》六国諸軍事安東大将軍倭国王」の称号を得ている。立派な称号のようだが、実質的な意味はほとんどない。武は百済の称号も求めたが、百済は宋に朝貢しており認められなかった。新羅の称号が認められたのは、新羅が宋と敵対していたためだろう。

それでも称号を戴くことは、東アジアでの大和政権の力が認められ、政権にはくをつけたことになり、いまだに従わない国内の豪族たちに対しても、大いに意味のあるものであった。大王たちは、中国の権威を利用して、自らの地位と権威を確立していったのである。

■5世紀のアジア

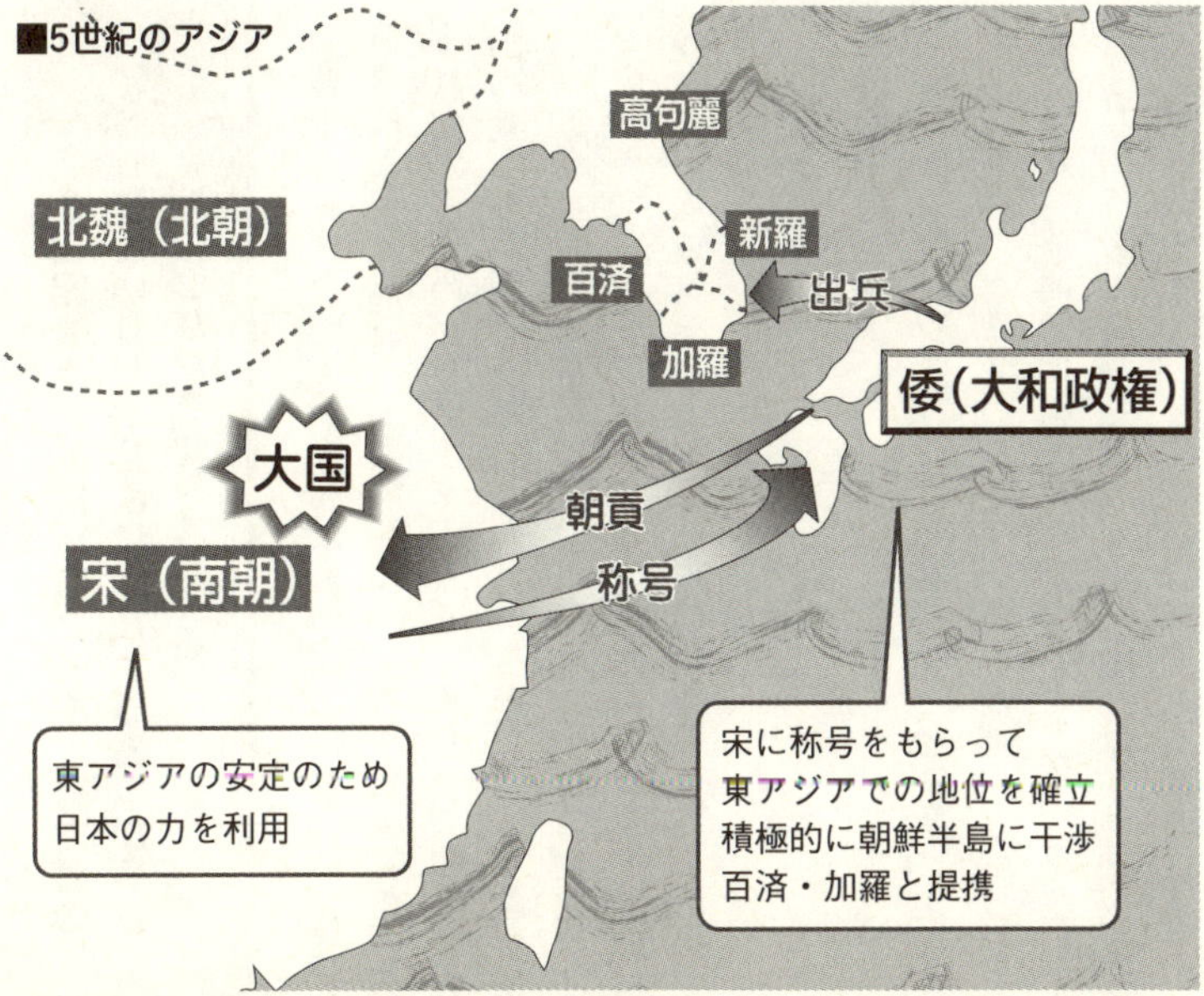
高句麗
北魏（北朝）
新羅
百済
出兵
加羅
倭（大和政権）
大国
朝貢
宋（南朝）
称号
東アジアの安定のため
日本の力を利用
宋に称号をもらって
東アジアでの地位を確立
積極的に朝鮮半島に干渉
百済・加羅と提携

7 古墳の変遷で何がわかる？

3世紀後半、突然現れた古墳。有力者の墓というが、全国に点在する古墳から各地のつながりが見えてくる。

古墳は大和政権の勢力範囲バロメーター

面積において世界最大の墓といわれるのは、日本の大仙陵古墳《だいせんりょうこふん》である。仁徳天皇陵《にんとくてんのうりょう》（天皇の墓のことを陵という）と伝えられるこの墓は、5世紀につくられたもので、全長486メートルにも及ぶ。ある建設会社の調査によれば、当時の工法でこの古墳を建設するには、796億円もの予算と、15年8ヶ月という歳月がかかるというのだ。

弥生時代の後期には、権力者の墓である墳丘墓《ふんきゅうぼ》が見られたが、3世紀後半になると、より大型の古墳が出現する。

古墳時代は、前期（3世紀後半～4世紀）・中期（5世紀）・後期（6～7世紀）の3つに分けることができるが、近年はこれに終末期を付け足す説もある。様々ある古墳の種類の中で、最も巨大なものは前方後円墳《ぜんぽうこうえんふん》の型をとり、たいてい大和政権の大王《おおきみ》の墓といわれている。よって前方後円墳の存在は、大和政権に組み込まれたか否かのバロメーターと考えられ、大和政権の国内統一の時期に多数つくられたものだ。4世紀半ばには、北は東北中部に波及し、南は九州地方南部にまで広がっていた。これらの地方豪族たちは、大和政権の大王から造営を許されて、古墳を築造していたのである。

古墳の中身

前方後円墳は、前方部に祭壇、後円部に竪穴式石室《たてあなしきせきしつ》があり埋葬スペースとなっている。内部から副葬品も発掘され、前期では銅鏡や勾玉《まがたま》などが多く、墓主は宗教的な指導者であったようだが、中期以降は鉄製武器や武具が多くなり、その人物が武力で周囲を従えていたことがわかる。巨大化するのはこの頃で、古墳の大きさが埋葬者の権力の大きさを示すと考えられている。

古墳の縮小化

後期になると古墳の規模は縮小し、小型の古墳が集まった群集墳《ぐんしゅうふん》が爆発的に増加する。これは従来ならば古墳を築造できなかった有力農民らが、大和政権の支配下に組み込まれ、造営を許されたものと思われる。

■古墳の時代区分

	例	埋葬者	副葬品	形態	分布
前期（3世紀後半〜4世紀）	箸墓古墳〈奈良〉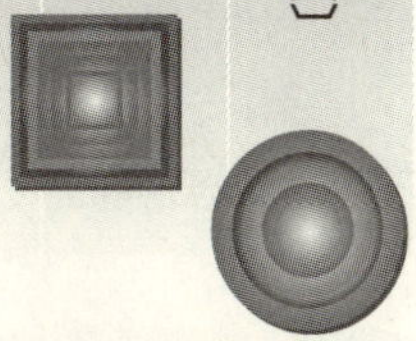	司祭的性格	装飾品〈銅鏡、勾玉、腕飾りなど〉	いろいろ〈円墳・方墳・前方後円墳など〉	畿内中心
中期（5世紀）	大仙陵古墳〈大阪〉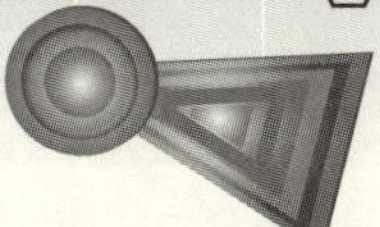	武人的性格〈大和政権下の豪族〉	武具〈刀剣、甲冑など〉	巨大な前方後円墳	全国
後期（6〜7世紀）	藤ノ木古墳〈奈良〉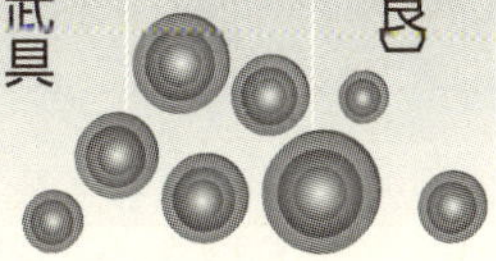	有力農民	土器・日用品・武具	群集墳〈規模の小さな円墳の集合〉	全国〈山間部に多い〉

神話にみる日本の始まり

日本の神話は、『古事記』『日本書紀』にまとめられている。

はるか太古の昔、天上の高天原《たかまがはら》に神々が姿を現し、やがて伊邪那岐《イザナギ》と伊邪那美《イザナミ》という男女神が誕生した。2人は結婚し、日本列島を生み、自然の神々を生み落とすが、伊邪那美は火の神を生むときに性器を火傷し、死んでしまう。

妻の死を悲しんだ伊邪那岐は、死後の世界である黄泉《よみ》の国へ妻を迎えに行く。だが、化け物となり果てた妻の姿を一目見るや否や逃げ出し、やっとの思いで地上に生還した。

その後、身を清めるための禊《みそぎ》をした伊邪那岐の杖や衣服から次々と神々が生まれ、最後に左目を洗うと天照大神《アマテラスオオミカミ》、右目を洗うと月読命《ツクヨミノミコト》、鼻を洗うと須佐之男命《スサノオノミコト》が生まれてきた。

神話では、以後も彼らの子孫たちがそれぞれ活躍するのだが、この中にはギリシア神話と似た箇所が多い。例えば、伊邪那岐が黄泉へ行く部分はギリシア神話のオルフェウスとエウリディケの話に、須佐之男命が八俣《やまた》の大蛇《おろち》を退治する話は、ペルセウスとアンドロメダの話に似ている。

日本神話が史実と教育されていた戦前はともかく、現代では日本の伝統文化のひとつとして、神話を楽しむことができる。天皇家の始祖・神武《じんむ》天皇は、天照大神の子孫にあたるとされる。

兄か夫か？『古事記』の中の物語

11代垂仁《すいにん》天皇の世、皇后の沙本毘売《サホビメ》は、兄・沙本毘古《サホビコ》から、
「兄と夫（天皇）と、どちらが愛しいか」と尋ねられ、
「兄上でございます」と答える。すると兄は、
「ならば、これで天皇を殺し、2人で天下を治めよう」
と1本の剣を渡した。

沙本毘売は、何も知らず膝枕で眠る天皇に剣を突き立てようとするが、どうしてもできない。沙本毘売の涙が天皇の頬に落ち、天皇は目を覚ます。問いつめられた沙本毘売は、兄に暗殺計画を持ちかけられた顛末《てんまつ》を天皇に明かしてしまう。

天皇は、すぐに沙本毘古の城へ大軍で攻めるが、宮から抜け出した沙本毘売は兄の城に入ってしまった。沙本毘売を愛していた天皇は、「兄を恨みこそすれ、そなたを愛する気持ちは変わらない」と、あの手この手で彼女を助け出そうとする。

しかし沙本毘売は、城中で出産した天皇の子を引き渡し、乳母をつけて後を頼むと、涙をのんで天皇の懇願を振り切った。

天皇はついに城に火をかけ、沙本毘古を討ち滅ぼした。沙本毘売も兄に従い、自害して果てたという。

妹の弱みにつけ込む沙本毘古と、兄と夫の板挟みに悩む沙本毘売、さらに皇后を愛しく思う健気な天皇という3人3様の姿は、神話というより人間味溢れる叙情文学のようで、古事記の中でも興味深い物語である。

蝦夷〜まつろわぬ人々

蝦夷というのは、現在では「エゾ」と読むのが一般的であるが、平安時代末期まではこれを「エミシ」と読んだ。さらに古くは「毛人」と書いて「エミシ」といった。例えば、大化の改新で暗殺された蘇我入鹿《そがのいるか》の父親・蝦夷《えみし》は、「蘇我毛人」と表記されることもあったのだ。

蝦夷が最初に書物に登場するのは、『日本書紀』神武紀の「蝦夷を、一人百《もも》な人、人は言へども手向《たむ》かひもせず」という歌謡の中である。意味は、「蝦夷は１人で100人を相手にするほど強い人々だと聞いていたが、戦ってみたらそうではなかった」というもので、神武天皇が自らの強さと勝利を歌った内容だ。その他にも、『日本書紀』や『古事記』には「荒ぶる神」「まつろわぬ人々」とされ、広く東国に住み、九州の熊襲《くまそ》や隼人《はやと》と同じく、朝廷と敵対するもの・征討《せいとう》の対象として度々登場する。

蝦夷は東国の朝廷支配外に住む人々で、平安時代になると度々朝廷から征討軍が派遣され、朝廷支配下に組み込まれていく。

11世紀になると朝廷の支配は北端近くまで及び、津軽海峡以北の北海道に住む人々が蝦夷＝エゾと呼ばれるようになった。

古代の蝦夷は、朝廷支配を正当化するために、作為的に夷《い》狄《てき》＝野蛮な異民族として位置づけられてきたのである。

第2章

朝廷の治世

飛鳥〜平安時代

古代

天皇・貴族たちの時代

年	時代	出来事
		仏教の伝来
593	飛鳥	聖徳太子、摂政になる
645	飛鳥	大化の改新（蘇我氏滅亡）
672	飛鳥	壬申の乱
701	飛鳥	大宝律令（律令国家の誕生）
710	奈良	平城京へ遷都
794	奈良	平安京へ遷都
802		坂上田村麻呂、蝦夷を平定

律令国家を目指して

7世紀後半、それまでの呼称である「倭《わ》」（背が低く醜いという意味）を嫌い、自ら国名を「日本」と名乗ったのは、明らかに国家意識が芽生えた証拠である。古代日本の政治家たちは、天皇を中心とした中央集権国家、すなわち、法によって国家が運営される「律令《りつりょう》国家」を目指したのであった。

聖徳太子《しょうとくたいし》の改革や大化の改新、天武《てんむ》天皇の治世を経て、8世紀初頭、ついに律令国家が完成する。中央・地方行政や交通、軍事体制が整備されたが、それは大多数の農民たちを課税、労役、兵役で苦しめる制度であった。苦しみのあまり農民の逃亡が激増し、律令国家はまず、土地制度から崩壊していった。

年	できごと
894	遣唐使の廃止
	藤原氏の摂関政治はじまる
935	平将門の乱・藤原純友の乱（〜41）
1016	藤原道長、摂政になる
1086	白河上皇により、院政はじまる
1156	保元の乱（武士の台頭）
1159	平治の乱（平氏政権のはじまり）
1180	源頼朝の挙兵（源平合戦はじまる）
1185	平氏一門、壇ノ浦に滅ぶ

900　1000　1100

平安

朝廷の衰退、武士の勃興

古代とは、天皇や貴族など、朝廷が政治を執った時代である。朝廷は東国への支配を広げる一方、凄まじい権力闘争を繰り広げていく。ライバルを排除し、天皇を身内とすることで実権を握った藤原氏は、平安時代に最も繁栄した一族だ。

だが、貴族たちが政争に明け暮れる一方、地方では新興勢力・武士が着実に力をつけていた。武士はやがて、貴族たちの争いの手段（武力）として中央に登場、徐々に政治に関与しはじめ、主《あるじ》であった貴族たちに取って代わるまでに成長していく。

そうして誕生したのが、平清盛《たいらのきよもり》の平氏政権である。この史上初の武士政権は、己の一門で政界を独占したことで各方面からの反発を招いた。その中から「反平氏」を掲げて挙兵したのが、かつて平氏に敗れた源氏であった。平氏は西国に滅び、源氏による幕府政治の始まりとともに、古代は幕を閉じたのである。

1 聖徳太子とは何者か？

聖人として日本人に最もなじみの深い政治家・聖徳太子。だが、その実体は多くの謎に包まれている。

聖徳太子ってどんな人？

聖徳太子《しょうとくたいし》といえば、馬小屋で誕生したとか、一度に10人の話を聞き分けてそれぞれに返事をしたとか、自分の死期を予言したとか、果ては超能力者であったとか、さまざまなエピソードが残っている。実際、『日本書紀』ではスーパーマンのように描かれている。現在でも「聖徳太子信仰」として、信仰の対象とされる聖徳太子とは、どんな人物だったのだろう。

6世紀、朝鮮半島では新羅《しらぎ》が加羅《から》を滅ぼし、加羅と結びつきのあった日本は半島での拠点を失った。崇峻《すしゅん》天皇は新羅に攻め込もうとしたが、半島への干渉に反対していた時の権力者・蘇我《そがの》馬子《うまこ》に暗殺されてしまう。

崇峻天皇暗殺の翌593年、馬子の姪にあたる推古《すいこ》天皇が即位し、その甥である聖徳太子（厩戸王《うまやどおう》）が摂《せっ》政《しょう》となり、実際の政務を執った。

聖徳太子のやったこと

①遣隋使《けんずいし》の派遣

小野《おのの》妹子《いもこ》に持たせた親書の一節「日出づる処の天子、書を日没する処の天子に致す」の文句は有名。対等外交を主張するこの内容は、隋の煬帝《ようだい》を大変怒らせた。遣隋使の派遣は、独立国家として日本の国際的立場をアピールしただけでなく、中国の制度や文化、思想を取り入れることにも大いに役だった。

②冠位十二階《かんいじゅうにかい》の制定

個人の才能に応じて冠位を与え、それまでは家柄で役人を選出していたが、広く人材登用の道を開いた。

③憲法十七条《けんぽうじゅうしちじょう》の制定

国家の官僚としての心構えを説いたもの。仏教を基本理念に据え、天皇への服従と、和を貴《たっと》ぶ精神を尊重している。

593～622年

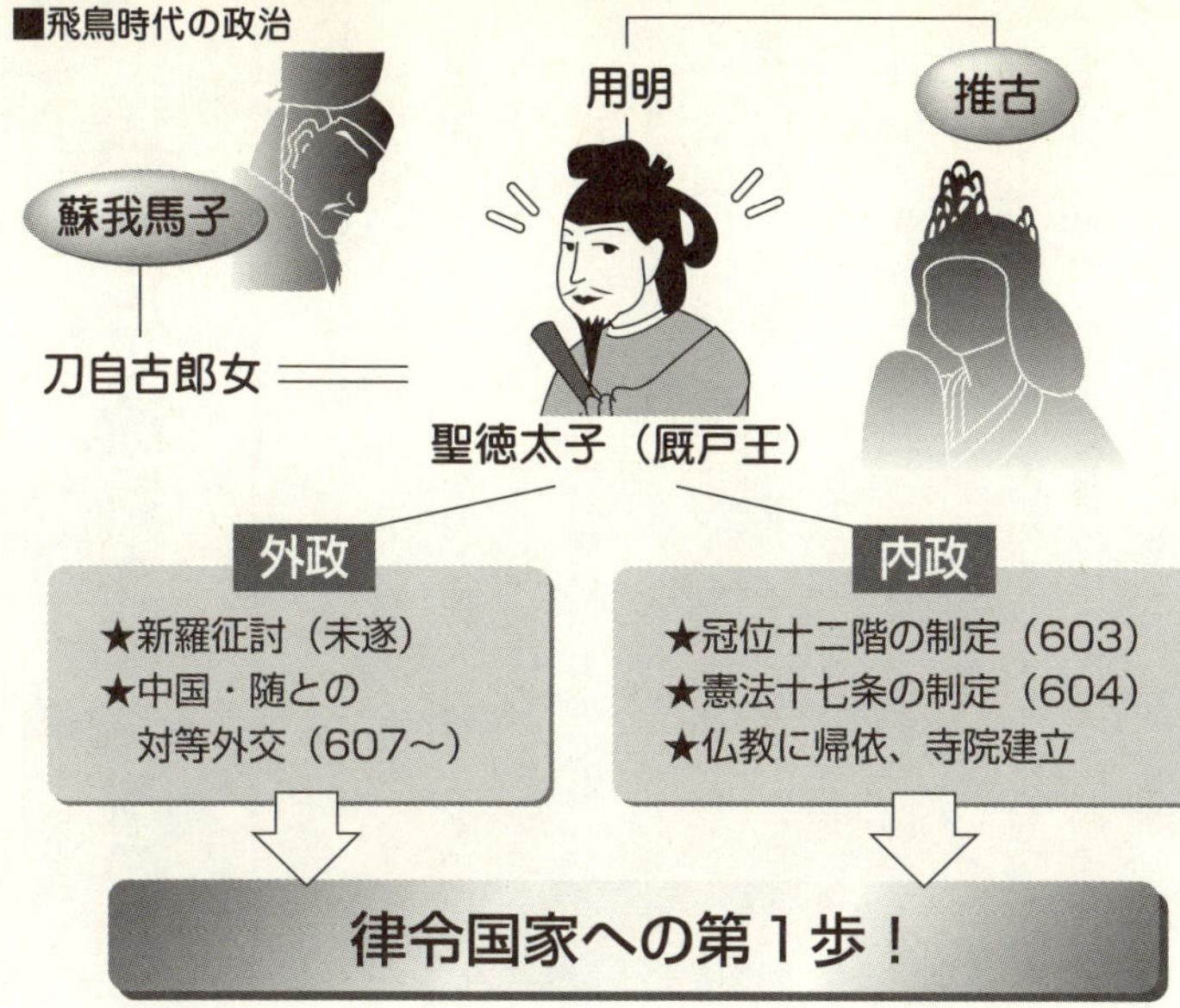
■飛鳥時代の政治
用明
推古
蘇我馬子
刀自古郎女
聖徳太子（厩戸王）
外政
★新羅征討（未遂）
★中国・随との
対等外交（607～）
内政
★冠位十二階の制定（603）
★憲法十七条の制定（604）
★仏教に帰依、寺院建立
律令国家への第１歩！

他にも、『天皇記』『国記』といった国史の編纂《へんさん》も手掛け、四天王寺《してんのうじ》・法隆寺《ほうりゅうじ》の建立や仏教解説書の執筆など、仏教に深く帰依し、文化面でも活躍した。

聖徳太子は、当時権勢を誇った蘇我馬子と協力して、天皇中心の国家の基礎をつくった。そしてこれが、後の律令《りつりょう》国家誕生への第一歩となったのである。

「聖徳太子」は実在した？

最近の研究で、聖徳太子の存在が疑われている。「聖徳太子」という呼び名自体、彼の死後１００年して付けられたものである。そもそも、蘇我馬子の天下であった時期に、あれだけの政治改革を進めることができただろうか。「厩戸王」の名もキリスト誕生を模倣した作り物であり、彼にまつわるエピソードがあまりに出来すぎているなど、根拠は様々だ。中には「聖徳太子＝蘇我馬子」説や、聖徳太子は実は凡庸な人物で、蘇我氏の改革を否定するため、『日本書記』の編纂《へんさん》者である藤原氏が作り上げた偶像だ、という人もいる。

聖徳太子の実像はいまだ謎が多いが、虚像だとしても、後の日本人の性格を形づくった人物なのである。

2

「大化の改新」はなかった？

古代日本最大の改革ともいえる「大化の改新」。実は今、その存在意義が問題となっている。

大化の改新のあらまし

「蘇我ムシコ《645》ロス。645年、大化《たいか》の改新《かいしん》」

蘇我氏の専横に立ち上がった中大兄皇子《なかのおおえのおうじ》と中臣鎌足《なかとみのかまたり》が、クーデターを起こして新しい国のシステムを立ち上げた改革として、史上に名高い出来事である。

聖徳太子と蘇我馬子が没し、政治の実権は馬子の子である蝦夷《えみし》、さらにその子の入鹿《いるか》へと移った。入鹿は、蘇我氏の縁者である古人大兄皇子《ふるひとのおおえのおうじ》を王位につけるため、聖徳太子の息子である山背大兄王《やましろのおおえのおう》を自殺に追い込んだ。ライバルを排除し、天皇家との血縁関係を強める蘇我氏は、並ぶ者なき権力者として君臨していたのだった。

そんな中、古人大兄皇子の異母弟・中大兄皇子と、中級豪族の出である中臣鎌足は、中国・唐《とう》の律令制を理想とした中央集権国家を目指し、蘇我氏排除をもくろんだ。そしていよいよ645年6月12日、飛鳥板蓋《いたぶきの》宮《みや》で儀式の最中に、蘇我入鹿の殺害に成功した。この時、2人は実際に剣をふるったともいわれている。

翌日には入鹿の父・蝦夷の屋敷を包囲し、自殺に追い込んだ。こうして、栄華を極めた蘇我氏は滅亡、この一連の事件を、その年の干支をとって「乙巳《いっし》の変」という。

蘇我氏の勢力が一掃され、クーデターを裏で支持した孝徳《こうとく》天皇が即位、中大兄皇子は皇太子となった。実際の政治は中大兄皇子が取り仕切り、もう一人の立役者である中臣鎌足は、内臣《うちつおみ》に任命され政権に加わった。

新政権は、大化と年号をかえ、飛鳥から難波宮《なにわのみや》に遷都して次々と政策を推し進めた。注目すべきは、646年に発布された4ヶ条からなる改新の詔《みことのり》である。

第1条では、すべての土地と人民を国のものと決め、第2条で地方行政の整備、第3条では班田収受法《はんでんしゅうじゅほう》で戸籍作成や土地の整備を掲げ、第４条では新しい税制の導入をうたっている。

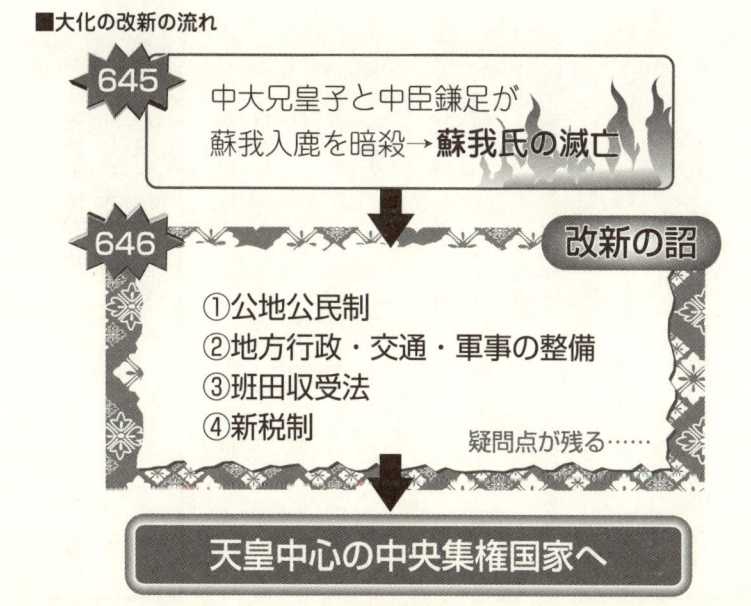

　こうして中大兄皇子主導の下、中央集権国家へと急速に進められた政治改革を、俗に「大化の改新」と呼んでいる。

改新の詔の謎

　この改新の詔について、実は戦前から疑念の声があがっている。最初に問題提起したのは津田左右吉《そうきち》氏で、以後も学者たちに継承されていく。彼らは、「後の為政者たちが、あたかも改新の時に発布したかのように『日本書紀』を改ざんした」と主張した。さらに、改新の詔自体が存在しなかったという説もある。それらの根拠は、詔の内容が当時としては出来すぎで、後に発布される法令に似すぎている、ということである。

　「大化の改新」とは、実際は中大兄皇子一派が政敵・蘇我氏を滅ぼし、政権を奪取したクーデターのことで、本当の意味での政治改革とは、後の天武《てんむ》・持統《じとう》朝を経て、律令国家が成立するまでの一連の改革を指すのが正しい、という意見もある。

■大化の改新の流れ

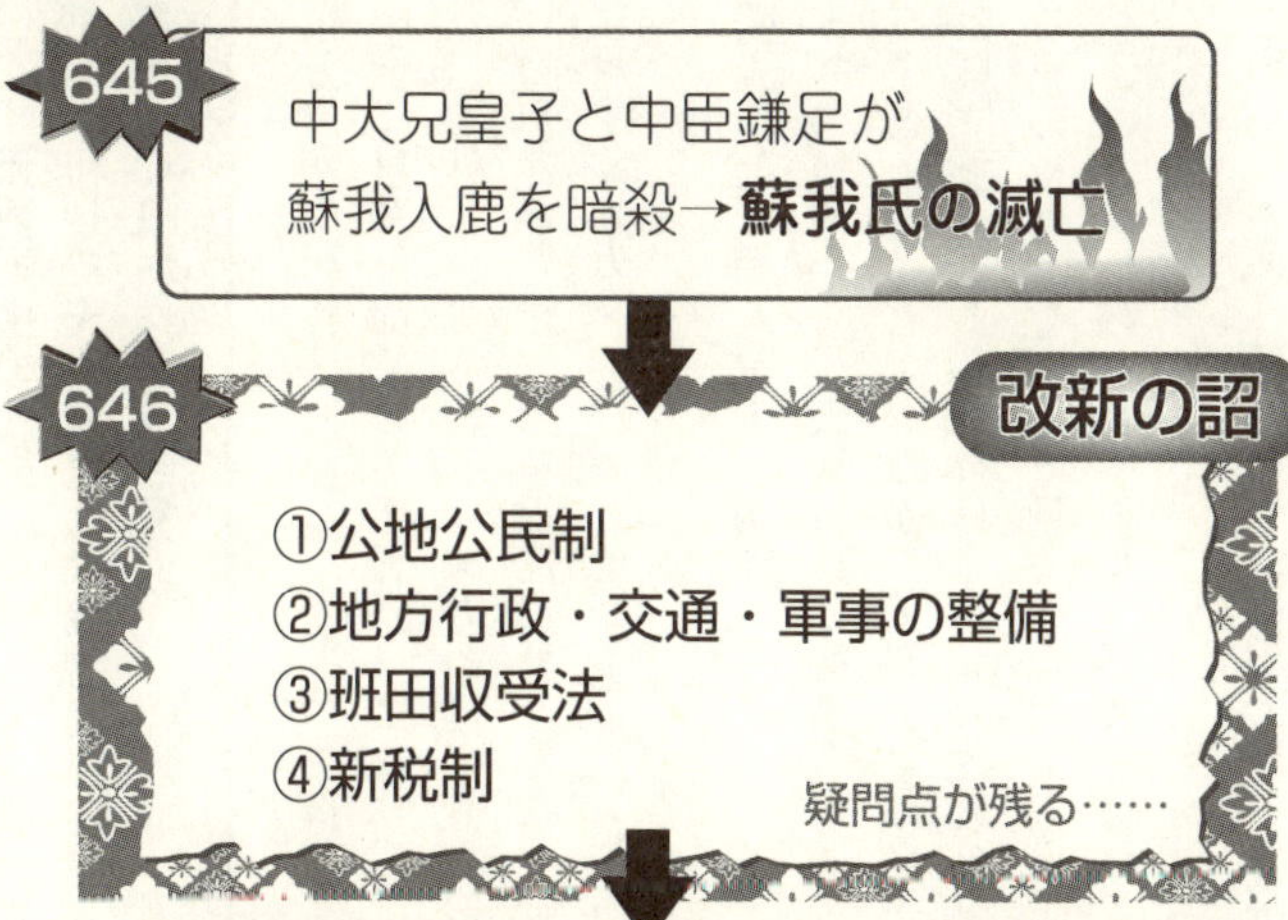
天皇中心の中央集権国家へ

3 壬申の乱は単なる後継者争いではない！

天智天皇の死後に勃発した壬申の乱。勝利した天武天皇は、律令国家形成へ大きく政治転換を図る。

天智天皇の政治

壬申《じんしん》の乱とは、天智《てんじ》天皇の死後に勃発した後継者争いのことであるが、それ以上に、地方の豪族たちを巻き込んだ古代最大の内戦であった。

大化の改新を成し遂げた中大兄皇子は、次第に独裁体制をとるようになった。皇位継承候補を次々に排除した上、不和になった孝徳天皇を難波に置き去りにして、自分は重臣をつれて飛鳥へ引き上げてしまった。孝徳天皇は孤独のうちに亡くなり、さらに中大兄皇子は、孝徳天皇の皇子で皇位継承の可能性のあった有間《ありまの》皇子《みこ》の排除にかかった。有間皇子は、狂人のふりをして免れようとしたが許されず、謀反の罪を着せられ、処刑場の露と消えた。

一方、朝鮮半島では唐と新羅が結んで、百済・高句麗を次々と滅ぼした。日本は百済救済を名目に大軍を派遣したが、白村江《はくすきのえ》の戦いで大敗北し、撤退した。

中大兄皇子は即位して天智天皇となり、近江に遷都した。海外遠征で疲弊した国力の建て直しのため、内政に力を注いだが、都を近江に移したことで、天智天皇に対する地方豪族の反発は高まっていたのである。

天智天皇と大海人皇子の関係

当時の風習から、天智天皇の後継者は同母弟・大海《おおあ》人《まの》皇子《おうじ》とみなされていたが、天智天皇は息子の大友皇《おおとものおう》子《じ》に皇位を譲るよう厳命していた。政敵を次々に葬り去る兄のやり方を間近で見てきた大海人皇子は、叛意のないことを示して頭を剃り、刺客を恐れて吉野の山にこもってしまった。

この兄弟の間には、かつて額田王《ぬかたのおおきみ》という女性をめぐって一悶着あったようだ。大海人皇子の恋人だった額田

■壬申の乱関係図

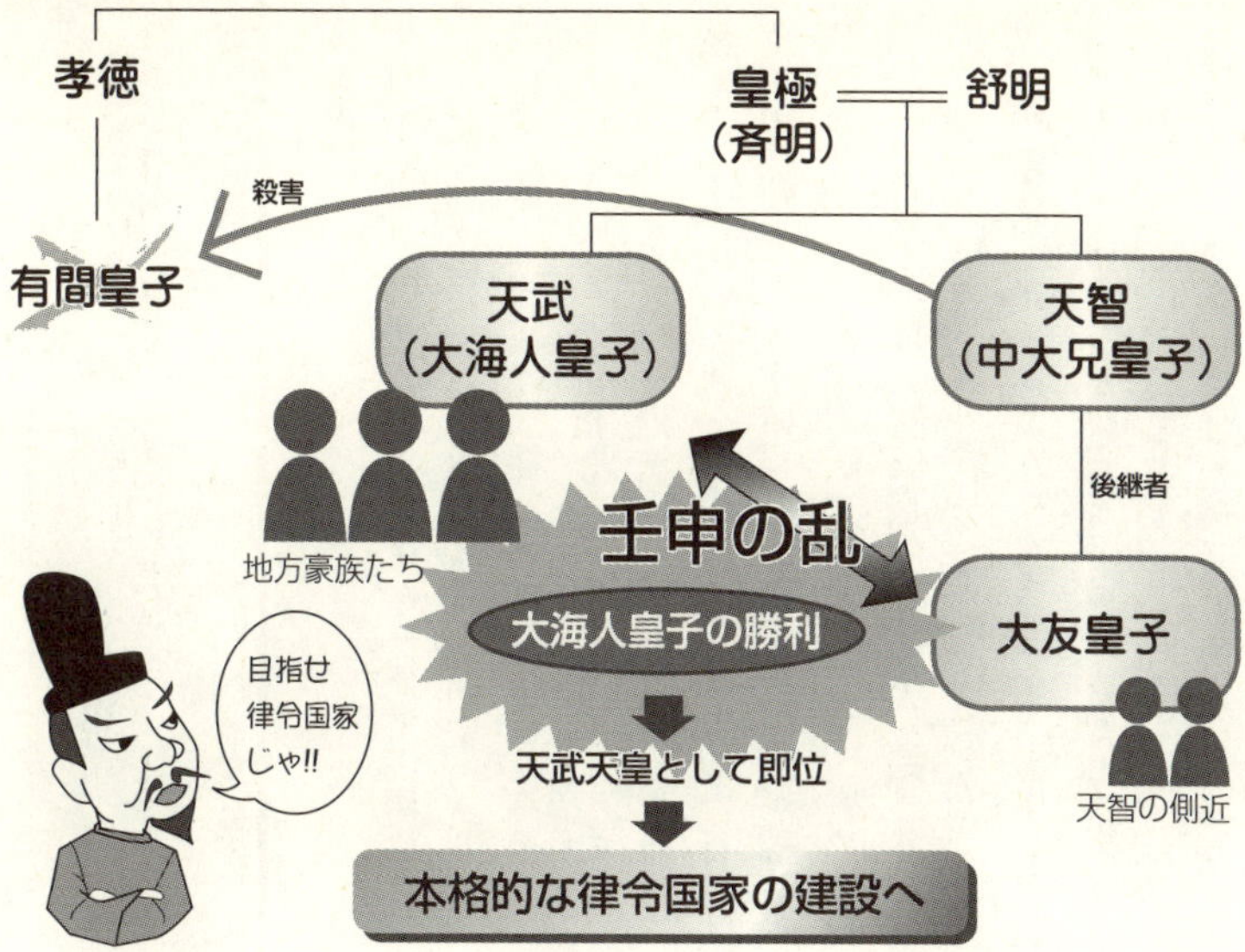
孝徳
皇極
（斉明）
舒明
殺害
有間皇子
天武
（大海人皇子）
天智
（中大兄皇子）
後継者
地方豪族たち
壬申の乱
大海人皇子の勝利
大友皇子
天智の側近
目指せ
律令国家
じゃ!!
天武天皇として即位
本格的な律令国家の建設へ

王を、天智天皇が自分の妃にしてしまったのだが、彼女はその後も大海人皇子を慕っていたといわれている。

兄弟とはいえ、互いに打ち解けた仲ではなかったようだ。

壬申の乱、勃発！

671年に天智天皇が亡くなると、大友皇子と大海人皇子の対立がついに表面化した。大海人皇子は翌年6月、吉野で挙兵し、伊賀や伊勢を経由して、天智天皇と大友皇子のやり方に不満を抱いていた尾張・美濃など各地の豪族の協力を得て近江に攻め入った。7月23日に大津宮が陥落、大友皇子は山中で自害した。

翌年、大海人皇子は飛鳥浄御原宮《きよみはらのみや》で即位し、天武《てんむ》天皇となった。近江朝の有力豪族が没落し、天武天皇は自分の血縁の皇族たちを要職におく皇親《こうしん》政治を行った。

天智天皇時代、朝鮮半島への侵攻やその失敗で、一時内政は混乱し、聖徳太子以来の律令国家への改革が停滞した。だが、壬申の乱を経て天武天皇が即位し、内政の軌道修正を図ったことで、中央集権化が強まり、律令国家形成への動きが急速に進んだのである。

4

律令国家って何？

大化の改新、壬申の乱を経て形成された律令国家。それは、古代日本の政治家たちが目指した国家のあり方だった！

律令国家とは

古代日本史を勉強するとき、よく「律令《りつりょう》国家」という表現を使う。法によって運営される国家のことで、現代の日本も律令国家の一種といえる。これこそ、古代日本の政治家たちが目指した国のあり方だった。

「律」とは、今日でいう刑法のことで、「令」とは役人の勤務規定や人民の租税・労役などをまとめた行政法のこと。律令制は、そういった法の下に国家が統治される制度のことで、古代中国で発達し、隋・唐の時代に完成した。日本では天智天皇の近江令《おうみりょう》に始まり、天武・持統天皇の浄御原令《きよみはらりょう》、そして文武《もんむ》天皇の701年、刑部親王《おさかべしんのう》と藤原不比等《ふじわらふひと》により、本格的な大宝律令《たいほうりつりょう》が制定された。718年には、藤原不比等が独自で養老律《ようろうりつ》令《りょう》を編纂《へんさん》したが、内容はほとんど変わらない。

中央にはいわゆる「2官8省」が置かれ、地方にもそれぞれ行政機関が設置された。役人には位階《いかい》が与えられ、その高低によって官職《かんしょく》が決められる。日本の律令制度は中国のそれを真似たものだが、最大の違いは「科挙《かきょ》」のような採用試験がなかったことだ。採用枠が狭く、政治への参加は有力貴族に限られた。そのため、制定を主導した藤原氏が、自分たち一族の出世に有利なように作成したという説もある。

9～10世紀になると、格式《きゃくしき》という律令の補助法が制定された。「格《きゃく》」は律令を部分的に修正する勅令・官符で、「式《しき》」は律令の施行細則を記したものである。

『日本書紀』『古事記』の編纂

一方、国家意識を高めるために、天皇の起源や国家の形成過程を記した『日本書紀』『古事記』が編纂された。これらは天武天皇の時代から編纂が開始され、前

7〜10世紀

■律令国家のしくみ

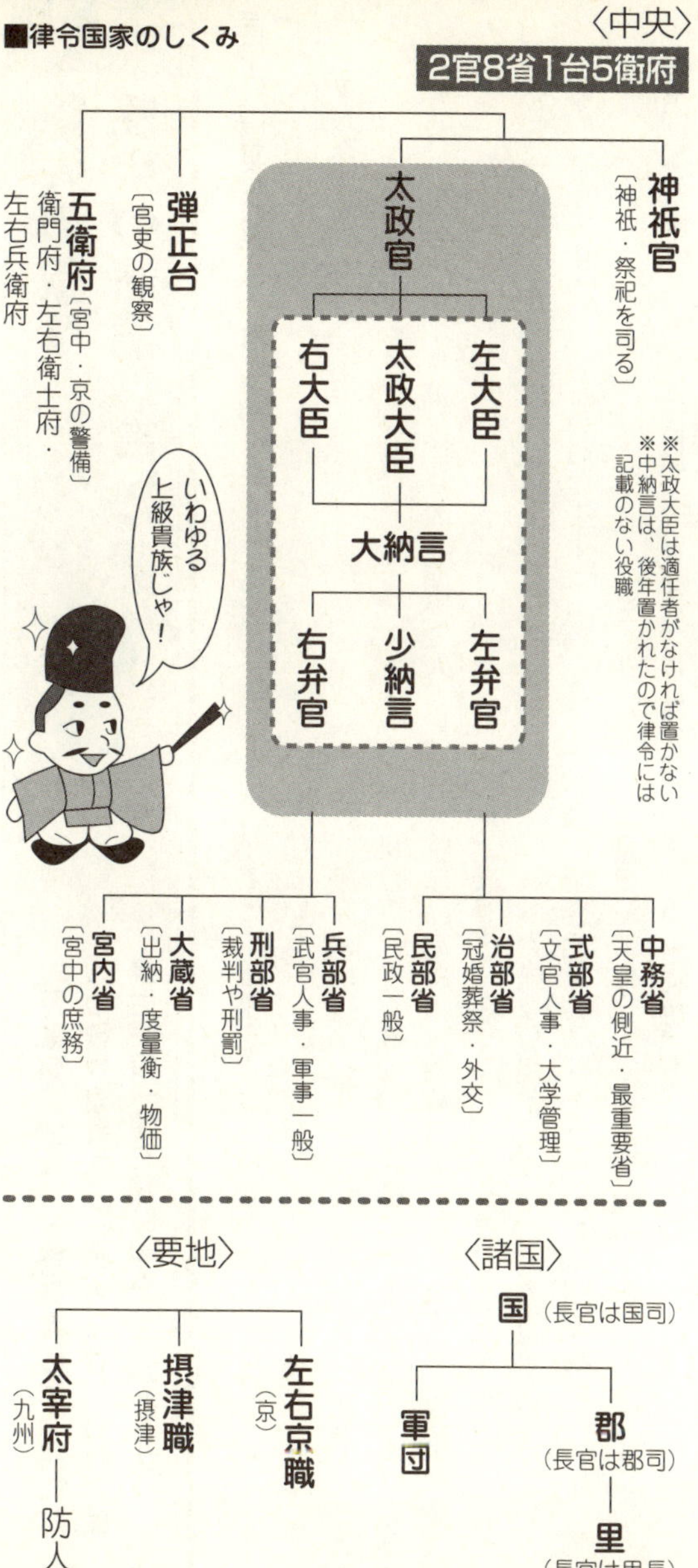
〈中央〉
2官8省1台5衛府
神祇官〔神祇・祭祀を司る〕
太政官
左大臣
太政大臣
右大臣
大納言
左弁官
少納言
右弁官
※太政大臣は適任者がなければ置かない
※中納言は、後年置かれたので律令には記載のない役職
弾正台〔官吏の観察〕
五衛府〔宮中・京の警備〕
衛門府・左右衛士府・左右兵衛府
いわゆる上級貴族じゃ！
中務省〔天皇の側近・最重要省〕
式部省〔文官人事・大学管理〕
治部省〔冠婚葬祭・外交〕
民部省〔民政一般〕
兵部省〔武官人事・軍事一般〕
刑部省〔裁判や刑罰〕
大蔵省〔出納・度量衡・物価〕
宮内省〔宮中の庶務〕
〈諸国〉
国（長官は国司）
郡（長官は郡司）
里（長官は里長）
軍団
〈要地〉
左右京職（京）
摂津職（摂津）
太宰府（九州）
防人

者は720年、後者は712年に完成した。『日本書紀』は国の正史として以後も続編が5つ編纂され、あわせて『六国史《りっこくし》』といわれている。対して、『古事記』は一冊限り、天皇家の私的蔵書のようなものであった。共に神話を取り入れて天皇家を神聖化し、天皇中心の中央集権国家のための精神的支柱とした。そのため、編纂者によって以前の歴史が改ざんされたという危険性も指摘されている。

5 防人の歌は民衆の悲痛な声だった！

『万葉集』には、宮廷歌人の歌と共に防人の歌や東歌なども収められ、当時の民衆生活の一端を窺い知ることができる。

民衆に課せられた様々な負担

韓衣《からころも》裾に取りつき泣く子らを
　置きてそ来ぬや母《おも》なしにして
（万葉集巻20／4401　信濃国・池田舎人大島）

「裾にすがって泣く子たちを残して来てしまった。あの子らには母親もいないのに……」

律令国家の誕生によって、民衆へのしめつけはいっそう厳しくなった。良民《りょうみん》・賤民《せんみん》に分けられ、その中でもさらに身分は細分化された。人々は戸《こ》という単位で、戸籍に登録されて管理された。戸籍は6年ごとにつくられ、6歳以上の男女に一定の口分田《くぶんでん》（土地）が支給された。口分田の売買は禁止され、所有者が死ぬと6年ごとの班年をまって回収された。これを班田収授《はんでんしゅうじゅ》の法という。

民衆には租《そ》・庸《よう》・調《ちょう》という税の負担が課せられた。租は収穫から3％の稲を納めるもの、庸・調は各地の特産品を中央に納めるもので、成人男子には都まで運ぶ義務も課せられた。他に雑徭《ぞうよう》という労役もあった。

最も過酷な負担が兵役で、成人男子全体の3分の1の割合で徴兵された。兵士は軍団《ぐんだん》で訓練を受け、都の警護や、外交・軍事上の要地である九州の太宰府《だざいふ》へ防《さき》人《もり》として派遣された。

この間の装備や衣服、さらには食料に至るまで、全てが自前であった。庸・調の運搬も同じで、課役の途中や、運搬・兵役を終えた帰途、疲労や飢えで亡くなる人々が後を絶たなかった。

■農民の負担

租	稲の収穫の3%
庸 調	各地の特産品 中央への運送義務
雑用	年間60日以下の労働
兵役	食糧・武器その他費用は自己負担
出挙	稲や粟を春に貸付け秋に利息つきで回収
義倉	粟などを貯蓄

防人の歌、東歌

8世紀に編纂《へんさん》された歌集『万葉集《まんようしゅう》』は、宮廷歌人の歌と一緒に、こうした民衆の声を数多く収めている。防人の歌は、太宰府へ送られる防人と家族が別れを惜しみ、互いの無事を祈る様子を歌っている。冒頭に掲げた歌がまさにそれだ。一方、東歌《あずまうた》は東国の人々の歌で、彼らの生活や心情を率直に、力強く表している。

中央では710年に平城宮《へいじょうきゅう》が完成し、752年には大仏の開眼《かいげん》供養《くよう》の儀式が盛大に行われ、華やかな貴族文化が花開こうという時代である。贅沢三昧な貴族の下には、苦難を強いられた民衆たちがいたのである。

防人の歌（20巻）

父母《あもしし》が頭《かしら》かき撫で幸《さ》くあれて
いひし言葉ぜ忘れかねつる
（四三四六）

防人に立たむ騒ぎに家の妹《いも》が
業《な》るべきことを言わず来ぬかも
（四三六四）

旅衣《たびごろも》 八重着襲《きかさ》ねて寝《い》ぬれども
なほ肌寒し妹にしあらねば
（四三五一）

東歌（14巻）

多摩川に曝《さら》す手作《てづくり》さらさらに
何《なに》そこの児《こ》のここだ愛《かな》しき
（三三七三）

妹をこそあひ見に来しか眉引《まよびき》の
横山辺《へ》ろの鹿《しし》なす思《おも》へる
（三五三一）

武蔵野の草は諸向《もろむ》きかもかくも
君がまにまに吾《あ》は寄《よ》りにしを
（三三七七）

『万葉集』より

6

古代律令国家は土地制度から崩壊した！

農民の逃亡により土地制度が崩壊……。少しずつ土地の私有が認められるが、それは律令制崩壊の始まりだった。

公地公民が崩れるまで

人が定住生活を営むようになって以来、土地は重要な財産として、しばしば争いの対象になってきた。「一《いっ》所懸命《しょけんめい》」という言葉があるが、これは武士が先祖代々の土地を守るため、必死に働いたことに由来する。それほど土地は、人々にとって大切なものだった。

大化の改新以来、律令国家においては、土地も人民もすべて国のものという制度が整った。農民に配られた土地（口分田）は与えられたわけではなく、預けられただけで、当人が亡くなれば一定期間ののち回収された（班田収受の法）。こうした土地公有制が崩壊していったのはなぜだろうか。

最大の要因は、土地を管理する農民の負担があまりに重かったことである。納税や労役、兵役といった過酷な負担に耐えかねて、農民たちの逃亡が激増した。

そのため耕作地の荒廃が進み、政府もある程度の妥協が必要となった。そこで７２３年には三世一身《さんぜいっしん》の法を出す。これは、新しく灌漑《かんがい》施設をつくって土地開墾した者には本人・子・孫の三代、旧来の灌漑施設を利用して開墾した者には一代に限りその土地の所有を認めた制度である。実際には、土地の開墾などは貧しい農民にできるわけもなく、一部の裕福な農民や貴族たちだけに有利な制度になったため、根本的な改革にはなり得なかった。

７４３年には墾田永年私財法《こんでんえいねんしざいほう》が公布、自分で開墾した土地は永久に私有地として認められることになった。身分に応じて土地の開墾面積が制限されてはいたが、これにより貴族や地方豪族の私有地がさらに増大し、東大寺などの大寺院も私有地の拡大に励んだ。貧しい農民や行き場のない浮浪人《ふろうにん》は、こうした有力者に雇わ

7〜11世紀

■土地制度の移り変わり

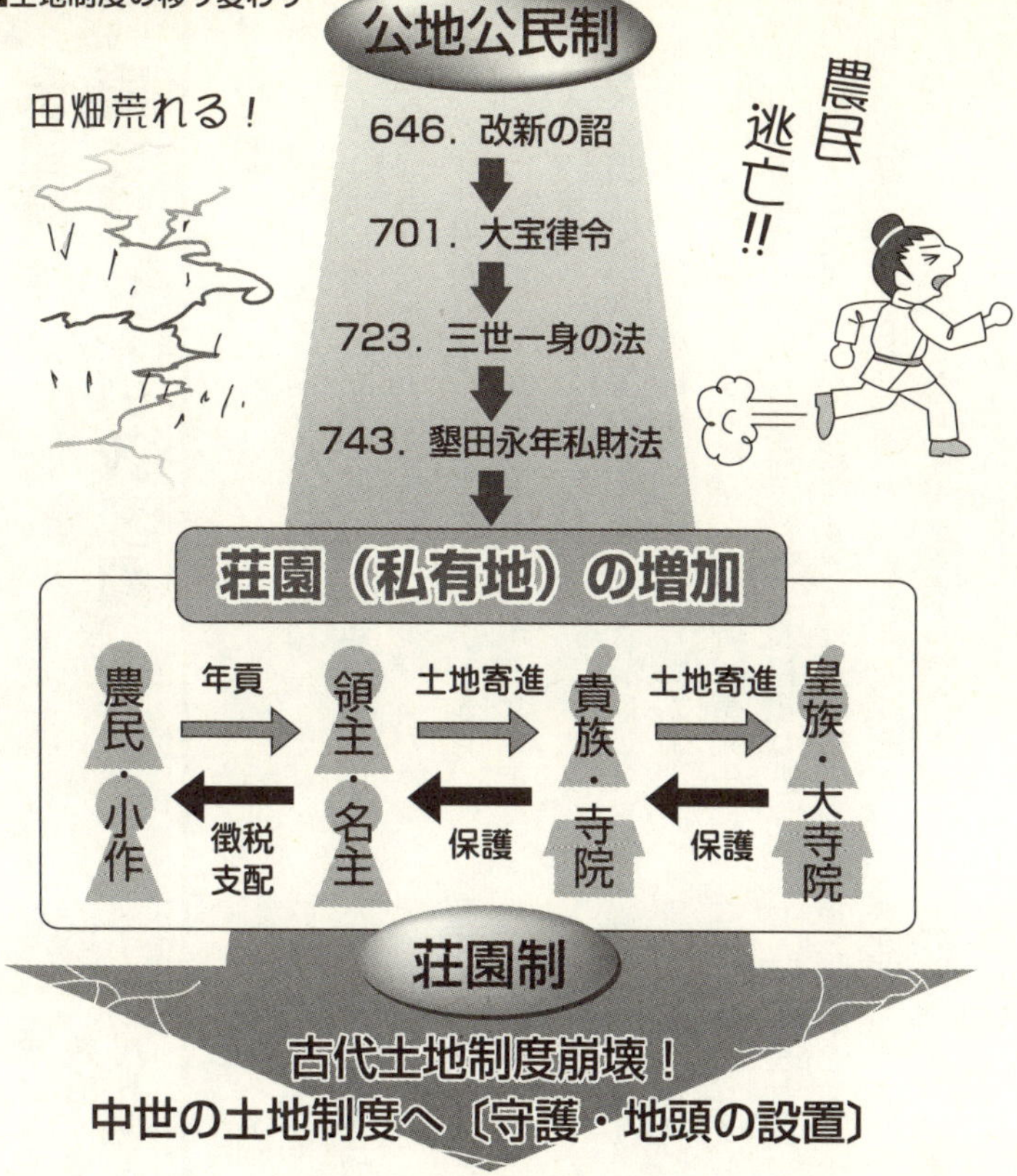

公地公民制
田畑荒れる！
646．改新の詔
701．大宝律令
723．三世一身の法
743．墾田永年私財法
農民逃亡!!
荘園（私有地）の増加
農民・小作
年貢
徴税支配
領主・名主
土地寄進
保護
貴族・寺院
土地寄進
保護
皇族・大寺院
荘園制
古代土地制度崩壊！
中世の土地制度へ〔守護・地頭の設置〕

れ、貧富の差はさらに拡大した。荘園《しょうえん》と呼ばれたこれらの私有地には国の統制が行き届かず、古代律令国家を足下から揺さぶり始めたのである。

荘園が律令国家を崩壊に

有力者の土地開発はどんどん進み、一定の地域を支配する者まであらわれた。彼らは土地にかかる税の負担を逃れるため、所領を中央の有力者に献上し、領主と仰いだ。これを寄進《きしん》といい、領主はさらに上級貴族に寄進する。富める者は富み、貧しき者はさらに貧しくなる構図だ。

古代律令国家の公地公民制は、荘園の発達により根本から崩れ、11世紀にはすでにほとんど機能しなくなっていたのだ。

7 奈良時代、愛と憎しみの政変劇

ライバル排除や謀略飛び交う奈良時代の政治。権力者がくるくる代わり、激しいバトルが展開されていた！

長屋王の悲劇

讒言《ざんげん》・密告——政敵を陥れる有効な方法だ。それが事実かどうかは問題ではない。いったん噂が世間に出てしまえば、あとは仕掛人が罪状を作り上げるだけで良い。それですべて、事実になってしまうのだから。

律令国家の完成に尽力した藤原不比等が720年に亡くなると、藤原氏の勢力は一時衰退し、皇族の長屋《ながやの》王《おう》が政権を握った。不比等の息子4人（武智麻呂《むちまろ》・房《ふさ》前《さき》・宇合《うまかい》・麻呂《まろ》）は、異母妹で聖武《しょうむ》天皇の夫人・光明《こうみょう》子《し》を皇后にしようと画策する。皇后は当時、皇太子に匹敵する権限を持っていたのだ。当然、長屋王は藤原氏のこの動きに反対したが、藤原4兄弟は策謀によって長屋王に謀反の罪を着せ、自殺に追い込んでしまった。王の妻と4人の皇子たちは首をくくって後を追ったが、これも4兄弟の手による可能性が高い。

ところが、光明子を皇后につけた4兄弟の天下も束の間、4人とも流行の天然痘《てんねんとう》であっけなく死んでしまった。この出来事は、長屋王の祟《たた》りとして恐れられた。

藤原仲麻呂の栄光と挫折

4兄弟の死で藤原氏が一時衰退した間、橘諸兄《たちばなのもろえ》が政治を主導していた。だが、聖武天皇が退位して娘の孝《こう》謙《けん》天皇が即位すると、その生母である光明皇后と手を組んだ藤原仲麻呂《なかまろ》が台頭した。彼は諸兄を追い落とし、自分を倒そうとした諸兄の子・奈良麻呂《ならまろ》を返り討ちにした。恵美押勝《えみのおしかつ》という名を賜《たまわ》った仲麻呂は、さらに義理の息子を皇太子にたて、淳仁《じゅんにん》天皇として強引に即位させたのである。まさに、絶頂期にあった。

だが、バックボーンだった光明皇后が亡くなると、次第に孤立を深めていった。かつて押勝に退位させられた孝謙上皇は、病に伏せった自分を看病してくれた僧・道鏡《どうきょう》を寵愛し、押勝に対抗した。追いつめられた押勝は挙兵したが、孝謙側に滅ぼされ、淳仁天皇は淡路に流された。勝利者・孝謙上皇は称徳《しょうとく》天皇として再び即位し、道鏡が実権を握ったのだった。

道鏡を愛する称徳天皇は、彼に皇位を譲ろうとまでした。だが天皇が亡くなると、道鏡は急速に勢力を失い、藤原百川《ももかわ》ら反対派によって都から追放された。策謀を用いて敵を陥れ、上りつめては追い落とされる。この構図は、以後もさらに激しく続くのだった。

■藤原氏関係略図

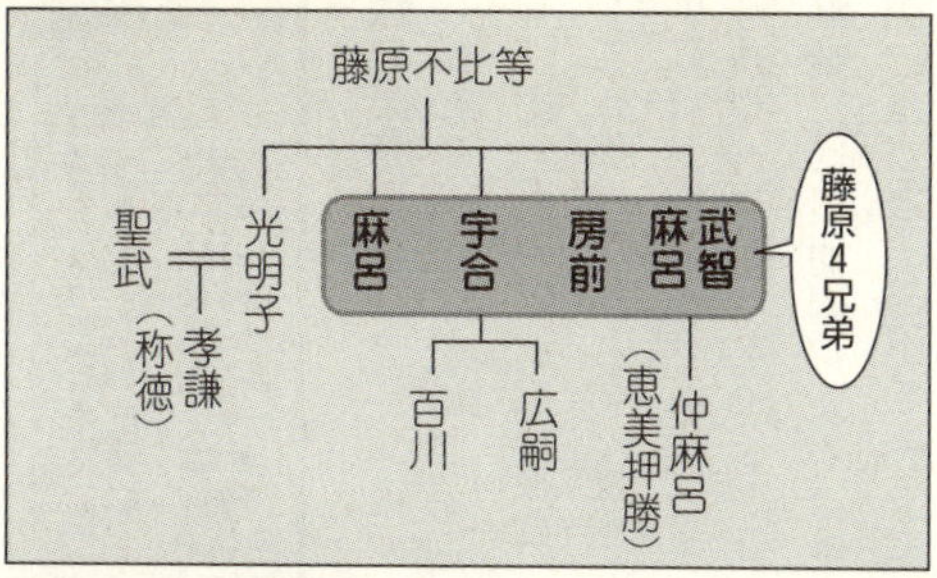
藤原不比等
武智麻呂
房前
宇合
麻呂
藤原4兄弟
光明子
聖武
孝謙（称徳）
仲麻呂（恵美押勝）
広嗣
百川

■奈良時代政権の流れ

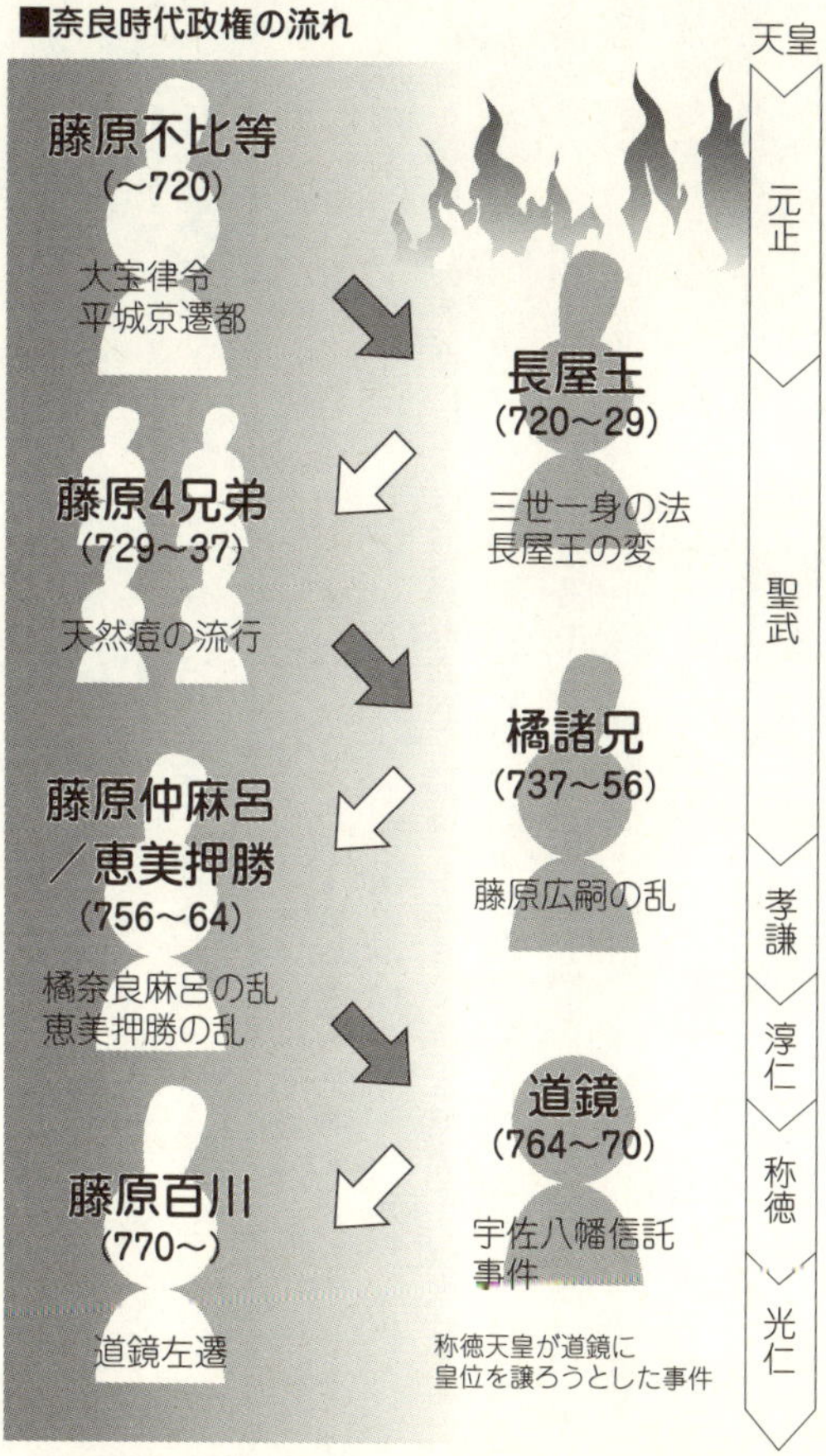
天皇
元正
聖武
孝謙
淳仁
称徳
光仁
藤原不比等
（〜720）
大宝律令
平城京遷都
長屋王
（720〜29）
三世一身の法
長屋王の変
藤原4兄弟
（729〜37）
天然痘の流行
橘諸兄
（737〜56）
藤原広嗣の乱
藤原仲麻呂／恵美押勝
（756〜64）
橘奈良麻呂の乱
恵美押勝の乱
道鏡
（764〜70）
宇佐八幡信託事件
藤原百川
（770〜）
道鏡左遷
称徳天皇が道鏡に皇位を譲ろうとした事件

8 「蝦夷征討」東北人たちの自衛戦争

迫り来る朝廷の支配に対し、蝦夷と呼ばれた東北の人々が立ち上がった。自分たちの生活を守るために……。

朝廷の東北政策

史上初の征夷大将軍《せいいたいしょうぐん》は坂上田村麻呂《さかのうえのたむらまろ》である。彼を一躍有名にしたのは蝦夷《えみし》の征討であるが、東北の人々にとって、彼は紛れもない侵略者であった。

朝廷は、東北に住む人々を蝦夷と呼び、九州の隼人《はやと》と同様に、直接の支配下に組み込もうとしていた。日本海側には出羽国《でわのくに》、太平洋側には陸奥国《むつのくに》が置かれ、陸奥国には軍事・政治の拠点として多賀城《たがじょう》が設置された。

東北では8世紀から金が産出され、律令国家運営に行き詰まりを感じていた朝廷は、これに目をつけた。誘いをかけて従う蝦夷には物資を供給し、従わない蝦夷は武力で攻めるという、アメとムチの政策を進めた。

蝦夷立ち上がる

780年、朝廷に帰順していた蝦夷の豪族・伊治呰《これはりのあざ》麻呂《まろ》が、役人を殺害し、多賀城へ攻め入った。抑圧されていた蝦夷たちが次々と同調し、大規模な反乱へと発展したのである。主導者・呰麻呂のその後は不明だが、この乱以降、蝦夷の蜂起が各地であいついだ。

こうした乱の原因は、朝廷による強硬政策だった。役所や砦を設置したり納税を課したり、現地住民たちの生活や共同体のあり方を否定し、強引に支配下に入れようという政策が、彼らを立ち上がらせたのである。

アテルイと田村麻呂

781年に即位した桓武《かんむ》天皇は、あいつぐ東北の動乱を鎮圧するため、蝦夷征討に本腰を入れた。紀古佐《きのこさ》美《み》を大将に大軍を送り込んだが、胆沢《いさわ》（岩手県水沢市）の族長・アテルイの猛攻により大敗、朝廷軍は散り散りに逃げ帰った。アテルイ率いる蝦夷軍は頑強で、実

780～802年

■東北地方への進出

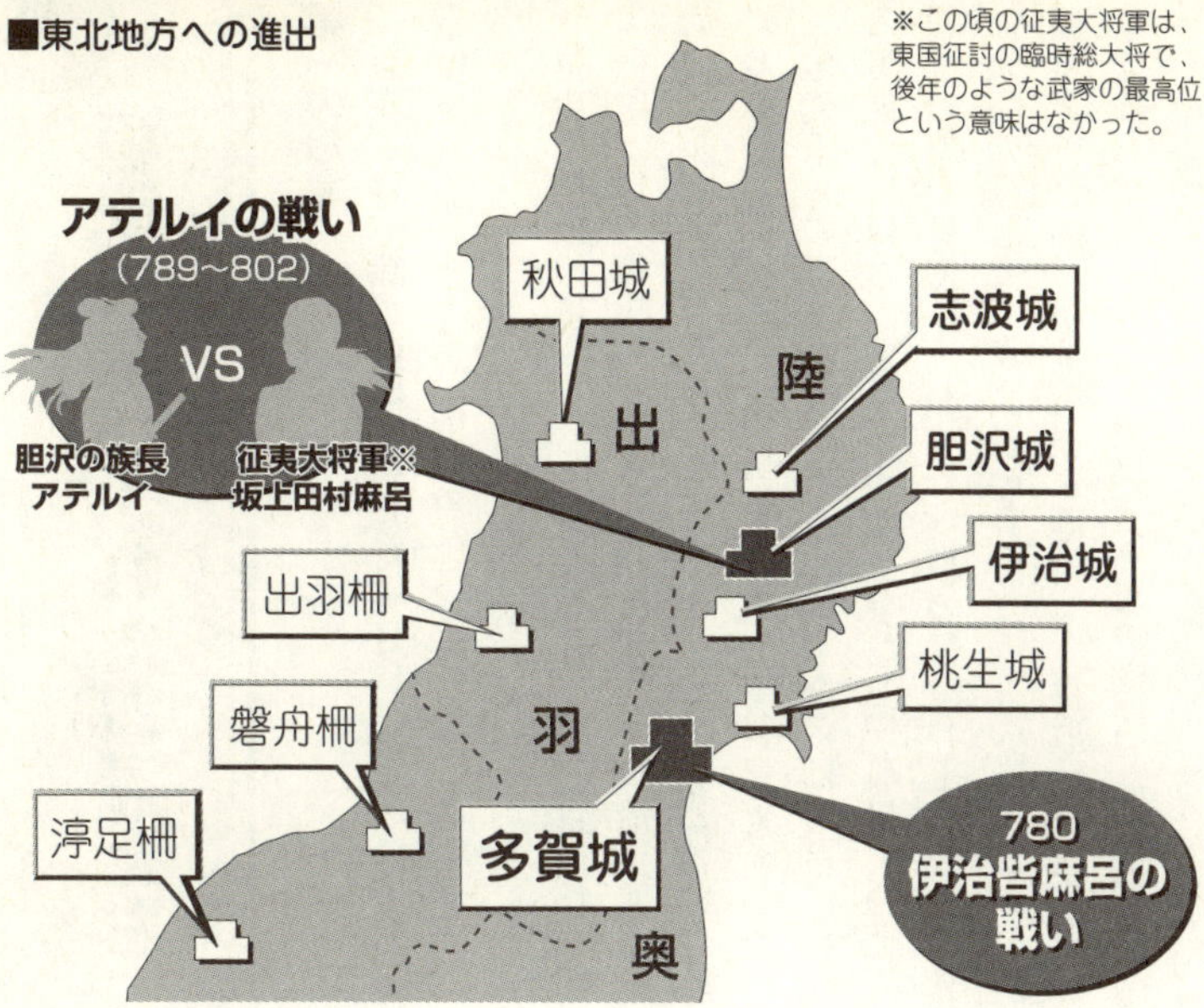
※この頃の征夷大将軍は、東国征討の臨時総大将で、後年のような武家の最高位という意味はなかった。
アテルイの戦い
(789～802)
VS
胆沢の族長
アテルイ
征夷大将軍※
坂上田村麻呂
秋田城
志波城
陸
出
胆沢城
伊治城
出羽柵
桃生城
羽
磐舟柵
渟足柵
多賀城
780
伊治呰麻呂の戦い
奥

に10年以上も朝廷軍に抵抗を続ける。頭を悩ませた朝廷は、坂上田村麻呂を征夷大将軍として派遣した。田村麻呂は、恵美押勝の乱鎮圧に功を立てた苅田麻呂《かりたまろ》の息子で、朝廷の期待を一身に背負っての出陣であった。

激戦の末、アテルイを胆沢から追い出した田村麻呂は、胆沢城を築城した。そして、追いつめた多数の蝦夷たちを助ける条件で、ついにアテルイを降伏させた。

田村麻呂は、アテルイとその参謀格のモレを従えて平安京《へいあんきょう》に凱旋した。「今後の東北政策のためにも、寛大な処置を」と助命を訴えた田村麻呂の意見を退け、朝廷は即刻2人の処刑を取り決めてしまう。802年、アテルイとモレは河内で斬られたのだった。

長く続いた東北戦争は、こうして一応の決着をみたが、この戦争と平安京の造営は、人民と財政にとって大きな負担となっていた。桓武天皇は家臣の建言を取り入れ、ついにこの2大事業を打ち切ったのである。

東北の人々を代表して戦ったアテルイは、地元では現在も英雄として伝えられている。7世紀以降、朝廷支配に組み込まれていった蝦夷たちにとって、この戦争は自分たちの生活を守るための戦いだったのだ。

9 桓武天皇が恐れた怨霊たち

平安京遷都や諸改革で有名な桓武天皇。だがその生涯は、かつて滅ぼしてきた政敵の怨霊に悩まされていたのである。

第一の怨霊

怨霊《おんりょう》とは、無実の罪で死んだ場合に発生するもので、罰せられる正当な理由があれば、怨霊にはならない。怨霊を恐れるということは、後ろめたさがあるからだ。

桓武《かんむ》天皇は、貴族をおさえながら、平安京遷都や蝦夷《えみし》征討、地方行政の改革など、積極的に政治に取り組んだ天皇である。だが一方で、かつて自分が追いつめた政敵の怨霊に怯え、鎮魂に奔走した人物でもあった。

桓武天皇の母は身分が低く、本来ならば天皇になれる可能性はほとんどなかった。むしろ、異母弟の他戸《おさべ》親王の方が皇位に近かった。彼の母・井上内親王《いのうえないしんのう》は光仁《こうにん》天皇の皇后で、最高級の身分だったのだ。だが、藤原良継《よしつぐ》・百川《ももかわ》は桓武擁立を画策し、皇后・皇太子という立場だった2人を庶民に落として幽閉してしまった。その後、母子はそろって不信死を遂げている。

やがて桓武天皇が即位し、皇太子には弟の早良《さわら》親王が立った。天皇は交通の便を考えて長岡京《ながおかきょう》へ移ったが、それは平城京を呪われた地と恐れたからでもあった。

第二の怨霊

長岡京の工事現場を巡回中に、桓武天皇の腹心・藤原種継《たねつぐ》が何者かに暗殺された。天皇は即座に事件を調べ、早良親王の関与が疑われた。早良親王はすぐに皇太子を廃され、新たに桓武天皇の皇子・安殿《あて》親王が立てられたのである。

早良親王は、逮捕の日から断食を続けて無罪を訴えたが、聞き入れられず、淡路島へ移送中に絶命した。桓武天皇が、種継暗殺事件を利用して早良親王を排除し、安殿親王を皇太子に立てたことは明白だった。

その後も、着々と政策を実行していた桓武天皇だっ

775〜806年

■桓武天皇の政治

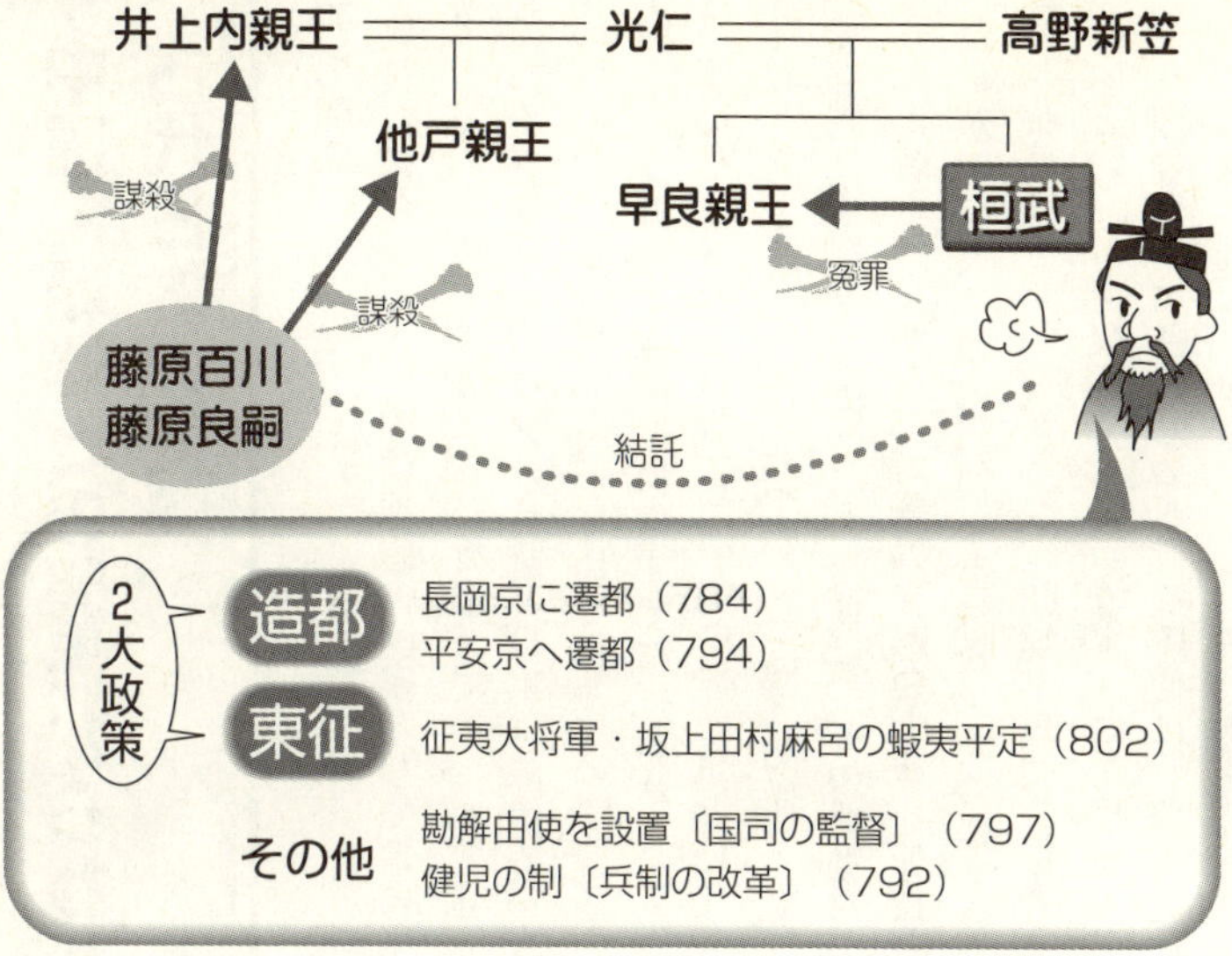
井上内親王
光仁
高野新笠
他戸親王
早良親王
桓武
謀殺
謀殺
冤罪
藤原百川
藤原良嗣
結託
2大政策
造都
長岡京に遷都（784）
平安京へ遷都（794）
東征
征夷大将軍・坂上田村麻呂の蝦夷平定（802）
その他
勘解由使を設置〔国司の監督〕（797）
健児の制〔兵制の改革〕（792）

たが、世間では天変地異が続いた。厄災は天皇にも及び、皇后や夫人、生母など近親者の病死が続き、ついには安殿親王や天皇自身も病におかされた。

鎮魂の日々

早良親王の死から数年、その祟りを恐れ始めた天皇は、淡路島の親王の墓を整備させ、僧を遣わして読経させた。だが、災害は治まらない。ついに平安京遷都を決意したのである。洪水が多いという理由だが、弟の怨霊から逃れたいというのが本音であった。

しかしその後も天皇・皇太子の病は癒えず、早良親王だけでなく、かつて無念のうちに死んでいった井上内親王や他戸親王の怨霊にも怯える日々を過ごしたようだ。天皇は、早良親王に「崇道《すどう》天皇」の名を贈った。井上内親王には皇后の名を復し、墓所も改装した。彼らのために寺や神社を建て、霊に謝罪し、慰め、鎮魂のためにあらゆることをしたが、効果があったとは思えず、彼らの怒りはついに治まらなかった。

８０６年、桓武天皇は70歳という高齢で亡くなったが、その晩年は怨霊に怯え、償い続ける日々であった。

10 中国・朝鮮との関係からわかる古代日本の変遷

古来から中国・朝鮮との交流が頻繁だった日本。時代によって、その交流内容も違っていた。

中国との関係

古代日本にとって、中国は理想の国家として常に先を行く存在だった。やがて国内が整備され、独立国家として揺るぎないものとなった時、日本は政治的にも文化的にも中国から自立していくのである。

中国との交流は、3世紀にはすでに行われていた。倭と呼ばれた日本の王たちは、中国皇帝に朝貢し、臣下の礼をとってその権威にあやかるという関係である。卑弥呼→魏、倭の五王→南朝への遣使は、その典型だ。

こうした朝貢外交から、対等外交への大きな転換となったのが聖徳太子の遣隋使《けんずいし》であった。隋の煬帝《ようだい》は、小国の主張に腹を立てながらも、朝鮮半島情勢を考慮し、日本との友好を優先させた。なお、この頃から日本という国号が使用され始める。遣隋使は、隋の文化や思想・政治体制などをもたらし、飛鳥文化に大きな影響を与えた。

隋が滅びて唐が興ってからも、日本は中国との交流を深めていった。遣唐使は全部で15回、8世紀にはほぼ20年に1度の割合で派遣されたが、その航路は非常な危険を伴うものであった。最澄《さいちょう》や空海《くうかい》といった僧たちも多数唐へわたり、日本の仏教界に変革をもたらした。遣唐使は、古代日本の国家制度や文化の発達に多大な貢献をしたのである。

9世紀になると唐は衰退し、危険を冒してまで交流を持つ必要はないとの意見が高まったため、遣唐使は廃止された。文化面でも中国色が薄れ、日本人の嗜好にあった独自の文化が発達し、国風《こくふう》文化が生まれた。

以後は、国交が開かれないまま民間主導で貿易が行われ、商人を通じて書籍や陶磁器・薬品などが輸入された。12世紀には平清盛《たいらのきよもり》が積極的に宋《そう》と貿易し、莫大

3〜12世紀

な利益を得て平氏政権の財源とした。

古代の中国との関係は朝貢から対等へ、そして国家主導から民間主導へと推移し、交流目的も、時代の流れに沿って変わっていったのである。

朝鮮との関係

古代、朝鮮半島には中国の漢が楽浪郡《らくろうぐん》や帯方郡《たいほうぐん》をおいていたが、4世紀には高句麗が楽浪郡を滅ぼして半島北部に台頭し、南部には新羅・百済・加羅が誕生、それぞれが分立していた。日本は加羅に進出して支配下におき、百済と交流を持って高句麗・新羅と対立した。聖徳太子の時代にも新羅征討が何度か計画され、大化の改新直後になって実際に出兵したが、白村江《はくすきのえ》の戦いで大敗北し、以後は半島から手を引いていた。

7世紀に新羅が半島を統一すると、唐を牽制するためにも日本に友好を求めてきた。日本は新羅とも唐とも国交を開き、友好関係を保っていたのである。

10世紀には高麗《こうらい》が興って新羅を滅ぼしたが、日本は朝鮮半島と交流を持つ意志はなく、正式に国交が開かれるのは江戸時代になってからであった。

■古代の朝鮮半島

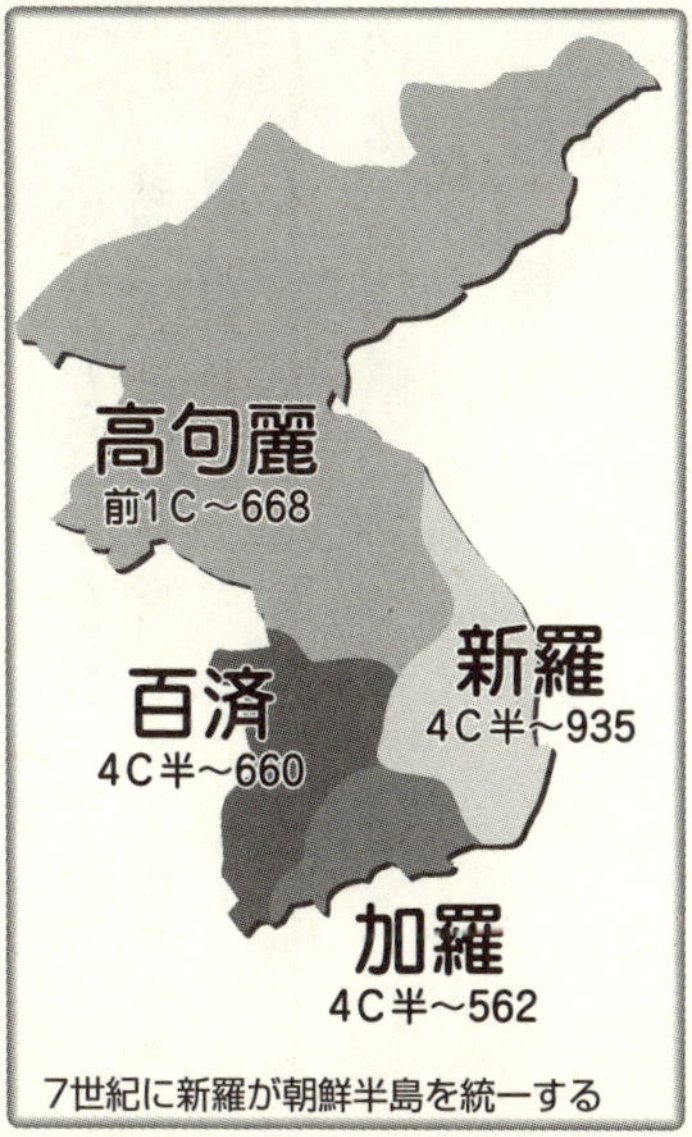
高句麗
前1C〜668
百済
4C半〜660
新羅
4C半〜935
加羅
4C半〜562
7世紀に新羅が朝鮮半島を統一する

■古代中国外交の流れ

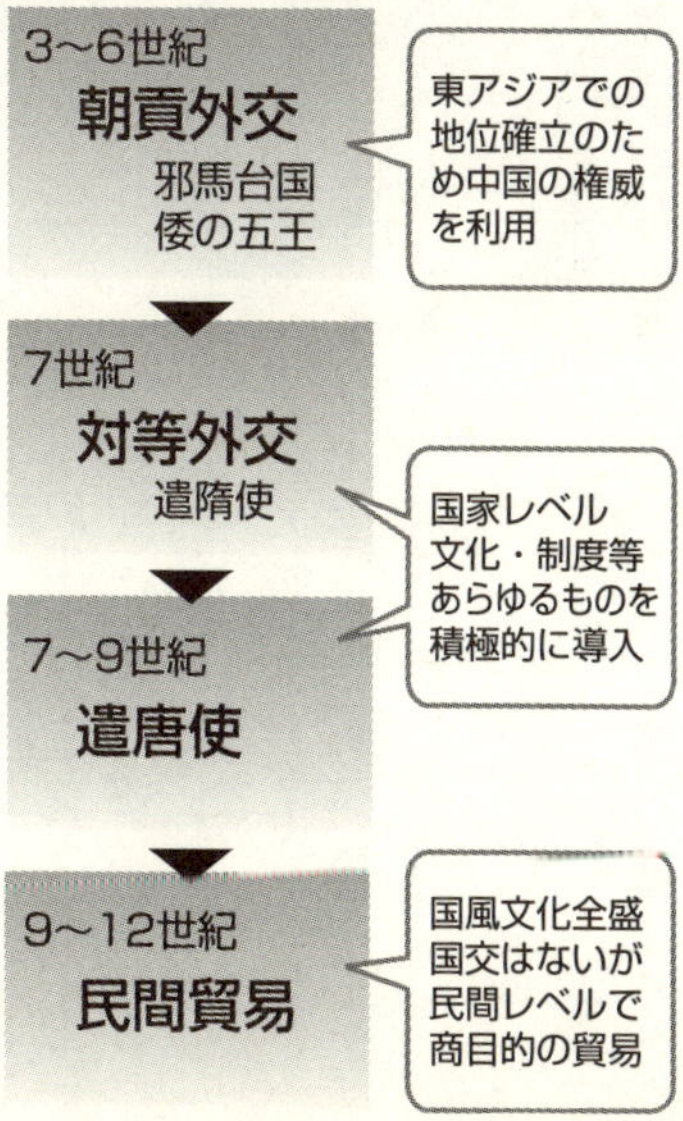
3〜6世紀
朝貢外交
邪馬台国
倭の五王
東アジアでの地位確立のため中国の権威を利用
7世紀
対等外交
遣隋使
国家レベル
文化・制度等あらゆるものを積極的に導入
7〜9世紀
遣唐使
9〜12世紀
民間貿易
国風文化全盛
国交はないが民間レベルで商目的の貿易

11 藤原氏が栄華を極めた2大秘訣とは？

奈良時代から着々と勢力を拡大してきた藤原氏。その秘訣は、ライバル排除と天皇掌握だった！

藤原氏繁栄の秘訣

平安時代、藤原氏が栄華を極めることができたのには、２つの大きな秘訣がある。

「ライバル排除」と「天皇の外祖父」。

外祖父とは、この場合は母方の祖父のことだ。自分の娘を天皇に嫁がせ、その子を皇太子として次期天皇に即位させる。自らは摂政《せっしょう》・関白《かんぱく》という要職につき、天皇に代わって政務を取り仕切るというわけだ。摂政とは、天皇が幼少・女性の場合に政務を代行する役職で、聖徳太子や中大兄皇子《なかのおおえのおうじ》がそうであった。関白は、成人した天皇を補佐し、摂政と同じような権利を持つ。こうした摂政・関白による政治を摂関《せっかん》政治という。

藤原氏は不比等《ふひと》の子供たちが南・式・北・京の４家に分かれたが、奈良時代に勢力を誇った式家が没落すると北家《ほっけ》の冬嗣《ふゆつぐ》が力を持ちはじめ、彼の後を受けた良房《よしふさ》が、藤原摂関時代の基礎をつくったのだった。

初代摂政・良房

仁明《にんみょう》天皇の８４２年、伴健岑《とものこわみね》と橘逸勢《たちばなのはやなり》が、皇太子・恒貞《つねさだ》親王を奉じて謀反を企てたとして罰せられる事件が起こった。承和《じょうわ》の変というこの事件は、良房が恒貞親王を廃して、妹・順子《のぶこ》の生んだ道康《みちやす》親王を皇太子に立てるための陰謀だったといわれている。

こうして道康親王は文徳《もんとく》天皇として即位した。やがて良房の娘・明子《あきらけいこ》の生んだ清和《せいわ》天皇が9歳で即位し、応天門《おうてんもん》の変で名家・伴氏《ともし》が没落すると、良房は皇族以外で初めての摂政となったのである。

初代関白・基経

藤原基経《もとつね》は、息子のいない叔父・良房の養子となり、

■天皇家・藤原氏の姻戚関係図

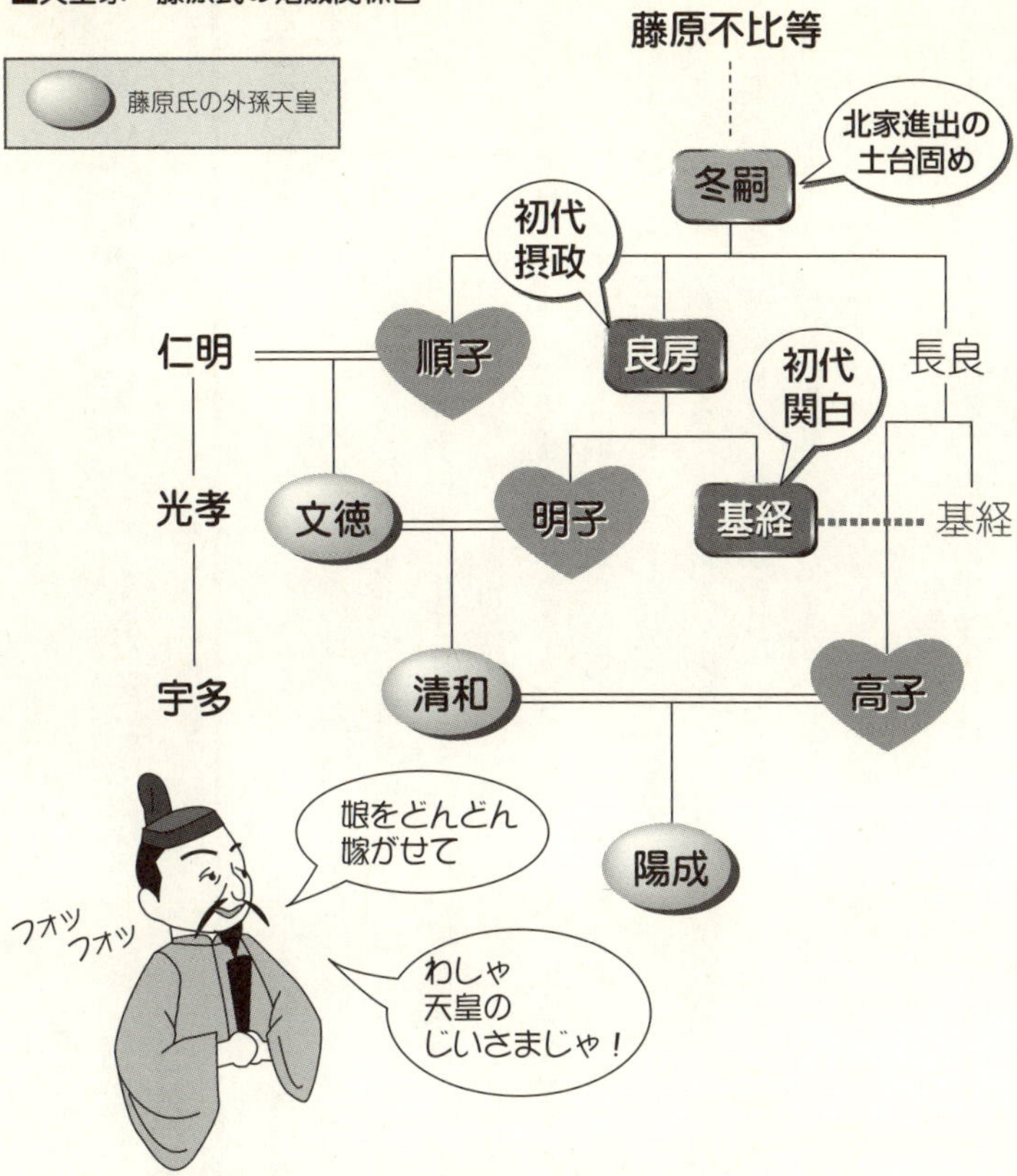
藤原氏の外孫天皇
藤原不比等
北家進出の土台固め
冬嗣
初代摂政
順子
良房
長良
仁明
初代関白
光孝
文徳
明子
基経
基経
宇多
清和
高子
陽成
娘をどんどん嫁がせて
フオッ フオッ
わしゃ天皇のじいさまじゃ！

初代関白となった人物である。

基経は、妹・高子《たかいこ》を清和天皇の後宮に入れた。高子は、かつて歌人の在原業平《ありわらのなりひら》と駆け落ちして連れ戻されたという個性的な経歴をもつ女性で、この話は『伊勢物語』でも有名だ。

やがて高子の生んだ陽成《ようぜい》天皇が即位するが、基経と高子の兄妹仲はあまりよくなかったようで、基経は陽成天皇を退位させ、55歳の光孝《こうこう》天皇を即位させる。そこで彼は、関白の地位に就いたのである。

良房・基経によって完成された摂関政治は、以後も「ライバル排除」と「天皇の外祖父」という2大原則のもと、11世紀半ばまで続けられていくのだった。

藤原氏の繁栄②

12

政敵の怨霊に狙われた藤原氏

良房以来、着々と摂関政治を進めてきた藤原氏だが、かつて死に追いやった政敵たちの怨霊が、彼らを襲う……!

菅原道真の登場

　京都の北天満宮《きたのてんまんぐう》や九州の太宰府天満宮《だざいふてんまんぐう》には、「学問の神様」として菅原道真《すがわらのみちざね》が祀《まつ》られている。それほどに、道真は頭が良かった。代々学者の家に生まれ、若い頃から、学問への関心の深さは人々によく知られていた。

　道真と言えば、遣唐使の廃止を提言した人物としても知られている。遣唐使は、飛鳥・奈良時代から200年以上も続けられてきた国家事業であり、それを思い切ってやめようと意見するには、相当な勇気と説得力が必要だったろう。道真は、ただ頭の良い文人官僚というだけでなく、自分の信念を貫き通す強い意志と、それを周囲に納得させるだけの説得力を備えた人物であった。

　そうした道真の活躍に感心した時の宇多《うだ》天皇は、彼に大きな信頼を寄せ、政治の表舞台へ大抜擢した。位を子の醍醐《だいご》天皇に譲る時も、何かと相談するほどであった。藤原氏では基経《もとつね》が亡くなり、子の時平《ときひら》が後を継いだが、道真はこの藤原氏の御曹司《おんぞうし》・時平と並んで、若い醍醐天皇を補佐する役目を仰せつかったのである。

　だが、こうした道真の出世は、藤原氏ばかりでなく、他の氏族や官僚たちからも嫉妬の対象となり、道真に批判的な勢力ができていたのである。

道真の悲劇と怨霊

　901年、道真が宇多上皇《じょうこう》（天皇は退位すると上皇となる）と天皇の仲を裂こうとし、さらに孫にあたる斉世《ときよ》親王の擁立を画策しているといううわさがたった。それまでの事件でもそうだったが、うわさが立つと大した調査もなく、まず謀反《むほん》ありきというわけで当事者が逮捕される。例にもれず道真も、九州の太宰府へと

890~901年

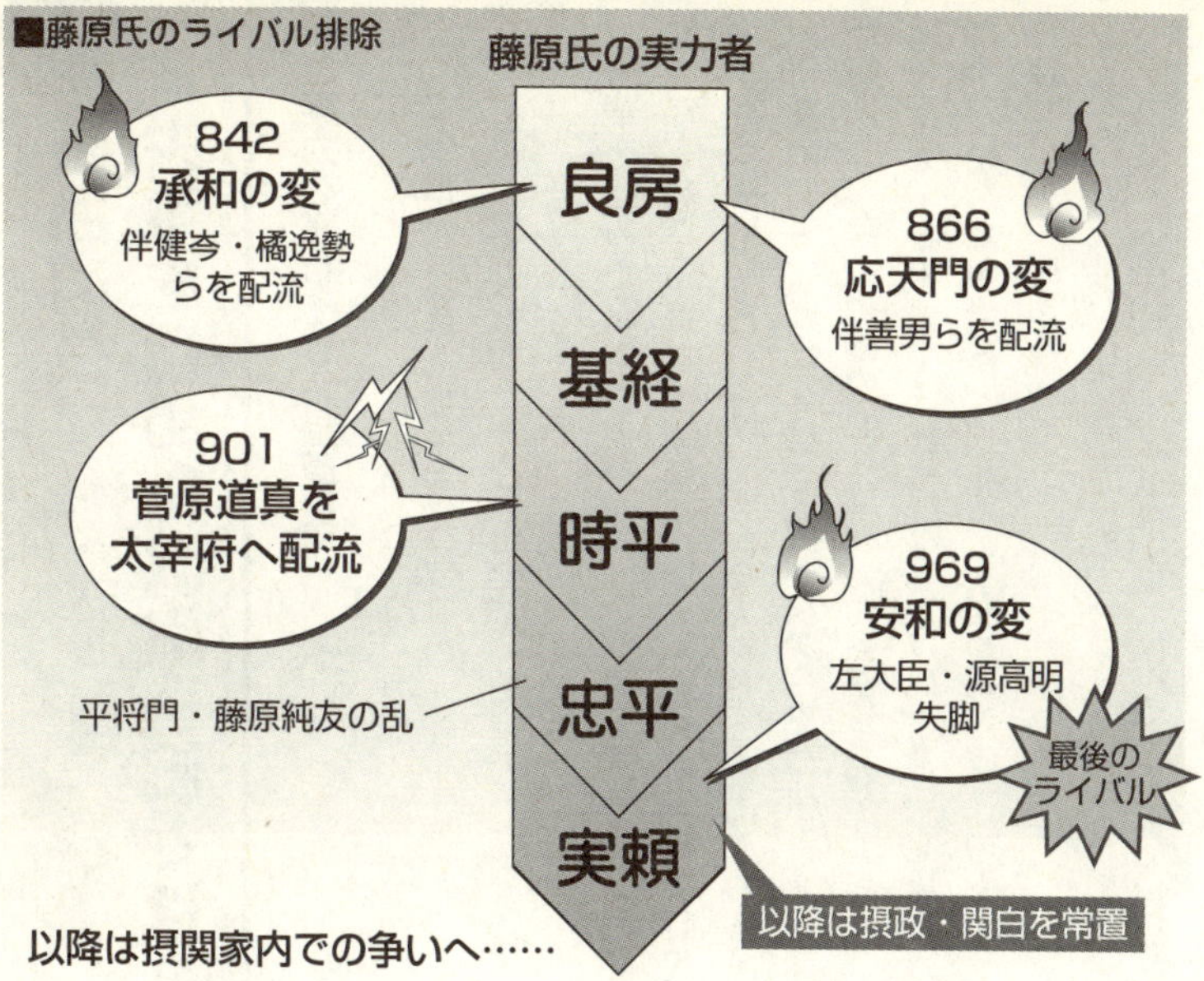
■藤原氏のライバル排除
藤原氏の実力者
良房
基経
時平
忠平
実頼
842
承和の変
伴健岑・橘逸勢
らを配流
866
応天門の変
伴善男らを配流
901
菅原道真を
太宰府へ配流
969
安和の変
左大臣・源高明
失脚
最後の
ライバル
平将門・藤原純友の乱
以降は摂政・関白を常置
以降は摂関家内での争いへ……

左遷、実質的には追放された。

驚いたのは宇多上皇である。上皇は天皇に面会を求めたが、宮廷を守る兵士に阻まれついに叶わなかった。道真を擁護したのは上皇ただ一人で、他はみな藤原氏の権勢に逆らえなかったか、もしくは道真の出世に嫉妬していたのだ。事件の詳細は謎のままだが、藤原時平が画策したのはほぼ間違いない。道真は、2年後に現地で無念の死をとげた。59歳であった。

道真の死から6年後、時平が亡くなった。続いて時平の血脈を継ぐ皇太子・保明《やすあき》親王やその子も亡くなり、人々は道真の祟りだと恐れるようになった。こうして怨霊と化した道真の怒りを鎮めるため、京に北野天満宮を建てて、祀ったのである。

過去にも、政敵を死に追いやった藤原氏の人々やその血縁である皇族が、事件の直後に死亡するということが何度かあった。さらには地震や飢饉、干ばつなどの天変地異が起こり、人々を怯えさせた。当時は怨霊の祟りを信じ、恐れる時代であったが、藤原氏が滅ぼしてきた政敵は、怨霊となって彼らに襲いかかっていたのである。

13 藤原道長、栄華を極めた政治手腕とは？

藤原氏の最盛期を謳歌した道長。本来家を継ぐことのない4男の彼は、いかにしてその頂点を極めたのであろう。

運と実力を兼ねそろえた道長

この世をば我が世とぞ思う望月《もちづき》の
欠けたることもなしと思へば

栄華を極めた藤原道長《みちなが》が、その心境を満月に例えて歌った有名な一首だ。藤原時代ともいわれる摂関時代の頂点を築いた道長とは、どんな人物だったのだろう。

道長の父・兼家《かねいえ》は3男であったが、兄の伊尹《これただ》・兼通《かねみち》が病没したため嫡流の流れは彼の家系にまわってきた。道長自身、4男に生まれ後継ぎにはほど遠い立場だったが、兄たちが次々と病死したため、藤原氏のトップに躍り出たのである。

もちろん、運だけで権力はものにできない。道長は、娘の彰子《しょうし》を一条《いちじょう》天皇へ、妍子《けんし》を三条《さんじょう》天皇へ、威子《いし》を後《ご》一条《いちじょう》天皇へ、そして嬉子《きし》を後《ご》朱雀《すざく》天皇へ、というように、4人の娘をそれぞれ天皇の後宮に入れるという、前代未聞のことを成し遂げている。こうして後一条・後朱雀・後冷泉《ごれいぜい》の3代・30年にわたり、天皇の外祖父として権力をふるい続けたのである。

道長の長男・頼通《よりみち》は、50年にわたって摂政・関白を努めたが、後冷泉天皇に嫁いだ娘・寛子《かんし》に皇子が生まれず、道長の娘たちも次々に病死し、藤原氏の栄華は翳《かげ》りを見せ始めた。やがて藤原氏を外祖父に持たない後三条《ごさんじょう》天皇が即位すると、摂関政治は急速に衰え、天皇の父である上皇が権力を持ち始めるのであった。

2大女流文学を生んだ後宮争い

道長と甥の伊周《これちか》の権力闘争は有名だが、これは天皇の妻妾たちが暮らす後宮《こうきゅう》内でも展開された。道長は娘・

彰子を一条天皇に嫁がせ、伊周も妹・定子《ていし》を同じく一条天皇に嫁がせていたのである。

彼女たちには、天皇に好かれるために様々な教育がなされ、女房という家庭教師がわりの才女がつけられた。彰子には紫式部《むらさきしきぶ》、定子には清少納言《せいしょうなごん》である。紫式部は『源氏物語《げんじものがたり》』、清少納言は『枕草子《まくらのそうし》』の作者としてよく知られた女性たちであるが、主《あるじ》のため競い合った結果、こうした名作が誕生したのであった。

■天皇家・藤原氏関係略図

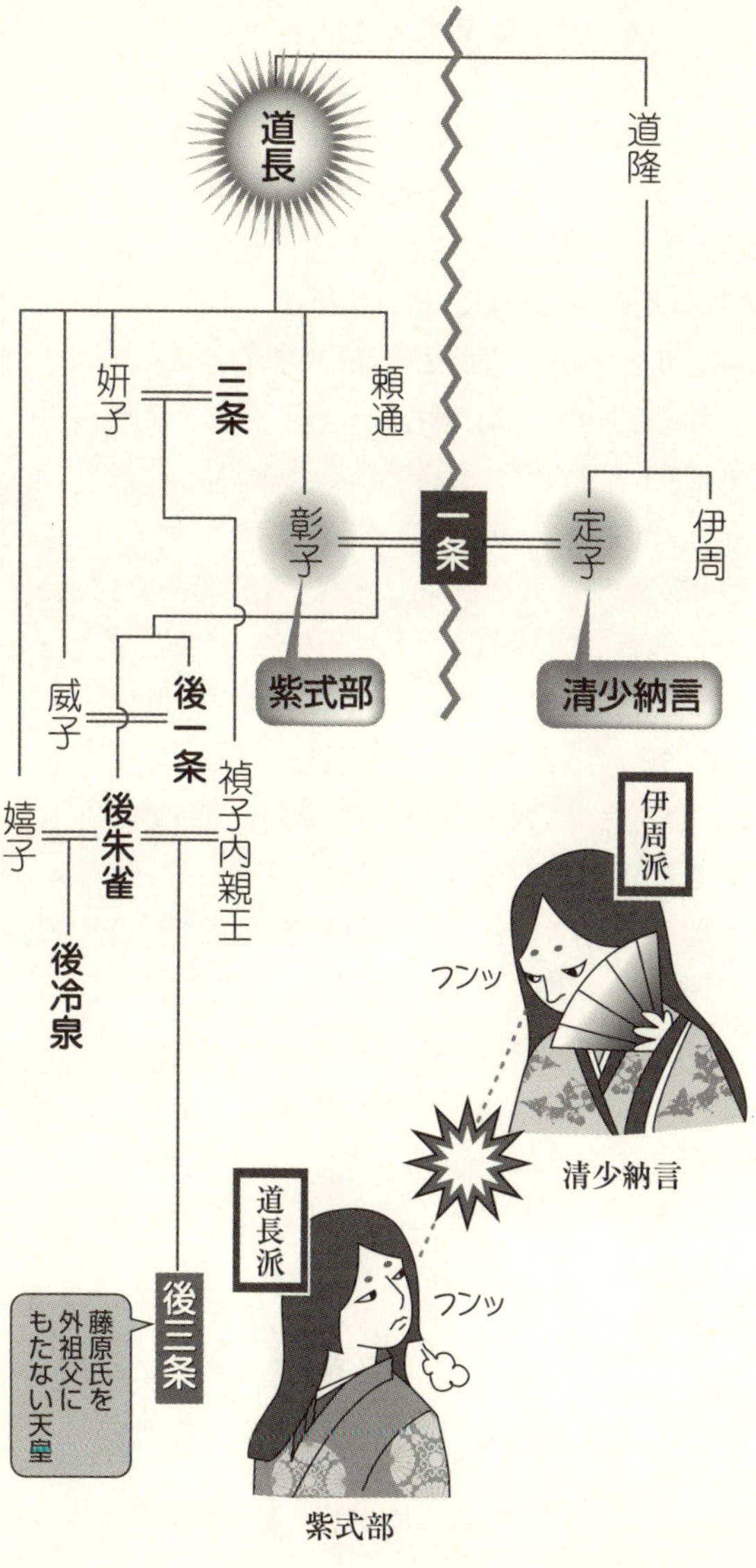
道長
道隆
妍子
三条
頼通
彰子
一条
定子
伊周
紫式部
清少納言
威子
後一条
禎子内親王
嬉子
後朱雀
後冷泉
伊周派
フンッ
清少納言
道長派
フンッ
紫式部
後三条
藤原氏を外祖父にもたない天皇

大津皇子の悲劇

奈良時代、天武《てんむ》天皇の後継ぎは皇后（後の持統《じとう》天皇）の生んだ草壁皇子《くさかべのみこ》に決まっていたが、天皇は病弱な草壁よりも、文武両道で人望厚い大津皇子《おおつのみこ》を寵愛《ちょうあい》していた。だが、天武天皇が亡くなると、大津皇子は謀反の罪で捕らえられる。我が子の将来を安泰にするために、皇后が画策した罠だった。

逮捕の直前、大津皇子は密かに伊勢神宮の斎宮《いつきのみや》（巫女）であった姉・大伯皇女《おおくのひめみこ》に会いに行っている。そして飛鳥へ帰った後、24歳で刑死した。その辞世の句、

「百《もも》づたふ　磐余《いわれ》の池に鳴く鴨《かも》を　今日のみ見てや雲隠りなむ」

（あの鴨たちを今日限りの見納めに、私は死んでいくのだな）

このとき、大津皇子の妃《きさき》である山辺皇女《やまべのひめみこ》は髪を振り乱し、裸足で刑場へ駆け出して、遺体のそばで殉死したという。

万葉集には、大伯皇女の歌が6つ残っているが、すべて弟の大津皇子のことを歌ったものである。そのうちのひとつ、

「神風の伊勢の国にもあらましを何しか来けむ君もあらなくに」

（なぜ都になど帰ってきてしまったのだろう、あなたはもういないのに）

ちなみに、皇太子・草壁皇子はこの2年後に病死、皇后は自ら持統天皇として即位した。政争の犠牲者となった大津皇子は、奈良市街を一望できる二上山《にじょうざん》で、今も静かに眠っている。

平安時代の結婚あれこれ

平安時代、ふつう男は17、8歳、女は13歳で結婚した。良い妻の条件は、「身分・家柄が良い、容姿が良い、教養がある、性格が良い、良い母になれそう」で、良い夫の条件は、「身分・家柄が良い、性格が良い、芸術・学問の才がある、女性関係がしっかりしている、出世の見込みがある」とのこと。

プロポーズの手順は、まず男性が片思いの女性に「懸想文《けそうぶみ》」を渡す。それを女性の女房《にょうぼう》（世話人）が受け取り、男性をチェック、お眼鏡にかなえば、女房が返事を代筆し、数回の文通を経て女性自ら筆をとるというのが一般的だ。

女性から承諾の手紙をもらい、双方の身内の同意が得られると、男性は、女房の手引きで女性の部屋へ行き、契りを結ぶ。翌朝、帰宅後に男性が女性に「後朝《きぬぎぬ》の文《ふみ》」を送り、その届く早さによって、男性の女性への熱意のほどがはかられた。

それから三晩続けて男性が女性のもとに通えば、「結婚してくれ」の意思表示となる。続かなければ、単なる浮気だったことになる。そして三日目の夜は三日夜《みかよ》の餅を食べ、翌朝女性の身内と対面、祝宴の運びとなる。これが結婚式とされた。

当時、貴種の男女は一夫多妻制で、結婚生活も夫が妻の宅に通う「通《かよ》い婚《こん》」であった。愛情が薄れれば、夫の足は遠のく。離婚は夫から一方的に宣告し、どんな場合も妻から離婚することはできない。まさに、男性の意思ひとつで全てが決まったのである。

14 バラエティーに富んだ平安時代の仏教

後世に大きな影響を与える密教や、土着信仰と結びついた修験道、念仏教の先駆である浄土教など、様々な仏教が誕生！

奈良から平安へ、仏教の変化

現代人は、科学の進歩によって、目に見えない存在をあまり恐れなくなっている。だが、古代の人々は、霊や魂といったものを信じ、天災が生じれば怨霊の仕業と思った。彼らの宗教への依存は、我々の想像をはるかに越えるものであった。

仏教が百済経由で日本に入ったのは、6世紀半ばのことである。奈良時代の仏教は、国家の厚い保護と統制の下、もっぱら国を守るための法会《ほうえ》や祈祷《きとう》が行われた。東大寺や西大寺《さいだいじ》といった大寺院が国家予算で建てられ、民間への布教は許されていなかった。やがて大寺院の建立は国の財政を苦しめる結果となり、奈良時代末期には仏教界は腐敗し始める。

そんな仏教界に新たな風をもたらしたのが、天台《てんだい》宗の開祖・最澄《さいちょう》と真言《しんごん》宗の開祖・空海《くうかい》である。2人は唐から密教《みっきょう》をもたらし、平安仏教の基礎をつくった。

密教とは？

密教とは、「秘密仏教」の略称で、容易に知ることのできない教え、という意味である。本来の仏教が、広くわかりやすく大衆に布教する顕教《けんきょう》であるのに対し、密教は、ひとりの師匠にひとりの弟子、教団内で相伝し、外部にはもらさないという秘密主義の宗教である。加持《かじ》祈祷《きとう》（呪文を唱えて仏に加護を祈ること）によって、災いを避けて現世利益を求める密教は、病気治癒や怨霊退散、官位昇進など、今生の繁栄を願う貴族たちの熱烈な支持を得た。

様々な仏教

山中を修行の場とする密教と、従来の自然崇拝や神

8〜10世紀

■古代仏教の変化

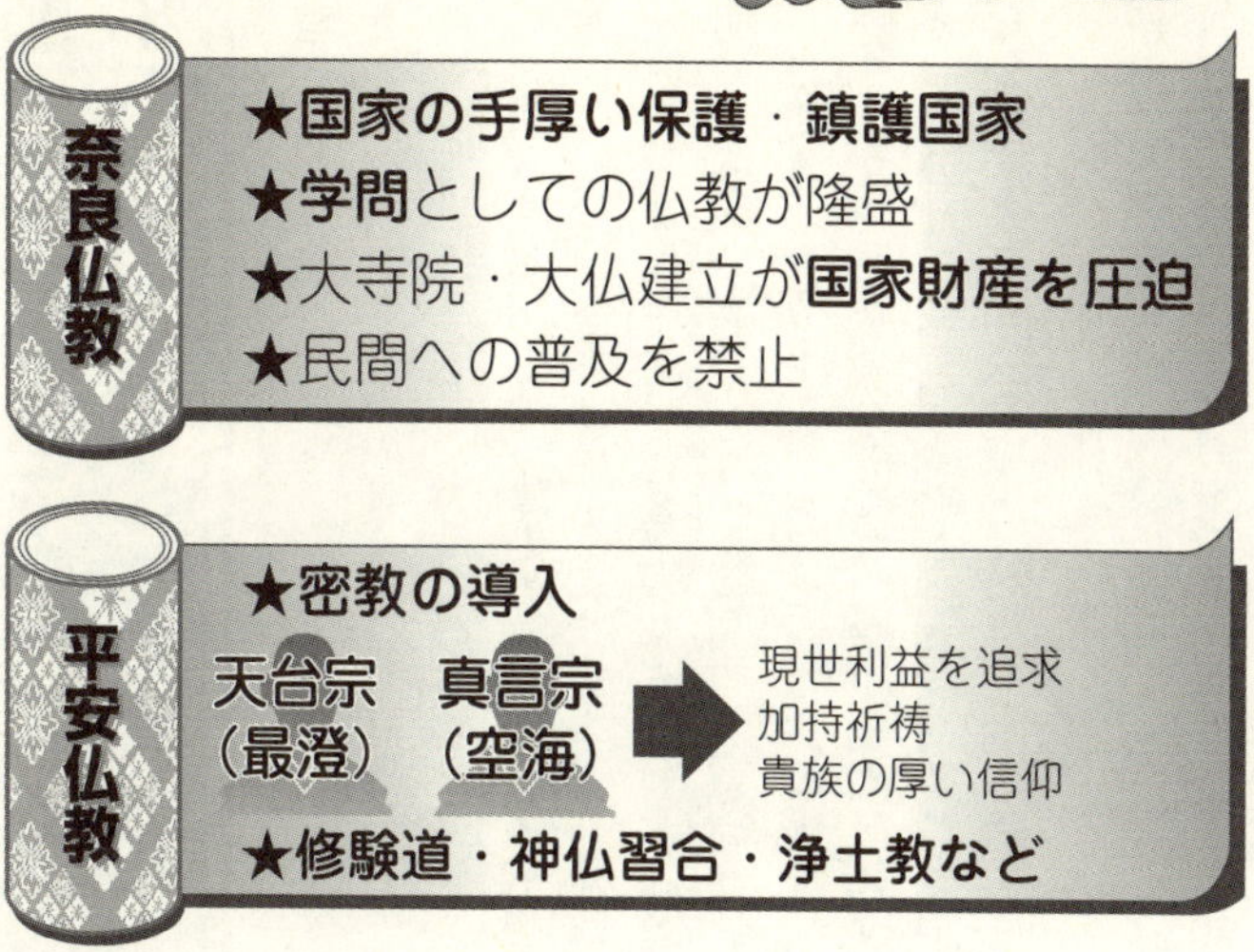
奈良仏教
★国家の手厚い保護・鎮護国家
★学問としての仏教が隆盛
★大寺院・大仏建立が国家財産を圧迫
★民間への普及を禁止
平安仏教
★密教の導入
天台宗
（最澄）
真言宗
（空海）
現世利益を追求
加持祈祷
貴族の厚い信仰
★修験道・神仏習合・浄土教など

道などが結びついて、修験道《しゅげんどう》が誕生した。これは、山中で厳しい修行を積んで呪力を身につけるというもので、役小角《えんのおづぬ》が開祖とされている。小角は大和の葛城《かつらぎ》山にいたとされる呪術者で、謎の多い人物である。弟子の讒言《ざんげん》のため伊豆に流されたが、許されて都に戻ったとき、天に昇って仙人になったとも唐に渡ったともいわれている。

8世紀頃からは、神道と仏教の合体した神仏習合《しんぶつしゅうごう》という風潮があわられた。神前でお経を読んだり、神社の境内に神宮寺が建立された。さらにそこから、神仏は本来同一のものだという思想も生まれた。

平安末期になると、死後に極楽浄土《ごくらくじょうど》へ往くことを願った浄土教《じょうどきょう》が流行した。「南無阿弥陀仏《なむあみだぶつ》」と唱えれば、来世は極楽へ生まれることができるというこの教えは、貴族だけでなく庶民の間にも大流行した。

奈良仏教が学問としての色が強かったことを考えれば、これらの平安仏教は生活に即し、厄災や不安定な社会情勢を生きる人々にとって、たいへん魅力的なものであった。

15

関東独立国家を目指した平将門の挑戦

今も人々に畏敬される平将門。彼は京の朝廷を否定し、関東人のための独立国家を目指していた！

将門の首

東京丸の内、オフィス街の真ん中に平将門《たいらのまさかど》の首塚《くびづか》がある。関東大震災で焼失した大蔵省の建物を移転するため、この首塚を撤去しようとした時、関係者の事故や死亡があいつぎ、撤去は中止になった。また戦後、GHQが区画整備のため首塚を撤去しようとした時も、原因不明の事故が起こり、とりやめになったという。

将門にはこうした恐ろしげなエピソードが多く、各地に彼を祀《まつ》った史跡がある。それは、史上類を見ないことをやってのけた彼を、人々が恐れ、同時に敬っているからなのである。

将門「新皇」を名乗る

平将門は若い頃、京で時の権力者・藤原忠平《ふじわらのただひら》に仕えたが、父の死の知らせを受け、本拠地である下総《しもうさ》に帰った。そこで国香《くにか》ら叔父たちが将門の受け継ぐ土地を横取りしようとしたため、内紛が始まった。将門軍は強く、国香を殺害し、叔父たちの軍を次々と破った。

当初は、一族の内紛にすぎなかったため朝廷も特に干渉しなかったが、将門が常陸《ひたち》の国司《こくし》に追われた豪族をかくまい、常陸国府《こくふ》（国の役所）を焼き払ったことから事態は変わる。朝廷が派遣した国司と対立するということは、朝廷に逆らうということになるからだ。

常陸国を占領した将門は、さらに下野《しもつけ》・上野《こうずけ》・武蔵《むさし》・相模《さがみ》・上総《かずさ》・下総《しもうさ》・安房《あわ》までも勢力下に置き、自分は「新皇《しんのう》」と名乗り関東8ヶ国の独立を目指したのである。天皇を否定し、朝廷とは別世界をつくることを宣言したのだから、常に天皇を頂点に考えられる日本の歴史上、これは異例の出来事であった。

ちょうどこの頃、瀬戸内海では藤原純友《すみとも》が同じよう

931～940年

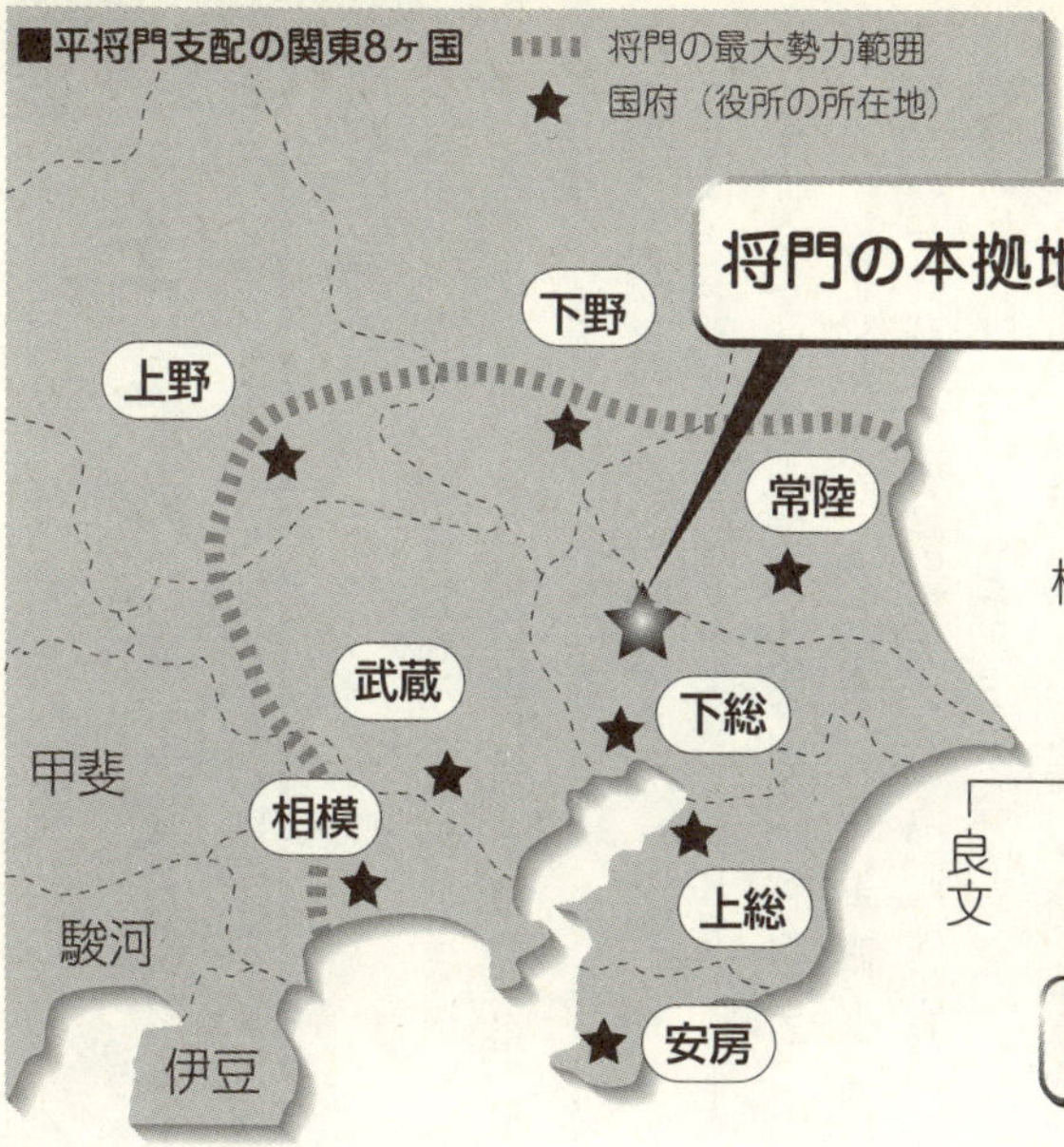
■平将門支配の関東8ヶ国
将門の最大勢力範囲
国府（役所の所在地）
将門の本拠地
下野
上野
常陸
武蔵
下総
甲斐
相模
上総
駿河
安房
伊豆

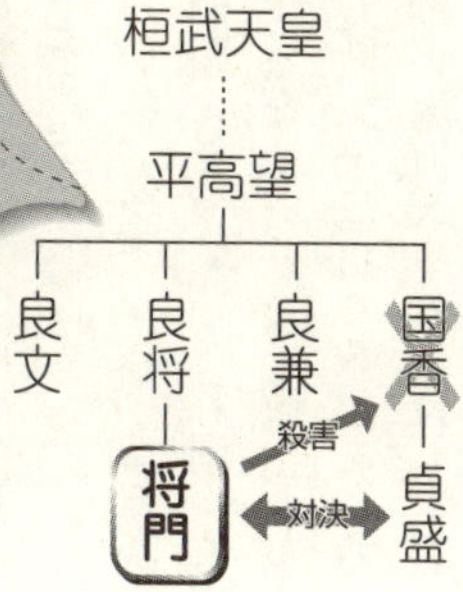
桓武天皇
平高望
良文
良将
良兼
国香
将門
殺害
対決
貞盛

に乱を起こしており、東西で反乱に見舞われた朝廷は、パニック状態に陥っていた。将門の乱を鎮めたのは関東の武士・藤原秀郷《ひでさと》と平国香の嫡男・貞盛《さだもり》で、奇襲を受けた将門は奮戦の末、戦死した。39歳だった。新皇宣言から、わずか2ヶ月のことであった。

将門の首は、京都の三条河原《さんじょうがわら》にさらされたが、3日後、光を放って東方へ飛び、武蔵国に落ちたという。

関東人が求めたもの

将門の乱が起きた10世紀は、藤原氏の摂関政治が定着し始めた時期である。地方では律令制度が崩壊、有力農民や貴族・寺院が荘園という私有地を拡大し、国司は農民から税を独自に徴収して、私腹を肥やすことに専念していた。それぞれの勢力が武士《ぶし》という武装勢力をつくり、領地をめぐって争い始めた時代でもある。

武士は一族や郎党《ろうとう》（上級武士に従う下級武士、家人《けにん》ともいう）を率いて集団同士で闘争を繰り返し、時には国司とも対立した。将門はそんな武士団の統率者として、有力者や朝廷の圧政に苦しむ関東人の期待を背負い、独立国家を築こうと立ち上がったのである。

16

武士は院政によって出世した！

後三条天皇の誕生により、藤原氏の勢力は後退、天皇の父親＝院が権力を振るう院政の時代がはじまった！

摂関政治の没落

「ハ《8》ロ《6》ーと《1》う《0》ちゃん、1086年、院政《いんせい》はじまる」とうちゃん＝父親。天皇は譲位の後、上皇《じょうこう》や法皇《ほうおう》（出家した場合）となるが、院政とは、そうした元・天皇が主導権を握る政治体制のことである。院とは、本来上皇の居所を指すが、転じて上皇本人をいうようになった。院は、法や前例に縛られることなく自由に行動ができ、かつ天皇の上に君臨できる。そのため、これまで天皇の母方として朝廷を牛耳ってきた藤原氏を押しのけることができたのである。

藤原氏を外祖父に持たない後三条《ごさんじょう》天皇は、藤原氏に頼らず、当時増えすぎて問題になっていた荘園《しょうえん》（有力者たちの私有地）を整備するなど、独自の政治改革を進めた。次の白河《しらかわ》天皇も親政《しんせい》（天皇自ら政治を執ること）を行ったが、やがて幼い堀河《ほりかわ》天皇に譲位し、自らは上皇（＝院）として院政を開始したのである。

院政を支えた武士

白河上皇は、荘園整理を進める中で荘園の拡大に困窮していた国司《こくし》（朝廷が派遣した地方役人）たちを味方につけた。また、院の御所には北面《ほくめん》の武士《ぶし》（院の北側を警備した武士のこと）を組織し、院の勢力基盤とした。こうして、それまで貴族の護衛でしかなかった武士が、政治の表舞台に登場したのである。

さらに武士は、僧兵《そうへい》を抑えるのにも重要な役割を果たす。僧兵とは、大寺院が自領を守るために下級僧侶を武装させたもので、京に来ては朝廷に無理難題をふっかけてくることが多くなっていた。武士は、貴族たちでは恐れをなして手出しできなかった僧兵を撃退し、そうした武士を養う院は、さらに権威を高めていった。

■院政のしくみ

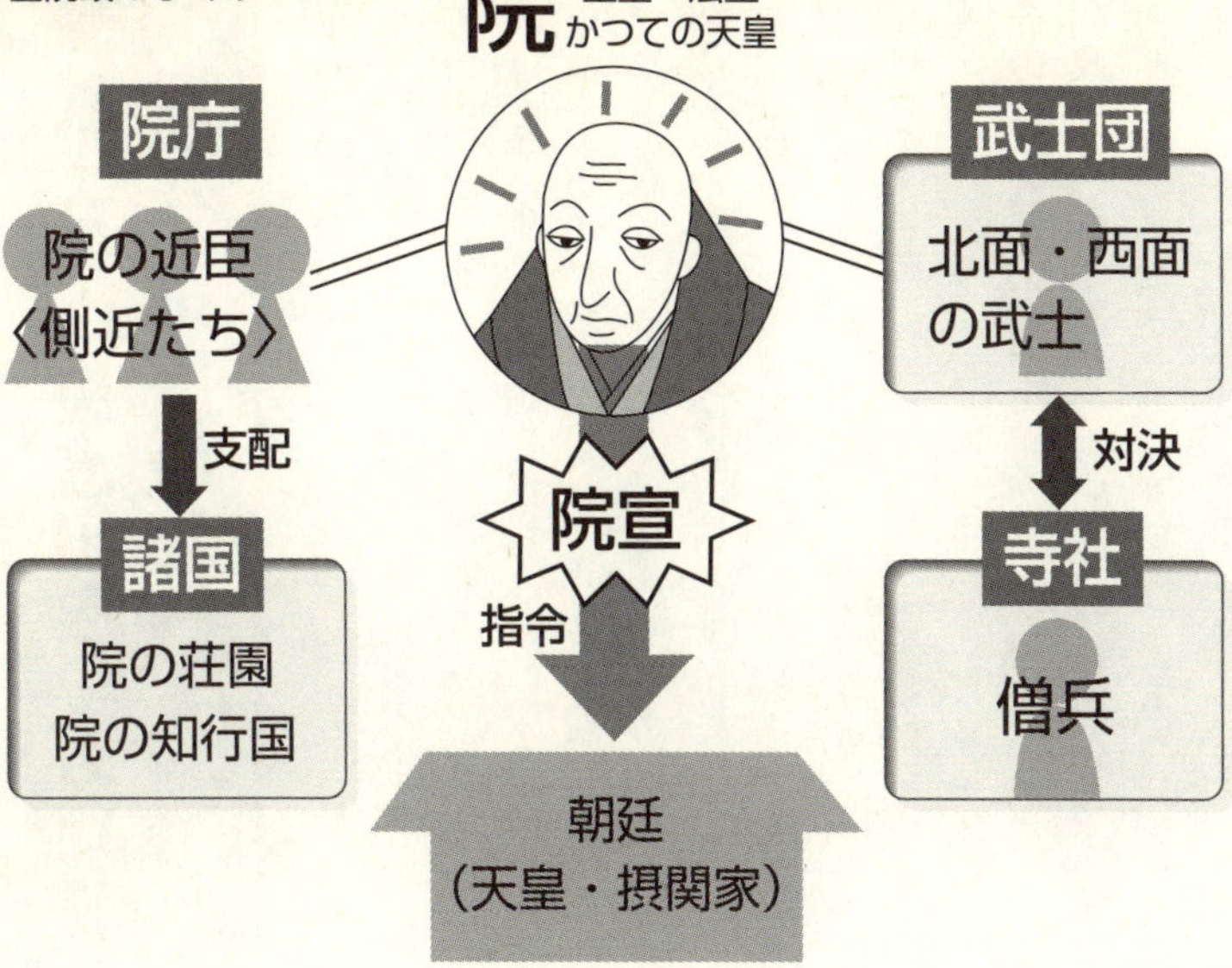
院 上皇・法皇 かつての天皇
院庁
院の近臣〈側近たち〉
支配
諸国
院の荘園
院の知行国
院宣
指令
朝廷
（天皇・摂関家）
武士団
北面・西面の武士
対決
寺社
僧兵

地方武士の台頭

地方では平将門の乱以来、武士の力が強くなり、小規模な反乱が続いた。武士は一族や地域の結びつきを重視し、一族の長である棟梁《とうりょう》の統率の下で活動した。

将門の乱によって没落した平氏に代わり、東国で勢力を拡大した源氏《げんじ》は、関東武士たちの尊敬を集めるようになっていた。ちなみに「源《みなもと》」や「平《たいら》」の一族は、母親の身分が低い皇族が、姓を与えられて臣下に落とされたことに始まる（天皇家に姓はない）。

源氏の棟梁・源義家《みなもとのよしいえ》は、奥羽地方で力をふるっていた豪族の安倍《あべ》氏を滅ぼして地位を高めた。だが、義家の子・義親《よしちか》が出雲で反乱を起こし、朝廷の命令で派遣された平正盛《たいらのまさもり》に討たれたことで、源氏は勢力を失った。

正盛は、伊勢や伊賀に勢力を持つ平氏で、将門を討った貞盛の子孫にあたる。彼は時の権力者・白河上皇に近づきその信任を得、院の近臣《きんしん》として側近くに仕えるようになる。これが平氏の政界進出の第一歩となった。

こうして、院政は新たな勢力である武士を味方につけて栄えたものの、やがて政治の実権を武士にもっていかれることになるのである。

17 武士の中央進出を早めた保元・平治の乱

貴族の内紛も、もはや武士の力に頼らざるを得ない時代になっていた。武士の、そして平氏の中央進出が急速に進む！

源平対立のはじまり

平氏と源氏は、平安末期にいわゆる「源平合戦《げんぺいかっせん》」を繰り広げ、常に相対する存在のように扱われている。後に、北条《ほうじょう》（平氏）、足利《あしかが》（源氏）、織田《おだ》（自称平氏）、徳川《とくがわ》（自称源氏）というように、代々平氏と源氏が交代で政治を執るという「源平交代説《げんぺいこうたいせつ》」までできたほどだ。こうした源平対立の構図は、12世紀に確立された。当初は皇族や貴族の武力として使われた源平両氏だったが、やがて独自に力を持ち、自分たちの政権を築くに至ったのである。

保元の乱～武士の進出～

院政では、院（上皇ともいう）が複数存在することもあり、権力の構造がわかりにくく、さらに天皇も加わるので権力争いがより複雑になった。

保元《ほうげん》の乱は、崇徳《すとく》上皇と後白河《ごしらかわ》天皇の兄弟争いが発端だったが、そこに藤原摂関家の継承争いが絡み、双方は武士を使って武力で決着をつけようとした。崇徳上皇に藤原頼長《よりなが》がつき、平忠正《ただまさ》、源為義《ためよし》、為朝《ためとも》といった武士が馳せ参じた。一方、後白河天皇には信《しん》西《ぜい》入道（天皇の乳母の夫）、頼長の兄・忠通《ただみち》が味方し、忠正の甥・清盛《きよもり》、為義の子・義朝《よしとも》などが集まった。戦いは天皇側の勝利に終わり、崇徳上皇は讃岐《さぬき》に流された。２００年ぶりに死刑が復活し、敗れた者は身内の手により斬首されるという、凄惨な処刑であった。

この乱により、武士の知名度は格段に上がり、貴族同士の争いも武士の力で解決されるようになった。

平治の乱～平氏の進出～

保元の乱を主導した信西は、譲位して院となった後白河上皇の下で政治の実権を握ったが、これに反発した同僚の藤原信頼《ふじわらのぶより》は、源義朝を誘って信西を殺害した。義朝は、同じ武士でありながら栄進する平清盛に、対抗意識を燃やしていたのだ。だが武力に勝る清盛に敗北し、信頼は斬首、義朝は逃亡中に家臣に殺された。

これが平治《へいじ》の乱である。このとき、義朝の3男（嫡男）で13歳だった頼朝《よりとも》は、命は助けられて伊豆へ流された。清盛の地位と権威は一気に高まり、軍事力をバックに平氏政権がスタートする。だが頼朝を生かしたことは、20年後の平氏に、重大な禍根を残したのであった。

1156〜1159年

■保元の乱（1156）

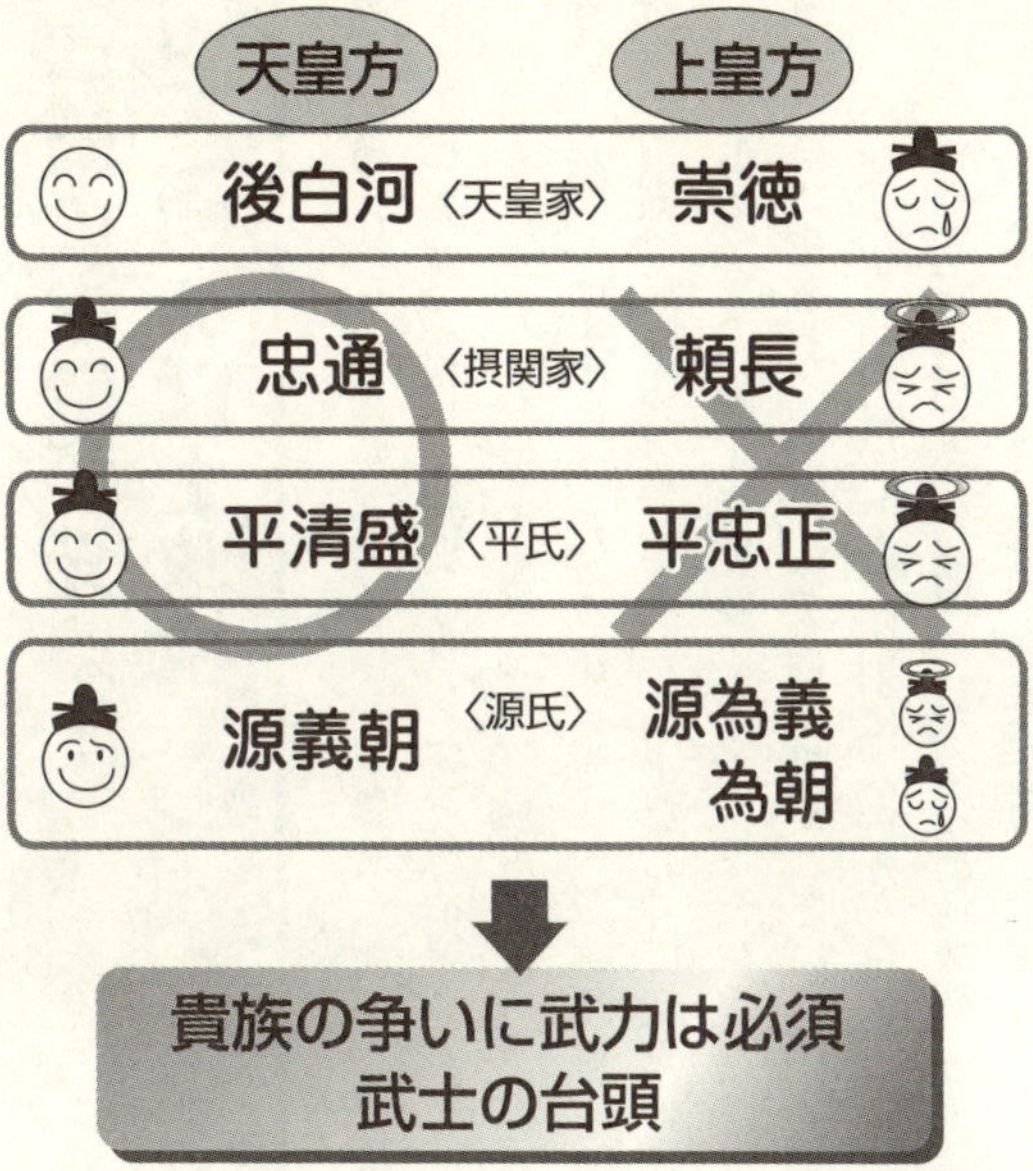
天皇方
上皇方
後白河 〈天皇家〉 崇徳
忠通 〈摂関家〉 頼長
平清盛 〈平氏〉 平忠正
源義朝 〈源氏〉 源為義
為朝
貴族の争いに武力は必須
武士の台頭

■平治の乱（1159）

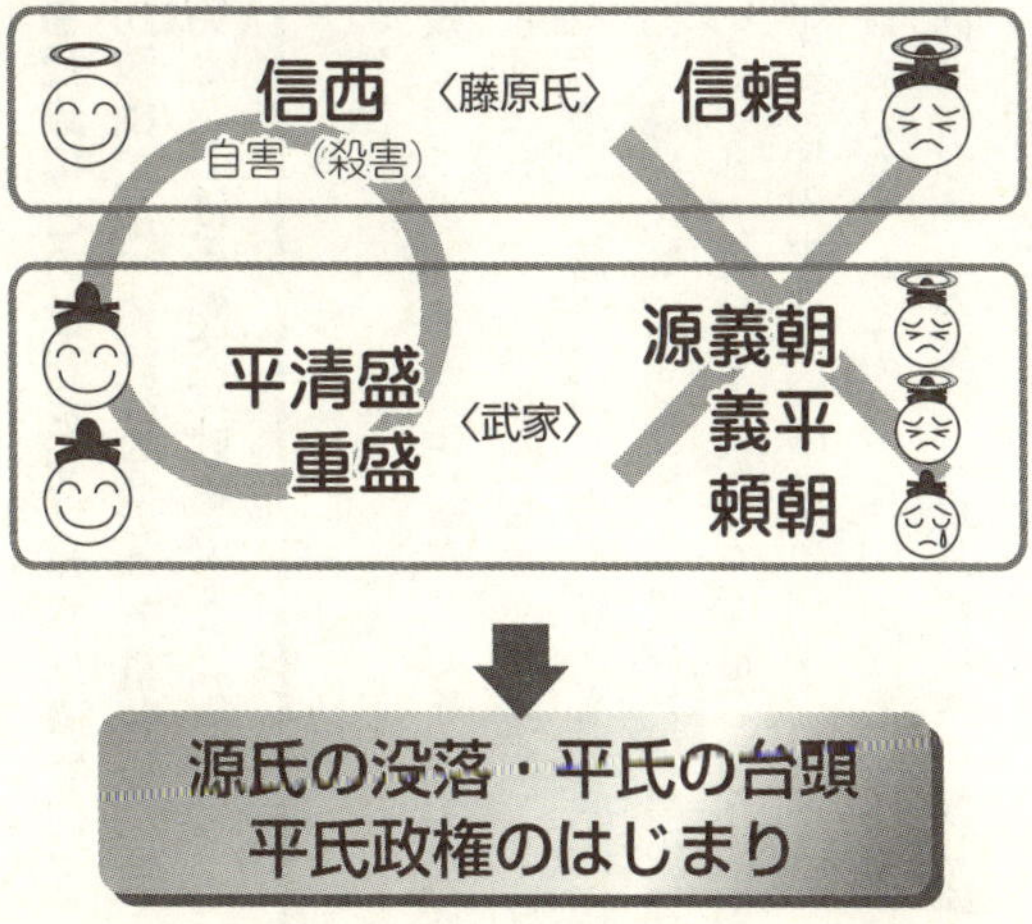
信西 〈藤原氏〉 信頼
自害（殺害）
平清盛 〈武家〉 源義朝
重盛
義平
頼朝
源氏の没落・平氏の台頭
平氏政権のはじまり

18 清盛の才覚が光る！史上初の武士政権

独裁政権との批判を受けがちな清盛の平氏政権だが、貴族社会の中で奮闘し、当時としては革新的な政権であった。

平清盛という人

平清盛《きよもり》といえば、横暴で強引なワンマン政治家というイメージがある。これは『平家物語《へいけものがたり》』によるところが大きい。だが、『十訓抄《じっきんしょう》』という鎌倉時代の説話集には、徹夜の警備で疲れ切った部下の布団をなおしてやったり、おもしろくない部下の冗談にも笑ってやったりという、清盛のやさしく気遣いな人柄が描かれている。

清盛の祖父・正盛《まさもり》が白河《しらかわ》上皇に気に入られて以来、その子・忠盛《ただもり》も順調に出世し、清盛になると出世スピードはさらに速まった。一説には、清盛が白河上皇の隠し子だからともいわれている。保元・平治の乱で勝利した後も着々と昇進し、ついには武士で初めて、政治の最高職である太政大臣《だじょうだいじん》になった。こうして、清盛の政治改革が本格的に進み、軍事力を背景に平氏政権が確立したのである。

平氏政権の特徴

清盛は娘の徳子《とくこ》を高倉《たかくら》天皇に嫁がせ、その子の安徳《あんとく》天皇が即位すると、天皇の外祖父としてかつての藤原氏の地位を占めた。藤原氏や後白河院とも姻戚関係を結び、一門は高位・高官を独占して貴族社会の中にとけ込んでいく。地方には家人《けにん》などを派遣して荘園を管理させ、平氏支配の土地を全国に増やしていった。

清盛が最も力を入れたのは、中国・宋《そう》との貿易である。瀬戸内海航路の安全確保のために海賊を取り締まり、交通路や寺社を整備した。そして貿易港として6年がかりで福原《ふくはら》の大輪田泊《おおわだのとまり》（現・神戸市）を修築した。貿易の利潤は平氏政権の経済基盤となり、宋からの宝物や宋銭《そうせん》、書籍などは、日本の文化や経済を潤わせ、従来の貴族政治とは一味違った目新しさを見せている。

また清盛自身も福原に邸宅を構え、ここを平氏の、

1167〜1185年

■平氏政権の特色

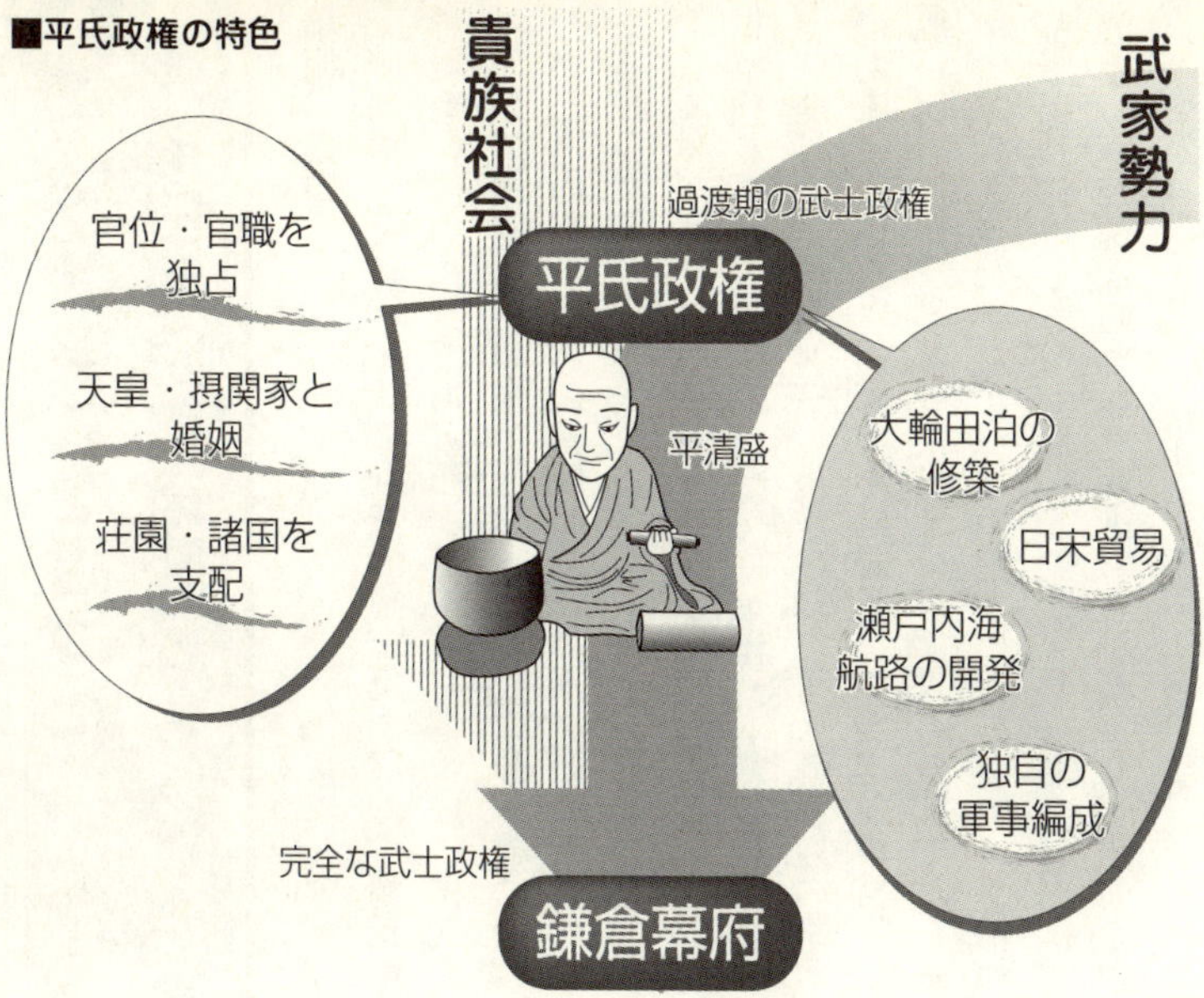
貴族社会
武家勢力
過渡期の武士政権
平氏政権
官位・官職を独占
天皇・摂関家と婚姻
荘園・諸国を支配
平清盛
大輪田泊の修築
日宋貿易
瀬戸内海航路の開発
独自の軍事編成
完全な武士政権
鎌倉幕府

さらには日本の本拠地にしようと考えていた。事実、一時はこの福原に都を移してもいるが、貴族たちの大反対にあい、わずか半年で再び京都に戻した。

現在の国際港・神戸の起源はこの清盛によるところが大きく、もし平氏政権が続いていたら、福原はベネチアのような国際都市になっていた可能性もある。

貴族社会から生まれた武士政権

貴族の争乱から生まれた平氏政権は、貴族社会に乗り込んでいったため王朝政治の色が強かった。当時の武士は貴族社会の一員で、自立するにはまだ早かった。その中にあって清盛は正面から政治に取り組み、やがて朝廷の実力者・後白河院と敵対するようになる。それに比べ、頼朝が鎌倉に政権を立て、朝廷との正面衝突を避けたのは、賢明な判断だったといえよう。

平氏は次第に独裁政権として批判を浴び、寺社や院、貴族、地方武士たちを敵にまわして孤立していった。史上初の武士政権を打ち立て、中世への橋渡しとなった清盛は、政権の行方を見届けることなく、源平合戦の最中に64年の生涯を終えたのだった。

19 源平共倒れを狙った後白河院の策略

源平の争乱は、頼朝率いる源氏の勝利に終わった。だがその裏には、後白河院の武士共倒れを狙った策略があった！

頼朝、立つ

源平の争乱は、平氏の独裁政権を倒すべく、源氏の棟梁《とうりょう》（一族の長）である頼朝《よりとも》が挙兵し、ついに平氏を滅ぼして鎌倉に政権をつくる、というのがあらましだ。しかしその裏には、頼朝いわく「日本一の大天狗《おおてんぐ》」である後白河《ごしらかわ》院の策略も大きく働いていたのである。

都では平氏が高位高官を占め、全国に所領を増やし、軍事独裁を強めていく中で、反平氏勢力が強まった。その発端は、後白河院の皇子・以仁王《もちひとおう》と源頼政《よりまさ》の挙兵である。以仁王は諸国の不満分子に平氏追討の文書を触れ回ったが、挙兵直後に平氏軍に攻められて討ち死にしてしまった。だが、この動きに呼応して、平治の乱で伊豆に流されていた源頼朝が挙兵、さらに諸国に散っていた源氏の血縁や武士たちが集まり、頼朝を頂点とする反平氏勢力が誕生したのである。

平氏の滅亡

最初に台頭したのは、頼朝のいとこ・義仲《よしなか》だった。木曽を本拠とする義仲軍は、平氏を京都から追い落とす。この頃の平氏は、大黒柱であった清盛が病死し、息子の宗盛《むねもり》が一門を取りまとめていたが、全国的に沸き起こった反平氏の流れに勝てず、西国へ落ちていったのである。意気揚々と都入りした義仲だったが、朝廷の権力者である後白河院とそりが合わず、武力で院を幽閉してしまう。院は密かに、鎌倉に本拠を構えた頼朝に、義仲追討《ついとう》の命令を下した。

頼朝は、弟の範頼《のりより》・義経《よしつね》を派遣して義仲を討たせた。2人は義仲と違って完全に頼朝の配下であり、京に入ってからも朝廷に対して従順だったため、貴族たちの受けもよかった。後白河院は、若く純粋な義経を気に入り、味方につけていざとなれば頼朝に対抗させること

1180～1189年

■源平の戦い

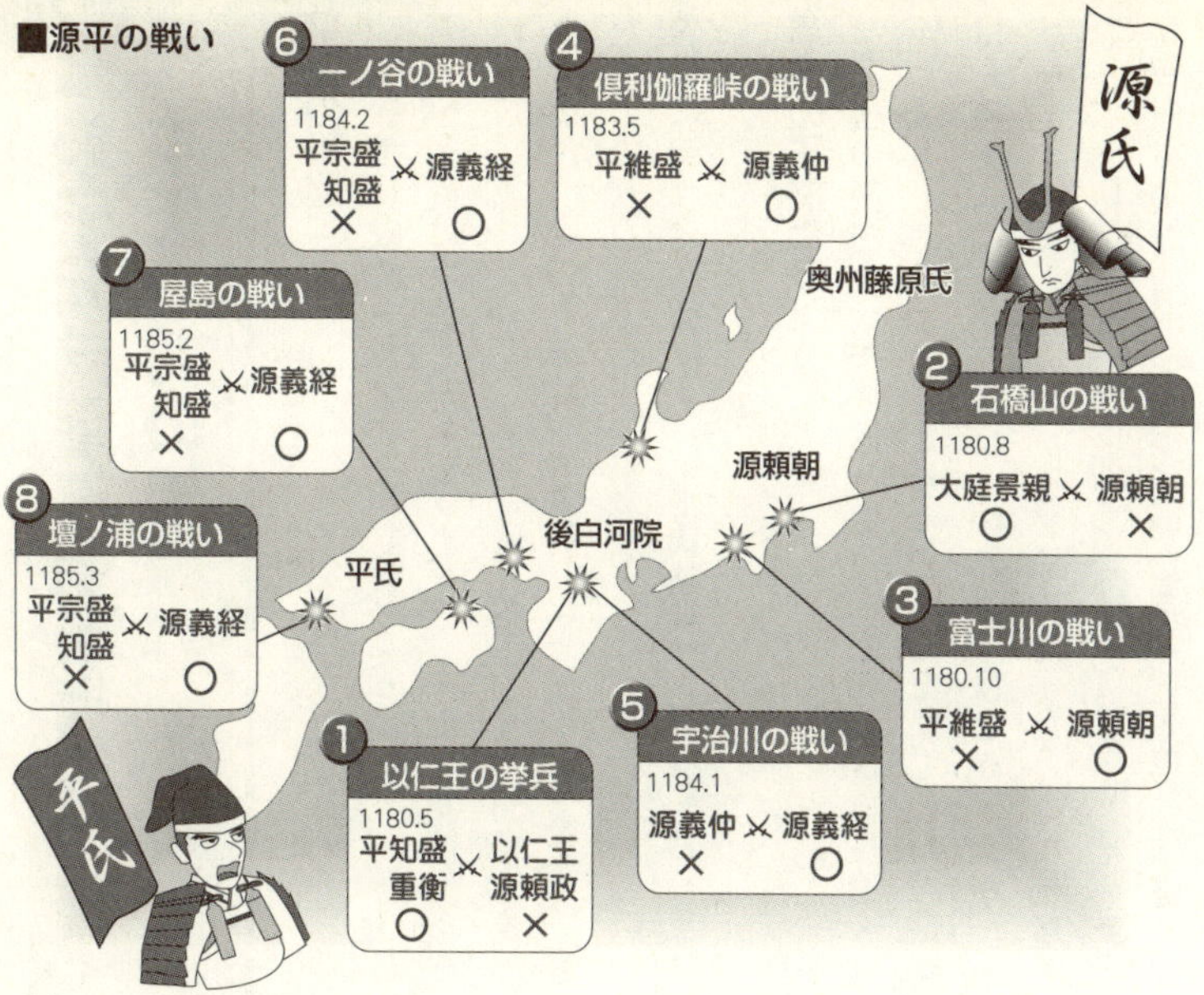
源氏
平氏
奥州藤原氏
源頼朝
後白河院
平氏
⑥ 一ノ谷の戦い
1184.2
平宗盛 知盛 ✕ ⚔ 源義経 ○
④ 倶利伽羅峠の戦い
1183.5
平維盛 ✕ ⚔ 源義仲 ○
⑦ 屋島の戦い
1185.2
平宗盛 知盛 ✕ ⚔ 源義経 ○
② 石橋山の戦い
1180.8
大庭景親 ○ ⚔ 源頼朝 ✕
⑧ 壇ノ浦の戦い
1185.3
平宗盛 知盛 ✕ ⚔ 源義経 ○
③ 富士川の戦い
1180.10
平維盛 ✕ ⚔ 源頼朝 ○
⑤ 宇治川の戦い
1184.1
源義仲 ✕ ⚔ 源義経 ○
① 以仁王の挙兵
1180.5
平知盛 重衡 ○ ⚔ 以仁王 源頼政 ✕

も考えていた。

源氏が同士討ちをしている間に、西国で勢力を持ち直したかに見えた平氏だったが、義経の敏速な攻撃によって、一ノ谷《いちのたに》、屋島《やしま》の戦いと連敗を続け、ついに壇《だん》ノ浦《のうら》で滅亡した。

後白河院の策略

後白河院は、鎌倉から動かない頼朝に不気味さを感じていた。そこで平氏滅亡の功労者・義経に官位を与え、味方に引き込もうと企《たくら》んだ。怒った頼朝は、義経殺害を計画する。これを知った義経は、院から頼朝追討の命令を戴いてこれに挑んだが、関東武士団を従えた頼朝の軍事力には勝てず、追いつめられた。そこで院は義経を切り捨て、頼朝に義経追討の命令を下した。孤立した義経は、奥州へ逃れたがその地で滅びた。

源平の戦い、源氏同士の戦いをあおったのは、武士を共倒れさせて政権を奪取しようと考えた後白河院である。一時は西国へ落ちた平氏と義仲・頼朝の間に和平が進められていたが、結局は源平の共倒れを狙った院や貴族たちの策略のため、成立することはなかった。

20

親子兄弟手に手をとって……平氏一門の最期

『平家物語』で今も語り継がれる平氏一門の最期。人々は同情し、平家伝説は各地で伝えられている。

平氏の不運

源義仲に攻められて西国に逃れたとはいえ、平氏は西国を基盤に成長した一族である。また、安徳《あんとく》天皇を奉じているのだから、まだ巻き返しも十分可能であった。だが平氏の不運は、追討の先頭に立った源義経が、たぐいまれな戦争の天才であったことだった。義経の素早く的確な攻撃により、平氏は滅びたのであった。

清盛の子供たち

清盛の後を継いだのは3男・宗盛《むねもり》である。長男・重《しげ》盛《もり》と次男・基盛《もともり》は清盛より早く亡くなっていた。宗盛は凡庸で一門を束ねるほどの器量ではなかったが、家族を愛する優しい人で、壇ノ浦で息子とともに捕虜となり、源氏に斬られる最期まで息子の身を案じていた。

一門を実際に引っ張っていたのは、4男の知盛《とももり》と5男の重衡《しげひら》であった。ことに、重衡は平氏に反抗した奈良の興福寺《こうふくじ》を焼き討ちした総大将で、彼が出陣する合戦はたいがい勝利した。だがその武運も一ノ谷の戦いで尽き、源氏の捕虜となって鎌倉に護送され、興福寺焼き討ちの罪で僧たちに引き渡されて斬首となった。

鎌倉で重衡と対面した頼朝は、その堂々たる人柄を気に入り、捕虜には過分のもてなしをしたという。

知盛は、壇ノ浦で平氏軍の総指揮をとったが、敗北が確実になると「見るべきものは見届けた」と言い残し、幼なじみの伊《い》賀《が》家長《いえなが》と一緒に入水して果てた。

傍流の人々

清盛の弟の教盛《のりもり》・経盛《つねもり》は長老として一門を支えた。壇ノ浦では、兄弟手に手を取って入水自殺している。

教盛の子・教経《のりつね》は、『平家物語《へいけものがたり》』でも有名な猛者《もさ》で、

■平氏一門略図

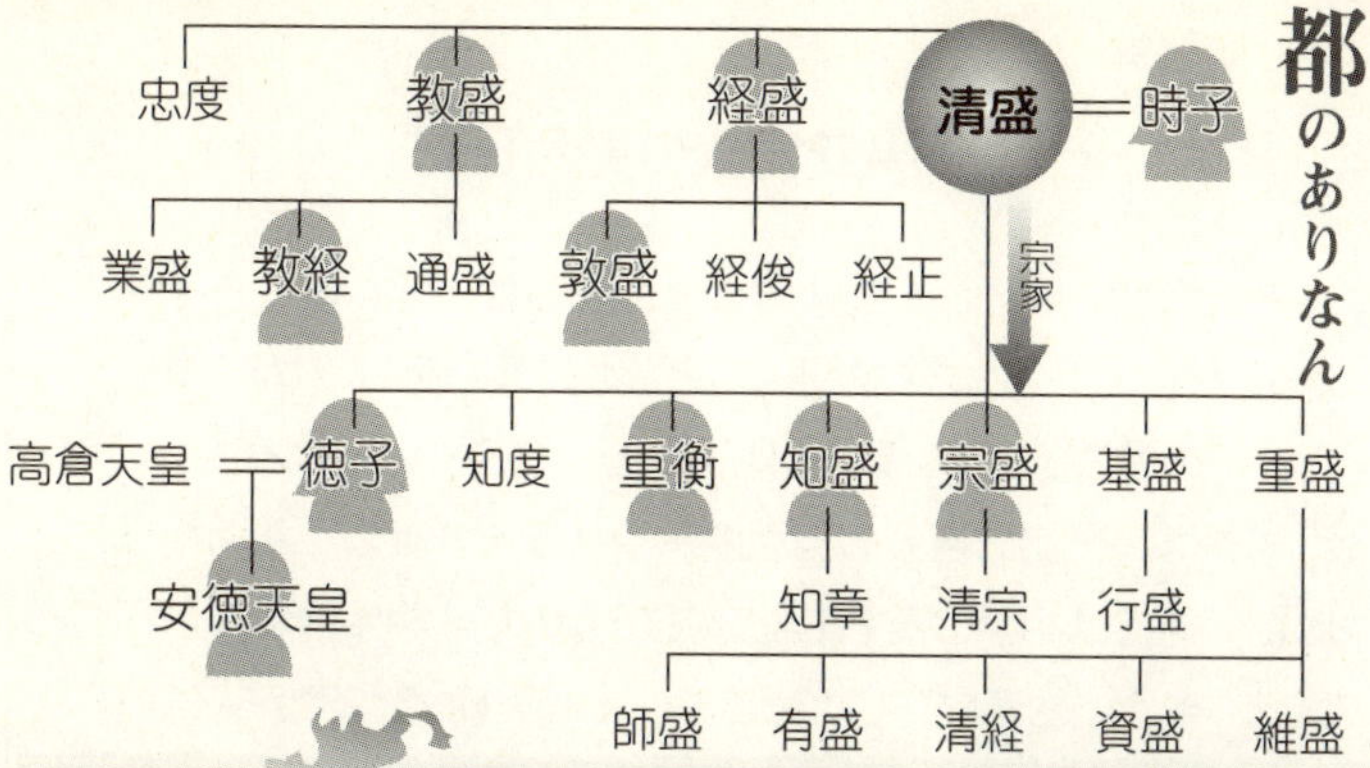
忠度
教盛
経盛
清盛
時子
業盛
教経
通盛
敦盛
経俊
経正
宗家
高倉天皇
徳子
知度
重衡
知盛
宗盛
基盛
重盛
安徳天皇
知章
清宗
行盛
師盛
有盛
清経
資盛
維盛

波の下にも都のありなん

都落ちしてからの平氏の戦いを支える武将であった。壇ノ浦では、源氏の兵3人を道連れに、壮絶な最期を飾っている。また、経盛の子の敦盛《あつもり》は、まだうら若き少年で、源氏方の熊谷直実《くまがいなおざね》が泣く泣く首を斬ったというエピソードで知られている。

安徳天皇の最期と平家伝説

清盛の娘で、安徳天皇の生母でもある徳子《とくこ》は、建礼《けんれい》門院《もんいん》と呼ばれ、母の時子《ときこ》（清盛の正妻）と安徳と3人で壇ノ浦の海に入水した。この時、わずか8歳の安徳天皇が「ばあや、これからどこへ行くの？」と尋ねると、時子が「波の下の都へ参りましょう」と答えたという。ただ徳子のみが源氏の手により救出され、以後は京都・大原で静かに一門の霊を慰めて余生を送った。

一門の人々はそれぞれの最期を迎えた。また生き残った人々もほとんどが源氏に捕まり、首をはねられた。

平氏は滅びたが、落ちのびて再起を図ったという平氏にまつわる伝説が各地にある。これは、平氏の最期に同情した人々の気持ちから起こったものだった。

平安貴族の男色日記

保元《ほうげん》の乱で敗死した左大臣の藤原頼長《ふじわらのよりなが》は、幼い頃から大変聡明だったが、権力志向が強く、どこか酷薄で歪んだ性格であった。その異常ぶりは、彼の日記『台記《たいき》』に残されている。

頼長は、日記に自分の男色関係や状況を詳細に、さも愉しげに、時には相手の実名も記しているのだ。相手は貴族から武士、雑色《ぞうしき》（召使い）など幅広く、上級貴族だけでも7人はいたという。妻の兄弟や父のお下がりなど見境なく、中には後に源平合戦で活躍する木曽義仲《きそよしなか》の父・義賢《よしかた》の名もある。

さらには、家来を遣《や》って人を殺させたことも「天誅《てんちゅう》なり」と得意気に記している。

当時、貴族の日記は子孫への指南《しなん》書のようなものなので、公にされることを前提としていた。頼長にすれば、殺人や男色生活は、知られたところで平気な内容だったのだろう。男色は当時あたり前だったとはいえ、この日記は頼長の屈折した一面をあらわにしている。

日本の男色は、平安末期の白河《しらかわ》院政期に最初のピークを迎えた。女性の地位の低さ、男性の同志的絆の深さや、権力闘争との絡みなどから発達したもので、愛情のない場合や、かなり屈折した愛情も含むため、現代の同性愛とは少し違う。また、当時は男色家といっても大方はバイセクシャルで、普通に妻帯して立派に子孫を残している。

平家落人たちの末路

壇ノ浦《だんのうら》で滅びた平氏一門の、いわゆる「平家落人《おちうど》伝説」は、九州・四国・山陰はじめ全国各地に残っている。その数なんと150以上で、中でも有名なのは徳島県祖谷《いや》村の伝説である。

1185年、屋島《やしま》の合戦に敗れた平国盛《たいらのくにもり》（清盛《きよもり》の甥・実在したかは不明）は、安徳《あんとく》天皇を連れて讃岐《さぬき》（徳島）に入り、源氏の追っ手から逃れて、奥深い四国山脈に入った。

祖谷にたどり着いた国盛は、安徳天皇と三種の神器《じんぎ》（天皇即位に必要な祭器）の1つである草薙《くさなぎ》の剣《つるぎ》を護りながら、平氏再興を企ていたが、安徳天皇が亡くなると、天皇と平氏一門の冥福を祈りながら、余生を過ごしたといわれている。

国盛やその家来たちは、自分たちが平氏であることをひた隠しに生きたため、代々自分の墓を建てることも、石碑を残すことも禁じていた。祖谷村には、現在も安徳天皇の火葬場や屋敷跡、平氏のシンボルである赤旗が残されている。

他にも対馬《つしま》の大名・宗《そう》氏は、九州に落ちのびた平知盛《とももり》（清盛の4男）の子の末裔であるという伝説もある。

こうした伝説の真偽はさておき、源氏の平家狩りが全国で猛威を振るう中、平家に連なる人々は、山中や人気のない地に隠れ住み、ひたすら追跡の手を逃れて生きていたのであった。

鎌倉悲恋ものがたり

源頼朝《みなもとのよりとも》の長女は、通称を大姫《おおひめ》（長女という意味）といい、その本名は伝わっていない。頼朝が平氏打倒を掲げて挙兵してまもなく、木曽でいとこの義仲《よしなか》も挙兵する。両者の関係が微妙な中、義仲の嫡男・義高《よしたか》と大姫の婚約が決められた。

義高11歳、大姫6歳という幼い2人は、政略結婚ながらも仲むつまじく、義高の後を大姫がくっついて歩く光景を、家中の者は微笑ましく見守っていた。

だが、頼朝が義仲を滅ぼすと状況は一変、復讐を恐れた頼朝は、悩んだ挙げ句、義高を殺すことを決意したのである。

危険を察知した大姫は、母の政子《まさこ》と協力して義高を女装させて鎌倉から逃し、自分は義高と双六《すごろく》をしている振りをした。だが努力もむなしく、義高は追っ手に捕まり殺されてしまった。

義高を失った大姫のショックは大きかったらしく、以後はめっきり病弱になって床についてしまう。心配した父母は、京都の公家との婚姻や後鳥羽《ごとば》天皇への入内を考えるが、大姫は一向に受け付けないどころか、どんどん衰弱し、ついに20歳の若さで亡くなったのである。義高と大姫の話は、室町時代に『清《し》水物語《みずものがたり》』という悲恋物語として描かれ、人々の涙をさそった。

義高の墓は神奈川県の大船《おおふな》に、大姫の墓は残っていないが、彼女の守り本尊といわれる岩船地蔵《いわふねじぞう》が鎌倉に残っている。

第3章

武士の治世

鎌倉～室町時代

中世

幕府政治のはじまり

1200　1300

鎌倉

年	できごと
1192	源頼朝、鎌倉幕府を開く
1203	北条氏の執権政治はじまる
1221	承久の乱
1232	御成敗式目の制定（初の武家法）
1274	文永の役（元寇）
1281	弘安の役（元寇）
1333	鎌倉幕府の崩壊 建武の新政はじまる（〜35）

武士の時代到来

中世は、初の本格的な武士政権・鎌倉幕府のはじまりとともに幕開けした。

武家は、大きく平氏・源氏の2流にわかれるといわれる。源氏が平氏を倒して政権を握って以来、武士政権には「源平交代説」が大きく影響するようになる。源氏のたてた鎌倉幕府も、その血筋が絶えると平氏の出身である北条氏が受け継いだ。そして、北条氏＝平氏の幕府を、源氏の末裔である足利氏が滅ぼし、新たに室町幕府をたてる。それをさらに戦国の覇者・織田信長《おだのぶなが》が倒し、自ら平氏を名乗った。

こうして、武士による政治は明治維新まで650年以上も続くのである。

南北朝　1400　室町

- 1336 足利尊氏、室町幕府を開く（北朝）
- 後醍醐天皇、吉野に南朝をたてる
- 足利兄弟の争い（～52）
- 1392 南北朝の統一
- 足利義満の治世（～1408）
- 1404 日明貿易はじまる（～11）
- 1428 正長の土一揆（最初の一揆）
- 1441 嘉吉の乱（将軍義教、暗殺される）
- 1467 応仁の乱（～77、戦国時代へ）
- 1488 加賀の一向一揆

動乱の予感

鎌倉幕府を倒した後醍醐《ごだいご》天皇の政治は、武士の力や貴族の慣習をすべて無視し、天皇独裁を断行したため、武士や庶民はもちろん、貴族からも反発を招き、わずか2年で頓挫した。だが後醍醐の遺志は南朝天皇たちへ引き継がれ、武士の足利氏が打ち立てた北朝と対立し、60年間も内乱が続いたのである。

動乱を終わらせた将軍・足利義満《よしみつ》は、「日本国王」として天皇を越えようとした。常に天皇を頂点とする権力構造が特徴である日本史上、異例の出来事だ。

各地に勢力を持つ守護大名たちを上手く操り、そのバランスの上に成り立つ政権であった室町幕府は、義満のような絶対的な権力者でない限り、バランスを保つことは難しい。やがて守護大名たちは各地で戦争を始め、庶民の力が「一揆《いっき》」として吹き出してくる。動乱の中で、将軍は実力者たちの飾り物として利用される道具と化していったのである。

鎌倉政権

1 頼朝はなぜ鎌倉に幕府を開いたのか？

平氏を滅ぼし、武士政権をたてた頼朝。関東の武士たちを統合し、将軍を頂点とした支配体制を固めていく。

幕府の最高権力者・征夷大将軍とは

「幕府《ばくふ》」とは、中国の古い言葉で「戦場での将軍の陣営」という意味であるが、その語源からも、幕府というものが軍事政権であることがわかる。

鎌倉幕府以後、将軍は代々朝廷から征夷大将軍《せいいたいしょうぐん》に任命されるのが通例となる。征夷大将軍とは、もとは蝦《えみ》夷《し》を討つための臨時の軍事最高指揮官であったが、武家の最高権威を示す役職となっていた。

源頼朝は、伊豆で挙兵してから、鎌倉に本拠を構え、やがて平氏を滅ぼすと、朝廷に征夷大将軍に任じて欲しいと催促した。頼朝が朝廷から政権を奪い、鎌倉に新たな政府をつくろうというのは明白で、後白河院はこれを決して許さなかった。結局、院の死後に征夷大将軍に任じられている。この年が1192年なので、これをもって鎌倉幕府成立とするようになった。

なぜ鎌倉なのか？

鎌倉は、源氏にとって先祖伝来の土地であった。11世紀に東国で活躍した源頼義《よりよし》・義家《よしいえ》父子や、頼朝の父・義朝《よしとも》も、かつては鎌倉に住んでいた。

さらに重要なのは、鎌倉が攻めにくく守りやすい土地だったことだ。東西北の三方を山に囲まれ、南は海である。鎌倉に入るには、7つの切《き》り通《どお》し（山を切り開いてつくった細い道）しかなかった。

また、かつて清盛は貴族社会の中で平氏政権をつくったが、天皇や院といった、古来から続く王権に真《ま》っ向《こう》から対決するはめになり、短期間で滅びたという前例があった。そこで頼朝は、朝廷との直接対決を避け、朝廷から任命されるかたちで、政治の実権を手に入れるという方法をとったのである。

平氏との戦いでは、頼朝はあくまで東国武士たちの

1180〜1199年

■源氏略図

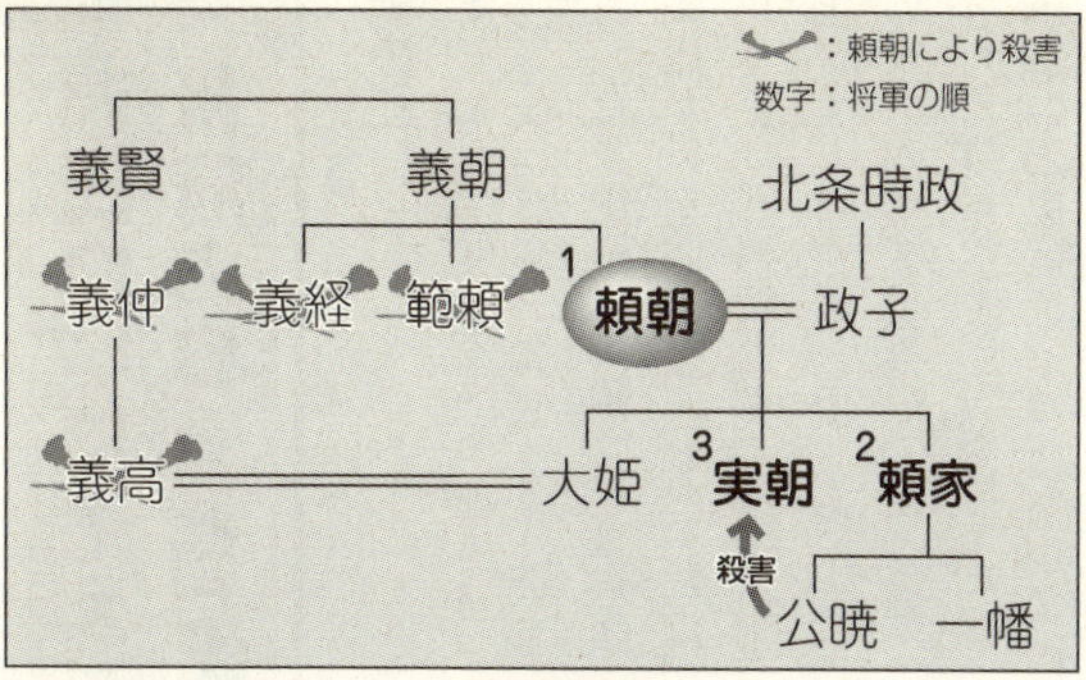
：頼朝により殺害
数字：将軍の順
義賢
義朝
北条時政
義仲
義経
範頼
1
頼朝
政子
義高
大姫
3
実朝
2
頼家
殺害
公暁
一幡

■鎌倉幕府のしくみ

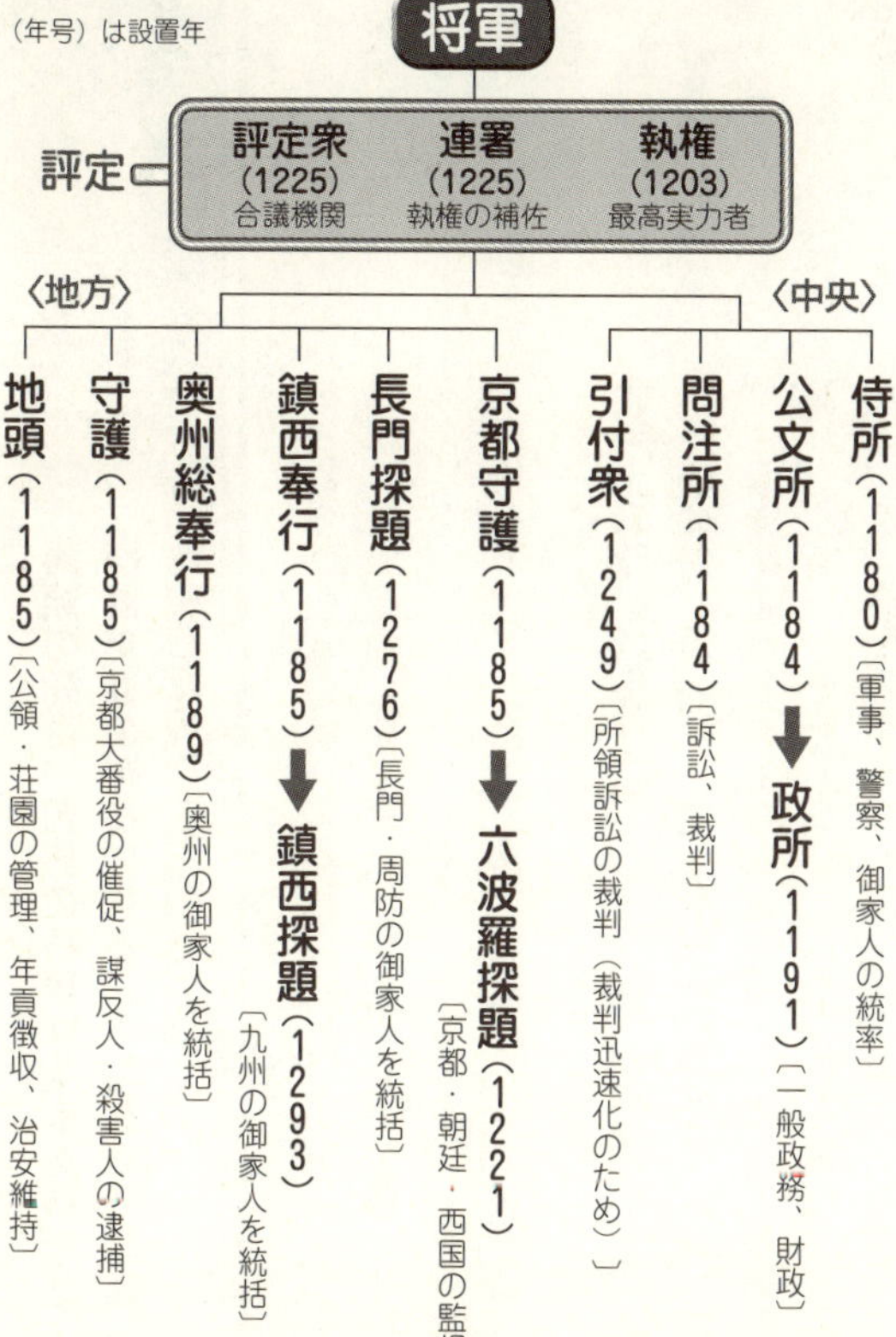
（年号）は設置年
将軍
評定
評定衆
（1225）
合議機関
連署
（1225）
執権の補佐
執権
（1203）
最高実力者
〈地方〉
〈中央〉
侍所（1180）〔軍事、警察、御家人の統率〕
公文所（1184）
政所（1191）〔一般政務、財政〕
問注所（1184）〔訴訟、裁判〕
引付衆（1249）〔所領訴訟の裁判（裁判迅速化のため）〕
京都守護（1185）
六波羅探題（1221）〔京都・朝廷・西国の監視〕
長門探題（1276）〔長門・周防の御家人を統括〕
鎮西奉行（1185）
鎮西探題（1293）〔九州の御家人を統括〕
奥州総奉行（1189）〔奥州の御家人を統括〕
守護（1185）〔京都大番役の催促、謀反人・殺害人の逮捕〕
地頭（1185）〔公領・荘園の管理、年貢徴収、治安維持〕

旗印のようなものであったが、幕府組織の強化のため、これらの武士たちを頼朝＝将軍の支配下に置くことを徹底させた。武士たちを御家人《ごけにん》という忠実な家臣に編成し、御家人は将軍のために命をかけて働き、将軍はその見返りとして、御家人に土地の所有を認めた。

頼朝は強大な将軍として鎌倉に君臨し、諸国に守護《しゅご》（軍事・警察権を持つ御家人）・地頭《じとう》（土地や税の管理者）を置いて、全国の支配体制を固めたのである。

2 源氏ついに絶える、幕府をのっとった北条氏

頼朝の死後、源氏の将軍は実権を持たない器だけの存在になる。そんな中で頭角を現したのが北条氏だった。

頼朝の死

頼朝は、幕府成立からわずか7年後に、落馬がもとで亡くなったが、真相は謎に包まれている。北条氏《ほうじょうし》が編纂《へんさん》した正史『吾妻鏡《あずまかがみ》』には、頼朝死亡の記載が抜け、北条氏が何か関わっている可能性が高いとされている。

北条氏は、頼朝の妻・政子《まさこ》の実家で、幕府内の地位は御家人《ごけにん》（将軍の家臣）の一人である。だが、頼朝挙兵のときから彼に従い、あらゆる面でバックアップしてきただけに、頼朝も遠慮して扱っていた一族だった。

頼朝の死後は息子の頼家《よりいえ》が2代将軍となったが、若い頼家は、将軍の権威だけを振りかざすようになった。北条氏の当主・時政《ときまさ》（政子の父で頼家の祖父）を呼び捨てにするなど、次第に北条氏と対立するようになる。

御家人たちは頼家の独裁を防ぐため将軍の権利を縮小し、北条氏などの有力御家人13人が話し合って諸事を決めるという合議制《ごうぎせい》を発足させた。この時点から、頼朝の築いた強大な将軍像は崩れ去り、お飾りだけの存在になっていったのである。そんな中で将軍の権威を利用して巧みに実権を奪取したのが、北条氏である。

北条氏のライバル排除

頼朝は用心深い性格で、義仲《よしなか》や義経《よしつね》など、自分の地位を脅かす可能性のある者は、身内だろうと容赦なく殺した。おかげで北条氏は、他の源氏を気にすることなく、ライバル御家人の排除に専念できたのである。

梶原景時《かじわらかげとき》は、もとは平氏の家人だったが、挙兵直後の頼朝を助けたことで頼朝に重用された。だが、頼家の代になると「将軍への謀反《むほん》あり」という罪で一族もろとも滅ぼされた。他にも畠山重忠《はたけやましげただ》・重保《しげやす》父子や比企《ひき》一族、和田《わだ》一族など、頼朝とともに平氏と戦った御家

■北条氏・権力の流れ

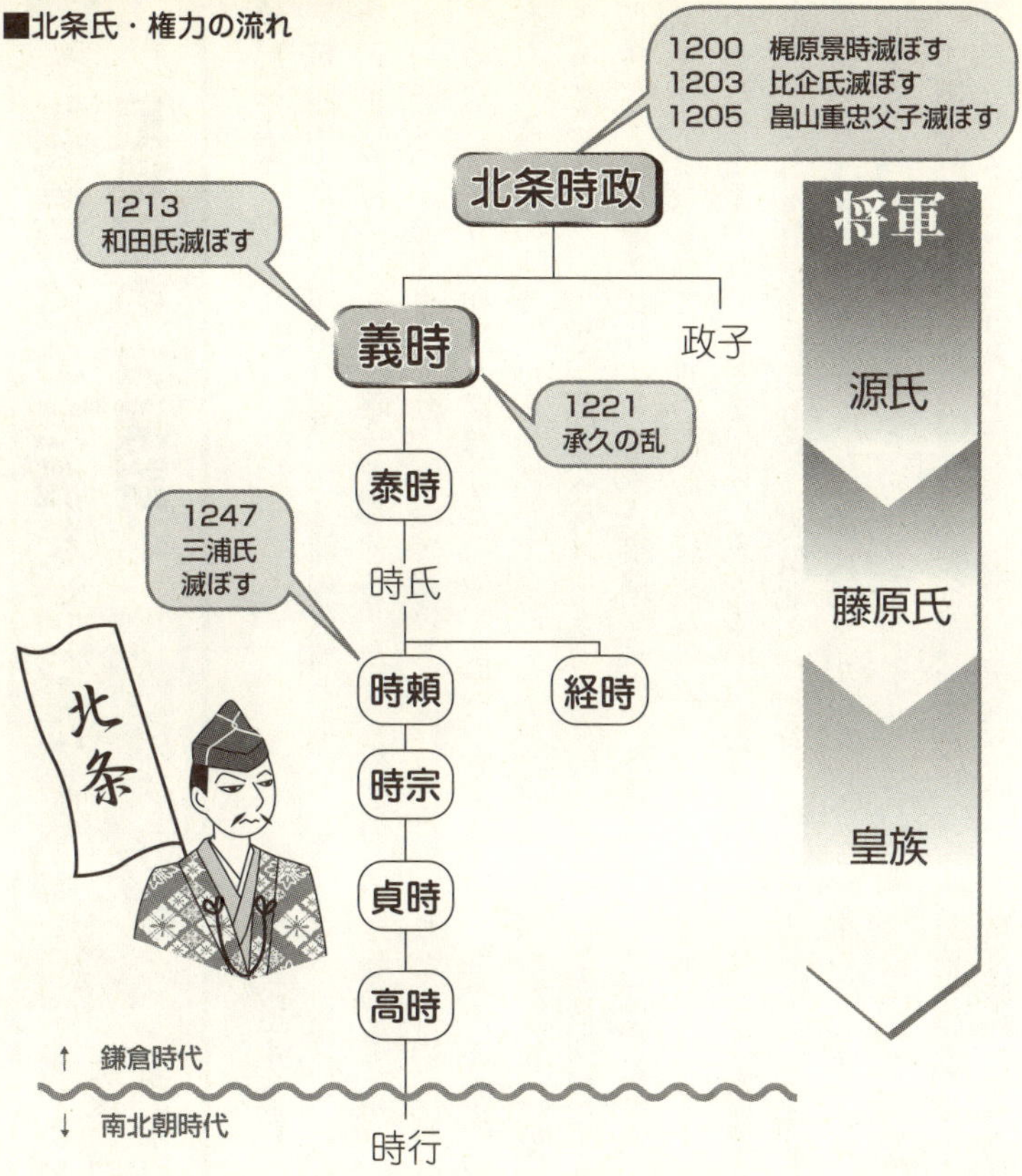
1200　梶原景時滅ぼす
1203　比企氏滅ぼす
1205　畠山重忠父子滅ぼす
北条時政
1213
和田氏滅ぼす
将軍
義時
政子
1221
承久の乱
源氏
泰時
1247
三浦氏
滅ぼす
時氏
藤原氏
時頼
経時
北条
時宗
皇族
貞時
高時
↑　鎌倉時代
↓　南北朝時代
時行

人たちが次々と謀反の罪で滅ぼされてしまった。これらはみな、北条時政やその子・義時《よしとき》が企てたことと思われる。

さらに北条氏は、頼家を退け弟の実朝《さねとも》を3代将軍とした。実頼は温厚で和歌などをたしなむ貴公子だったので、実権は北条が握った。その実朝が頼家の息子に暗殺されると、源氏の血は絶えてしまう。頼朝からたった3代という短い命であった。後の将軍は藤原摂関家や皇族から迎えたが、当然飾りものである。

北条氏は、幕府の最高実力者である執権《しっけん》という地位をつくり、時政が初代に就任、以後はその子孫に引き継がれた。頼朝が創立した源氏政権は、北条氏の政権にすり替わったのである。

3

鎌倉幕府の危機を救った尼将軍の大演説

幕府の内輪もめを「好機」と見て挙兵した後鳥羽上皇。だが、結果は上皇の大敗北、幕府はさらに強固になっていった。

後鳥羽上皇、立つ

後鳥羽《ごとば》上皇は、源平合戦で壇ノ浦の藻屑《もくず》と消えた安《あん》徳《とく》天皇の異母弟である。平氏が都落ちした後、祖父の後白河《ごしらかわ》院の命で天皇になり、やがて譲位して院政をはじめた。けまりや和歌、囲碁《いご》などの他、武芸にもすぐれた文武両道の人で、自ら指揮して盗賊を捕らえたこともあるという、たいへん強気な性格であった。

鎌倉では、北条氏による御家人排除が続き、3代将軍実朝が暗殺されて将軍の血筋が絶えた。以前から武士に政権を奪われたことを恨みに思っていた上皇ら朝廷は、これを好機とばかりに「打倒北条氏」を掲げ、近隣の兵を召集して挙兵した。源氏将軍がいない今、北条の独裁を嫌う御家人たちが馳せ参ずるものと確信していたのである。こうして承久《じょうきゅう》の乱が始まった。

北条政子の演説

上皇挙兵の知らせを受けた執権・北条義時《よしとき》は、混乱を静めるため、御家人たちを召集した。そこへあらわれたのは、尼《あま》将軍こと北条政子《まさこ》である。政子は、義時の姉で亡き頼朝の妻だ。出家して尼になったとはいえ、幕府に大きな影響力を持っていた。彼女は言う。

「私の最期の言葉を、心して聞きなさい。かつて朝廷の下に置かれ、蔑まれていた武士のために、今の地位や土地を与えてくれたのは誰か。亡き鎌倉殿《かまくらどの》（頼朝）でしょう。その山より高い恩に報いるのは、まさに今です。それを裏切り、朝廷方へ行きたい者は申し出よ、止めはしません。ただ、私を斬ってからお行きなさい！」

政子の必死の叫びが御家人たちに通じ、京へ上った幕府軍は朝廷軍を撃破、幕府側は大勝した。後鳥羽上皇は隠岐《おき》に流され、18年後にその地で寂しく亡くなっ

■承久の乱　1221年（承久3）

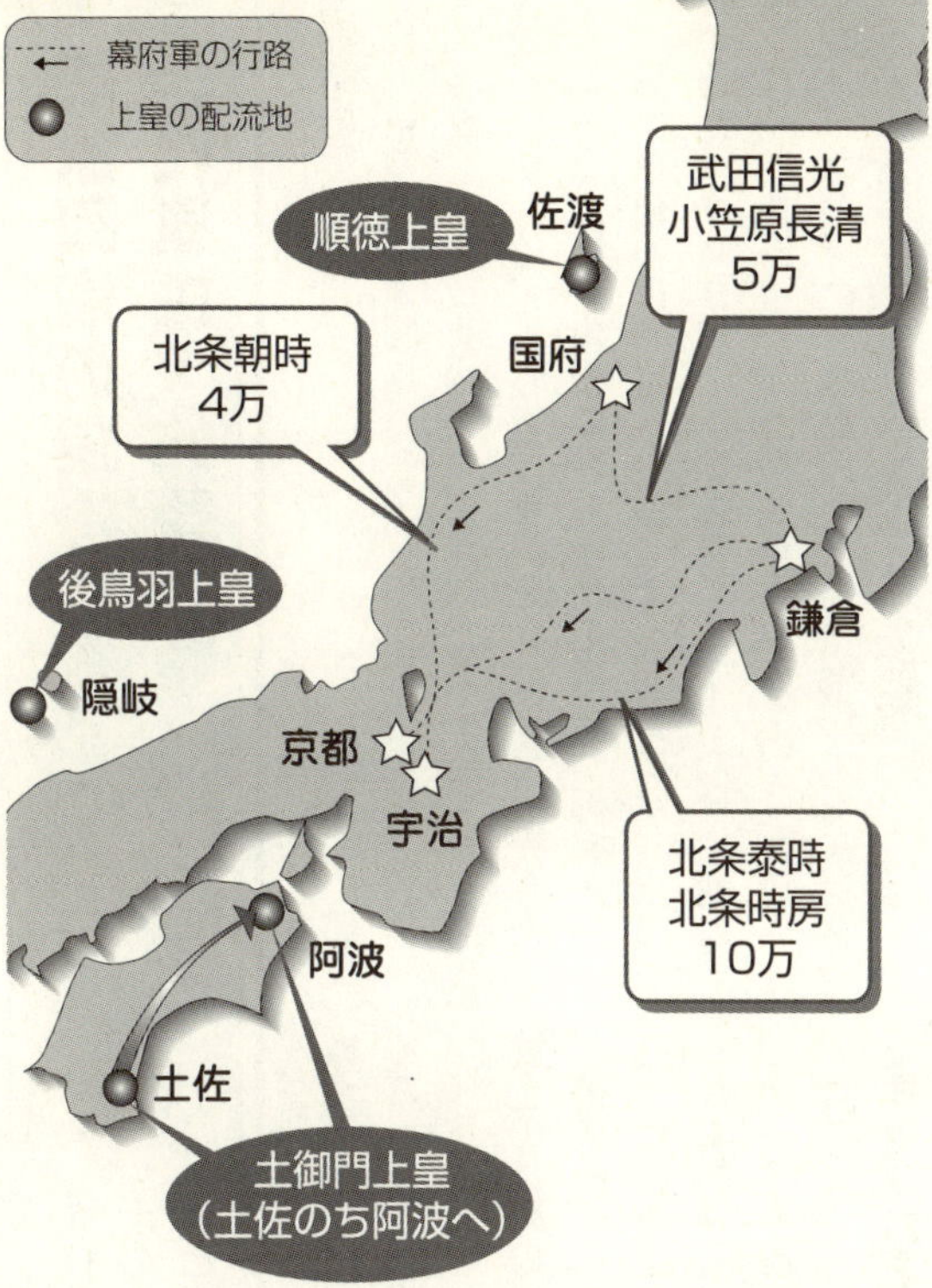
幕府軍の行路
上皇の配流地
順徳上皇
佐渡
武田信光
小笠原長清
5万
北条朝時
4万
国府
後鳥羽上皇
隠岐
鎌倉
京都
宇治
北条泰時
北条時房
10万
阿波
土佐
土御門上皇
（土佐のち阿波へ）

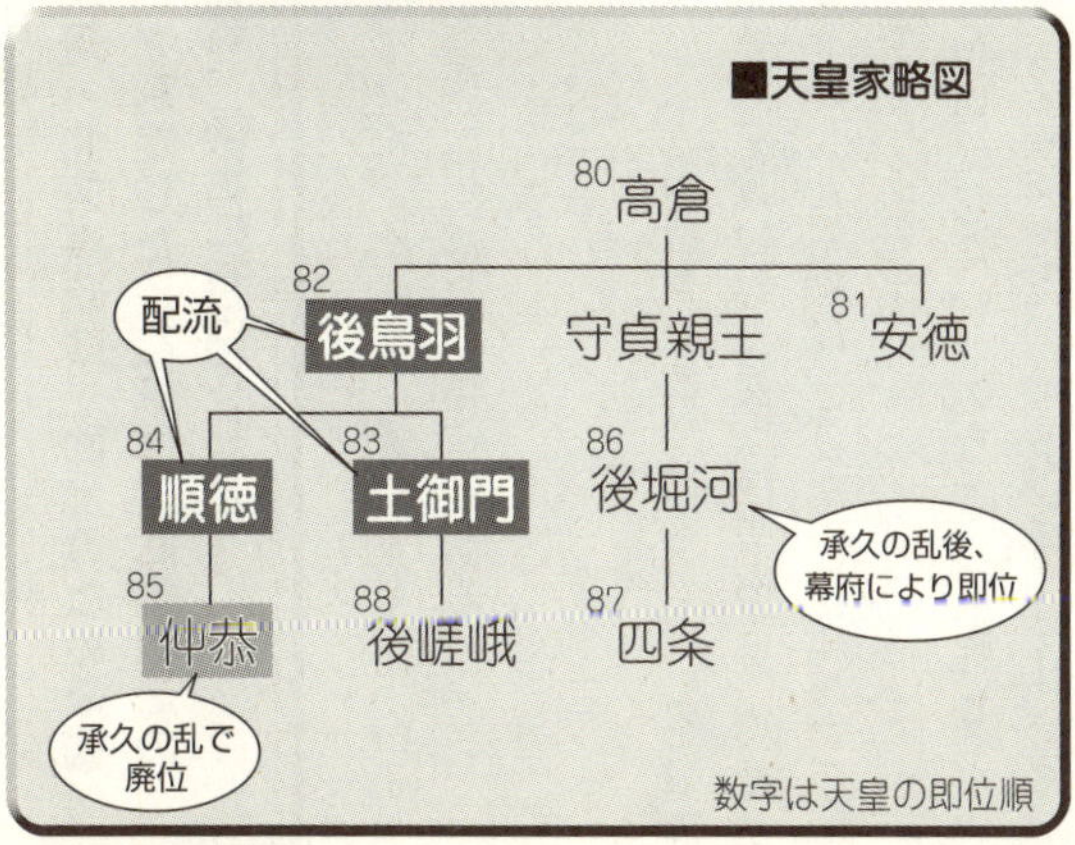
■天皇家略図
80 高倉
82 後鳥羽
守貞親王
81 安徳
配流
84 順徳
83 土御門
86 後堀河
承久の乱後、
幕府により即位
85 仲恭
88 後嵯峨
87 四条
承久の乱で
廃位
数字は天皇の即位順

たのである。

　承久の乱後、幕府は京都に六波羅《ろくはら》探題《たんだい》を置いて朝廷の監視を強化、幕府の支配力を京都にまで広げた。さらに皇位継承にも干渉するようになり、朝廷の土地も没収され、戦功のあった御家人たちに分配された。幕府権力は、完全に朝廷を越えたのである。

　同時に、幕府内での北条氏の権力も格段に高まり、北条執権政治は揺るぎないものになった。

4

武家政治の鏡！3代執権・北条泰時

3代執権・北条泰時は、武士のための武士の法を制定した。これは、武家政治の鏡とされ、後世にも伝えられた。

北条泰時の登場

3代執権の北条泰時《やすとき》は、源平合戦の最中に生まれた。祖父（時政）や父（義時）のように、戦を経て勝ち上がったわけでなく、彼らほど権力志向も強くなかったようだ。あるとき、頼朝の前で無礼を働いた御家人がいた。怒った頼朝は御家人を罰しようとしたが、その場にいた幼い泰時は、これを必死にかばった。頼朝は「やさしい心の持ち主だ」と泰時を褒めたという。

泰時は、北条氏の中でも代々執権に就任する家柄を得宗《とくそう》と定め、分家とはっきりわけた。得宗というのは、義時の法名である。この家柄は時政、義時、泰時の系統を示し、得宗の当主が幼いときなどは、一時的に分家から執権がでることもあるが、いずれはその地位も得宗に戻された。執権よりも得宗の方が偉いのである。

泰時は誰よりも頼朝を尊敬していたようで、頼朝の政治を手本としていた。そこで、鎌倉幕府の土台をつくるべく考え出したのが、御成敗式目《ごせいばいしきもく》である。

武士のための法

御成敗式目は、武士の慣習や道徳にもとづいた道理と、頼朝以来の先例を重視した武家法である。泰時がこれを制定しようとした根拠は、彼が弟に送った手紙に書いてある。それによると、

「この法は、何を根拠にしたかというと、道理に基づいて推測したまでである。ただ、前もって法を決めておかないと、裁判になって道理が無視され、強い者が弱い者を負かすことになってしまう。裁判は身分の上下なく公平に行わなくてはならない。家臣は主君に忠誠を尽くし、子は親に孝行し、人々が安心して生活できるように、この法を制定するのである」

1232年

■御成敗式目（貞永式目）とは

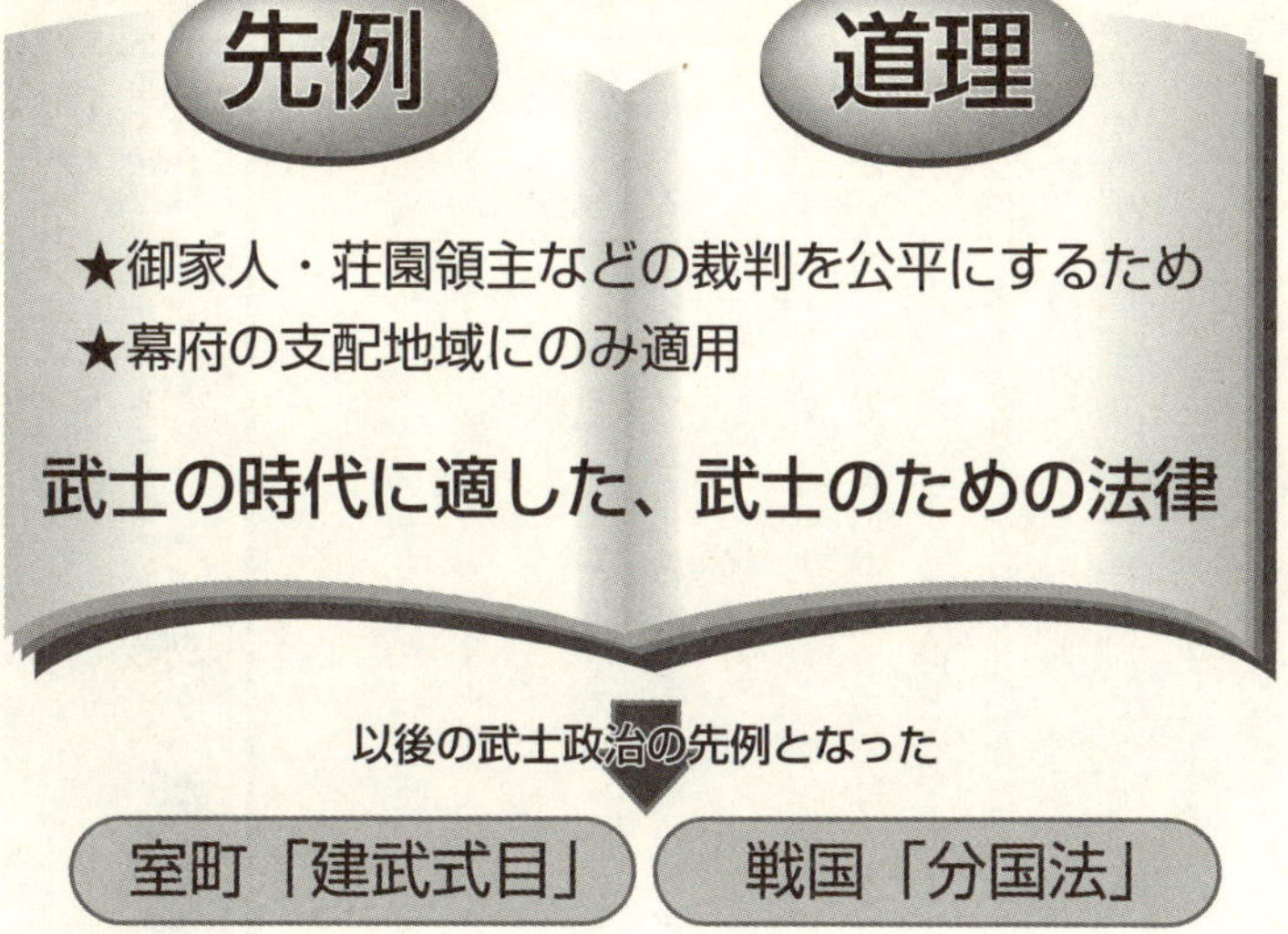
先例
道理
★御家人・荘園領主などの裁判を公平にするため
★幕府の支配地域にのみ適用
武士の時代に適した、武士のための法律
以後の武士政治の先例となった
室町「建武式目」
戦国「分国法」

内容は、51ヶ条からなり、神社仏閣の崇拝や修理に始まり、守護（諸国の軍事・警察権を持つ御家人）・地頭（土地や税の管理者）の任務や権限、土地の訴訟問題の判断基準や刑法などが詳しく定められている。また、家族法では、子のない女性が養子をとって土地を継がせる権利を認めたり、未亡人が再婚するときは亡夫の子に土地を譲ることなど、女性の土地相続に関する条項も盛り込まれている。

古代の法である律令《りつりょう》は、全て朝廷の手で作られたものだったが、御成敗式目は武士が初めて自分たちの手で自分たちのためにつくった、いわば鎌倉幕府の憲法なのである。幕府に朝廷の土地支配を脅かす意思はなく、法の対象は、幕府支配地域と御家人に限られた。

御成敗式目は武家法の手本として、室町・戦国、さらには江戸幕府へ受け継がれていく。そのため、泰時の治世は武家社会の鏡とされた。後年、南北朝時代の政治家で、朝廷至上主義として知られる貴族・北畠親《きたばたけちか》房《ふさ》でさえ、武士である泰時の政治を高く評価している。

泰時は、鎌倉幕府を安定させるためのしくみをつくり、より強固なものに育て上げたのである。

元寇

5 初めての侵略軍！幕府はどうやって乗り越えた？

元の侵略は、幕府や御家人たちを震撼させた。御家人たちは必死に抗戦し、何とか危機は逃れたわけだが……。

元の脅威

日本が初めて侵略の危機を体験したのは、元寇《げんこう》、すなわち元軍の来襲である。「寇」という字には、「敵国の侵入」という意味がある。

13世紀はじめ、モンゴル高原にチンギス＝ハンがあらわれ、一代のうちに南ロシアから地中海・ペルシア湾まで領土を広げた。孫のフビライ＝ハンは中国を制圧し、北京に都をおいて国号を元とした。朝鮮の高麗《こうらい》を征服した元が、次に日本に狙いを定めたのは、世界征服の一環とか、日本の金に目をつけたとか、抵抗を続ける南宋《なんそう》攻撃に日本を駆り出そうとしたなど、その目的にはいろいろな説がある。

鎌倉幕府の時の執権は、8代北条時宗《ときむね》だった。彼は元からの国交を求める文書に返書を出さず、黙殺した。これを機に、フビライは日本攻撃を決意したのである。

御家人の奮戦

1274年10月、3万を超す元の大軍が対馬《つしま》へ上陸した。元軍は、民家を焼き払い、略奪・暴行の限りを尽くした。その後は壱岐《いき》を占領し、九州に上陸、鎌倉武士たちはいよいよ元軍と戦うことになったのである。

元軍の戦法は、武士たちを驚かせた。当時の日本は個人戦が中心だったが、元軍は集団戦法で一糸《いっし》乱れぬ隊列を組み、合理的に攻撃してきた。もちろん武士たちのように「やぁやぁ、我こそは……」と名乗りを上げることもない。さらに元軍は「鉄砲《てっぽう》」を使った。これは後に種子島《たねがしま》に上陸したものとは違い、ボール型の容器に火薬を詰め、点火して相手に投げる爆弾である。

武士たちは、初めて目にする戦法や武器にとまどいながらも勇敢に戦い、何とかふんばった。元軍は、夜襲を用心して自分たちの船にもどり、夜を過ごした。

1274～1281年

■元寇の流れ

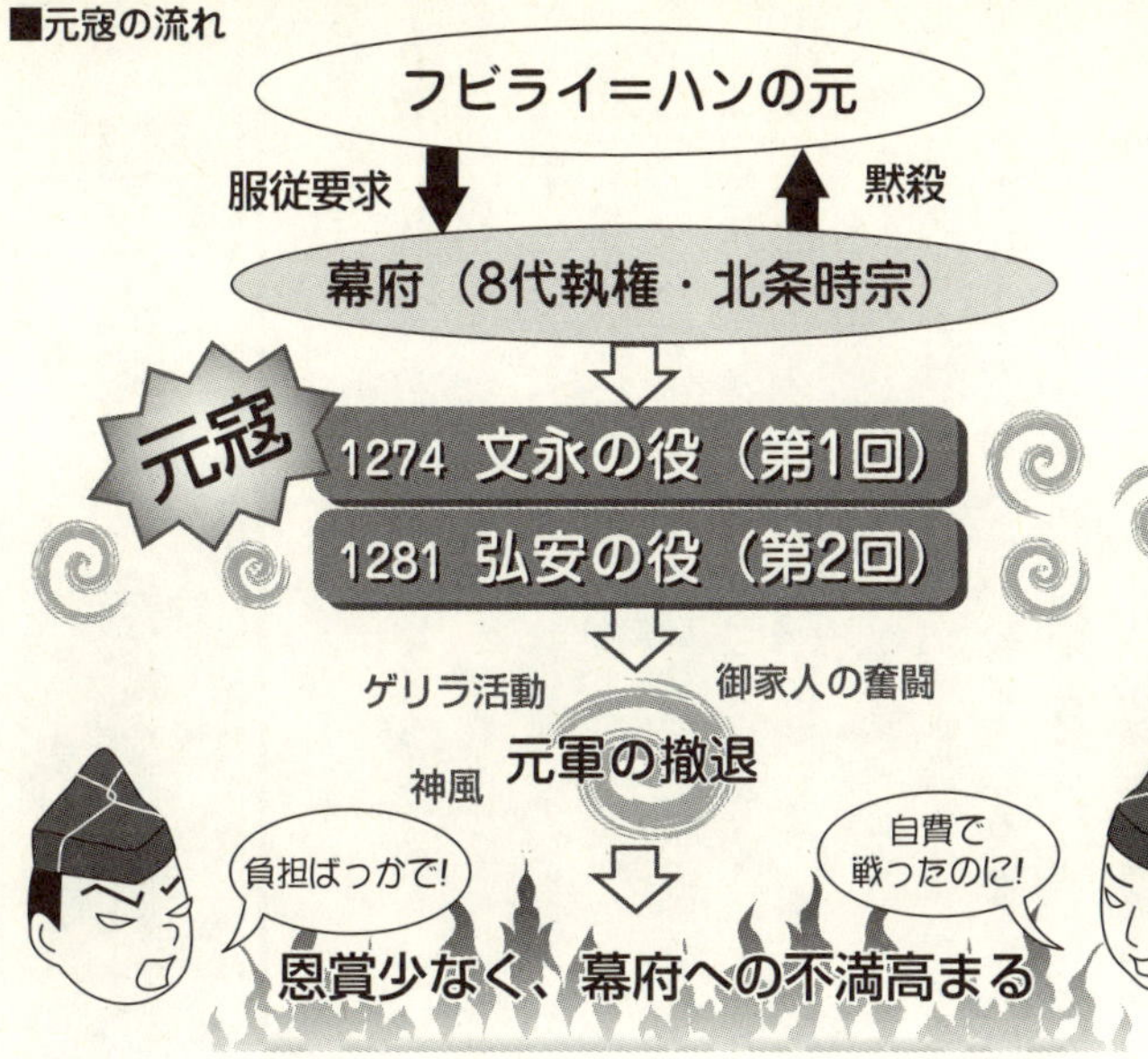
フビライ＝ハンの元
服従要求
黙殺
幕府（8代執権・北条時宗）
元寇
1274 文永の役（第1回）
1281 弘安の役（第2回）
ゲリラ活動
御家人の奮闘
神風
元軍の撤退
負担ばっかで!
自費で戦ったのに!
恩賞少なく、幕府への不満高まる

その夜である、暴風雨が襲ったのは……。多くの船が嵐により沈み、元軍は撤退せざるを得なかった。

1281年6月、南宋を滅ぼした元は、再び日本へ攻めてきた。このときに備え、幕府は警護を強化し、防塁《ぼうるい》を築いていた。武士たちは元軍の九州上陸を何とか防ぎ、奮戦した。そうこうするうちに再び暴風雨が吹き荒れ、元軍の大量の船を沈めてしまったのだ。この暴風雨は「神風《かみかぜ》」と呼ばれ、これがもとで日本は神の国であるという信仰が生まれた。

とはいえ、日本を元の侵略から守ったのは、第一に御家人たちの奮戦であった。一方、元軍といっても高麗人や南宋人が大半で、戦意は低かった。また元の船は高麗の人々が作らされており、反抗心から手抜き工事があったことも考えられる。さらに、日本海付近では、元に抵抗するゲリラ活動が頻発していた。これらの要素が重なり、幕府は何とか危機を脱したのである。

だが、戦争相手が国外の敵だったため、勝っても恩賞としてもらえる土地はなく、犠牲を払っただけの御家人たちは貧窮した。こうして元寇後、御家人たちの不満が高まり、幕府衰退の大きな要因となっていく。

6 鎌倉仏教が民衆に慕われたわけ

鎌倉時代にはじまった新仏教。念仏や禅を重視したこれらの仏教は、武士や庶民にまたたくまに広まった！

念仏の教え

仏教には様々な宗派がある。中でもよく知られているのに「念仏《ねんぶつ》」と「禅《ぜん》」がある。現在も広く信仰されているこれらの仏教は、鎌倉時代に誕生したのである。

念仏の教えは、法然《ほうねん》が最初に浄土《じょうど》宗を開いた。彼は源平合戦の時代に登場し、「南無阿弥陀仏《なむあみだぶつ》」と唱えれば、死後は平等に誰でも極楽へ行けると説いた。

続いて親鸞《しんらん》は、師である法然の教えを受けて浄土真《じょうどしん》宗を開いた。悪人《あくにん》（煩悩の多い人）こそが救いの対象で、念仏を唱えれば救われるという「悪人正機《しょうき》説」を説いた。それまでの仏教では、殺生する者は地獄へ堕ちるといわれ、武士や猟師・漁師には救いがないというのが常識だった。だが、浄土真宗は彼らに希望をもたらし、広く民衆に受け入れられたのである。

一遍《いっぺん》は時《じ》宗を開き、煩悩があろうと信心がなかろうと、どんな人も念仏を唱えれば救われることを、踊《おどり》念仏（念仏を唱えながら踊る）で諸国に広めた。

日蓮《にちれん》は、法華《ほっけ》経のみが正しい教えとして「南無妙法《なむみょうほう》蓮華経《れんげきょう》」を唱えれば救われるという日蓮宗を開き、他の宗教を邪《じゃ》宗として攻撃した。彼は「法華経を信じなければ外国に侵略される」と、元寇《げんこう》を予言したという。

禅の教え

禅の教えは、6世紀にインドからおこり、日本には中国の宋から輸入された。自力で悟りを開き（釈迦《しゃか》の境地に達すること）、それを日常生活の中で生かすという教えだ。これは、武士に強く支持された。栄西《えいさい》の臨《りん》済《ざい》宗は、座禅をしながら師から与えられる公案《こうあん》（問題）に一つ一つ答え、その中で悟りを開くというもので、幕府の執権・北条氏の保護を受けて栄えた。

12世紀後半〜13世紀後半

■鎌倉新仏教

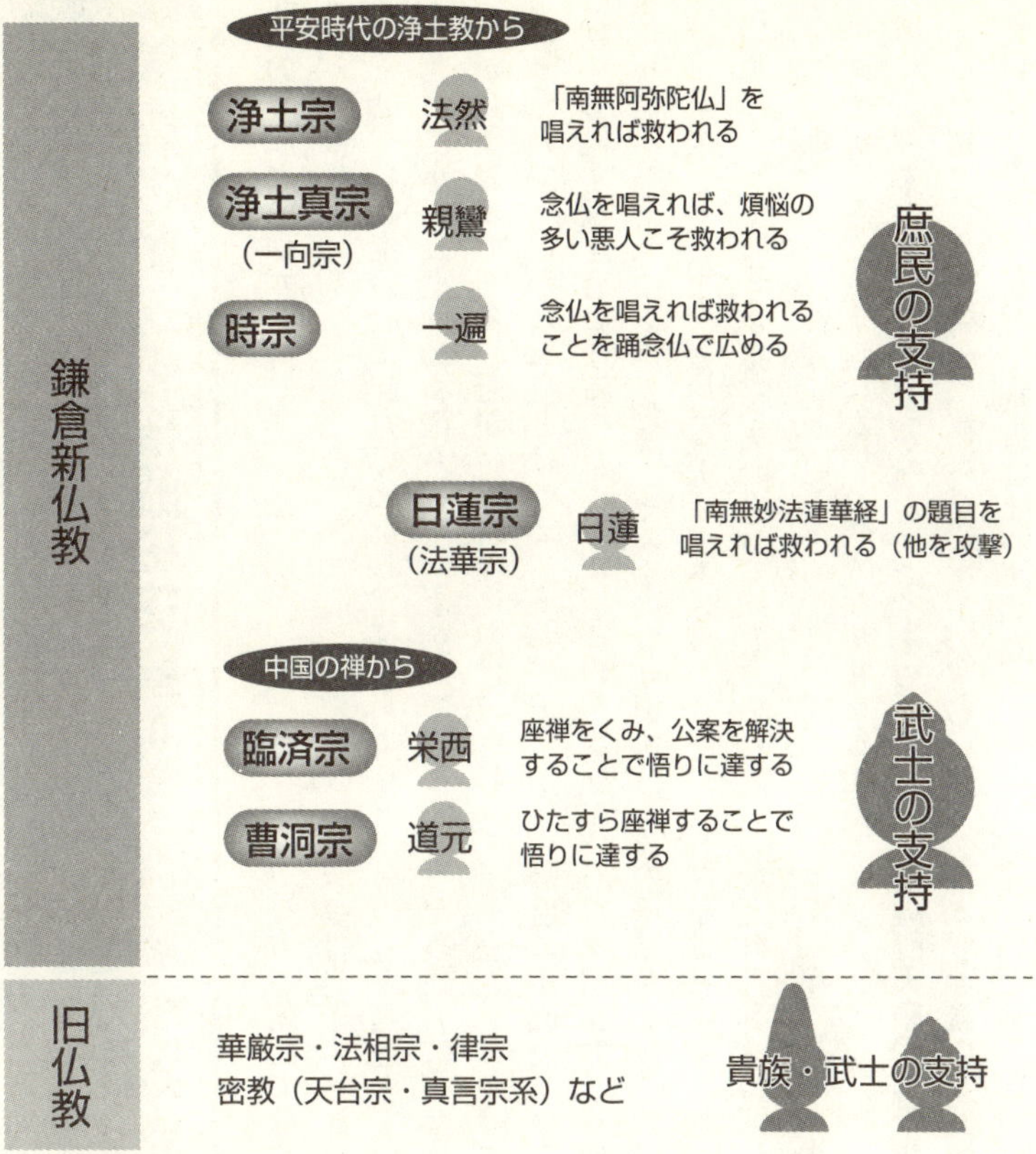
平安時代の浄土教から
浄土宗
法然
「南無阿弥陀仏」を
唱えれば救われる
浄土真宗
（一向宗）
親鸞
念仏を唱えれば、煩悩の
多い悪人こそ救われる
時宗
一遍
念仏を唱えれば救われる
ことを踊念仏で広める
庶民の支持
鎌倉新仏教
日蓮宗
（法華宗）
日蓮
「南無妙法蓮華経」の題目を
唱えれば救われる（他を攻撃）
中国の禅から
臨済宗
栄西
座禅をくみ、公案を解決
することで悟りに達する
曹洞宗
道元
ひたすら座禅することで
悟りに達する
武士の支持
旧仏教
華厳宗・法相宗・律宗
密教（天台宗・真言宗系）など
貴族・武士の支持

一方、曹洞《そうとう》宗はひたすら座禅することで悟りに達しようと教えた。開祖の道元《どうげん》は高貴な生まれだったが、その立場を捨て、「天台宗では人はみな仏というが、ではなぜ修行しなくてはならないのか」という疑問にぶつかり、禅の中に答えを見つけた。彼は北条氏の庇護を拒み、越前の永《えい》平寺《へいじ》でひたすら座禅に励んだ。

平安仏教は、厳しい修行や学問が要求されたため、信仰の対象が絞られたが、鎌倉仏教は念仏や禅など、1つの行いをすれば誰でも救われると説き、民衆の心をつかんだ。民衆は、平安末期から鎌倉にかけての内乱や飢饉、天変地異に悩まされており、親しみやすい鎌倉仏教は絶大な支持を受けたのである。

7 天皇、ご謀反！ 異質の帝王・後醍醐天皇

幕府への不満が高まる中、倒幕のチャンスを伺っていた後醍醐天皇。その執念は歴代天皇の中でも凄まじいものだった！

幕府への不満と朝廷分裂

「天皇、ご謀反《むほん》」

謀反とは、最高権力者に武力で反抗し、打倒しようとすることだが、天皇は最高権力者のはずなので、これはおかしな表現である。だが、当時の権力は鎌倉幕府にあったので、いかに天皇とはいえ、それに刃向かえば秩序を乱す反逆者となるのだ。だが、この「謀反を起こした天皇」は、やがて政権をその手に取り戻す。この天皇こそ、執念の人・後醍醐《ごだいご》天皇である。

元寇以来、幕府を支える御家人たちは貧窮していた。国内の敵に勝ったなら恩賞としてその土地をもらえるが、外敵ではもらえる土地はない。膨大な軍費を負担したのに、御家人たちには恩賞がなかった。そのくせ、幕府では得宗《とくそう》という北条の嫡流だけが栄え、政務を独占している。御家人たちの不満は高まっていた。

一方、朝廷では皇位継承問題が生じていた。後嵯峨《ごさが》天皇は息子の後深草《ごふかくさ》天皇に譲位したが、同じ息子でも弟の方を寵愛していたので、亀山《かめやま》天皇として即位させるため強引に後深草を退位させ、さらに亀山天皇の息子を皇太子につけてしまった。怒った後深草上皇は、幕府に訴えた。皇室争いに深入りしたくはなかった幕府だが、仕方なく仲介に入り、「以後は後深草と亀山の子孫が交代に即位するように」との案を出した。後深草は持明院《じみょういん》、亀山は大覚寺《だいかくじ》に御所《ごしょ》があったので、以後それぞれを持明院統、大覚寺統と呼んだ。朝廷は2つに分裂し、互いにいがみ合うようになったのである。

後醍醐天皇の「ご謀反」

大覚寺統の後醍醐天皇は、自分の息子に皇位を継がせたいと強く願った。もとをただせば、両統が交互に

■天皇家の分裂

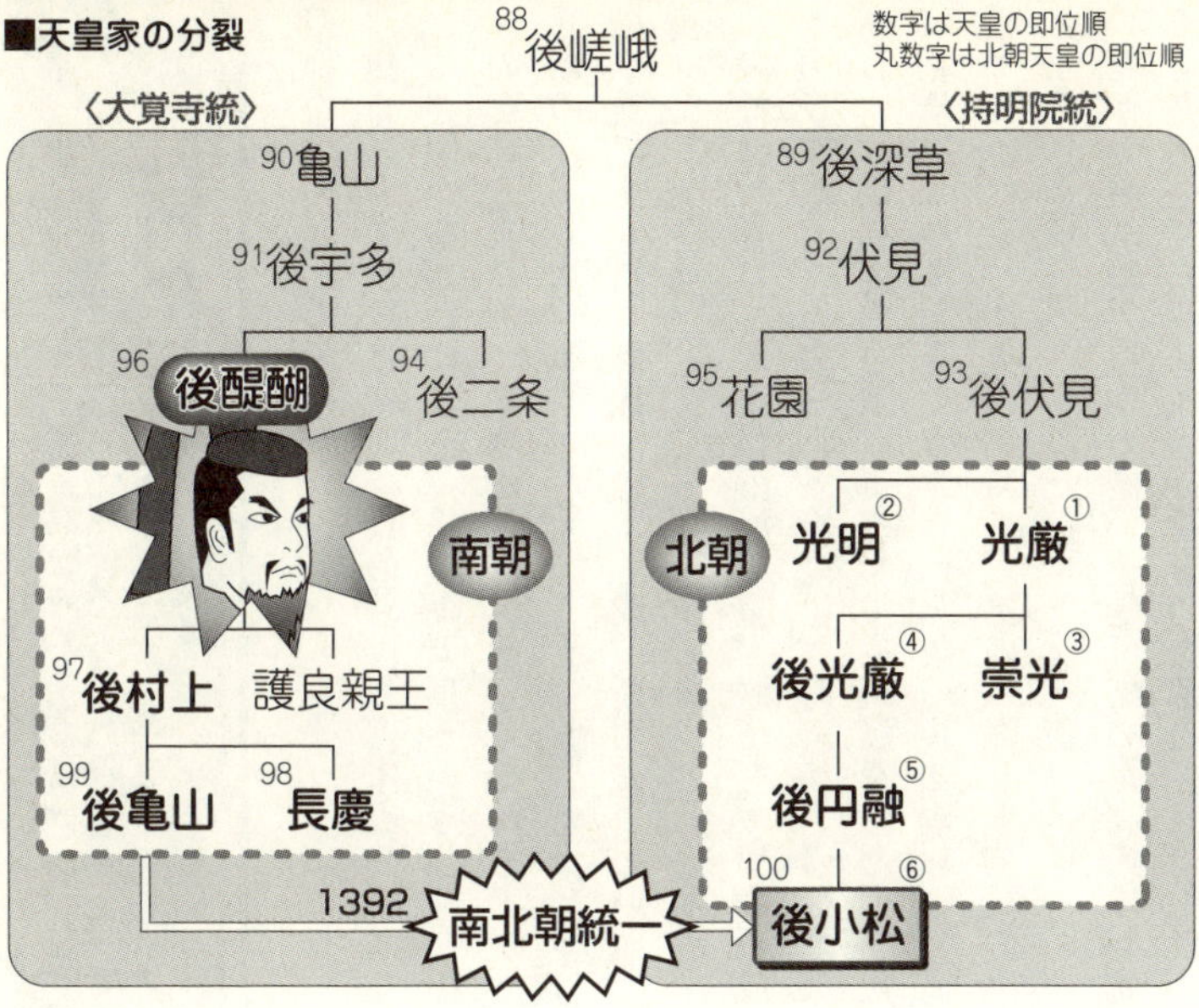
数字は天皇の即位順
丸数字は北朝天皇の即位順
88後嵯峨
〈大覚寺統〉
〈持明院統〉
90亀山
91後宇多
96後醍醐
94後二条
南朝
97後村上
護良親王
99後亀山
98長慶
89後深草
92伏見
95花園
93後伏見
北朝
光明②
光厳①
後光厳④
崇光③
後円融⑤
100後小松⑥
1392
南北朝統一

即位するなどと決めた幕府が悪いのだ。幕府がある限り、天皇は名前だけの存在にすぎず、自分の子孫が皇位を継承することはできない。こうして後醍醐天皇は、次第に幕府を倒すことだけを考えるようになっていく。

普通、「〇〇天皇」という名前は死後に贈られるが、彼は平安時代に自ら政務を執った醍醐天皇を尊敬していたので、生前から後醍醐天皇と名乗っていた。それほど、天皇政治に執念を燃やした天皇なのである。

１３２４年、後醍醐天皇は側近らと倒幕を計画したが幕府にばれ、側近に罪を着せてその場は逃れた。だが１３３１年、再び倒幕計画が露見、今度は逃げられないと悟った天皇は近隣の武士を集めて挙兵し、河内の笠置《かさぎ》山にこもった。これに呼応して赤坂《あかさか》山では土着の武士・楠木正成《くすのきまさしげ》が挙兵、彼は秩序を乱す者の意味で「悪党《あくとう》」と呼ばれ、幕府に反抗的な態度をとっていた。

結局、後醍醐天皇は幕府軍に捕まって隠岐へ流されたが、のちに自力で脱出し、ついには幕府を滅ぼすことになる。かつての承久の乱とは違い、幕府を守るはずの御家人たちは北条氏の独裁に不満を抱き、幕府創設当初の忠誠心もすでに薄れていたのである。

8 鎌倉幕府を滅亡させた武将たちの寝返り

１５０年続いた鎌倉幕府は、北条氏独裁に不満を抱いた武士たちと、強烈な天皇の出現によって滅びた！

京都～足利高氏の挙兵～

鎌倉幕府の崩壊は、北条氏の独占、御家人の不満などの要因があったにしろ、後醍醐天皇という強烈な存在の意志による所が大きかった。そしてそれを実現させたのは、源氏の血を引く名門・足利《あしかが》高氏《たかうじ》（後の尊氏《たかうじ》）の挙兵であった。高氏や楠木正成《くすのきまさしげ》、新田《にった》義貞《よしさだ》といった武将たちが天皇の下に集い、新時代を築いたのである。

隠岐に流されていた後醍醐天皇が脱出し、楠木正成が再び挙兵したとの知らせを受け、時の権力者・北条高時《たかとき》は、足利高氏を追討軍として京へ派遣した。高氏は北条氏から妻を迎えており、北条一族と親しい間柄だったが、疑心暗鬼の高時は、出陣に際して高氏の妻と子を人質にとっていた。

だが、後醍醐天皇から誘いを受けていた高氏は、北条を裏切って六波羅《ろくはら》探題《たんだい》（幕府の京都の拠点）を攻め滅ぼしたのである。高氏の動きに呼応して、武将たちの離反があいついだ。足利家には、「高氏の代に天下をとれ」という先祖の遺言があり、高氏は「今こそチャンス」とばかりに立ち上がったのである。

鎌倉～新田義貞の挙兵～

時を同じくして、鎌倉では新田義貞が挙兵した。新田氏は足利氏と同じ源氏の血筋だが、源平合戦の際に頼朝挙兵に従わなかったため、幕府内では足利よりはるかに冷遇されていた。そのため義貞は人質になっていた高氏の子（後の室町2代将軍義詮《よしあきら》）を助け出し、それを奉じて幕府を滅ぼした。

北条高時ら一族は、追いつめられて集団自刃した。

１３３３年、１５０年続いた鎌倉幕府は滅びたが、最期まで幕府に従って戦ったのは、北条一族だけだった。

1333年

■鎌倉幕府崩壊の立役者たち

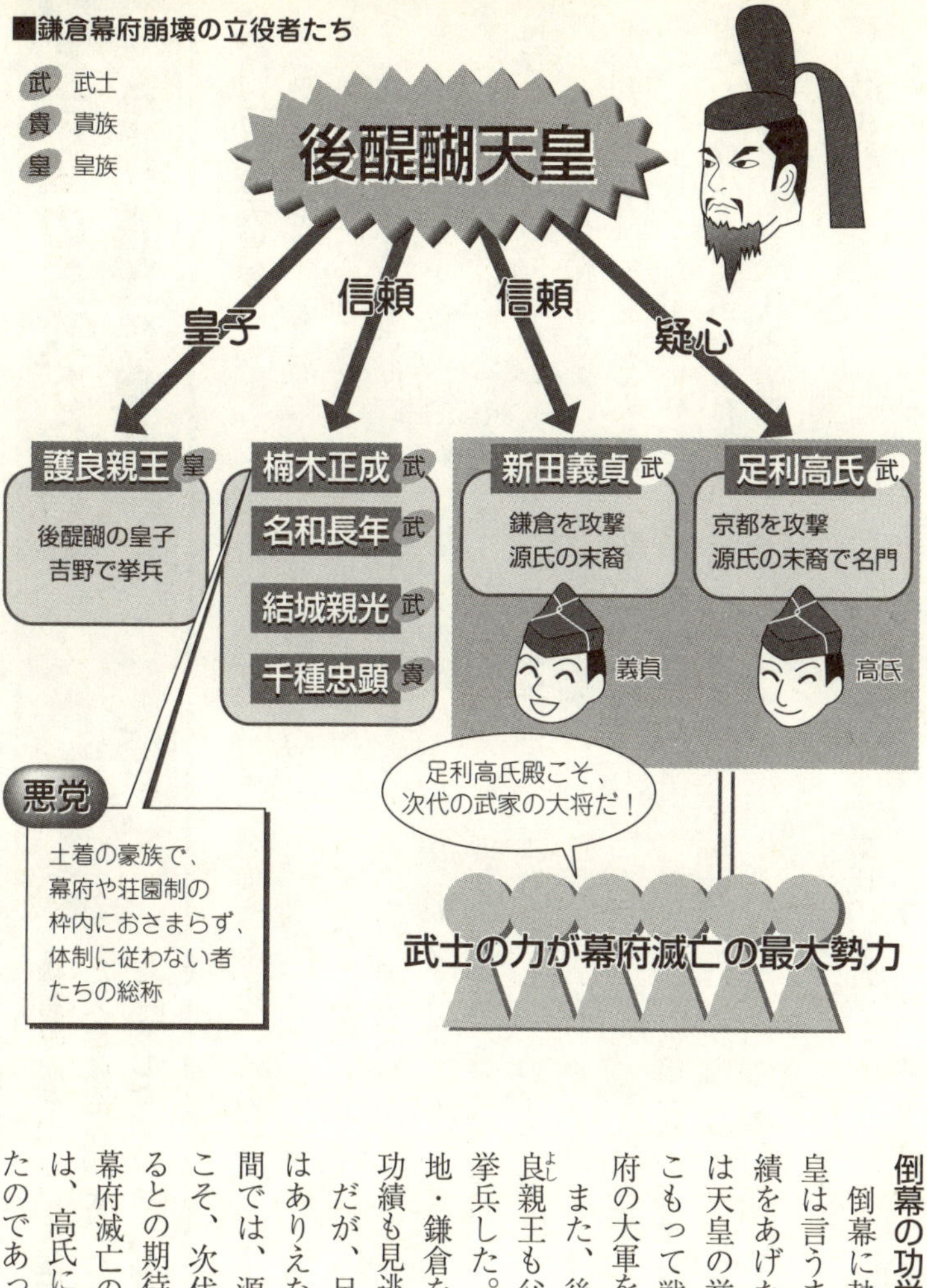
武 武士
貴 貴族
皇 皇族
後醍醐天皇
皇子
信頼
信頼
疑心
護良親王 皇
後醍醐の皇子
吉野で挙兵
楠木正成 武
名和長年 武
結城親光 武
千種忠顕 貴
新田義貞 武
鎌倉を攻撃
源氏の末裔
足利高氏 武
京都を攻撃
源氏の末裔で名門
義貞
高氏
悪党
土着の豪族で、
幕府や荘園制の
枠内におさまらず、
体制に従わない者
たちの総称
足利高氏殿こそ、
次代の武家の大将だ！
武士の力が幕府滅亡の最大勢力

倒幕の功労者たち

倒幕に執念を傾けた後醍醐天皇は言うまでもなく、大きな功績をあげたのは楠木正成だ。彼は天皇の挙兵当初から赤坂山にこもって戦い、ゲリラ戦法で幕府の大軍を引きつけ、奮戦した。

また、後醍醐天皇の皇子・護《もり》良《よし》親王も父に呼応して吉野山で挙兵した。そして、幕府の本拠地・鎌倉を落とした新田義貞の功績も見逃せない。

だが、足利高氏なしでは倒幕はありえなかった。武士たちの間では、源氏の名門である高氏こそ、次代の武士の統率者であるとの期待が高まっていたのだ。幕府滅亡の力となった武士たちは、高氏に呼応して次々と寝返ったのであった。

9 天皇の失政が招いた足利尊氏の反乱

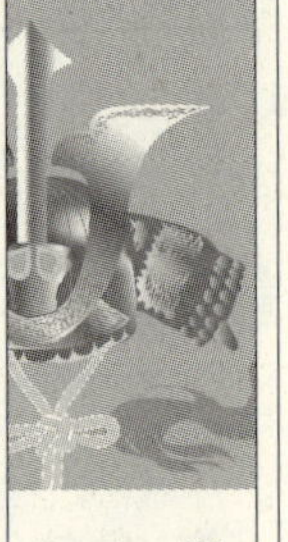

鎌倉幕府を倒し、後醍醐天皇の念願だった天皇政治が始まった。だが武士の功績を無視した政治は、やがて反乱を招く。

問題だらけの天皇親政

1333年6月、鎌倉幕府が滅び、意気揚々と入京した後醍醐天皇は、さっそく念願の天皇親政を開始した。天皇の理想は、王政復古《おうせいふっこ》、つまり王権の復活である。これを、年号から「建武《けんむ》の新政」と呼んだ。

天皇は何事も自分の決裁で問題解決しようと考え、綸旨《りんじ》という天皇の命令書を発行した。記録所《きろくじょ》や雑訴決断所《ざっそけつだんしょ》といった行政機関を設置し、その要職は貴族や楠木正成のような天皇お気に入りの者が占め、幕府から没収した土地も貴族中心に分配された。倒幕の原動力となった武士たちへの恩賞は薄く、その上、大規模な内裏《だいり》造営が行われ、武士や庶民の不満が高まった。

尊氏の決意

幕府倒壊のキーマンとなった足利高氏は、天皇の実名である「尊治《たかはる》」の「尊」の字を戴き、尊氏《たかうじ》と改名した。だが、どうしても欲しいものがもらえなかった。武家の最高職・征夷大将軍《せいいたいしょうぐん》の地位である。

尊氏に征夷大将軍を与えれば、必ず幕府を開くだろう。親政を目指す天皇にとって、それでは鎌倉幕府を倒した意味がない。天皇は、武士が政治の実権を握ることなどもってのほかと考えていたので、何としても尊氏に征夷大将軍を与えるわけにはいかなかった。そこで、息子の護良《もりよし》親王を征夷大将軍に任じたのである。

尊氏は、この出来事で天皇に見切りをつけたと思われる。また、諸国の武士たちの新政府に対する不満はピークにきており、尊氏への期待は高まる一方だった。

尊氏の反乱

1335年、北条高時の子・時行《ときゆき》が鎌倉に攻め入り、

1333～1335年

■全国の主な動乱

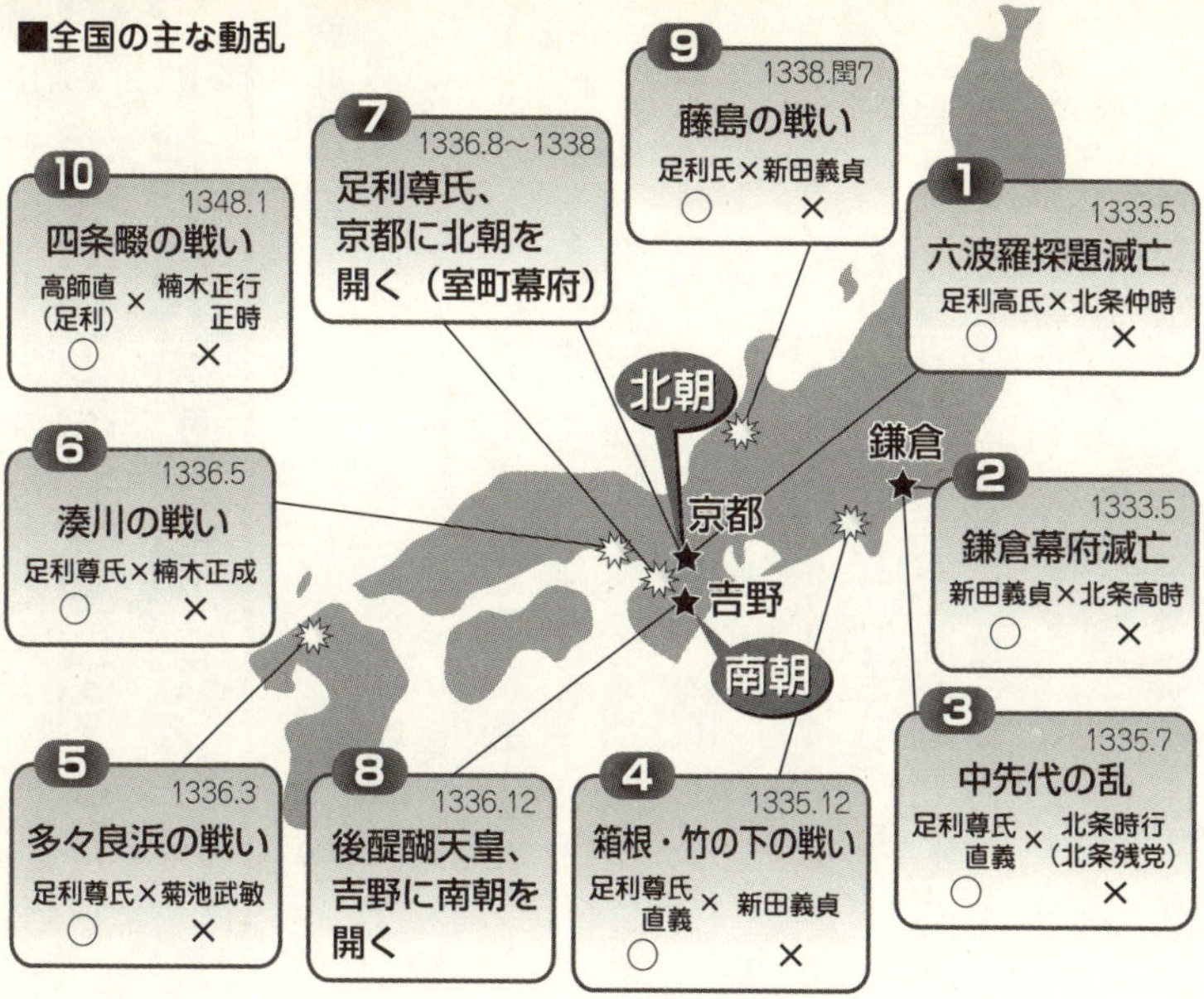
1 1333.5 六波羅探題滅亡 足利高氏×北条仲時 ○ ×
2 1333.5 鎌倉幕府滅亡 新田義貞×北条高時 ○ ×
3 1335.7 中先代の乱 足利尊氏 直義 × 北条時行（北条残党） ○ ×
4 1335.12 箱根・竹の下の戦い 足利尊氏 直義 × 新田義貞 ○ ×
5 1336.3 多々良浜の戦い 足利尊氏×菊池武敏 ○ ×
6 1336.5 湊川の戦い 足利尊氏×楠木正成 ○ ×
7 1336.8～1338 足利尊氏、京都に北朝を開く（室町幕府）
8 1336.12 後醍醐天皇、吉野に南朝を開く
9 1338.閏7 藤島の戦い 足利氏×新田義貞 ○ ×
10 1348.1 四条畷の戦い 高師直（足利） × 楠木正行 正時 ○ ×
北朝
京都
吉野
南朝
鎌倉

鎌倉にいた尊氏の弟・直義《ただよし》は、時行軍に押されて敗走した。これを知った尊氏は、時行軍鎮圧のために、再び征夷大将軍の地位を求めたが、天皇は頑として許さない。しびれを切らした尊氏は、許可なく軍を率いて、弟の救援に向かったのである。

尊氏の活躍で、時行の乱は鎮圧された。天皇の命に従って戻ろうとする尊氏を、直義がこう言って止めた。

「今さら京に戻ったところで、暗殺されるだけだ」

天皇は尊氏を朝敵《ちょうてき》（反逆者）とみなし、新田義貞を討伐に差し向けてきた。尊氏は朝敵と名指しされたのが余程ショックだったのか、叱咤する弟を尻目に、こともあろうに寺にこもってしまった。どうも、いざとなると優柔不断になるところがあったようだ。仕方なく直義が軍を率いて迎え撃ったが、尊氏を欠いた軍では士気があがらずまたもや敗走した。これを見た尊氏は、引きこもりをやめて救援に向かい、大将復活に兵たちは活気を取り戻し、義貞軍を撃退したのである。

紆余曲折を経て、尊氏は朝廷と訣別することを決意した。それは新政に不満を抱く武士たちの支持を集め、やがて室町《むろまち》幕府の開設へと繋がったのである。

10 南北朝の動乱を長引かせた足利兄弟の愛憎劇！

南北朝の動乱を長引かせたのは、足利尊氏の兄弟ゲンカ！尊氏・直義・南朝三つどもえの争乱は、収まる気配もない……

南北朝の分裂

「この世はまるで夢のようです。どうか尊氏《たかうじ》に道心《どうしん》を与え、早く遁世《とんせい》させて下さい。現世の果報に代えて後《ご》生《しょう》を助けて下さい。今生《こんじょう》の果報はすべて弟直義《ただよし》に賜わって、直義を安穏に護って下さいますよう」

これは、足利尊氏が室町幕府（室町とは、3代将軍義満《よしみつ》が御所をかまえた京都の地名）を開いた直後、密かに清水寺に納めた願文《がんぶん》である。武士の頂点に立った責任感からくる苦悩と不安、弟の幸せを願う優しさなど、一人の人間としての尊氏の一面を見せてくれる。

後醍醐天皇と訣別《けつべつ》した尊氏は、新田義貞や楠木正成といった天皇方の軍勢を破って京都を占拠した。そして念願の幕府を開き、新たに天皇をたてたのである。

一方、吉野へ逃れた後醍醐天皇は、自分こそが正統な天皇であると主張し、尊氏との対決姿勢を崩さなかった。ここに2人の天皇が並び立つ奇妙な現象が生じ、尊氏が擁《よう》す京都側を北朝《ほくちょう》、後醍醐天皇の吉野側を南朝《なんちょう》と呼ぶようになった。南北朝《なんぼくちょう》時代のはじまりである。

足利兄弟の亀裂

尊氏と弟・直義は、何事も二人三脚でやってきた仲の良い兄弟だった。室町幕府の政務も、尊氏が軍事・恩賞などを担当して武士たちをまとめる一方、直義は裁判や財政などの実務を担当し、行政一切を取り仕切るという二頭《にとう》体制でこなしてきた。

始めは順調に進んだが、直義と尊氏の家臣・高師直《こうのもろなお》との間で対立がおこった。師直は尊氏の親衛隊長のような男で、とにかく戦に強く、南朝との戦いでの活躍は目覚ましい。それだけに横暴な振る舞いが多く、穏健で官僚肌の直義とはそりが合わなかったのだ。

尊氏としても、力をつけてきた師直を無視できず、この対立はやがて尊氏・師直と直義の構図に変化し、それぞれの家臣も2派にわかれて争い、北朝はまっぷたつに分裂したのである。

吉野の南朝では、後醍醐天皇が亡くなると勢力は弱まる一方であったが、北朝で内紛がおこったことで息を吹き返した。まず、直義が南朝に和平を申し込み、尊氏を討とうとした。窮地に陥った尊氏は、直義と和平し、争いの張本人である師直を切り捨てた。足利兄弟は仲直りしたかに見えたが、今度は尊氏が南朝と組んで直義を攻めたのである。

こうして尊氏・直義・南朝の3勢力が入り乱れ、内乱はさらに複雑になった。南朝には何の力もなかったが、尊氏・直義が、互いを牽制《けんせい》するために利用したので、かろうじて生き延びることができたのである。

ついに尊氏は、かつては自身に代えてまでその幸せを願った弟・直義を毒殺するまでになってしまった。

幕府内の争いは一段落したが、直義派の残党が南朝に走り、さらに内乱は続いた。足利兄弟の大ゲンカは、内乱を60年も続かせる原因をつくったのである。

■南北朝の動乱・対立図

※尊氏の実子。尊氏に疎まれ、子のない直義が養子とした

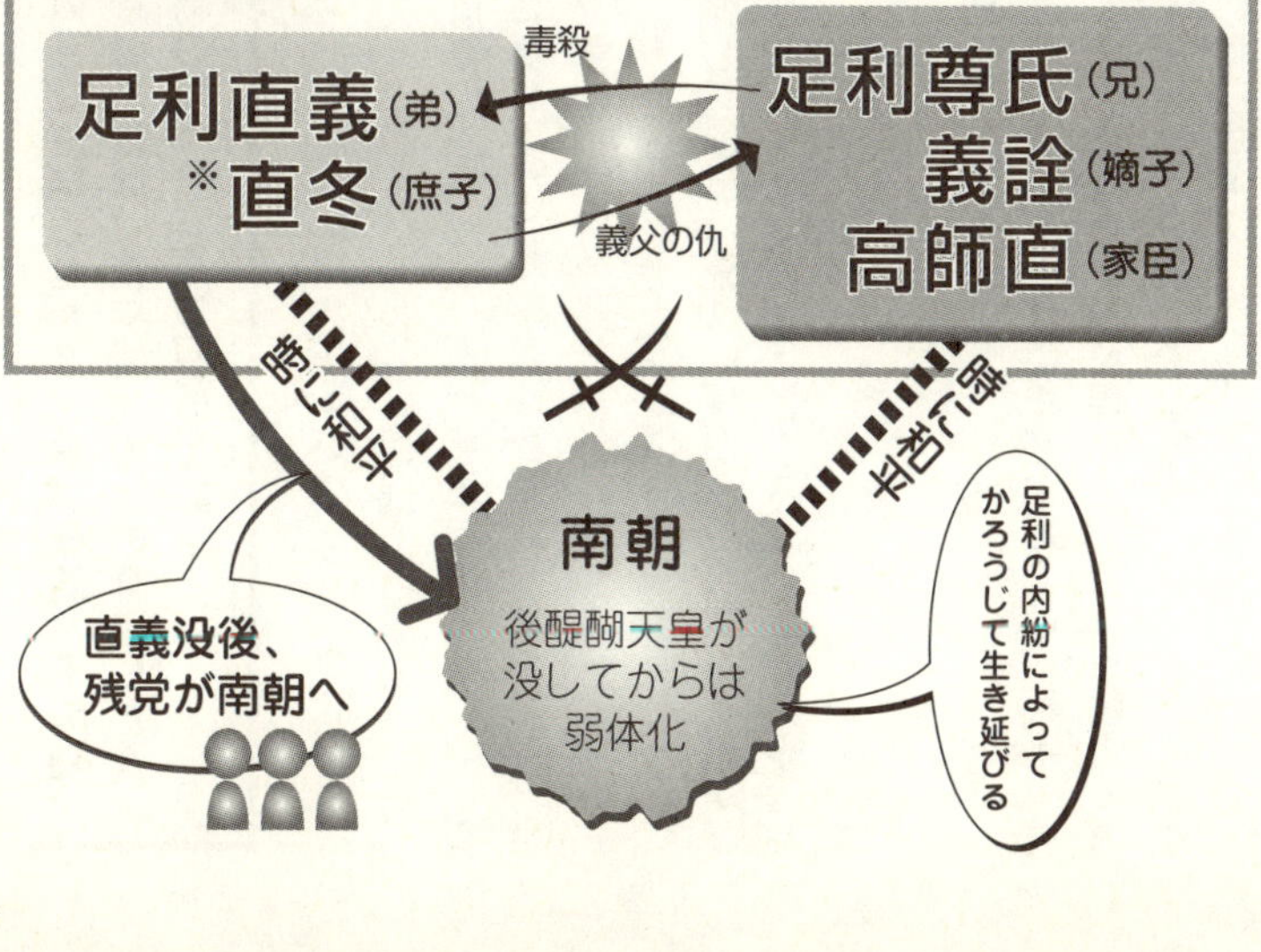
北朝（幕府）
毒殺
足利直義（弟）
※直冬（庶子）
義父の仇
足利尊氏（兄）
義詮（嫡子）
高師直（家臣）
時に和平
時に和平
南朝
後醍醐天皇が没してからは弱体化
直義没後、残党が南朝へ
足利の内紛によってかろうじて生き延びる

11 60年の内乱終わる！ 南北朝統一の立役者とは？

内乱を終結させた3代将軍義満。その功績の影には、和平成功のため奔走した人物の知られざる努力があった！

南朝の実態

南北朝の動乱は、室町幕府の初代将軍・足利尊氏が発端となり、3代義満《よしみつ》の時代までの約60年間続いた内乱であった。

1358年に足利尊氏が亡くなると、幕府（北朝）の勢力は一時弱まった。このころ南朝軍を率いていたのは、かつて後醍醐天皇に尽くし、尊氏に滅ぼされた楠木正成《くすのきまさしげ》の子・正儀《まさのり》である。南朝軍は幕府との戦いで有力武将のほとんどを失っていたが、北朝の内紛に敗れた尊氏の弟・直義派の残党が加わり、尊氏の死をチャンスとばかりに京都に攻め入った。

後醍醐天皇の死後、南朝の政治的実権を握っていたのは、武士嫌いの貴族・北畠親房《きたばたけちかふさ》だった。彼の死後はそれを受け継いだ貴族たちが政治を主導し、一日も早く京都を取り戻すことを夢見ていたのである。

正儀は、貴族たちに押されるかたちで、合計4回京都に攻め入っている。どれも一度は占拠するものの、すぐに幕府軍の巻き返しにあって追い出され、ことごとく失敗に終わった。和平の機会も数回あったが、南朝の貴族たちは、幕府の降伏以外は認めないという強硬ぶりで、すべてご破算となっている。

兵は疲弊《ひへい》し、国土は荒れるばかりの現状に嫌気がさした正儀は、ついに南朝に見切りをつけて幕府に寝返ったのである。

南北朝の統一

正儀を幕府へ迎える手はずを整えたのは、将軍・義満の後見人で、幕府の実権を握っていた細川頼之《ほそかわよりゆき》である。正儀と頼之は、分裂した皇室を1つに戻し、早急に内乱を終わらせようとの意見で一致したのであった。

1358～1392年

■南北朝の統一まで

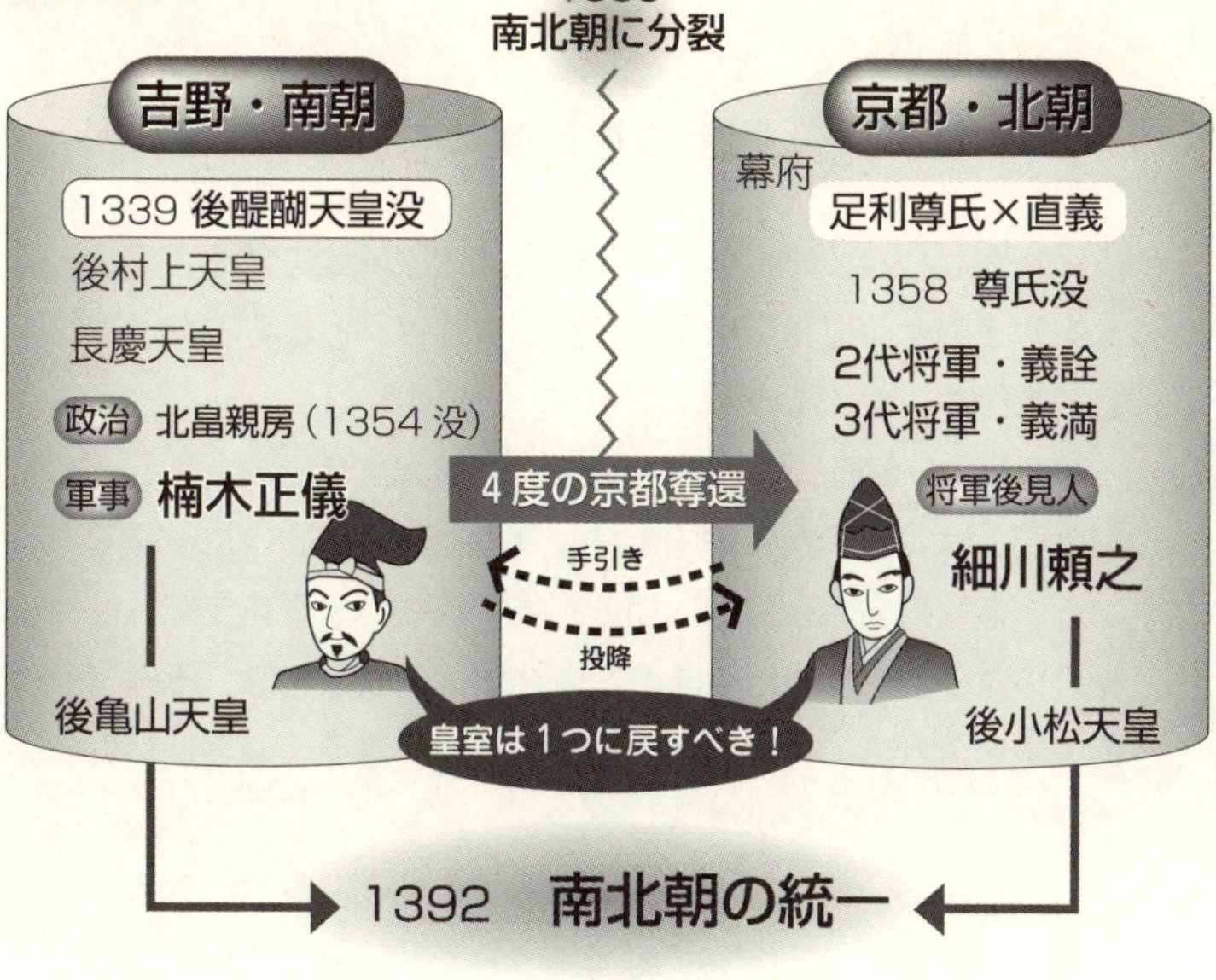
1336
南北朝に分裂
吉野・南朝
1339 後醍醐天皇没
後村上天皇
長慶天皇
政治 北畠親房（1354没）
軍事 楠木正儀
後亀山天皇
京都・北朝
幕府
足利尊氏×直義
1358 尊氏没
2代将軍・義詮
3代将軍・義満
将軍後見人
細川頼之
後小松天皇
4度の京都奪還
手引き
投降
皇室は１つに戻すべき！
1392 南北朝の統一

南朝軍の主力であった楠木正儀が幕府に寝返ったことで、南朝の勢力は一気に低下した。最後まで内乱が続いたのは九州だったが、それも幕府が送り込んだ今《いま》川《がわ》貞世《さだよ》の活躍によって平定された。

1392年、義満と南朝の間で統一の交渉が成立した。条件は、南朝の後亀山《ごかめやま》天皇が北朝の後小松《ごこまつ》天皇へ譲位し、皇太子には南朝の皇子をつけるというものだ。もはや勢力を失った南朝は、これを了承せざるを得なかった。後醍醐天皇以来、ひたすら京都へ戻ることを夢見ていた南朝貴族たちは、幕府に取り込まれる形で京都に帰還し、南北朝は統一されたのである。

幕府に降伏してからの楠木正儀は、盟友・細川頼之が失脚すると、再び南朝へ戻り、その後は歴史上から姿を消した。南北朝統一の年には、正儀も頼之もすでに亡くなっていたが、彼らこそ統一の立役者であった。

臣下の鏡といわれた忠臣・楠木正成の子が、南朝を裏切って幕府に降《くだ》ったことで、正儀はその後も長く不《ふ》忠者《ちゅうもの》とされてきた。だがその行動は、内乱で荒れ放題の土地や人々の生活を憂《うれ》い、本当の忠義とは何かを真剣に考えた末のものだったのである。

武士の世に咲く女領主

鎌倉時代、女性の地位は近世・近代より良いとはいうものの、北条政子《ほうじょうまさこ》のように特別に個性の強い女性は別として、女子は名前すらはっきり残らない時代であった。

そんな中、幕府公認の女性の地頭《じとう》がいたのである。

地頭とは、幕府が各地の土地管理者として公認した役職である。彼女の名は夜叉《やしゃ》といい、石見《いわみ》（島根）一帯を支配した豪族・益田《ますだ》氏の支族に生まれた。当主の永安兼祐《ながやすかねすけ》は、不孝者の嫡男を退けて、孫娘である夜叉に家督を譲ると遺言したのである。

1298年に夫・吉川経茂《きっかわつねしげ》が亡くなったため、夜叉は出家して良海尼《りょうかいに》と名乗り、10年後には幕府から正式に永安別府地頭職《ながやすべっぷじとうしき》に任じられている。

これに弟の永安義員《よしかず》が異を唱え、幕府に訴えた。本来なら、嫡子である自分の所領である。良海尼も幕府に訴え、結局は永安氏（義員）と吉川氏（良海尼の嫁ぎ先）の折半となって丸くおさまったという。

鎌倉時代の武家の相続は、後年のような長子単独ではなく、分割相続が基本とされ、兄弟たちが土地を分け合った。その中には、女子の相続も行われていたのである。

六波羅勢の壮絶な最期

滋賀県の米原《まいばら》にある蓮華寺《れんげじ》には、鎌倉幕府滅亡によって命を落とした北条仲時《ほうじょうなかとき》以下、430余名の墓がズラリと並んでいる。仲時は、幕府最後の六波羅探題《ろくはらたんだい》（幕府が京都に置いた行政機関）で、足利高氏に攻められて鎌倉へ逃れようとしたが、追いつめられて蓮華寺の境内で自害を決意した。

その時、仲時は家来に向かって、

「今まで従って来てくれたことに感謝する。この首を持って敵に降れば、褒美《ほうび》がもらえるだろう」と言うと、ある家来が「この先も殿を見捨てることなどありません。冥途の果てまでお供します」と涙ながらに訴えて、他もそれに従ったという。

仲時以下430余名は寺の前庭で切腹した。おびただしい量の血が川のように流れ、現在も「血の川」という旧跡が残っているほどだ。寺の宝物館には自害者の名を連ねた過去帳があるが、10代、20代の若者の姿が目立つ。大将の仲時ですら、27歳という青年だった。ちなみに、彼らの子孫は戦後「菊華会」を結成し、現在も毎年1回集まり法要を営んでいる。

さて、六波羅勢は京都を落ちる際、光厳《こうごん》天皇ら皇族・貴族を引き連れていた。彼らは、武士たちの累々《るいるい》たる死骸を前におろおろするばかりで、光厳天皇自身も道中に矢傷《やきず》を負っていた。歴代の天皇の中でも、これほどの惨劇に居合わせた天皇は他にいないだろう。

動乱が生んだ「婆娑羅」たち

婆娑羅《ばさら》とは、南北朝時代に流行した風俗である。さらに、きらびやかな装束を身につけ、傍若無人で伝統的権威を「へ」とも思わない大名のことを「婆娑羅大名」といった。

婆娑羅の代表・近江の佐々木道誉《どうよ》は、裏切りの多いこの時代に、生涯足利氏に従った大名である。京都東山での鷹狩りを楽しんだ道誉は、帰り道、妙法院《みょうほういん》の紅葉を家来に手折らせた。ちょうど院内で宴を催していた天台座主《てんだいざす》（天台宗のトップ）の亮性法親王《りょうせいほっしんのう》の家来に無礼を咎められると、手勢を率いて妙法院を襲い、何の躊躇《ちゅうちょ》もなく焼き討ちしてしまった。

天台宗の総本家・延暦寺はこの行為に激怒し、室町幕府に道誉の死罪を要求するが、結局は一等減じて流罪と決まった。その出発当日も、道誉は何ら反省の色もなく、芸人を引き連れ遊女をはべらせて酒に興じ、物見遊山《ものみゆさん》のように旅立ったという。もっとも、彼は間もなく許され、帰還している。

一方、同じく幕府の武将・美濃の土岐頼遠《ときよりとお》は、院（天皇の父）の行列に出くわしたとき、本来なら武士は馬から下りて礼をすべきところを、「院か犬か、犬なら矢を射てやろう」と言い放って、院の車に向けて本当に矢を放った。さすがにこれはやりすぎで、頼遠は後に死罪となっている。

どちらにしろ、婆娑羅たちは朝廷の権威などどこ吹く風で、武士全盛の時代を象徴する存在であった。

足利尊氏、本当はどんな人？

同じ幕府創設者としては、頼朝《よりとも》・家康《いえやす》より目立たない足利《あしかが》尊氏《たかうじ》。それは、「後醍醐《ごだいご》天皇に背いた反逆者」という見方が、後世の歴史家によってつくられてしまったからだろうか。

尊氏と親しい僧の夢窓疎石《むそうそせき》は、彼のことをこう言っている。

「戦場では度胸がすわり命を惜しまず、慈悲の心が強く寛容、非情に気前よく、部下に物惜しみせず武具や馬を与える」

山のように届く八朔《はっさく》の祝い品（お中元のようなもの）は、全て家臣に配り、手元には何も残らないというタイプで、部下からは好かれた。対して、弟の直義《ただよし》は「賄賂《わいろ》は受けとらん」という堅いタイプだった。尊氏は、政務一切を弟に任せ、自分は田楽《でんがく》（当時流行った芸能）鑑賞にふけったとか。一方の直義は、「政務の妨げになる」と田楽を一度も見なかった。

明るく陽気かと思えば、極端に落ち込むことのあった尊氏。戦の直前になって突然弱気になり、引きこもることが度々あった。優柔不断で、「躁《そう》うつ病」の気があったとの説もある。

江戸時代、水戸光圀《みつくに》には「天皇に背いた反逆者」と決めつけられ、幕末には尊王攘夷《そんのうじょうい》の志士に木像の首を晒された。戦前には尊氏を「優れた人物」と評価したため、辞職に追い込まれた大臣もいたほどだ。長く不遇だった尊氏だが、戦後になってやっと「反逆者」の汚名から逃れることができたのである。

12 足利将軍15代の軌跡

足利尊氏にはじまった室町幕府は、15代将軍義昭まで続いた。その主な流れを、ざっと見てみよう。

15人の将軍

南北朝の動乱と共に始まった室町幕府は、15代で約250年続いた。初代尊氏《たかうじ》と2代義詮《よしあきら》は、内乱の収拾に追われた。3代義満《よしみつ》は内乱を終わらせると、各地で反乱を起こしていた守護《しゅご》大名（各国の武士を統括するその地域の支配者）を配下に置き、さらに中国・明《みん》と貿易を始め、室町幕府の最盛期を築いた。

4代義持《よしもち》は父・義満と仲が悪く、父親の功績を全て否定し、明との貿易も停止した。5代義量《よしかず》が酒の飲み過ぎで早世すると、弟の義教《よしのり》がくじ引きで選出されて6代将軍となった。義教は独裁政治を敷いて従わない者を次々と抹殺していったが、やがて家臣に殺された。

7代義勝《よしかつ》がわずか10歳で亡くなると、弟の義政《よしまさ》が8代将軍となった。義政は政治にほとんど関心を示さず、かわって妻の日野富子《ひのとみこ》が実権を握り、後継者争いがもとで応仁《おうにん》の乱が勃発する。この乱により各地の守護大名たちが勢力争いをはじめ、戦国時代に突入していく。

9代将軍には富子の愛息・義尚《よしひさ》が就くが、早世した。10代義稙《よしたね》は富子と対立して幽閉されたが、守護大名らと組んで11代義澄《よしずみ》を追い出した。だが細川氏に追われ、義澄の子・義晴《よしはる》が12代将軍となるが、守護大名が勢力争いを繰り返し、将軍は飾り物でしかなくなっていた。

13代将軍義輝《よしてる》は剣の達人で、幕府の権威復活に力を尽くしたが、京都で勢力を伸ばした戦国大名の松永久秀《まつながひさひで》に暗殺された。14代義栄《よしひで》は久秀らに擁立されたが、やがて尾張から進出してきた織田信長《おだのぶなが》により追放され、15代義昭《よしあき》が就任した。信長の力で将軍となった義昭だったが、やがて信長と対立し、武田信玄《たけだしんげん》などの戦国大名と連合して信長を倒そうとしたが失敗し、追放された。

こうして1573年、室町幕府は滅亡したのである。

■室町幕府のしくみ

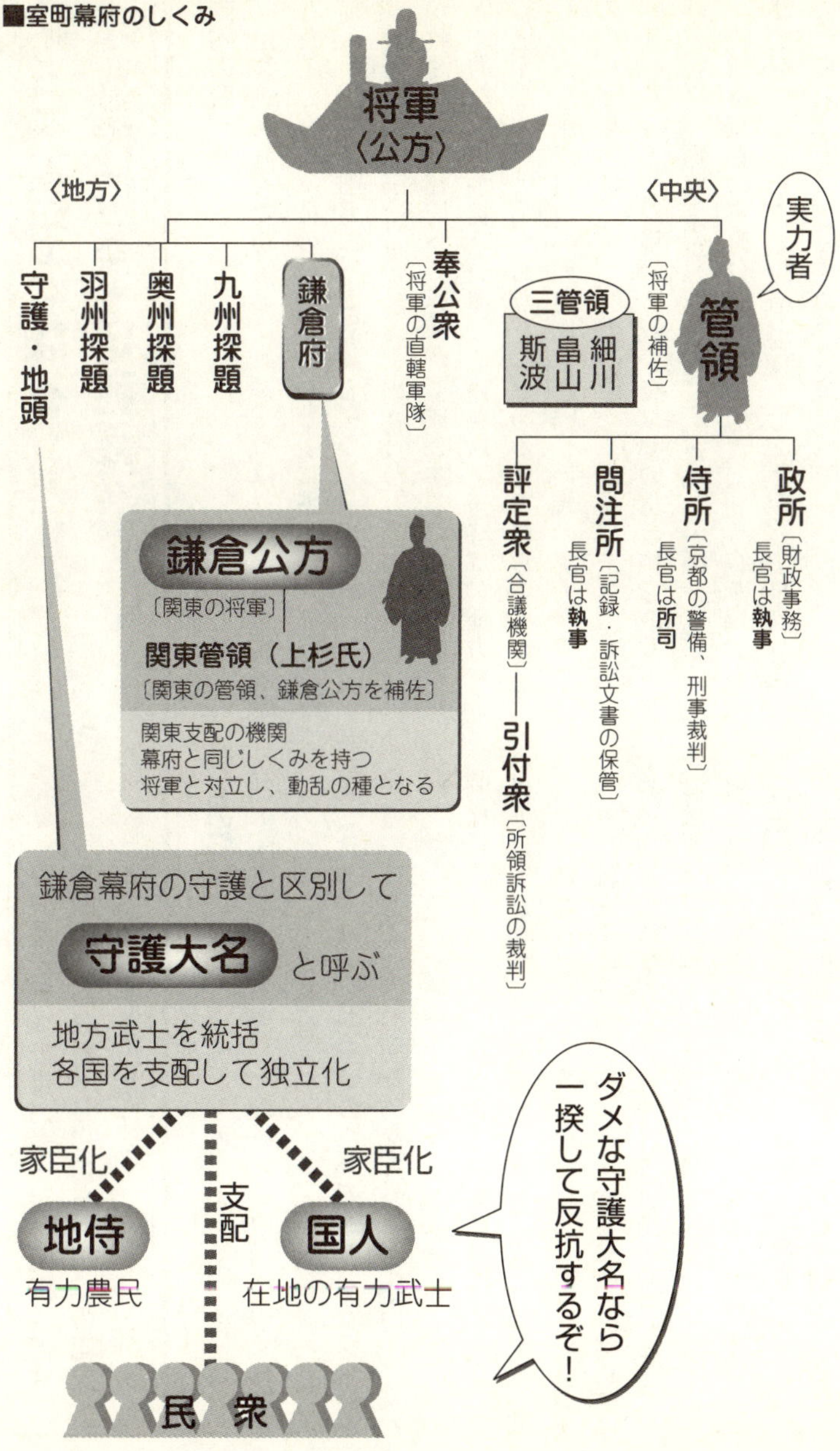
将軍
〈公方〉
〈地方〉
〈中央〉
守護・地頭
羽州探題
奥州探題
九州探題
鎌倉府
奉公衆
〔将軍の直轄軍隊〕
三管領
細川
畠山
斯波
〔将軍の補佐〕
管領
実力者
評定衆
〔合議機関〕
引付衆
〔所領訴訟の裁判〕
問注所
〔記録・訴訟文書の保管〕
長官は執事
侍所
〔京都の警備、刑事裁判〕
長官は所司
政所
〔財政事務〕
長官は執事
鎌倉公方
〔関東の将軍〕
関東管領（上杉氏）
〔関東の管領、鎌倉公方を補佐〕
関東支配の機関
幕府と同じしくみを持つ
将軍と対立し、動乱の種となる
鎌倉幕府の守護と区別して
守護大名
と呼ぶ
地方武士を統括
各国を支配して独立化
家臣化
家臣化
支配
地侍
有力農民
国人
在地の有力武士
ダメな守護大名なら
一揆して反抗するぞ！
民　衆

13 日本国王になろうとした3代将軍・足利義満

室町幕府最大の権力者・足利義満。彼は幕府と朝廷を統一し、自らが日本の国王になろうとしていた!

国内の統一

足利義満《あしかがよしみつ》最大の功績といえば、やはり南北朝を統一したことだが、彼の目標はもっと上にあった。天皇を越えて、日本国王になることである。

義満は15歳で将軍を継ぎ、当初は後見人の細川頼之《ほそかわよりゆき》が政務を取り仕切っていたが、成長するにつれ、その天才的な政治手腕を発揮していった。当時は、地方を統括する守護大名《しゅごだいみょう》たちが、ことあるごとに将軍に反抗していたが、山口の大内《おおうち》氏や中国・近畿の実力者の山《やま》名《な》氏などを服従させ、守護大名たちを統一した。また、朝廷の持っていた税の徴収権や京都の市政権を取り上げ、将軍の権威を絶対的なものにしていったのである。

義満は京都の室町《むろまち》に「花の御所《ごしょ》」という豪華絢爛《ごうかけんらん》な邸宅を構え、そこで政治を行ったことから、足利将軍の政権を室町幕府と呼ぶようになった。

義満の野望

日本国内をほぼ掌握した義満は、中国の明《みん》と貿易をはじめた。この貿易は、朝貢《ちょうこう》形式をとった。つまり、義満(日本)は、明の皇帝の臣下であるという立場をとったのである。この屈辱的な貿易に、国内では反対が起こったが、義満は名より実を取った。

明に貢《みつ》ぐというと一見マイナスなイメージだが、それ以上に明から下される品物が豪華だった。しかも、朝貢品には関税がかからず、義満はこうした朝貢貿易の利点に目をつけたのである。明からの輸入品は生糸や絹織物、書画などで、日明貿易は幕府の財政を潤し、義満は貿易の利益を独占できたのである。

義満は、このとき明の皇帝とのやりとりの中で「日本国王」と名乗り、明からもそれを認められていた。こうして彼は、内外ともに認める「日本国王」として

1368～1408年

■足利義満の政治

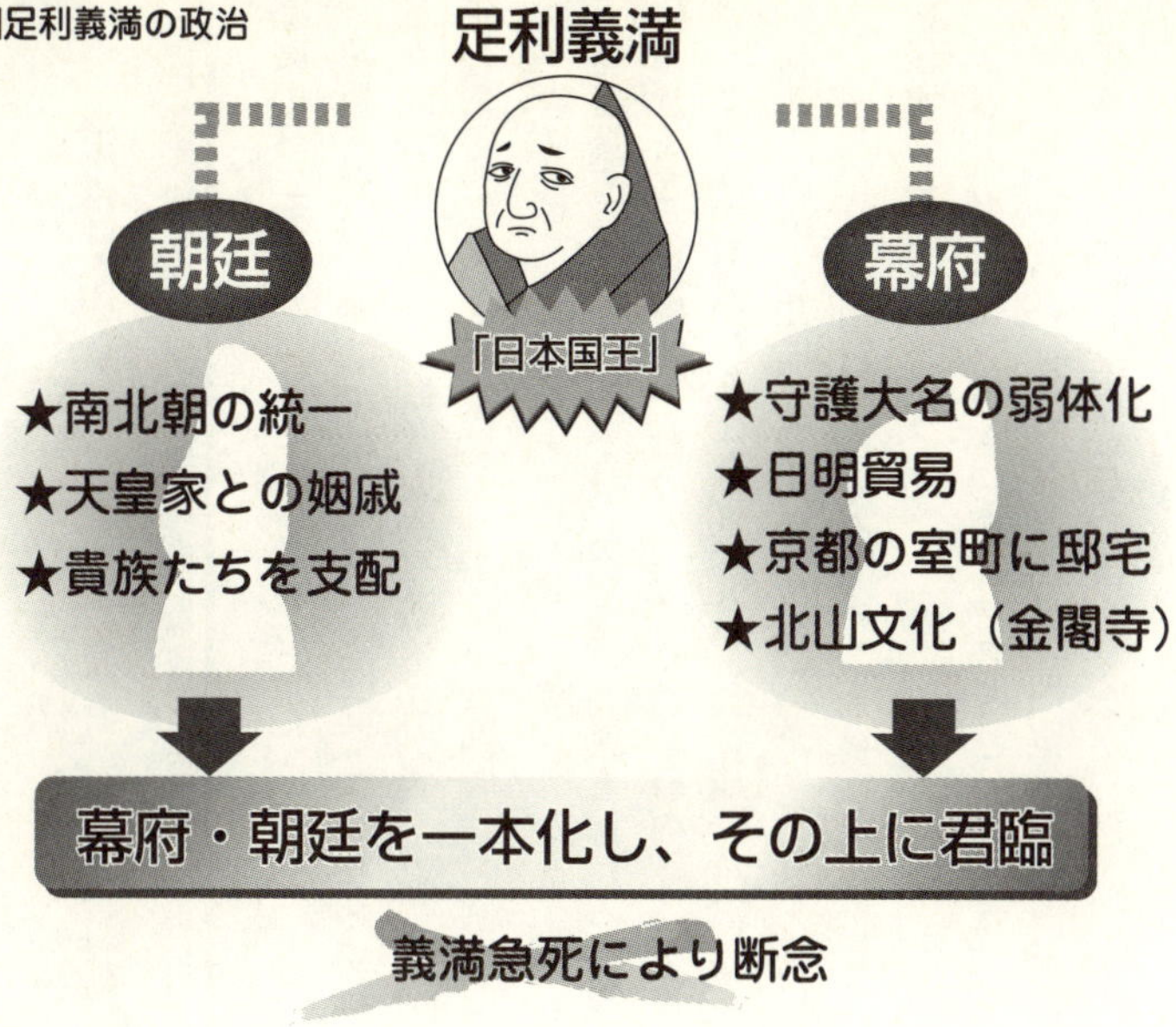
足利義満
「日本国王」
朝廷
★南北朝の統一
★天皇家との姻戚
★貴族たちを支配
幕府
★守護大名の弱体化
★日明貿易
★京都の室町に邸宅
★北山文化（金閣寺）
幕府・朝廷を一本化し、その上に君臨
義満急死により断念

君臨したのである。

　この時期に朝鮮・中国沿岸で略奪を繰り返し、人々を恐れさせた日本人の武装集団を倭寇《わこう》と呼んだ。義満は、日明貿易と引きかえに、この倭寇を厳しく取り締まった。

　天皇以上に権力を持った義満は、幕府と朝廷を一本化し、自分がそこに君臨しようと考えた。義満の妻は後小松《ごこまつ》天皇の准母《じゅんぼ》（名目上の母）の地位を得ていたので、義満はその子の義嗣《よしつぐ》（天皇の義弟になる）を後継ぎにしようとした。だが、すでに将軍職は子の義持《よしもち》が継いでおり、志《こころざし》なかばで義満は急死してしまった。

　こうしたいざこざから義満と仲の悪かった義持は、朝廷が義満に太上《だいじょう》天皇（天皇の父である上皇の称号）を贈ろうとしたのを辞退し、日明貿易も停止した。さらには、義満の寵愛を受けた異母弟の義嗣を殺害するに至ったのである。

　義満は幕府と朝廷の統一を目指したが、その一歩手前で突然亡くなったため、朝廷側の暗殺という説もある。ともかく、義持が父の政策を否定してしまったために、義満の野望は叶うことなく終わった。

14 戦国時代に一番近い場所・関東

東国支配の拠点として幕府が置いた関東のミニ幕府・鎌倉府。これが将軍と対立し続け、関東動乱のもとになった。

関東のミニ幕府

室町時代は、地方で勢力を持った守護大名たちの反乱が頻繁に起こった時代だが、最も深刻だったのは関東の情勢だった。関東は、一番早く戦国時代に突入した地域だともいえる。

室町幕府は京都に開かれたので、関東を抑えるために鎌倉《かまくら》府《ふ》という機関を置いた。これは幕府のミニチュア版で、将軍のかわりに鎌倉公方《くぼう》が置かれ、2代将軍・足利義詮の弟・基氏《もとうじ》が初代の任に就いた。これを補佐する役として、足利氏の身内である上杉氏が関東管領《かんれい》に任命された。

鎌倉公方たちは、京都の将軍の座を奪う機会を虎視《こし》眈々《たんたん》と狙っていた。2代、3代は、関東管領の上杉氏が死をもって制したため乱にはならなかったが、4代持氏《もちうじ》になって、ついに乱が勃発《ぼっぱつ》してしまう。

関東動乱のはじまり

4代鎌倉公方・持氏は、時の将軍・6代義教《よしのり》にあからさまに反抗し、恒例となっていた将軍就任の祝賀使も送らず、義教の定めた年号も使わなかった。関東管領・上杉憲実《のりざね》は義教と持氏の間を調停しようとしたが、持氏はその憲実を討伐しようとした。鎌倉公方を滅ぼすチャンスとみた義教は、１４３８年（永享《えいきょう》10）、持氏を攻め、追いつめられた持氏は翌年に自害して果てた。永享の乱である。持氏の幼い子らも、後に殺された。

憲実は、主君・持氏を死に追いやった自責の念から、関東管領を辞して上杉の家督を捨て、遠く山口で余生を過ごしたという。

2人の公方

生き残った持氏の子・成氏《しげうじ》は、やがて鎌倉公方になっ

■足利氏略図

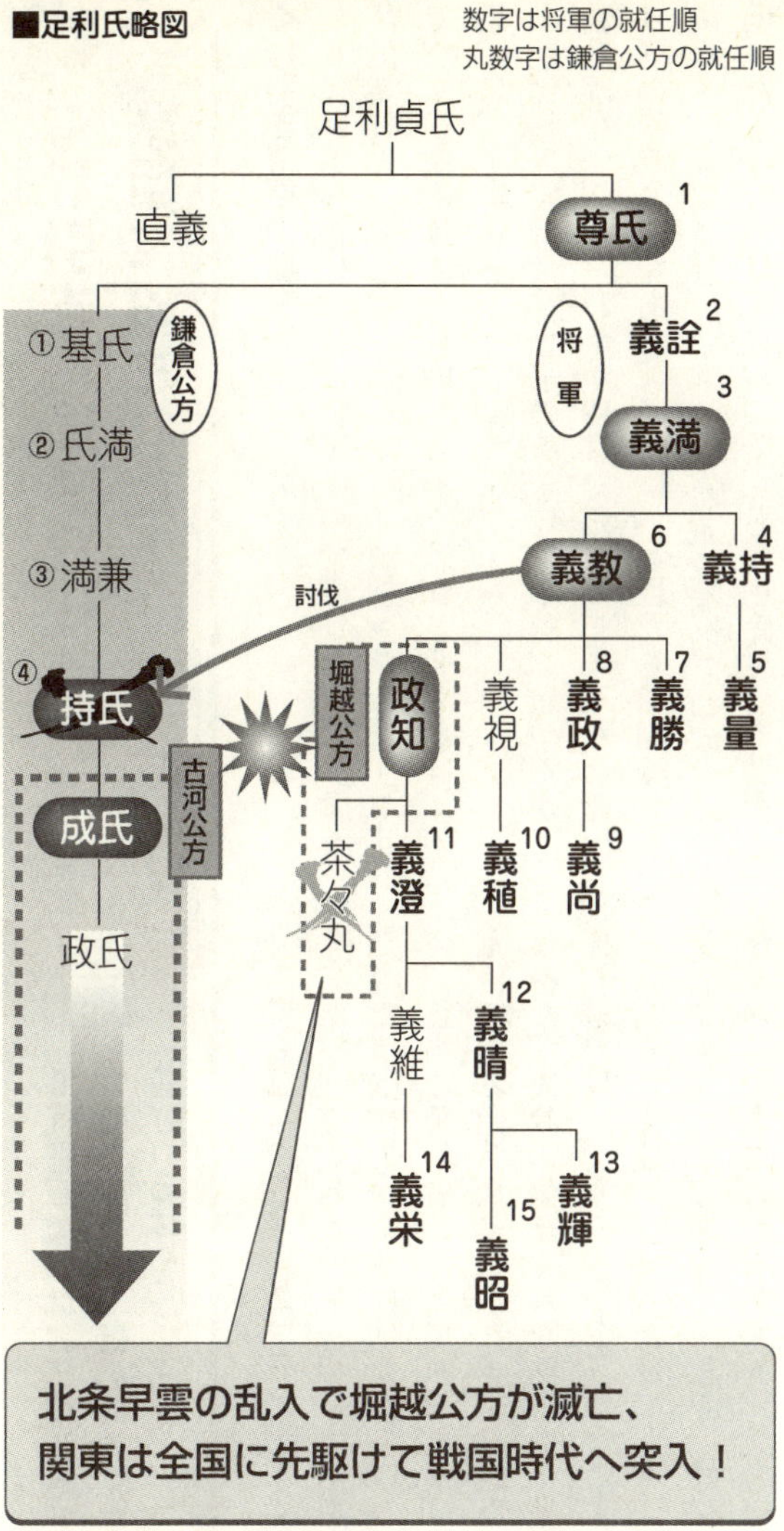
数字は将軍の就任順
丸数字は鎌倉公方の就任順
足利貞氏
直義
尊氏 1
義詮 2
義満 3
義教 6
義持 4
義量 5
義勝 7
義政 8
義視
政知
堀越公方
茶々丸
義澄 11
義稙 10
義尚 9
義維
義晴 12
義栄 14
義輝 13
義昭 15
将軍
鎌倉公方
①基氏
②氏満
③満兼
④持氏
討伐
古河公方
成氏
政氏
北条早雲の乱入で堀越公方が滅亡、
関東は全国に先駆けて戦国時代へ突入！

鎌倉公方は滅亡するが、関東管領上杉氏は、越後の長尾景虎（後の上杉謙信）を養子にし、戦国時代以降も生き延びる

たが、関東管領・上杉氏と対立するようになった。幕府は上杉に味方し、鎌倉を追われた成氏は古河《こが》（茨城）へ逃れた。その隙に時の将軍・8代義政《よしまさ》は、弟の政知《まさとも》を公方として派遣し、政知は伊豆の堀越《ほりこし》に腰を据えた。

以後は成氏を古河公方、政知を堀越公方と呼ぶようになり、家臣たちもそれぞれに付いて戦闘が続いた。関東の混乱は収拾不可能となり、最初の戦国大名・北条早雲《ほうじょうそううん》が介入して戦国時代になだれ込んだのである。

15 くじ引き将軍・6代義教は家臣に殺された！

6代将軍義教は、恐怖政治で人々を恐れさせた。だが、疑心暗鬼になった家臣に殺されるはめに……。

くじ引き将軍の誕生

6代将軍義教《よしのり》は、歴代将軍の中でもひときわ異質な存在である。くじに当選して将軍になったというだけでなく、独裁政治を敷いて人々を恐れさせ、あげくの果てに、家臣に殺されてしまったのだ。

4代将軍義持《よしもち》は、息子の義量《よしかず》に将軍職を譲ったが、義量は在任2年、わずか19歳で死んでしまった。死因は酒の飲み過ぎである。義持は「家臣たちで相談して決めよ」というつもりで、次期将軍を指名しなかった。困った家臣たちは、義持の弟たちの中から、くじ引きで選ぶことにした。これに当選したのが義教である。

義教の恐怖政治

将軍に就任した義教は、独裁政治を徹底した。幕府の関東拠点である鎌倉府の足利持氏《もちうじ》を攻め滅ぼし、幕府内でも意に添わない家臣を殺害することもあった。

また、守護大名家の家督相続に口を出すのも日常的だった。気に入った者には他から取り上げた土地を与え、正当な後継者にかえて家を継がせたりした。幕府重臣である山名《やまな》氏や斯波《しば》氏、京極《きょうごく》氏などがその犠牲となった。義教の気まぐれな誅殺《ちゅうさつ》や土地の没収といった振る舞いは、守護大名たちを恐れさせたのである。

義教の恐怖政治は大名だけでなく、貴族や寺社、使用人や庶民にまで及んだ。後年、織田信長が比叡山《ひえいざん》を焼き討ちしたことが有名だが、義教はそれに先だって比叡山を攻め、焼き払っているのだ。こうした義教の治世を、ある貴族は「万人恐怖《ばんにんきょうふ》」と書き残している。

義教、家臣に謀殺される

播磨《はりま》・美作《みまさか》・備前《びぜん》（兵庫〜岡山）の守護大名で、幕

1429～1441年

■足利義教の政治

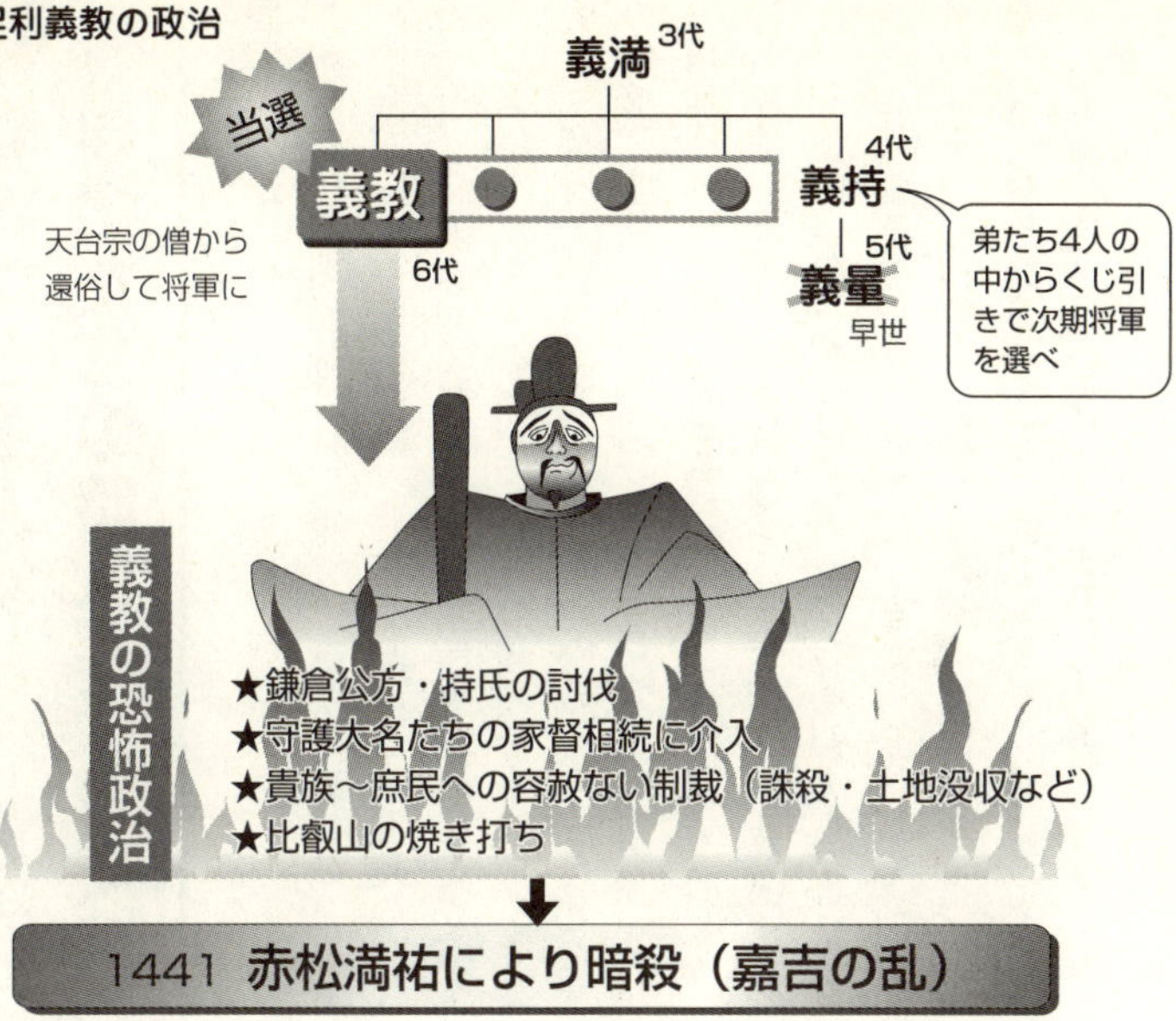
義満 3代
当選
義教
6代
天台宗の僧から
還俗して将軍に
義持 4代
義量 5代
早世
弟たち4人の
中からくじ引
きで次期将軍
を選べ
義教の恐怖政治
★鎌倉公方・持氏の討伐
★守護大名たちの家督相続に介入
★貴族～庶民への容赦ない制裁（誅殺・土地没収など）
★比叡山の焼き打ち
1441 赤松満祐により暗殺（嘉吉の乱）

府内でも重きをなす赤松満祐《あかまつみつすけ》は、義教を恐れながらも憎んでいた。義教は満祐の弟・義雅《よしまさ》の所領を全て没収し、庶流である赤松貞村《さだむら》に与えてしまったのである。この貞村は、義教と男色関係にあって寵愛《ちょうあい》されていた。

かつて義教の父・義持に土地を没収されそうになったこともある満祐は、「自分の土地も取り上げられる！」と疑心暗鬼になったのである。

1441年（嘉吉元）、満祐は義教を京の自邸に招いて殺害した。居合わせた義教の家来たちは突然の出来事にア然とし、管領《かんれい》（幕府の最重要職）の細川持之《ほそかわもちゆき》などは、義教の遺骸を放置して逃げ帰ってしまった。

幕府は事の重大さに戸惑うばかりで、その間に満祐は播磨に戻ってしまった。結局、2ヶ月半後に幕府軍を派遣して満祐を自害させたのである。この出来事は、当時の年号をとって嘉吉《かきつ》の乱と呼ばれた。

義教の首は、満祐が播磨へ引き上げる途中の寺で捨ててしまったという。人一倍権力を持ち、恐怖政治を敷いた人物としては、義教の最期はあまりにあっけなく、みじめなものだった。

16

民衆の台頭

名前なき主人公、民衆たちの時代がやって来た！

守護大名のバランスの上にあった室町幕府。その根底を揺るがし、倒壊に向かわせたのは民衆の台頭だった！

民衆の成長

室町時代中期以降は、関東での動乱や応仁《おうにん》の乱などの内乱が続き、一向におさまる気配のない混迷の時代だった。そんな中で目覚ましい活躍を見せたのが、名もなき民衆たちであった。彼らは畿内を中心に、守護大名や幕府といった支配層と正面から戦い、自分たちの要求を通していくのである。

14世紀、民衆は村ごとに惣《そう》という共同体をつくり、村内の掟《おきて》を定めて「村のことは自分たちで解決する」という強い姿勢を見せはじめた。荘園領主らが村の自治に介入するのを防ぐためだ。また、祭行事を通して村民同士の精神的な団結をはかり、支配層からの不当な要求や税の過分な徴収に対して、神仏をよりどころとして一致団結し、抵抗するようになったのである。

一揆とは

一揆《いっき》とは本来、ある目的をもって集団をつくること、またその集団自体のことだ。一揆には様々な種類があって、惣の農民が徳政《とくせい》（借金帳消し）を訴えた土《つち》一揆、国人《こくじん》（在地の有力武士）を中心に守護大名を国から追い出そうとする国《くに》一揆、一向《いっこう》宗の門徒が守護大名に抵抗した一向一揆などがある。

最初の一揆は、1428年（正長《しょうちょう》元）に近江の坂本で馬借《ばしゃく》（馬を使った運送業者）たちがおこした正長の土一揆である。これはまたたく間に畿内一帯に広がり、民衆は酒屋《さかや》・土倉《どそう》などの高利貸しに押しかけて屋敷を壊し、借金証文を破り捨てて徳政を訴えた。

こうした動きは高利貸しに対してだけでなく、守護大名ひいては幕府にも向けられた。応仁の乱の最中におこった山城の国一揆では、国人を筆頭に民衆が守護

■15～16世紀の主な一揆

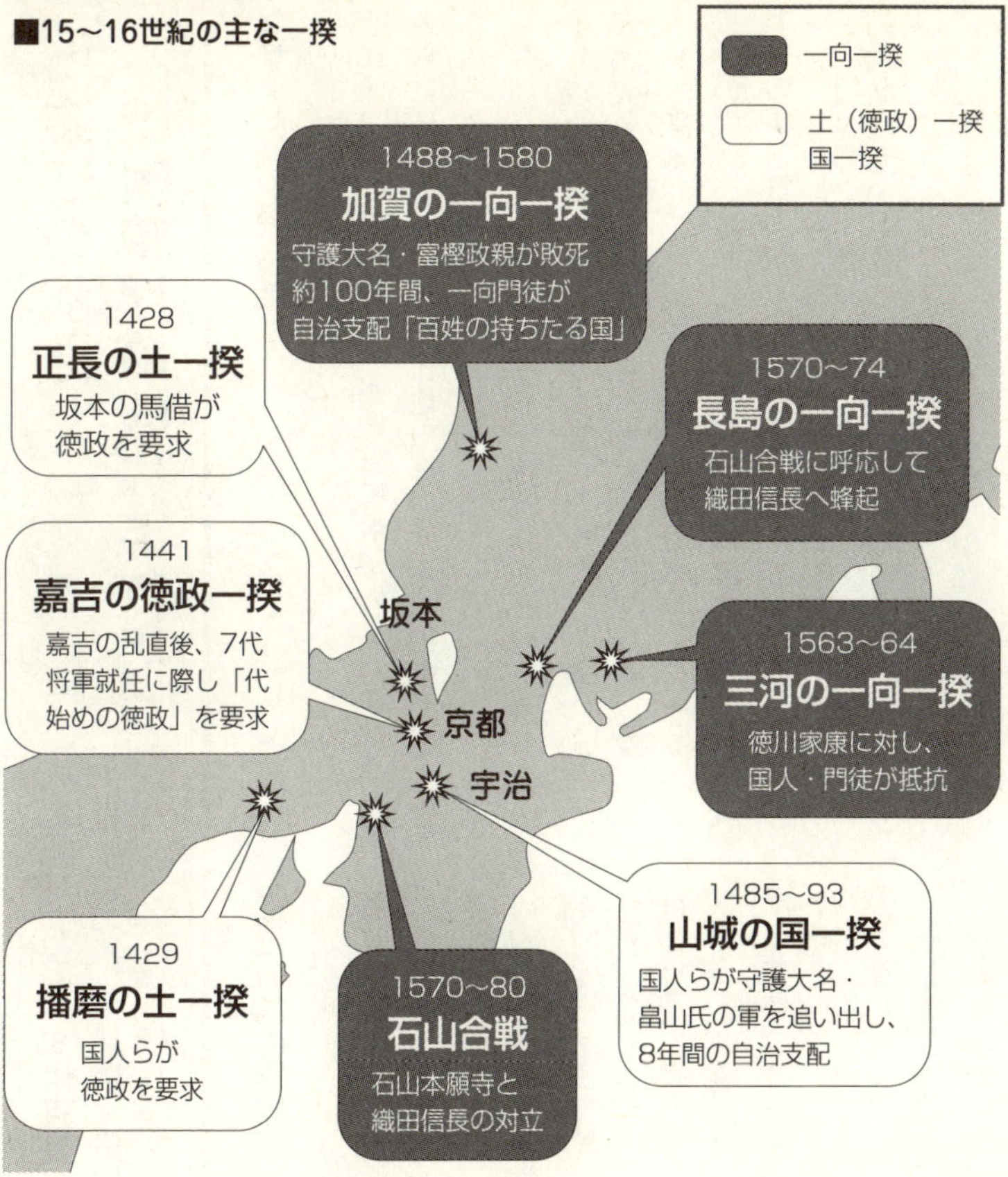
一向一揆
土（徳政）一揆
国一揆
1488～1580
加賀の一向一揆
守護大名・富樫政親が敗死
約100年間、一向門徒が
自治支配「百姓の持ちたる国」
1428
正長の土一揆
坂本の馬借が
徳政を要求
1570～74
長島の一向一揆
石山合戦に呼応して
織田信長へ蜂起
1441
嘉吉の徳政一揆
嘉吉の乱直後、7代
将軍就任に際し「代
始めの徳政」を要求
坂本
京都
宇治
1563～64
三河の一向一揆
徳川家康に対し、
国人・門徒が抵抗
1485～93
山城の国一揆
国人らが守護大名・
畠山氏の軍を追い出し、
8年間の自治支配
1429
播磨の土一揆
国人らが
徳政を要求
1570～80
石山合戦
石山本願寺と
織田信長の対立

大名を武力で追い出し、以後8年間は民衆による自治が行われた。また、加賀の一向一揆にいたっては、門徒たちが守護大名を殺害し、実に100年という長期間、自治を続けたのである。

室町幕府は、3代義満のときに強大な権力を誇ったとはいえ、そもそもが内乱の中で生まれ育った政権なだけに、地方では守護大名が勢力を保ったまま分立し、そのバランスの上にかろうじて立っていた。そうしたバランスを壊したのが民衆の台頭であり、一揆であった。民衆は惣を形成して団結し、集団で支配層に抵抗するまでに成長した。それはやがて、幕府制度の倒壊という深刻な事態を招く要因になったのである。

17 応仁の乱は戦国時代のはじまりだった！

6代義教以来、衰退しはじめた幕府の権威は、応仁の乱で失墜した。各地で戦闘がおこり、戦国の世へ突入していく。

なぜ大乱へ発展したか

応仁《おうにん》の乱は、戦国時代のはじまりといわれている。それは、中央の権力争いが地方に飛び火し、守護大名、さらには国人《こくじん》といった在地の有力武士や民衆までも巻き込んだ争いへと発展したからだ。

もともと、守護大名たちを統制し、そのバランスの上に成立していた不安定な室町幕府は、関東の動乱や守護大名たちの勢力拡大、さらには民衆の台頭などにより、早々にその制度は解体しつつあった。そこへきてこの応仁の乱が勃発、将軍の権威は失墜し、幕府衰退への決定打となったのである。

これ以降、室町将軍は、守護大名や後に出現する戦国大名たちのお飾りとして、担ぎ出されるためだけの存在へと落ちていくのである。

応仁の乱の経緯

応仁の乱は、大きく3つの要因からなる。1つは、将軍の後継ぎ問題。8代将軍義政《よしまさ》は、銀閣寺《ぎんかくじ》などの東《ひがし》山《やま》文化を生み出した文化人だったが、政治に関心を示さなかった。妻の日野富子《ひのとみこ》との間に子ができないと諦め、弟の義視《よしみ》を後継ぎに据えたものの、しばらくして富子に子が生まれた。これが後の9代将軍義尚《よしひさ》である。当然、富子は実子を後継ぎにと主張する。ここに、義視と富子・義尚の対立が生まれた。

2つ目の要因は、守護大名家の相続争いだ。これは主に管領《かんれい》（幕府内の政治を総括する重要職）である斯《し》波《ば》氏と畠山《はたけやま》氏でおこったが、他にも加賀の富樫《とがし》氏や駿河の今川《いまがわ》氏など、各地で内紛・戦闘が行われた。

そして3つ目の、最大の要因は、義視と義尚（富子）が助力を求めた細川・山名氏の2代勢力の対立である。

1467～1477年

■応仁の乱（1467）

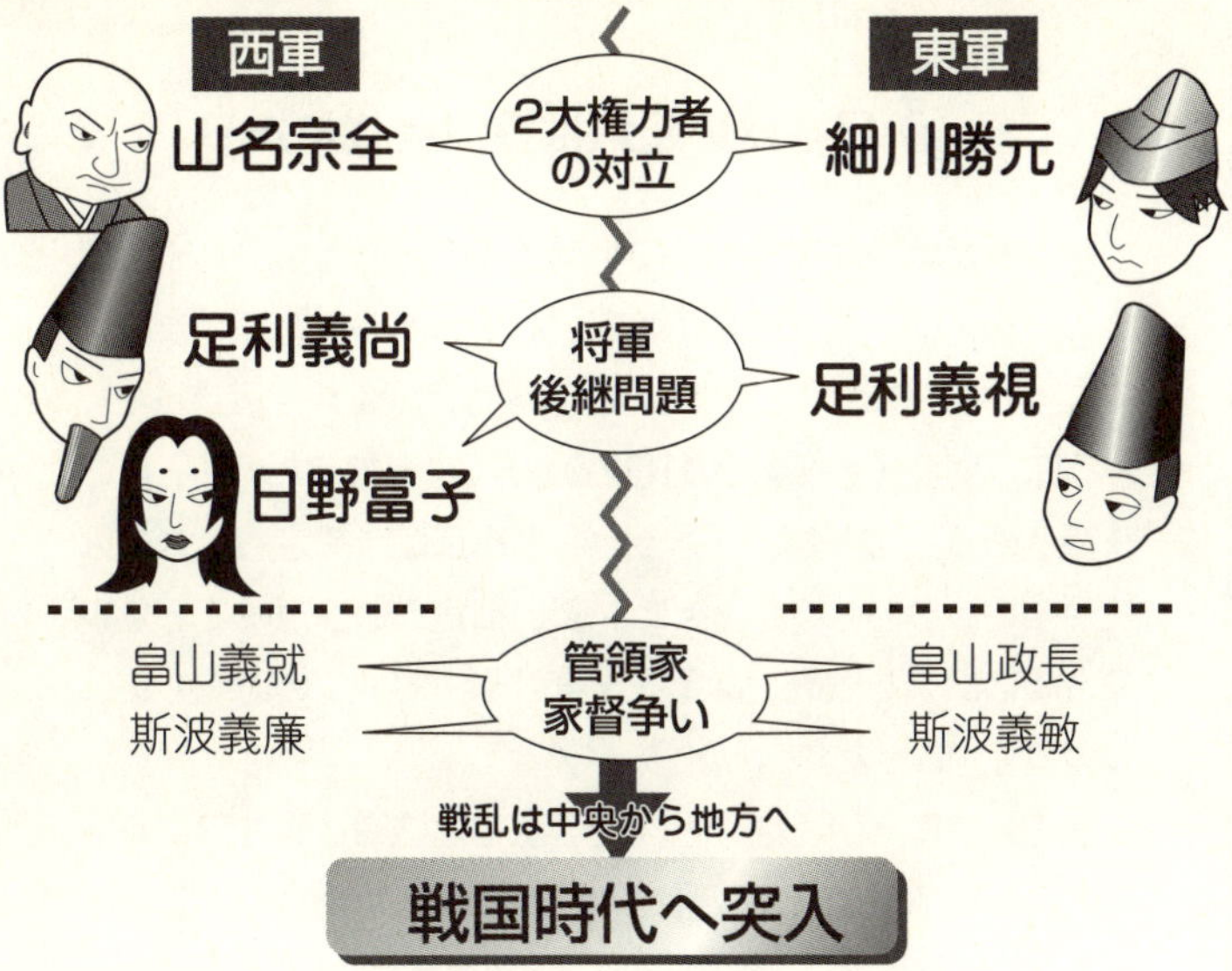
開戦2年目に義視は西軍へ、義尚・富子は東軍へつく

１４６７年正月、戦闘の口火をきったのは、家督争いで対立していた畠山政長《まさなが》と畠山義就《よしなり》だった。これに呼応してそれぞれのバックが動き出す。政長に味方した細川勝元《かつもと》は東軍の総大将として義視を擁立する一方、山名宗全《そうぜん》は西軍の総大将となり、富子・義尚母子を奉じた。ちなみに、山名軍の陣が細川軍より西に位置したため、東軍・西軍の名前で呼ばれるようになった。

細川の東軍には16万、山名の西軍には9万もの兵力が集まり、京の各々の屋敷を陣地として陣取り合戦を始めた。しかもそれが放火のしあいなのだから、京はたちまち炎に包まれ、焼け野原となったのである。乱自体は、宗全・勝元が病没し、山名・細川氏が和解したことを機に、守護大名たちも帰国したため、勝敗の決まらないまま10年で終わった。しかしそれは京での話で、戦乱はすでに地方へ飛び火していた。

将軍には、とうに守護大名たちを統括する力もなく、幕府の支配力も地方には及ばなくなっている。守護大名たちは、土着の人々を家臣団に取り込み、独自の地方支配を進めていった。そうして守護大名や国人は戦国大名へ転身し、戦国時代の幕開けとなったのである。

日本食の起源は室町時代にあり

室町時代は、現在日本人の生活様式の起源となった時代である。例えば、能や狂言、お花、お茶などの芸能が始まり、夜に家の中で明かりを灯すという習慣が庶民にまで広まった。さらに、食事がそれまでの1日2食から3食となったのも、この時期という見方が強い（もっとも、庶民にまで定着したのは江戸中期といわれる）。また、軽い補食という意味で、食事の合間にお茶を飲み、お菓子を食べる「おやつの時間」という習慣も始まった。

さて、食事といえば、日本食の基本は味噌と醤油である。この2つが調味料として発明されたのは、室町時代後期であった。それまで味噌は、酒の肴にちょこっと嘗めるという程度で、味付けに使ったり他の食物を入れてみそ汁にして食べるという習慣は、このころからである。

またこの時期、禅宗系寺院から精進《しょうじん》料理が発達し、豆腐料理が普及していく。そこから、がんもどきや油あげ、納豆、湯葉《ゆば》、麩《ふ》など、日本料理を語る上では欠かせない食材が全国へ広まっていくのである。戦国時代になると、西欧の砂糖や中華料理など、輸入ものも取り入れられ、広がっていった。

もっとも、これらの食文化の普及は貴族や武士が中心で、庶民の間に広まるのは、江戸時代以降ともいわれる。

第4章

下剋上の戦国

戦国時代

戦国

家臣が主を選ぶ時代

年	室町（戦国）
1495	北条早雲が小田原城を占領
	下剋上の全盛期
1543	種子島に鉄砲伝来
1549	鹿児島にキリスト教伝来
1553	川中島の戦い（〜64）
1555	厳島の戦い（毛利が陶を破る）
1560	桶狭間の戦い（織田信長の登場）
1565	松永久秀、将軍・義輝を暗殺

(1500 / 1560)

下剋上の世の中

応仁《おうにん》の乱は、室町将軍の後継者争いから発生し、全国を動乱に巻き込むきっかけとなった。いわゆる戦国時代は、まさに実力の時代である。家臣をまとめ、領地を守る力のある者が生き残り、実力がなければたとえ主人であろうとあっけなく家臣に追い落とされるのである。家臣だけでなく、領民たちも不満があれば武器を手にとり領主に抵抗する。下が上を討つ、下剋上《げこくじょう》の風景は、日常茶飯事であった。

そうして生き残った領主、勝ち上がった者たちは戦国大名と呼ばれた。彼らは各々戦国法をつくり、独自の方針で領国経営に精を出し、隙あらば領土拡大を狙い、戦争と講和を繰り返していた。

年	出来事
1568	信長、義昭を奉じて入京
1573	信長、将軍・義昭を追放（室町幕府の崩壊）
1580	安土桃山
1582	本能寺の変
1588	刀狩令
1590	秀吉の天下統一
	兵農分離（身分統制令）
1592	朝鮮出兵（97年と2回）
1598	秀吉死去、徳川家康の台頭
1600	関ヶ原の戦い

3英傑の時代

混乱の戦国時代を終わらせたのは、織田信長《おだのぶなが》、豊《とよ》臣秀吉《とみひでよし》、徳川家康《とくがわいえやす》の3人である。中でも信長は、前例にとらわれず有能なものは取り入れ、無能なものは容赦なく切り捨てる、革新的な人物であった。

信長が天下統一を目前に倒れると、その家臣だった秀吉が後を継いだ。農民出身の秀吉は、下剋上の申し子のような存在だったが、その体験をもとに身分制を敷き、農民から武器を取り上げ、自分のように天下取りができないしくみをつくりあげた。

全国統一を成し遂げ、大名たちを配下に置いた秀吉は、さらに朝鮮へ出兵して領土拡大を画策した。だが、この無謀な戦争は豊臣政権を衰退させ、秀吉が病死すると権力は徳川家康へ流れた。

家康は、信長・秀吉以来続いた天下取り事業を総括した人物である。2人の成功・失敗を見極めて、260年も続く江戸幕府をつくりあげたのであった。

1 戦国時代の代名詞「下剋上」とは？

室町幕府の衰退とともに訪れた戦国時代は、実力主義の時代。下が上を討つという下剋上が盛んにおこなわれた！

戦国大名の登場

戦国時代は、様々な戦国大名たちを生み出した。北《ほう》条早雲《じょうそううん》、武田信玄《たけだしんげん》、上杉謙信《うえすぎけんしん》、織田信長《おだのぶなが》……。ルールに縛られない、日本史上最も個性的な時代といえる。

戦国大名は、守護大名から転じた者もいるが、守護代（守護大名が京にいる際に地方をおさめる代官）や国人といった地方土着の武士がほとんどだった。彼らは、いかにして戦国大名に成り得たか。その常套手段が、いわゆる「下剋上《げこくじょう》」だ。

下剋上とは、下の者が上の者を武力で倒して権力を奪うという意味である。これは、朝廷や幕府といったそれまでの支配側（上の者）から見ればとんでもないことで、秩序を乱す行為であったが、下の者から見れば理屈にかなった行為だった。民衆が団結して支配層に武力抵抗する時代である。家柄が良かろうが、実力がなければ、国を統治することなどできないのである。

下剋上の正義

戦国時代の下剋上の代表として、周防（山口）でおこった大内氏の例がある。１５５１年、大内氏代々の重臣である陶隆房《すえたかふさ》が、主君・大内義隆《よしたか》を攻め滅ぼし、次の当主を立てて国の実権を奪った事件である。隆房が、権力欲に駆られて国を奪ったという見方もあるが、この場合はやむを得ない事情があった。

大内氏は、中国地方に勢力を持つ有力守護大名である。だが当主の義隆は、戦で息子を失って以来、政治に全く関心を無くし、歌や物見に明け暮れるという始末。義隆の興味が文化に向けられたため、山口の町は「小京都」と呼ばれ、貴族や文化人が集まって繁栄した。

とはいえ、近隣では尼子《あまご》（山陰）や毛利《もうり》（広島）、大《おお》

15〜16世紀

■主な戦国大名の出自

出自	戦国大名	
守護大名から	今川氏親（駿河）	武田信玄（甲斐）
	大内義隆（周防）	大友宗麟（豊後）
守護代や一族から	陶隆房（周防）	織田信長（尾張）
	上杉謙信（越後）	朝倉孝景（越前）
国人（土着武士）から	伊達稙宗（陸奥）	浅井長政（近江）
	徳川家康（三河）	毛利元就（安芸）
出自不明	北条早雲（伊豆・相模）	
	斉藤道三（美濃）	松永久秀（大和）

友《とも》（北九州）氏が、隙あらば領土拡大を狙っている時世だ。家臣らが説得しても、義隆は政務を省みようとしない。主君は一代、家は末代。一代の主よりも、家の安泰である。家臣の筆頭であった隆房は、ついに義隆を討ち、大内氏を守る決意を固めたわけである。

これは、討たれる側に問題があるわけで、下の者からすれば、当主を替えなければ自分たちが近隣の敵にやられてしまうのだから、仕方がないといえる。

特にこの時代の主従関係というのは、後世の江戸時代のような絶対的なものではなく、むしろ相互協定に近かった。戦国大名は、家臣たちによって支えられている。だから、家臣を統率できる器の大きな主君でなければ、家臣たちは主君を見捨てて出ていくか、力ずくで主君を討った。そしてそれは、決して悪でも、非道徳な行為でもなかったのである。

こうして、下剋上に勝った者、国を統率する器のあった者だけが戦国大名として生き残り、分国法《ぶんこくほう》といった国ごとの法律を定め、治水・新田開発などの民政もこなしながら、近隣との戦争を繰り返し領土の保全・拡大を進めていくのである。

2 戦国時代のスタートをきった関東の北条早雲

混迷の関東を制したのは、いまだ出自に謎の多い北条早雲。最初に城を持ったのは、なんと60歳という高齢だった！

北条早雲とは？

北条早雲《ほうじょうそううん》は、関東に突如あらわれ、最初に戦国大名と呼ばれた人物である。60歳にして初めて城を持ち、歴史の表舞台に登場してからは、伊豆、相模《さがみ》とばく進して、小田原に戦国大名・北条氏の基礎を築き、88歳という高齢で亡くなっている。

「北条早雲」という名前は、死後の通称で、生前は伊勢新九郎《しんくろう》長氏《ながうじ》、もしくは伊勢宗瑞《そうずい》と名乗った。実に謎の多い人物で、かつては一介の素浪人ともいわれたが、現在では京で足利将軍に仕えていたことがわかっている。出身地は備中（岡山）とも伊勢ともいわれている。

早雲の妹（姉？）が、駿河（静岡）の今川氏に嫁いでおり、その縁を頼って彼も駿河へ下った。そこで今川氏の家督争いに介入して妹の子・氏親《うじちか》を当主の座に据え、自らは60歳で興国寺《こうこくじ》城の城主となったのである。

伊豆・相模を平定

当時の関東は、堀越《ほりこし》（伊豆）と古河《こが》（茨城）の2公《く》方《ぼう》が併存し、家臣も2派にわかれて争う混乱が続いていた。そこへ隙をみて割り入った早雲は、堀越公方・足利茶々丸《ちゃちゃまる》を急襲し、攻め滅ぼしてしまった。茶々丸は、初代堀越公方・足利政知《まさとも》の長男で、継母とその子を殺害して、強引に公方となったばかりだったので、元服する余裕がなく、幼名のまま自害している。

その後、韮山《にらやま》城主となって伊豆を手に入れた早雲は、相模の小田原城を奪い取った。早雲64歳である。さらに新井《あらい》城をも奪い、ここに相模全土を平定したのである。このとき彼は、なんと85歳になっていた。

遅咲きの早雲であったが、伊豆・相模の2国を平定し、32歳の長男・氏綱《うじつな》に家督を譲った翌1519年、88歳で亡くなった。北条を名乗るようになったのは、

■戦国群雄割拠（京都以東）16世紀半ば

南部氏
秋田氏
葛西氏
最上義守
大崎氏
伊達晴宗
畠山氏
長尾景虎
（上杉謙信）
芦名盛氏
神保氏
朝倉義景
相馬氏
浅井長政
武田晴信
（武田信玄）
宇都宮氏
佐竹義昭
斎藤義竜
結城氏
織田信長
北条氏康
千葉氏
今川義元
里見氏

2代氏綱からである。この北条氏は、鎌倉執権の北条氏とわけるため、後《ご》北条氏とも呼ばれた。

早雲の領国統治

早雲は、「早雲寺殿廿一箇条《そううんじどのにじゅういっかじょう》」という家訓を残している。これは武士の心得や家臣団の規則などを記したものだが、ここには「上下万民には誠実に接すること」とあり、民衆や家臣らには常に誠意を持って接していたようだ。

　さらに彼は、それまで5公5民であった年貢率を4公6民に下げるなど、民衆本位の政治を行った。当時は5公5民もしくは6公4民が当たり前の時代だったため、北条氏は以後も5代にわたって、民衆から慕われた領主だったのである。

3 土着武士から中国の覇者へ！毛利元就の知謀

安芸の一国人にすぎなかった毛利氏。元就の知謀と実行力で、中国一帯を配下に置く戦国大名へと脱皮していった！

国人から戦国大名へ

毛利氏を「中国の雄《ゆう》」といわれる戦国大名に押し上げたのは、毛利元就《もうりもとなり》の功績である。元就といえば、隆《たか》元《もと》・元春《もとはる》・隆景《たかかげ》の3人の息子に、「一族の団結を忘れるな」と説いた「3本の矢の教え」が有名だ。また、天下取りなど目指さずに、領土の安泰に専念するよう説いたことでも知られている。

毛利氏は、もと安芸《あき》（広島）の国人《こくじん》（在地の有力武士）であった。当時の毛利は、出雲の尼子《あまご》氏、周防の大内氏という対立する2大勢力に囲まれ、時に尼子に、時に大内に従わねばならない不安定な立場にあった。

その中で元就は、当主である甥（亡兄の子）の後見人であったが、その子が幼くして亡くなったため、1523年、家臣に押される形で毛利当主の座を手に入れたのである。

毛利元就の手腕

国人同盟の盟主的立場だった毛利氏だが、元就の活躍により着実に力をつけていく。しかし、尼子・大内といった2大勢力は如何《いかん》ともしがたいものだった。ことに尼子氏は執拗に毛利の領土を脅かしたので、元就は大内氏とのつながりを求めた。そこで長男の隆元を大内義隆《よしたか》へ人質として出し、服従の姿勢を示した。これにより、尼子などの敵に攻められたときには、大内から援軍を期待できるようになったのである。

元就は、家督を隆元に譲った後も実権を握り、次男・元春を吉川《きっかわ》家の養子とし、3男・隆景に小早川《こばやかわ》家を相続させるなど、積極的に地盤を固めた。

毛利元就の名を天下に響かせたのは、何といっても1555年の厳島《いつくしま》の戦いであろう。当主・大内義隆を滅ぼして大内氏の実権を握った陶晴賢《すえはるかた》（隆房《たかふさ》）は、勢

1497〜1571年

■戦国群雄割拠（京都以西）16世紀半ば

力を広げる毛利氏の存在を危険とみて、滅ぼそうと決意した。それを察知した元就は、厳島（宮島）に晴賢の大軍を引きつけ、奇襲をかけて大内軍を敗走させたのである。この戦いで、追いつめられた晴賢は自害した。

　この合戦に前後して、毛利は国人同盟の盟主から、戦国大名へと脱皮することになる。大内氏を滅ぼした後、内紛で弱まった尼子氏をも滅ぼし、中国一帯をその支配下に置いたのである。

　元就による毛利氏の飛躍は、国人から戦国大名へ上がった代表例である。さらに彼は一族の団結を遺言し、毛利氏は以後も吉川・小早川氏との連携を崩さず、信長・秀吉の時代を経て、江戸時代を生き抜くのであった。

4 主家を滅亡、将軍を殺害、松永久秀の下剋上人生！

応仁の乱で荒廃した京都に出現した戦国大名・松永久秀。主君を殺し、将軍を殺し、信長に2度も背いた下剋上人生！

戦国最大の梟雄

「梟雄《きょうゆう》」とは、「残虐でたけだけしい人」という意味だ。戦国の世とはいえ、畿内に出現した松永久秀《まつながひさひで》ほど、下剋上を繰り返した大名はいないであろう。彼は、「主君殺し」「将軍殺し」「大仏殿焼失」をなした、史上まれにみる、まさに「梟雄」の名にふさわしい人物である。

室町幕府の実力者・細川氏は、幕府の衰退とともに勢力を失った。応仁の乱で活躍した細川勝元のひ孫にあたる晴元《はるもと》は、家臣の三好長慶《みよしながよし》に京から追放される始末である。松永久秀はこの長慶の家臣で、主君に取り入り、重要な位置を占めるようになっていく。

京および畿内を制した長慶は、将軍義輝《よしてる》を手中に入れ、まさに絶頂期を迎えた。だが、彼の右腕であった弟たちや嫡男が亡くなると、気力を失って早々に死去した。一族のあいつぐ死は久秀の陰謀で、長慶を死に追いやり、三好家を乗っ取るためといわれている。

久秀は幼い当主・義継《よしつぐ》を補佐すると称し、畿内は久秀と、彼の協力者である三好3人衆（三好長逸《ながゆき》・三好政康《まさやす》・岩成友通《いわなりともみち》）の思いのままとなった。

将軍義輝・暗殺される

13代将軍義輝《よしてる》は、久秀や三好3人衆の思うままに操られる器ではなかった。室町幕府の権威を取り戻そうと、彼は各地の戦国大名に和平を斡旋し、将軍の名の下に、大名たちをとりまとめようと考えたのである。これを危険とみた久秀らは、義輝を襲って殺害してしまった。このとき、剣の達人であった義輝は、自ら応戦して敵を斬り伏せたといわれる。

やがて久秀は三好3人衆とも仲違いし、その戦いの最中、東大寺大仏殿を焼失させた。

1510～1577年

■畿内の戦国大名・松永久秀

上司・同盟者	年	出来事	
	1510年	誕生	
三好長慶	1551年	管領・細川晴元軍を破る	
三好長慶	1564年	主君・三好長慶の死	主君を殺害
三好3人衆	1565年	将軍・足利義輝を殺害	将軍を殺害
三好3人衆	1566年	三好義継（長慶の子）と交戦	
三好3人衆	1567年	三好3人衆と決裂、交戦	大仏殿焼失
織田信長	1568年	織田信長上洛、大和国を与えられる	
織田信長	1573年	将軍・足利義昭と結び信長に背く（信長に降伏、許される）	信長を裏切る 1回目
織田信長	1577年	信貴山城にて爆死〈享年68歳〉	信長を裏切る 2回目

信長への2度の裏切り

順調に上りつめた久秀だったが、義輝の弟・義昭《よしあき》を奉じて織田信長が登場すると、三好3人衆のように徹底抗戦はせず、茶器（信長は茶器に目がなかった）を差し出して降伏し、信長から大和一国を与えられている。

やがて、信長が武田信玄らの包囲網に囲まれピンチに陥ると、あっさり主君を裏切るが、信玄が病死して包囲網が解かれると、再び信長に降伏して許された。信長が2度も久秀のような男を許しているところは、いかにも実力主義者の彼らしい。

しかし1577年、久秀は再び信長に背いた。信長の命で石山本願寺《いしやまほんがんじ》（一向宗の本拠地）を攻撃していた最中である。久秀は本拠地・信貴山《しきざん》城にこもって信長軍に抵抗したあげく、秘蔵の名茶器「平蜘蛛《ひらぐも》」をその身に縛り付けて爆死した。「平蜘蛛」は、信長が喉《のど》から手がでるほど欲しがっていた茶器である。戦国最大の梟雄・久秀も、最後の最後で意地を見せたのである。

「弱いから裏切られる」をモットーに生きた久秀だったが、最期は裏切りによって身を滅ぼしたのであった。

5 川中島の合戦、本当はどんな戦いだった？

戦国最大のライバル対決で知られる川中島の合戦。だがその実態は、勝敗のつかない消耗戦だった！

信玄と謙信

あるとき、今川氏（駿河）と北条氏（小田原）が甲斐（山梨）へ塩の輸送を停止し、商人の往来を禁止したことがあった。武田信玄《たけだしんげん》を苦しめるための戦略である。これを聞いた越後の上杉謙信《うえすぎけんしん》は、「戦で勝てないからといって、塩止めとは卑怯だ。敵といえども見殺しにすることはできない」と、甲斐に塩を送ったという。

これは「敵に塩を送る」という言葉の語源である。後世の作り話ともいわれるが、信玄と謙信の微妙な関係をあらわしていておもしろいエピソードだ。

信玄と謙信は、川中島《かわなかじま》（長野）で合計5回も戦った。今川・北条と三国同盟を結び、背後の心配のなくなった信玄は、領土を北方へ広げようと信濃へ進出した。

一方、謙信は戦国大名の中でも変わった存在で、インド起源の神・毘沙門天《びしゃもんてん》（戦の神）を守護神とし、常に「正義の戦い」を自負する武将であった。そのため、北条や武田などに攻められた国人らが助けを求めると、律儀に救援に向かっている。信玄が領土拡大のために戦うなら、謙信は領土を守るために戦う武将だった。

第1回川中島合戦も、信玄の攻撃にさらされた村上氏が、謙信に助けを求めたことで始まったのである。

川中島の合戦

川中島は信濃北部の千曲川と犀川に囲まれた三角地帯で、謙信から見れば、攻め上ってくる信玄軍を阻止できる最後の平原だった。第1回から3回までの戦いは、両軍大規模な戦闘はなく、対陣して終わった。実際に戦闘らしき行為があったのは、4回目である。

1561年、謙信が将軍義輝《よしてる》の命で小田原へ北条征伐に出かけた隙に、信玄は2万の兵を率いて川中島南

1533～1564年

■川中島の合戦

1　1553年8月

2　1555年7月

3　1557年8月

4　1561年9月

5　1564年8月

上杉氏（春日山）
川中島
武田氏（府中）

上杉謙信
武田信玄
車掛かりの戦法
車輪のように円陣をくみ次から次へと兵を繰り出し突撃
前半優勢
戦後、川中島含む信濃は奪われる
きつつき戦法
軍を2つにわけて敵が背後から攻めて出てきたところを前から襲う
後半優勢
有力武将をたくさん失う
決着はつかず……

部の海津《かいづ》城へ入った。これを知った謙信も急ぎ戻り、海津城近くの妻女《さいじょ》山に布陣した。

しばらく睨み合いを続けた後、信玄は兵を二手にわけ、謙信の本拠・妻女山を奇襲した。しかし、それを察知した謙信は軍を動かし、信玄の本陣を急襲したのである。謙信の猛攻を受けた武田軍は、武田信繁《のぶしげ》（信玄の弟）や軍師の山本勘助《やまもとかんすけ》など、有力武将が戦死、信玄自身も負傷した。このとき、本陣に突っ込んできた謙信の刃を、信玄が軍扇で受け止めたというエピソードが伝わっている。その後、武田軍の分隊が駆けつけて信玄が優位に立ち、謙信は越後へ引き上げていった。

5回目の戦いは睨み合いで終わり、一連の戦いは、勝敗のつかないまま終わった。信玄は戦略、謙信は戦闘の天才であったが、この合戦は両軍にとって、長期間に渡って勢力をすり減らしただけの結果となった。

自国及び近隣諸国を守るのに手一杯だった謙信に、天下取りの意志があったとは思えないが、少なくとも信玄にとって川中島の合戦は、兵を失い時を失い、損の多い戦だった。そうこうしている間に、尾張では織田信長が着々と力をつけていたのである。

6 革命児・織田信長は、ここが他者より優れていた！

織田信長は他の戦国大名と比べ、あらゆる点で革新的だった。そして圧倒的な力で天下統一を成し遂げていくが……。

織田信長、デビュー

織田信長というと、神経質そうで敵・味方に厳しく、エキセントリックなイメージが定着している。たかだか尾張の一守護代（現地の代官）が、日本一の戦国大名となったのは、その革新的な発想と実行力にあった。

信長は、室町幕府管領・斯波《しば》氏の代官・織田氏の、さらに庶流に生まれた。幼い頃は「うつけ者」として疎まれていたが、20代で一族をまとめ尾張を統一すると、桶狭間《おけはざま》で上洛途中の今川義元《よしもと》を破り、天下にその名をとどろかせた。

この桶狭間の戦いで注目したいのが、功労者への恩賞の与え方である。普通の大名なら、義元の首を取った者に一番の恩賞を与えるところを、信長は情報提供者である土豪に与えたのだ。ここに、戦における情報を重視した彼の新しい考え方がよくあらわれている。

信長の新しい発想

１５６８年、信長の力で15代室町将軍に就任した足利義昭《よしあき》は、信長を副将軍に任じようとした。だが信長はこれを断り、代わりに堺・大津・草津という商業都市の支配権を手に入れた。他にも楽市・楽座令を敷いて市場の独占を止めさせるなど、積極的に商業統制を進めた。従来の支配者が土地に固執したのに対し、信長は貨幣の流れを支配することを考えていたのである。

また信長は、当時まだ新参だった鉄砲に目をつけた。統治下の堺などで大量生産させ、初めて本格的な武器として使用した。それで大勝したのが、武田勝頼《かつより》（信玄の子）を破った長篠《ながしの》の戦いである。

他にも、信長が生涯で何度か本拠地を変えている点も注目したい。織田一族を統一した時は清洲《きよす》城（尾張）だったが、小牧山《こまきやま》城、岐阜城と移り、最後は京にも尾

1560〜1582年

■織田信長の天下統一事業

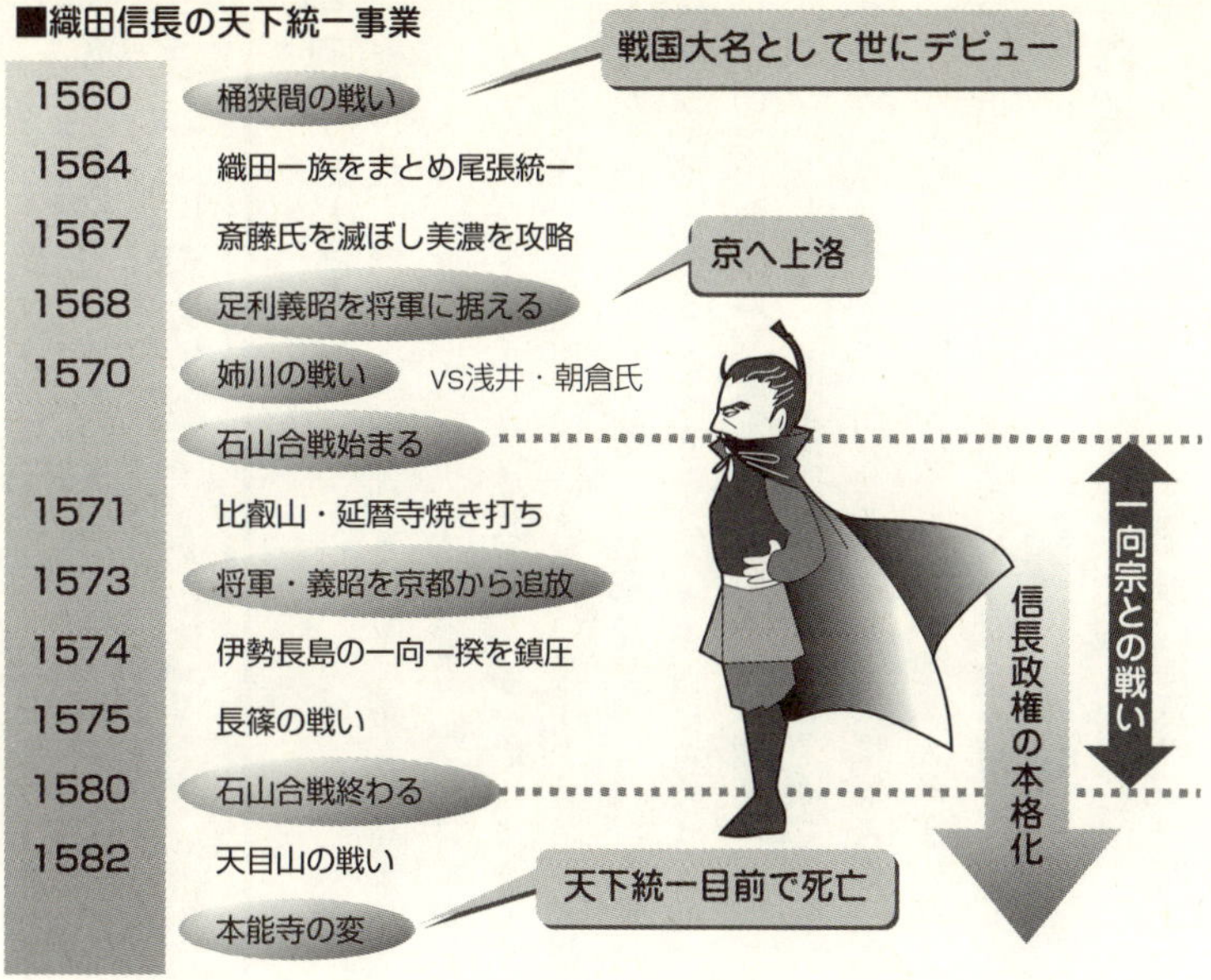

戦国大名として世にデビュー
1560 桶狭間の戦い
1564 織田一族をまとめ尾張統一
1567 斎藤氏を滅ぼし美濃を攻略
京へ上洛
1568 足利義昭を将軍に据える
1570 姉川の戦い vs浅井・朝倉氏
石山合戦始まる
1571 比叡山・延暦寺焼き打ち
1573 将軍・義昭を京都から追放
1574 伊勢長島の一向一揆を鎮圧
1575 長篠の戦い
1580 石山合戦終わる
1582 天目山の戦い
本能寺の変
天下統一目前で死亡
一向宗との戦い
信長政権の本格化

張にも目の行き届く、交通の要地・安土《あづち》城（近江）に落ち着いた。当時、戦国大名たちは領土を広げてもあくまで代々の土地にこだわり、そこから動かなかったが、信長は、この点でも他の大名とは違っていた。

信長の最大の危機は、1570年、本願寺と結んだ近江の浅井《あざい》、越前の朝倉《あさくら》、三好3人衆に囲まれたときである。同時に伊勢長島で一向一揆が発生し、包囲網の中にあった信長は、救援に向かえないまま一揆勢に弟・信興《のぶおき》を攻め殺された。だが、絶体絶命の中でも彼は最後まで諦めず、天皇や将軍に頼んで何とか講和に持ち込んだのである。全方面戦争は無理と悟った信長は、この後は個別攻撃に出、伊勢長島一揆を徹底的に弾圧した。信長にとっては、弟の弔い合戦でもあった。

さらに、信長の特長は古参・新参の区別なく、有能な者はどんどん出世させる家臣の使い方にもある。足軽から大出世した羽柴秀吉《はしばひでよし》や、将軍義昭の付き人だった新参の明智光秀《あけちみつひで》などがよい例だ。家臣同士を競わせ、気の休む間もなく働かせた。だがこうしたやり方が災いしてか、信長はついに光秀の謀反にあい、天下統一を目前にして倒れたのである。

7 戦国大名たちも手こずった一向宗の勢力とは？

本願寺を中心に組織された一向宗勢力とは、一人一人が死を恐れない信仰心を武器にした「戦国大名」だった！

一向宗のはじまり

室町以降、内乱や飢饉が続き民衆の不安は高まる一方だった。人々は武力で抵抗する一方、宗教にすがるようになり、そんな中で急成長したのが一向《いっこう》宗である。

一向宗は、鎌倉初期に親鸞《しんらん》が開いた浄土真《じょうどしん》宗の流れを汲《く》むもので、山科本願寺《やましなほんがんじ》（京都）を中心に、各地に教団の支部（道場）がつくられ、さかんに布教された。

一向宗の教えは、阿弥陀仏《あみだぶつ》を唱えれば極楽浄土《ごくらくじょうど》へ往けるというもので、民衆に絶大な支持を受けて発展した。信仰心は今も昔も同じで、本願寺には信者からたくさんの寄付金や進物があつまり、戦国大名並の経済力、情報力、そして軍事力を持つようになる。

一向一揆

一向一揆といえば、１４８８年、加賀の一向門徒たちが守護大名を追い出して、１００年も自治をおこなった加賀の一向一揆が有名である。これ以降も門徒たちは、武力を背景に侵略してくる戦国大名らに抵抗を続けた。門徒たちは死後の幸福を約束されているので、一人一人が死を恐れない。本願寺を頂点として組織化され、彼らの戦いは一揆とは名ばかりの、立派な宗教戦争であった。一揆は、門徒たちにとって「聖戦」なのである。たとえ命を落とそうとも、決して退かない門徒たちの抵抗は、戦国大名たちを恐れさせた。

そんな一向一揆を徹底的に弾圧したのが、織田信長である。信長といえば、比叡山を焼き討ちし、宗教を否定した人物のようにいわれるが、決してそうではない。キリスト教の布教を許しているし、宗教活動に専念していた禅宗系仏教には一切手を出していないのだ。

本願寺率いる一向宗勢力は、信長の行く手を妨げ、時には武田・上杉・浅井・朝倉・毛利氏などの戦国大名と連携し、将軍義昭とも組んで信長を攻撃した。よって、信長にとって彼らは僧侶ではなく、「宗教者を装った戦国大名」であり、倒すべき敵だったのである。

一向宗の本拠である本願寺は、１５７０年に「信長打倒」を掲げて以来10年の戦争（俗に石山合戦という）を経て１５８０年に和睦した。実質的には信長に降伏するかたちで、長く激しい抵抗は終わったのである。

15～16世紀

■一向一揆

1488～1580　加賀の一向一揆

1563～64　三河の一向一揆
三河の一向門徒が徳川家康に抵抗

1570～74　伊勢長島の一向一揆

1575　越前の一向一揆

1570～80　石山合戦
本願寺が浅井・朝倉・毛利氏、及び将軍と結んで信長と対決。本願寺の降伏で終わる

↓

徹底して信長に抵抗！

死を恐れない門徒！
団結も強く、戦国大名以上に手強い勢力！

※一向一揆の本拠は山科本願寺（京都）だったが、1532年に焼失すると、石山本願寺（大阪）に移った。

8 自由都市・堺はなぜ繁栄することができたか?

武力がものをいう戦国時代にあって、商人たちの自治都市として栄えた堺。そこは経済・情報・文化の拠点でもあった。

堺の由来

自由都市は、自治都市ともいわれる。その代名詞ともいうべき戦国時代の堺《さかい》は、何者の権力にも屈せず、ある宣教師の言葉によると「大なる特権と自由を有する、共和国のような政治」が行われた町であった。

摂津と和泉の国境にある堺は、もとは漁港であったが、室町時代に日明貿易の港となり、そこから都市としてのスタートを切る。中国人商人が出入りし、16世紀にはキリスト教宣教師の布教活動の拠点ともなり、国際都市として栄えるようになった。

堺の特性

堺が栄えたのには、いくつか理由がある。まず、一つの権力に支配されなかったこと。そのためいろいろなルートで情報が入り、情報交換の場としても栄えた。

次に、古来からの都である京都・奈良に近く、瀬戸内海航路の終点にもあたったので、各地の商人や品物が集まる場所でもあった。

さらに堺には、36人の裕福な商人が町の諸事を取り仕切る「会合衆《えごうしゅう》」という組織があり、彼らはパトロンとなって、千利休《せんのりきゅう》などの文化人を保護した。茶の湯や華道、和歌、連歌《れんが》など、戦国時代の文化はここで生まれ育ったのである。

信長の登場

信長が堺の繁栄に目をつけ、自分の直轄地にしようとしたとき、堺の会合衆は町の周囲に堀をめぐらせ、浪人たちを雇って抵抗の姿勢を見せた。

だが、信長の情報を分析した商人たちは、妥協して繁栄する道を選んだ。結局、堺は信長から2万貫という大金を上納され、その支配下に入ったのである。自由都市・堺の歴史は終わったが、その後も経済・文化の拠点として栄えた。

だが秀吉の代になると、商人たちは強制的に大坂城下へ移住させられ、堺は衰退していった。

堺は、権力に屈服せず、商人たちで自治を行って戦国の世を切り抜けた自由都市であったが、天下人・信長の前には、ついに屈服せざるを得なかったのである。

■中世の都市

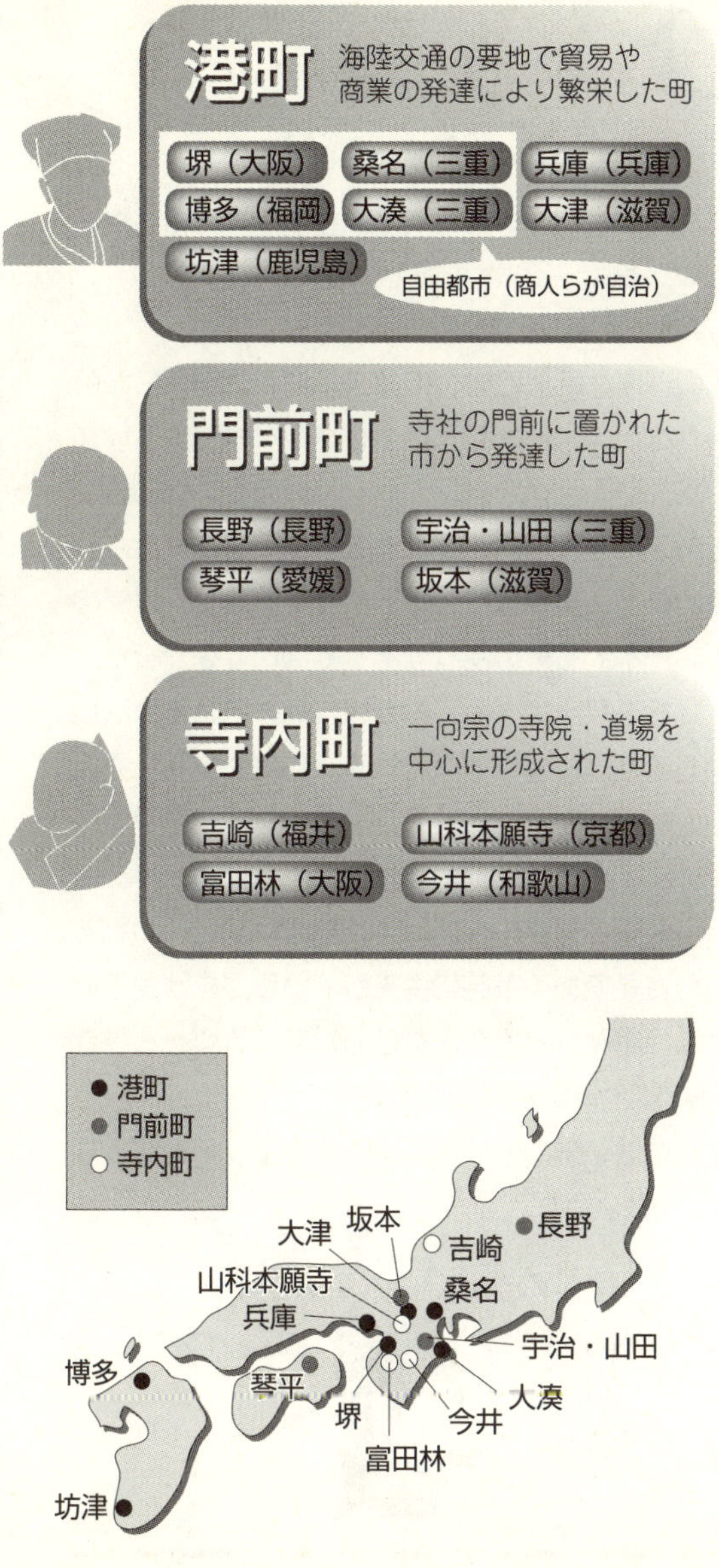
港町
海陸交通の要地で貿易や商業の発達により繁栄した町
堺（大阪）
桑名（三重）
兵庫（兵庫）
博多（福岡）
大湊（三重）
大津（滋賀）
坊津（鹿児島）
自由都市（商人らが自治）
門前町
寺社の門前に置かれた市から発達した町
長野（長野）
宇治・山田（三重）
琴平（愛媛）
坂本（滋賀）
寺内町
一向宗の寺院・道場を中心に形成された町
吉崎（福井）
山科本願寺（京都）
富田林（大阪）
今井（和歌山）
港町
門前町
寺内町
長野
吉崎
坂本
大津
山科本願寺
桑名
兵庫
宇治・山田
博多
琴平
堺
今井
大湊
富田林
坊津

戦国武士のヘアスタイル

武士には、頭のてっぺんを剃るという月代《さかやき》の習慣がある。これは、戦場で兜をかぶると暑苦しく蒸れるため、頭の風通しを良くしたのが始まりである。平時は周囲の髪を束ねて、頭上にちょんまげを乗せていた。

さて、月代の習慣は南北朝時代に始まり、戦国時代に一般化したといわれるが、当初はなんと毛抜きで一本一本丁寧に抜いていたのだ。時間はかかるし、痛いし、面倒くさいしで大変な作業であったが、堪え忍ぶことこそ武士の誉《ほま》れとされていたという。また、抜き残しがあっては恥となり、平時のまげにしても、一本でも髪の乱れがあってはいけなかった。

そんな武士たちを救った（?）のが織田信長《おだのぶなが》で、彼ははじめて月代を剃刀《かみそり》で剃った人物といわれる。何事も実利を重んじる彼らしい。だが、剃刀は当時高価なものだったので、下級武士にはなかなか手に入らなかったらしい。

ちなみに、肖像画の信長のまげは「茶筅《ちゃせん》まげ」といわれるもので、茶道の道具である茶筅に由来している。まげが下に落ちないように、組緒《くみお》（糸で組んだひも）でぐるぐると巻き付けて強度を保ったヘアスタイルだ。

戦国の武士たちは、髪の毛一本にまで気を配り、身だしなみにはうるさかったようだ。

信長、命名センスの謎

幼名《ようみょう》とは元服するまでの呼称で、僧侶につけてもらうか、代々の幼名を使うか、干支にちなんでつけられることが多かった。どの場合も、子供の立派な成長を祈る親の願いが込められる。

幼名の始まりは平安時代で、京では鬼が子供を食べに来るという俗信があり、親たちは子供を鬼から守るために幼名をつけたといわれている。

戦国武将で有名な幼名は、徳川家康の「竹千代《たけちよ》」、上杉謙信の「虎《とら》千代」、武田信玄の「勝《かつ》千代」、伊達政宗の「梵天丸《ぼんてんまる》」などである。信玄の勝千代は、父が戦陣にいる際に誕生し、武田軍が大勝したことに由来する。政宗の梵天丸は、母が「宿を貸して欲しい」という僧から幣束《へいそく》（神への捧げ物、修行者用語で梵天）を渡された夢を見た後、懐妊したためである。

そこで、織田信長が11人の子供たちにつけた幼名を見てみよう。長男から順に奇妙《きみょう》（信忠）、茶筅《ちゃせん》（信雄）、三七《さんひち》（信孝）、次《つぎ》（秀勝）、坊《ぼう》（勝長）、大洞《おおぼら》（信秀）、小洞《こぼら》（信高）、酌《しゃく》（信吉）、人《ひと》（信貞）、長《なが》（信好）、縁《えん》（長次）と、全く意味がわからない。初めての子が奇妙だったのだろうか。茶筅はまげのことか。大洞、小洞と続いたのは何か意味があるのか？酌は酒を注ぐことだが、信長は酒が飲めない……。

信長という人物はあらゆる面で普通ではないが、この命名センスにいたっては、全く謎である。

9 明智光秀は、なぜ信長を裏切ったのか?

天下統一を目前にして倒れた信長。明智光秀を裏切りに駆り立てたものは何か? そこには様々な思惑が絡んでいた……。

本能寺の変

「時は今　あめが下しる　五月哉《さつきかな》」

本能寺の変直前、明智光秀《あけちみつひで》が愛宕《あたご》山の歌会で披露した歌だ。「時」は「土岐《とき》」、「あめ（雨）が下しる」は「天下」を表わし、自分（光秀は美濃・土岐氏の出身）が天下をとろうという意志を暗示している。

　1582年、織田信長は、中国で毛利攻めに手を焼いている羽柴秀吉救援の道中、京都の宿所・本能寺《ほんのうじ》で突然、光秀の軍勢に襲われ自害した。天下人のあっけない最期である。信長の護衛はわずか100名足らずであった。光秀は二条城にいた信長の長男・信忠《のぶただ》も攻め殺し、安土城へ入った。変を知った秀吉は毛利と和平を結び、わずか10日余りで京都へ引き返し、山崎で光秀軍を破った。光秀の「3日天下」であった。秀吉の驚異的スピードが、光秀の命取りになったのである。

光秀裏切りの謎

　裏切りの根拠は、昔からいろいろいわれている。まずは、冒頭に挙げた歌の通り、自分が天下を取ろうという野望説。だが、光秀は幕府の古い体制を支持し、朝廷にも忠実な保守的性格で、この根拠は薄い。

　次に、信長に対する怨恨説。信長はあだ名をつけるのが好きで、秀吉は「猿」「禿鼠《はげねずみ》」、光秀は「金柑頭《きんかんあたま》」で、公衆の面前で平気で呼んだ。お調子者の秀吉でさえ気苦労が多かったというから、まじめでプライドの高い光秀には辛かったろう。また、変の直前に信長が光秀の領地・丹波を取り上げ、奪えという意味で敵地の出雲・石見を与えたなど、様々な動機が想像される。

　さらには朝廷黒幕説。旧体制を打ち壊していく信長に危険を感じた朝廷が、光秀を使って信長を討たせたという。信長は天皇の譲位問題にも口を出し、天皇の

1582年

■本能寺の変

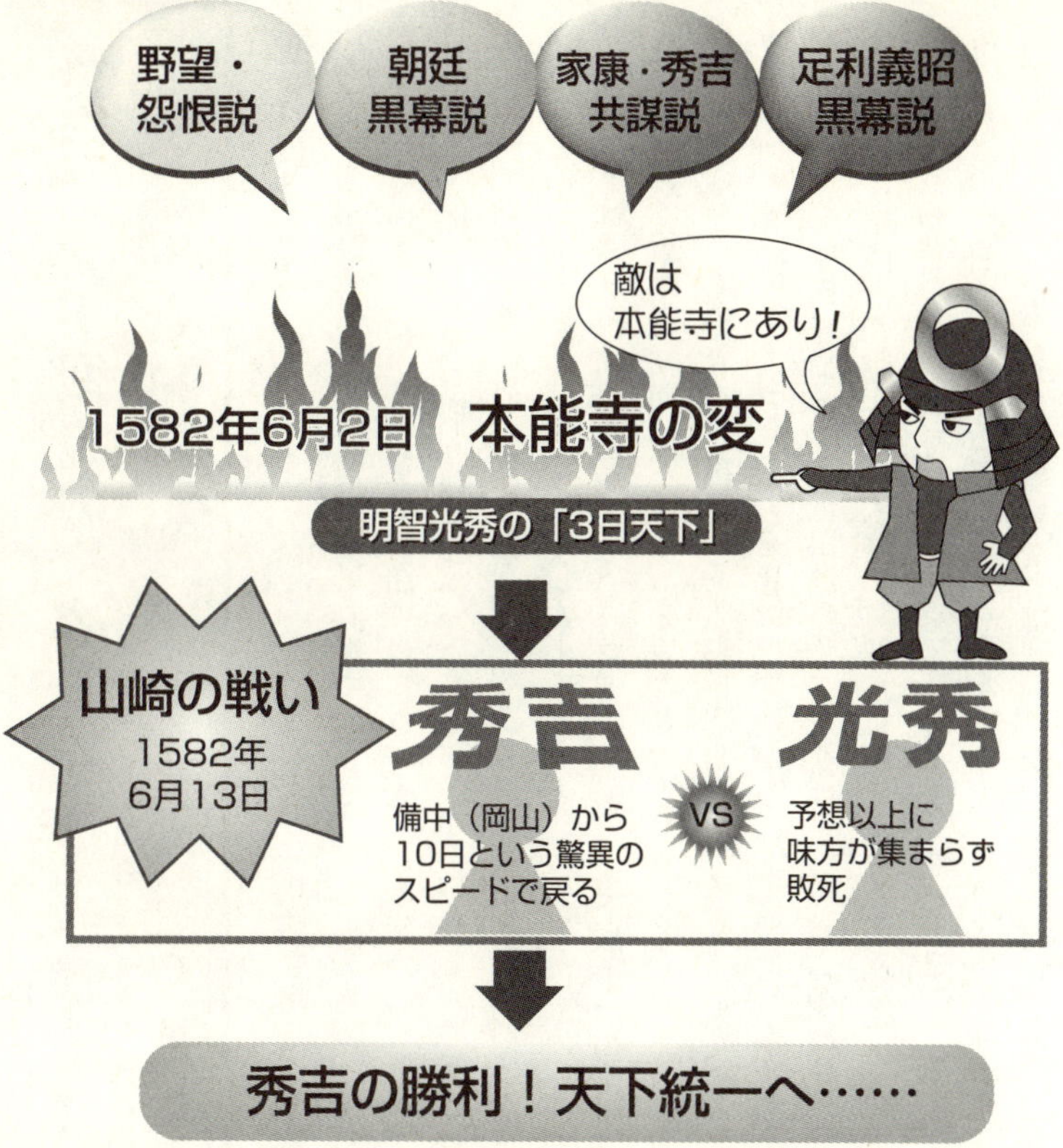

野望・怨恨説
朝廷黒幕説
家康・秀吉共謀説
足利義昭黒幕説
敵は本能寺にあり！
1582年6月2日　本能寺の変
明智光秀の「3日天下」
山崎の戦い
1582年6月13日
秀吉
光秀
備中（岡山）から10日という驚異のスピードで戻る
VS
予想以上に味方が集まらず敗死
秀吉の勝利！天下統一へ……

権限である暦《こよみ》を独自で作るなど、朝廷にすれば存亡の危機であった。これは真実味のある説だ。

他に、秀吉や徳川家康《とくがわいえやす》と共謀したという説。家康は信長の命で妻と長男を殺しており、織田・徳川同盟とは名ばかりで、ほとんど信長の家臣状態であった。また、秀吉が変の直後にあれだけの早さで京へ戻ったことを考えれば、あらかじめ光秀と計画を立てておきながら、光秀を裏切って自分が天下取りに走ったという見方もできる。近年は足利義昭《よしあき》黒幕説も強まっている。

おそらくこうした要因が混ざって、光秀は行動に出たのだろう。だが彼の行動は、秀吉に天下を取らせる絶好のチャンスとなってしまったのである。

10 秀吉、天下取りのための2大原則とは?

足軽から天下人へ。日本一の出世を遂げた秀吉の2大原則とは、「朝廷権威の利用」と「下剋上の禁止」だった!

朝廷権威の利用

豊臣秀吉《とよとみひでよし》の大出世物語は、「太閤記《たいこうき》」の物語で現在も広く親しまれている。だがこの英雄物語の裏には、秀吉の巧妙にして徹底した天下取り政策があった。

京都の山崎で明智光秀を討ち果たしてからの秀吉は、柴《しば》田《た》勝家《かついえ》などのライバルや、信長の子供たちを次々と倒し、その天下統一計画は順調に進んでいった。

秀吉が天下統一事業の初期段階で最も必要としたもの、それは権威であった。農民出身の秀吉には出自という点では何もない。そこで、武力を背景に朝廷から官位をもらい、藤原氏の猶子《ゆうし》(名目だけの子)となった上で、ついには関白《かんぱく》の職を手に入れた。関白は、天皇を補佐し、政務全般を取り仕切る最重要職である。

以後秀吉は、関白の名で「惣《そう》無《ぶ》事《じ》令《れい》」を発布しながら、全国を平定していった。「惣無事」とは戦いのない状態を指し、大名たちの戦争を禁止したものだ。こうして秀吉は、関白という朝廷の権威を用いて各地に命令を下し、従わなければやはり朝廷の名の下にこれを征伐した。秀吉は天下取りのための私戦を、朝廷による朝敵征討へとすり替えたのである。

「下剋上」の禁止

もう一つ、秀吉は自分が天下を取ると、再び同じような人間が出ることを全力で阻止した。戦国時代の気風であった下剋上を封じ込める制度を確立したのである。この時代が戦国時代の終わりといわれるのはそのためだ。その制度とは、身分統制と刀狩《かたながり》である。

秀吉は、農民は農民、商人は商人、武士は武士というように身分を定め、それを変えることを禁じた。戦国時代は、農民が農閑期に合戦に出かけることが当たり前だったが、それは支配者からすれば一揆などの抵抗につながる恐れがあった。そのため、刀狩令を出して、農民が武器を持つことを固く禁じたのである。さらに、土地面積や収穫量、耕作者を検地帳に明記して税額を定める太閤検地《たいこうけんち》を徹底し、農民を管理した。

秀吉は、自分が農民から身をおこした経験をもとに、朝廷権利をとことん利用し、下剋上や一揆を禁止して豊臣政権の安泰をはかったのである。

1582～1591年

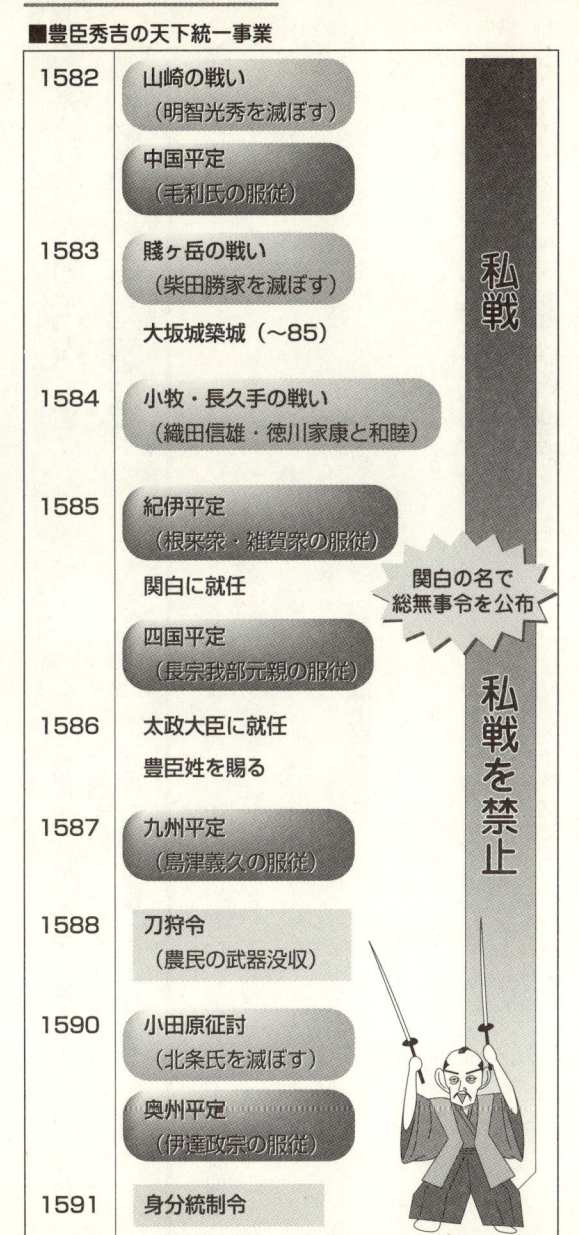

■豊臣秀吉の天下統一事業

1582	山崎の戦い（明智光秀を滅ぼす）
	中国平定（毛利氏の服従）
1583	賤ヶ岳の戦い（柴田勝家を滅ぼす）
	大坂城築城（～85）
1584	小牧・長久手の戦い（織田信雄・徳川家康と和睦）
1585	紀伊平定（根来衆・雑賀衆の服従）
	関白に就任
	四国平定（長宗我部元親の服従）
1586	太政大臣に就任
	豊臣姓を賜る
1587	九州平定（島津義久の服従）
1588	刀狩令（農民の武器没収）
1590	小田原征討（北条氏を滅ぼす）
	奥州平定（伊達政宗の服従）
1591	身分統制令

私戦

関白の名で総無事令を公布

私戦を禁止

11 秀吉最大の汚点！朝鮮出兵の真意は？

朝鮮出兵は、豊臣政権安泰のため、秀吉の領土野心のために行われ、朝鮮の人々に膨大な損害をもたらした！

秀吉最大の汚点といわれ、現在の日朝・日韓関係にも影響を及ぼしている朝鮮出兵。秀吉は、なぜこんな無謀なことを考え、実行したのだろうか。

朝鮮出兵の真意

秀吉には遅くに出来た子供がいたが、その子が幼くして死んだため、悲しみから逃れるために出兵を決意したという説がある。だが、秀吉が朝鮮を視野に入れ始めたのは子が亡くなるよりはるかに前、関白になった直後のことなので、この説は成り立たない。

一方、秀吉が領土野心に燃え、日本・朝鮮・中国の3国の王になろうとし、さらには世界制覇まで思いを巡らせたという説もある。世界制覇まではいかないにしろ、3国の王というのは秀吉が朝鮮国王に送った書状にも残っており、十分考えられるだろう。

2度の朝鮮出兵

「耳塚《みみづか》」というものが、京都にある。かつては鼻塚《はなづか》といわれたこの場所には、文字通り大量の鼻が埋まっているという。秀吉の朝鮮出兵では、敵から取った鼻の数が戦功につながったため大量虐殺と鼻切りが行われ、塩漬けにされた鼻は秀吉の下に送られた。秀吉はこれを見せしめとして埋め、塚を建てたのである。

1592年、15万もの日本軍が朝鮮半島に渡り、漢《かん》城《じょう》（ソウル）や平壌《へいじょう》（ピョンヤン）を占領したが、朝鮮の水軍や義勇軍、明《みん》の援軍などの抵抗が激しく、やがて日本軍は撤退した。1597年、再び日本軍は朝鮮に侵攻したが、朝鮮軍の抵抗は前回よりも激しく、秀吉の死を機に撤退、朝鮮出兵は終了したのである。

朝鮮の人々に膨大な被害を与え、国内では、費用と兵力を無駄使いした結果、豊臣政権は急速に衰退した。

1592~1598年

■朝鮮出兵の流れ

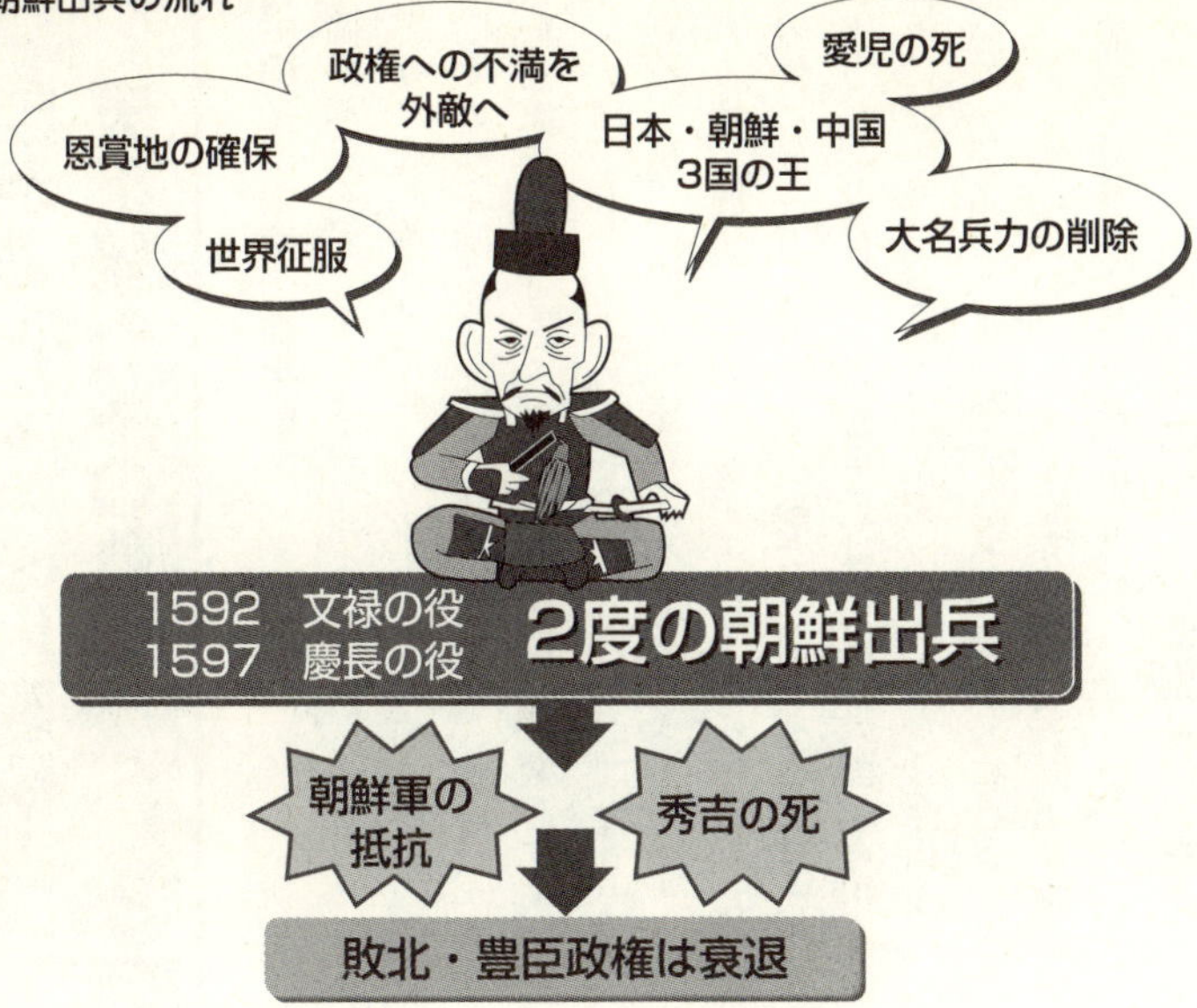
恩賞地の確保
世界征服
政権への不満を外敵へ
日本・朝鮮・中国
3国の王
愛児の死
大名兵力の削除
1592　文禄の役
1597　慶長の役
2度の朝鮮出兵
朝鮮軍の抵抗
秀吉の死
敗北・豊臣政権は衰退

1590年、小田原の北条氏を降伏させて国内を統一し、その後は豊臣政権に敵がいなくなった。そこで秀吉は、大名たちの目を外に向けさせ、外敵をつくることで豊臣政権への不平不満を逸《そ》らせようとした。内をまとめたいときは、外に敵をつくって団結させるに限るというわけだ。さらにこれは、戦争で大名たちの兵力を削減し、抵抗する力をなくさせるという、一石二鳥の方法でもあった。

そして、領土拡張に繋がる根拠だが、恩賞として与える土地を確保する目的もあった。鎌倉時代の元寇でもそうだったが、武士は土地を得るために戦功をたてるというのが基本である。だが、国内が統一された後では、与えるべき土地がない。そこで外国を占領し、そこを大名たちに与える土地にしよう、と考えたのではないだろうか。

これらを意図した朝鮮出兵だったが、結局は朝鮮軍に大敗し、損害ばかりが目立つ結果となった。秀吉は出兵の最中に亡くなり、死後も汚点として現在まで残ることとなった。そして豊臣政権は急速に衰退し、次の実力者・徳川家康の時代へと移っていくのである。

12 苦渋の人生・徳川家康！天下統一への軌跡

「タヌキ親父」といわれた策士・徳川家康。天下取りの時期を待ち続けた彼に、ついにチャンスが訪れた！

苦労の多い家康の前半生

啼《な》かぬなら殺してしまおうホトトギス　信長
啼かぬなら啼かせてみようホトトギス　秀吉
啼かぬなら啼くまで待とうホトトギス　家康

徳川家康というと、ただ待っただけで楽して天下を取ったように思われるが、もちろんそんなことはない。むしろ、家康の前半生は苦労の連続でもあったのだ。

家康は、岡崎（三河）城主・松平氏に生まれた。祖父の代には三河の大半を治めたものの、祖父は家臣に殺害され、弱体化した松平氏は駿河の大国・今川氏の配下になった。そのため、家康は6歳から今川→織田（尾張）→今川と、人質としてたらい回しにされ、その間に父も家臣に殺されてしまう。母は、家康が物心ついた頃には離縁されて家を出ていた。

やがて信長が今川を滅ぼすと、家康は徳川を名乗り信長と同盟を結んだ。だが同盟とは名ばかりで、織田の半家臣のような扱いであった。家康は、信長の命で泣く泣く妻と長男を斬るはめにもなっている。

信長の死後は、信長の次男・信雄《のぶかつ》をかついで天下を狙うが、天下は秀吉に持っていかれ、豊臣配下の一大名になってしまった。そこで家康は、秀吉よりも自分の方が若く、長生きすると考えて、ひたすら待つことにしたのである。朝鮮出兵もうまく断り、財力・兵力を温存して時期を伺っていたのだった。

家康ついに動く

秀吉の死により、家康の天下取りが本格的にスタートする。秀吉は死に際し、幼い息子の秀頼《ひでより》を頼むと大名たちに遺言したが、家康は着々と勢力固めを始めた。もちろん、表では秀頼を立てながらである。

1542～1600年

■徳川家康の生涯

1542	岡崎城主・松平広忠の子に生まれる	苦労の日々
1547	織田・今川での人質生活（～60）	
1560	桶狭間の戦い（今川氏から独立）	
1582	本能寺の変（信長死去）	
1584	小牧・長久手の戦い（秀吉に服従）	待機の日々
1590	江戸城を本拠とする	
1598	秀吉の死	
1600	関ヶ原の戦い（石田三成を滅ぼす）	
1603	征夷大将軍となり、江戸幕府を開く	天下統一
1605	将軍職を息子の秀忠に譲る	
1614	大阪の陣（～15・豊臣氏を滅ぼす）	
1616	死去	

まず、家康は秀吉が禁止していた大名との縁談を独断でどんどん進めた。また、秀頼が伏見城から大坂城に移ると、家康は伏見城へ入って政務を独占した。秀吉の遺言に反するのではないかと攻められれば、「天下に異心を抱いたなどと、誰の讒言《ざんげん》か」と開き直り、堂々と反論する強気である。

豊臣政権の長老であった前《まえ》田《だ》利家《としいえ》が亡くなると、家康の策謀はさらに進む。秀吉子飼いの家臣たちは、石《いし》田《だ》三成《みつなり》、小西行長《こにしゆきなが》といった文治派と、加藤清正《かとうきよまさ》、福島《ふくしま》正則《まさのり》、黒《くろ》田《だ》長政《ながまさ》といった武断派にわかれて対立しており、家康はそれをさらに煽《あお》った。特に、秀吉の忠実な家臣である三成は、家康の強引なやり方にことごとく反発しており、家康との対立は決定的になった。家康は清正ら武断派を手なづけ、彼らは「三成憎し」の一念で家康側にまわったのである。

家康は、秀吉の死後、人が変わったように策謀を巡らせた。それは幼い秀頼を立てるかたちで進められ、あくまで「三成一派を取り除く」という大義名分の下で行われた。こうした家康・三成の対立は、やがて天下分け目の関ヶ原の戦いへと向かっていくのである。

13 裏切りの連鎖反応！関ヶ原は家康の戦略勝ち

兵力総数では、家康の東軍に勝った三成の西軍。だが家康の戦略は、開戦前から着々と進められていたのだ！

いざ、関ヶ原へ

天下分け目の関ヶ原、勝敗をわけたキーマンは、小《こ》早川《ばやかわ》秀秋《ひであき》であった。秀秋は、秀吉の正妻・北政所《きたのまんどころ》の甥で、いったん秀吉の養子となり、のち中国地方の名家・小早川家の養子となった人物だ。北政所は彼を大変可愛がったが、一方で「うろんな人」（うろん＝いいかげん、いかがわしいなどの意味）という評価もある。

1600年、会津の上杉景勝《うえすぎかげかつ》が、領国で戦支度《いくさじたく》をしているという罪名で、家康は上杉討伐を諸将に呼びかけ会津へ出陣した。これに対し、景勝と結んだ石田三成は、家康打倒を掲げて挙兵したのである。

三成挙兵も計算の内だった家康は、引き返して江戸にこもった。そこで各地の大名に手紙を送り、徳川につくよう説得し始めたのである。やがて家康は江戸を出て、三成も東へ軍を進めた。決戦地は関ヶ原である。

天下分け目の合戦

9月15日の未明、家康の東軍7万と三成の西軍8万が関ヶ原に集結し、戦闘がはじまった。兵力では西軍が勝り、しかも家康の3男・秀忠《ひでただ》の軍3万は、上田（長野）で真田《さなだ》幸村《ゆきむら》の作戦にはまり、合戦に間に合わなかったのだ（のち、秀忠は家康にものすごく怒られた）。

西軍の主力は三成隊と小西行長隊、大谷吉継《おおたによしつぐ》隊である。三成の家臣・島左近《しまさこん》や蒲生郷舎《がもうさといえ》が奮戦し、病で視力を失っていた吉継は、輿《こし》に乗って軍を指揮した。

西軍の勢いに、家康は焦った。開戦前に手回ししておいた毛利や吉川らは中立の立場を取ったものの、寝返りを約束した小早川一派がなかなか動かない。

西軍として出陣した小早川秀秋軍は、寝返るには絶好の場所に陣取っていた。だが、秀秋は直前になって迷っていたのである。我慢の限界にきた家康は、秀秋

■関ヶ原の戦い布陣図 1600年9月15日

東軍 西軍

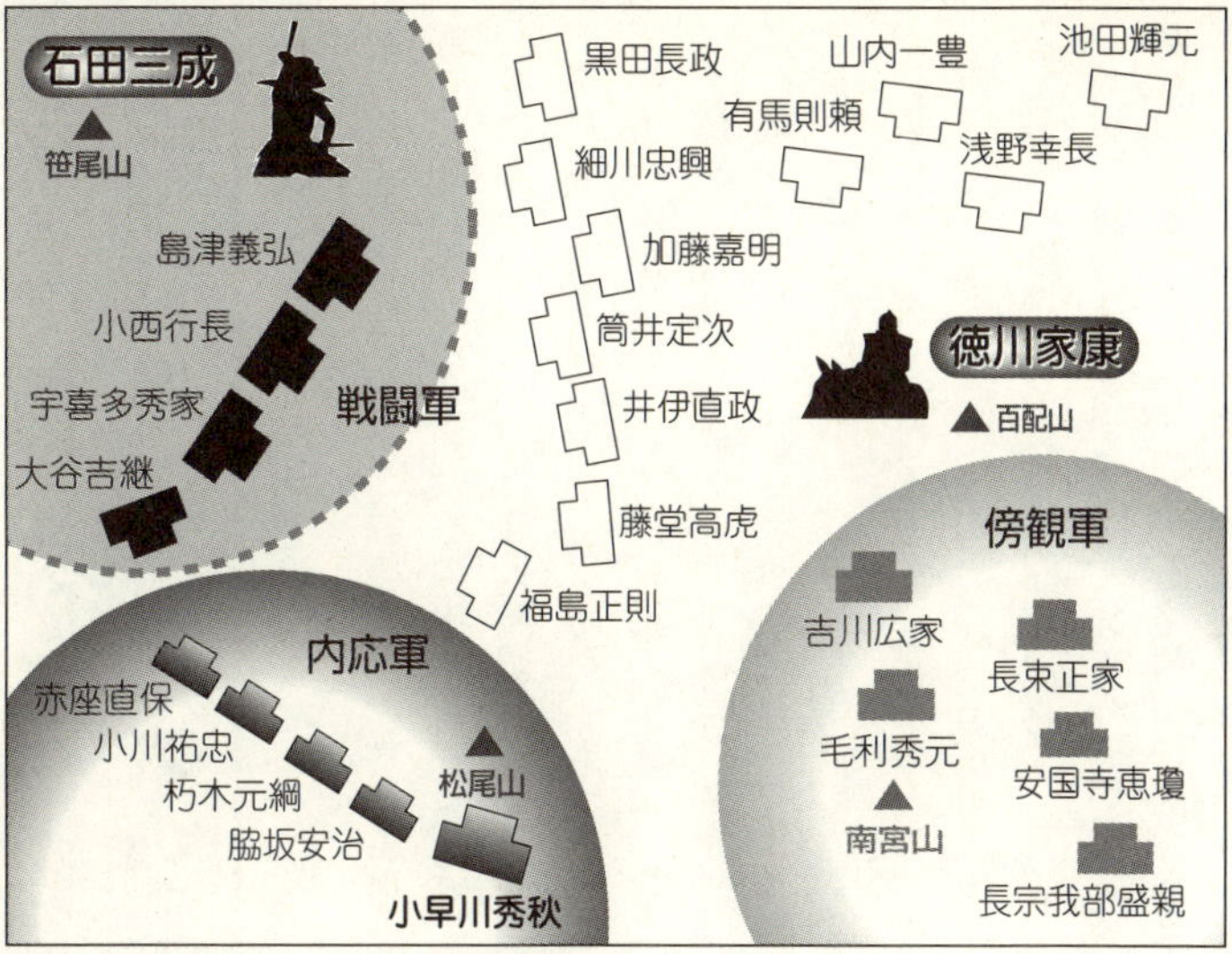

西軍の総大将は毛利輝元だが、豊臣秀頼の大坂城に入っていた。

の陣に向かって鉄砲を撃ちかけて威嚇《いかく》、これに驚いた小早川軍1万5千は、吉継の陣へ攻め降りたのである。

秀秋の寝返りを予想して陣を張っていた吉継は、何とか急襲に応戦した。ここまでなら西軍にもまだ勝機はあったのだが、秀秋の寝返りに連鎖反応が起こった。吉継が秀秋寝返りに備えて配置した脇坂《わきさか》・朽木《くちき》・小川《おがわ》・赤座《あかざ》の4隊が、一気に吉継隊へ攻撃してきたのである。四方を敵に囲まれた吉継隊はことごとく討ち死にし、吉継もまた自害して果てた。

これを機に戦況は東軍優勢となり、西軍は瓦解、三成・行長らは敗走した。逃げ道を断たれた島津隊は、家康の面前を突っ切って薩摩へ逃げ帰ったという。三成・行長・安国寺《あんこくじ》恵瓊《えけい》の3人は、後に捕らえられて斬首され、関ヶ原の戦いは家康率いる東軍の大勝利に終わったのである。

関ヶ原の戦いは、兵力・布陣面で見れば、西軍優位は間違いなかった。だが家康の手回しの良さで、西軍主力の毛利勢は一切動かず、裏切りが続発した。西軍で死力を尽くして戦ったのは、三成と行長・吉継ら三成に親しい者のみで、結局は家康の戦略勝ちだった。

14 敵味方にわかれた浅井三姉妹、それぞれの運命

人質同然の縁組、戦争など、男たちに翻弄された女性たちだが、それぞれの運命に立ち向かって、強く生きたのである。

お市の方と娘たち

戦国時代、女性は家同士の縁組に使われ、名前さえはっきりしない場合が多い。その中にあって、近江の浅《あざ》井《い》長政《ながまさ》に嫁いだお市《いち》の方と3人の娘は、数奇な運命に翻弄されながらも、ひときわ輝く女性たちであった。

お市の方は織田信長の妹で、絶世の美女だったといわれる。織田・浅井の橋渡しとして長政に嫁ぎ、長政が信長に滅ぼされると、茶々《ちゃちゃ》・お初《はつ》・お督《ごう》の3人の娘たちと実家に戻されたが、幼い長男・万福丸《まんぷくまる》は磔《はりつけ》にされた。他家に嫁いでも女はあくまで実家のものとみなさる一方、負けた家の後継ぎは殺されるのがルールだ。

やがてお市の方は、信長重臣の柴《しば》田《た》勝家《かついえ》と再婚した。勝家が秀吉に滅ぼされるときは、秀吉の誘いをきっぱりと断り、夫と共に自害した。政略結婚に翻弄されたお市の方の、女としての最期の意地であった。

三姉妹の運命

残された3姉妹は、秀吉に引き取られ、成長するとそれぞれ嫁いだ。もちろん、すべて秀吉の命令である。

3女・お督は徳川2代将軍・秀忠夫人となり、3代将軍・家光《いえみつ》の生母となって、江戸時代を生きた。ちなみにこれは、お督にとって3度目の結婚だった。

次女・お初は、大津の大名・京極高次《きょうごくたかつぐ》に嫁ぎ、夫の死後は尼となって菩提を弔った。

そして長女・茶々は秀吉の側室となり、淀君《よどぎみ》と呼ばれて秀吉の後継ぎ・秀頼《ひでより》を生んだ。秀吉は、かつてお市に憧れて嫁に欲しいと申し込んだが、望みが叶わないとなると、娘の茶々に目をつけたのである。

秀吉の死後、豊臣と徳川が対立すると、姉妹たちも敵同士の立場に追い込まれた。長女の茶々は大坂城に君臨し、徳川に徹底抗戦を唱えた。彼女の願いは秀頼

■浅井三姉妹

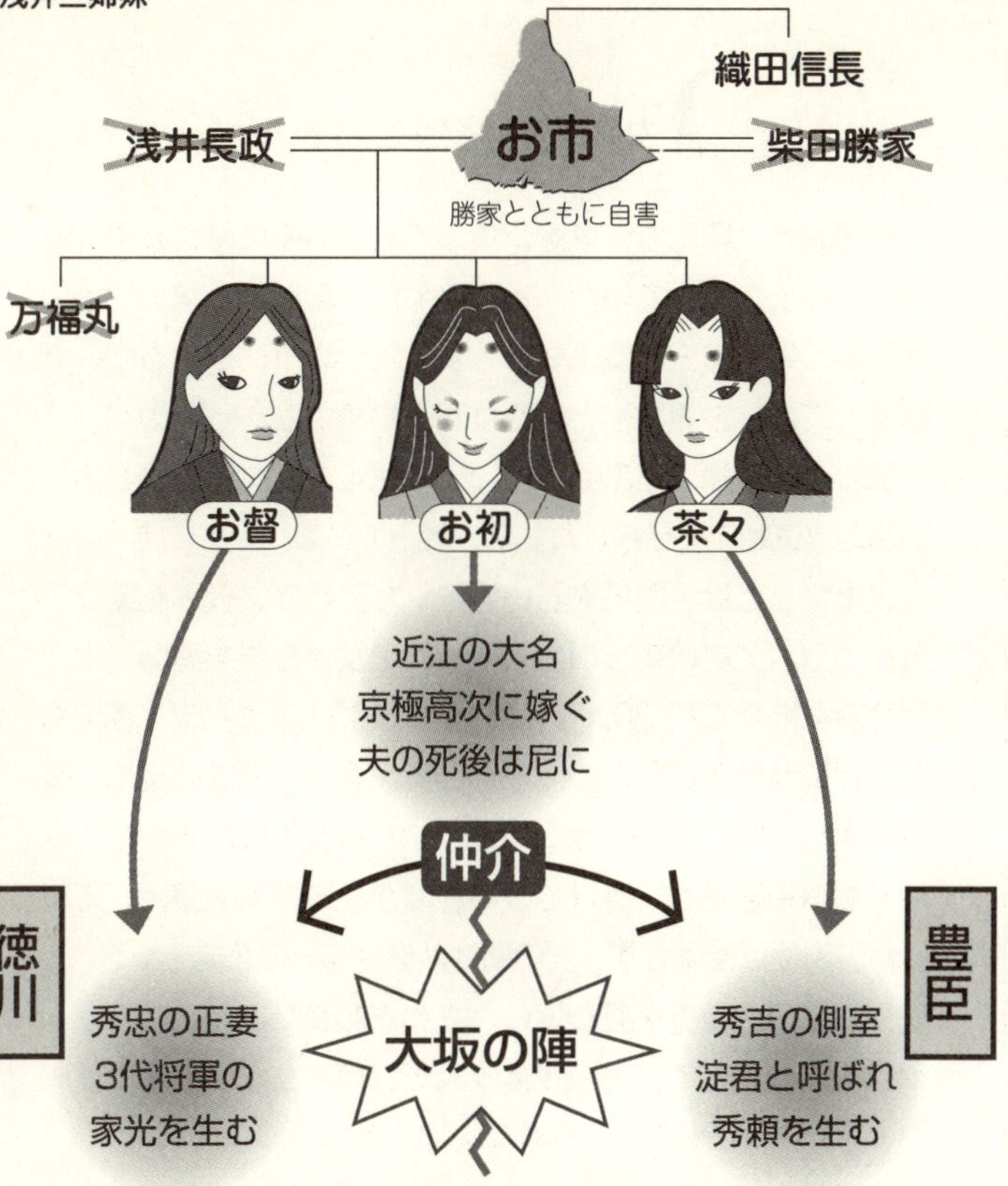
織田信長
浅井長政
お市
柴田勝家
勝家とともに自害
万福丸
お督
お初
茶々
近江の大名
京極高次に嫁ぐ
夫の死後は尼に
仲介
徳川
秀忠の正妻
3代将軍の
家光を生む
大坂の陣
豊臣
秀吉の側室
淀君と呼ばれ
秀頼を生む

と豊臣氏の繁栄だったが、徳川に敗れて秀頼とともに自害した。

3女のお督の生んだ千姫《せんひめ》は、徳川と豊臣の架け橋として秀頼に嫁いだが、大坂の陣がおこると引き離され、徳川家臣の本多家に再嫁させられた。ここにもまた、家のために運命を狂わされた女性がいた。

次女のお初は、豊臣と徳川、ひいては姉と妹の対立に心を痛めて和平仲介役をかって出、茶々の助命に奔走したのであった。

かつてお市の方は、娘たちに「名族・浅井氏の姫であることを忘れるな」と遺言したという。彼女たちはその言葉を胸に、それぞれの運命に翻弄されながらも強く生き抜いたのである。

女同士の熾烈なバトル

戦国時代、男たちが家を背負って戦いに明け暮れる中、女性たちもまた戦っていた。というのは、現在でも嫁・姑争いや不倫の果ての三角関係など、女性同士の争いがあるが、戦国時代には、後妻《うわなり》打《う》ちという女同士の戦いがあったのだ。この風習は、鎌倉時代にはすでにあったらしく、北条政子が夫・頼朝の浮気相手に仕掛けた記録が残っている。

後妻打ちとは、離婚を言い渡された先妻が、後妻を襲うことをいう。先妻は親しい友人や一族の女性たちを誘い、木刀や竹刀を携えて2、30人（多いときは100人近く）で後妻のもとへ押しかけるのである。ただし突然襲うのではなくて、事前に果たし状を送りつけ、予告してから参上したそうだ。受けて立つ後妻側も、負けては恥とばかりに準備を整え、応戦した。刃物は使用せず、男の助けは借りないのが掟である。

後妻宅の台所等を打ち壊し、さんざん暴れまわったあと、頃合を見計らって先妻・後妻それぞれの侍女が出てきて停戦交渉を行い、これにて一件落着を迎えた。

後妻打ちは、政子の場合のように正妻が側室（浮気相手）に仕掛ける場合もある。ともかく、男性社会に抑圧された女性たちは、それぞれの意地とプライドをかけ、男抜きで戦うことで気分を晴らし合ったのかもしれない。

友情に殉じた戦国武将

裏切りが当然とされる戦国時代にあって、石田三成《いしだみつなり》と大谷《おおたに》吉継《よしつぐ》の友情は、美しいエピソードとして知られている。

三成は、その如才なさを買われて寺小姓から秀吉の側近へと大抜擢された人物である。元服のとき、彼は秀吉からの褒美を辞退して、代わりに友人である吉継を推挙した。

吉継は出自不明だが、若くしてらい病（ハンセン病）を患っていた。秀吉は彼の能力を高く買い、「100万の兵を指揮させてみたい」と言ったといわれている。

ある茶会で、吉継に茶碗がまわってきたとき、運悪く彼の膿液《のうえき》（うみしる）が茶の中に落ちてしまった。感染を恐れ、居並ぶ武将は誰も次に飲もうとしない。気まずい空気の中、三成が「喉《のど》が渇いて待ちきれぬ」と言って茶碗を取り上げ、ぐっと飲み干したという。吉継は、このことを生涯忘れなかった。

そして関ヶ原の合戦前、三成は家康と戦う決意を吉継に告げた。吉継は「お前は人望がなく、家康にはとても敵わない」と猛反対したが、三成は頑として聞かない。負け戦を予感しながら、吉継は友情に殉《じゅん》ずることを決意した。このときの彼は、病状が進行して顔面は崩れ、ほとんど盲目だったという。

合戦の当日、小早川秀秋《こばやかわひであき》の裏切りを予想していた吉継は、小早川の前に陣を置いて戦った。そしてあいつぐ友軍の裏切りに最前線で戦い、壮絶な最期を遂げたのである。

「伊達男」の登場

現在、「伊達《だて》」という言葉は「伊達メガネ」とか「伊達じゃない」というようによく使われる。この意味は、「必要以上に外見を飾ること」だが、語源は戦国武将の伊達政宗《まさむね》にある。

政宗以前から、「ダテ」という言葉はあった。当時は「立て」という漢字が当てられ、「目立つ」「引き立つ」という意味であった。

奥州の風雲児といわれた仙台の伊達政宗は、幼い頃に疱瘡《ほうそう》を患って片目を失ったが、自ら「独眼竜《どくがんりゅう》」と名乗る洒落者《しゃれもの》であった。小田原合戦に遅れて到着したとき、怒る秀吉の前に政宗が真っ白な死に装束で登場したのは有名で、伊達軍は豪華な軍装や度肝を抜くような格好で人々を驚かせた。

後年、政宗が京で天皇を二条城へ迎える役目を仰せつかったとき、政宗はじめ家来達が、豪華絢爛《ごうかけんらん》に着飾り、その華やかさ、美しさは京の人々の大注目を集めた。

やがて「ダテ」は「伊達」と表記されるようになり、おしゃれとか豪華、華やかの代名詞に定着したのである。

ちなみに、伊達男とはイイ男のことだが、墓所から発掘された遺骨を調査した結果、政宗自身も現代人に近い美男であったといわれている。

第5章

太平の時代

江戸時代

近世

緩やかな変化の時代

江戸（1600～1700）

1603	徳川家康、江戸幕府を開く
1614	大坂の陣（～15）
1637	島原の乱
1641	鎖国の完成
1651	慶安事件（由井正雪の乱）
1657	明暦の大火（振袖火事）
1685	生類憐みの令（～1709）
1702	赤穂事件
1716	享保の改革（～45）

260年の長期政権

100年以上も続いた戦国時代を制した徳川家康《とくがわいえやす》は、江戸に幕府を開いた。日本史上に類をみないこの長い太平の時代は、家康・秀忠《ひでただ》・家光《いえみつ》の初期3将軍がつくった徹底した管理機構のたまものである。と同時に、激しい戦国動乱に疲れ切った人々の願いでもあったのだ。

だが、江戸幕府は締め付けによって人々を管理していた。特権階級の武士ですら、油断すれば御家取り潰しにされ、浪人となって生活苦に追われた。また、鎖国主義の幕府は収入を全て農民からの年貢に頼っていたため、農民たちは年貢や生活統制に縛り付けられ、苦しい時代を生きていたのである。

1800

1772	田沼意次の改革（〜86）
1787	寛政の改革（〜93）
1792	ラクスマン、根室に来航
1804	レザノフ、長崎に来航
1825	異国船打払令
	諸藩で藩政改革
1828	シーボルト事件
1841	天保の改革（〜43）
1842	異国船打払令の緩和（薪水給与令）

変わりゆく社会

江戸時代、戦争はなかったが、時代は確かに動いていた。武士は本業である戦がなくなって、その存在意義が問われるようになり、代わって町人が台頭した。100万都市といわれた江戸は活気づき、その中心は江戸っ子といわれる町人たちがになった。彼らのパワーは、浄瑠璃《じょうるり》や歌舞伎などの演劇、浮世絵、文学など、笑いあり人情あり色恋ありの、生活に密着した文化を生み出していく。

そして最も大きな社会変化は、商業の発展である。大坂を中心に貨幣制度が定着し、商人たちは貨幣経済の中でめきめき頭角をあらわす。幕府は農業社会に成り立つ組織だったため、新しく勃興してきた商業社会に対応できず、数回の改革も目覚ましい結果をみることはできなかった。社会の変化に取り残された幕府は、やがて外国からの圧力を契機に、ついには崩壊を迎えることになるのである。

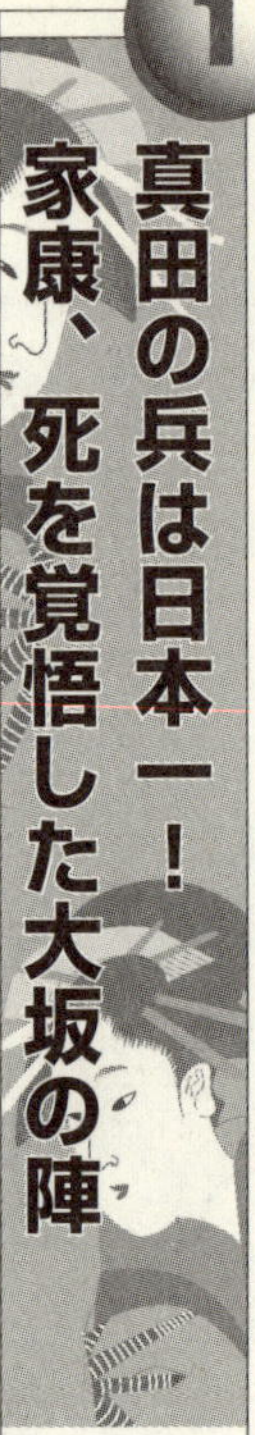

1 真田の兵は日本一！ 家康、死を覚悟した大坂の陣

関ヶ原の戦いで勝利した家康。あとは豊臣家をつぶすのみ。大軍でのぞんだ大坂の陣だが、思わぬ苦戦を強いられた！

大坂冬の陣

「真田《さなだ》日本一の兵、古《いにしえ》よりの物語にもこれなき由」

徳川方として大坂の陣に参戦した島津《しまづ》藩（薩摩）の記録には、こう残されている。信州・上田城主の真田家は、当主の昌幸《まさゆき》と次男・幸村《ゆきむら》は豊臣方、長男・信幸《のぶゆき》（のち信之と改名）は徳川方とわかれて戦った。大坂の陣で活躍したのは、真田幸村隊である。

関ヶ原での勝利によって、天下は家康のものとなった。あとは大坂城にいる秀吉の子・秀頼《ひでより》一派を始末するだけである。すでに家康は、朝廷から征夷大将軍《せいいたいしょうぐん》に任じられ江戸幕府を開いていたが、わずか2年で息子の秀忠《ひでただ》に将軍職を譲る。この行為で、「天下は徳川家が代々継承していく」ことをアピールしたのである。

徳川の天下を頑として認めない秀頼やその母・淀君《よどぎみ》ら豊臣方は、浪人を召集し、大坂城にこもって一戦交えることを決意した。大坂冬の陣である。

豊臣方は、秀吉の恩に報いて大名たちが寝返ると期待したが、それもむなしく、大坂城は徳川の大軍に囲まれ、砦を築いて最前線で戦った真田幸村隊の活躍が目立つのみだった。戦い敗れた豊臣方は、大坂城の外堀を埋める条件で徳川との和平に応じたのである。

大坂夏の陣

大坂城は、徳川の手によって外堀どころか内堀まで埋められた。これでは、城は裸同然である。さらに家康は、秀頼に大坂城を退去するよう要求した。ここに、豊臣方は再び抗戦を決意し、大坂夏の陣が始まる。

徳川の大軍が大坂城に攻め寄り、豊臣方の諸将も城外に出て迎え撃った。だが、多勢に無勢、戦況は圧倒的に徳川軍が優勢である。その中にあって、真田幸村

1614〜1615年

■大坂の陣への流れ

1600	関ヶ原の戦い（家康の勝利）
1603	家康、征夷大将軍となり江戸幕府を開く
1605	家康、将軍職を秀忠に譲る（徳川の天下を証明）
1611	家康、豊臣秀頼と大坂・二条城で会見
1614	大坂冬の陣（10月）
	徳川方、大坂城の堀を埋める
1615	大坂夏の陣（4〜5月）
	豊臣家滅亡

大坂の陣

■大坂の陣の主な武将

徳川家康・秀忠（東軍）		豊臣秀頼・淀君（西軍）
本多忠政　井伊直孝（家康子飼いの家臣）	VS	長宗我部盛親
前田利常（前田利家子息）　伊達政宗		真田幸村　後藤又兵衛（元黒田長政の家臣）
上杉景勝（上杉謙信養子）　黒田長政		木村重成（秀頼の幼なじみ）　大野治長（淀君の乳母子）

隊の活躍はひときわ輝いていた。

　幸村は、決死の覚悟で家康本陣へ突撃した。狙うは家康の首ただ一つ。幾重にも守られ安全なはずの家康だったが、幸村は影武者を駆使しながら、ついに家康本陣にたどり着いたのである。側近たちは逃げまどい、家康は何度も切腹を叫んだという。

　だが、援軍が駆けつけ家康は命拾いし、幸村は討たれて真田隊は全滅した。大坂城は炎上し、淀君・秀頼母子が自害、豊臣家は2代で滅びたのであった。

　圧倒的有利でのぞんだ戦いだったが、家康はあやうく命を落とすところだった。ともかく、これで徳川の天下を妨げるものはなくなり、いよいよ徳川支配の時代が始まったのである。

2 江戸幕府が260年も続いたわけ

江戸幕府が長寿を保ったのは、大名統制と身分統制に代表される、徹底した支配体制によるものだった。

大名の統制

鎌倉・室町幕府は１４０年前後で滅びているが、江戸幕府はその倍近くの２６０年も続いた。長寿の秘訣は、徹底した大名統制と身分統制にあった。

幕府は大名たちを藩《はん》にわけて統治し、関ヶ原で敵対した大名や、豊臣家に味方した大名、そして徳川に積極的に味方しなかった大名を中心に、御家《おいえ》取り潰《つぶ》しや配置換えを断行した。毛利や島津などは外様《とざま》大名（関ヶ原以降の家臣）として遠くに配置され、冷遇された（これがやがて維新の原動力となる）。家康・秀忠・家光の3代で処罰された大名は、１２０家を超す。江戸近辺には譜代《ふだい》大名（関ヶ原以前からの家臣）を置き、要所には親藩《しんぱん》（徳川の身内）や有力譜代大名を配置した。

また、武家諸法度《ぶけしょはっと》という規則をつくり、勝手に城を修理したり、大名間で縁談を決めたり、徒党を組むことを厳しく禁じた。さらに、地方の大名たちを交代で江戸に出向かせる、参勤交代《さんきんこうたい》という制度をつくった。道中の費用は自己負担であり、幕府はこうして大名たちが反抗する経済力を削いでいったのである。

身分の統制

戦国時代は民衆が台頭し、武力で反抗する時代であったが、それを抑圧したのが秀吉だった。江戸幕府もこれを継ぎ、人々を士・農・工・商にわけて、身分の区別を厳しくした。士と農・工・商の間には大きな隔たりがあったが、商が最下位なのは、生産するものがなく金銭を扱う賤しい職種とされたからだ。農民が士の次にくるのは、家康の言葉「百姓は死なぬ様に生きぬ様に」の言葉からくるものだ。つまり、幕府はじめ武士の生活は農民の年貢によって成り立っているので、搾り取るだけ搾り取るが、決して殺してはいけない。よって、身分だけでも上にしておこうという意図である。

さらに、この4階級の下に穢多《えた》・非人《ひにん》という身分をつくった。厳しい支配を強いられた農民に対しては、「さらに下の者がいる」と示し、一方で百姓一揆があれば、これらの人々を鎮圧に向かわせている。社会の底辺にいる者同士を戦わせたのだ。こうして、幕府は実に巧妙な支配制度を確立したのであった。

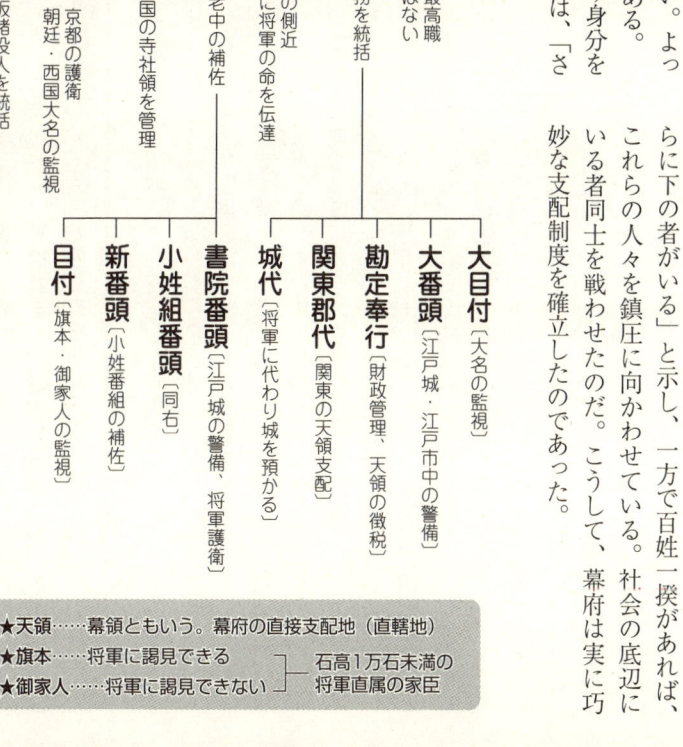

■江戸幕府のしくみ

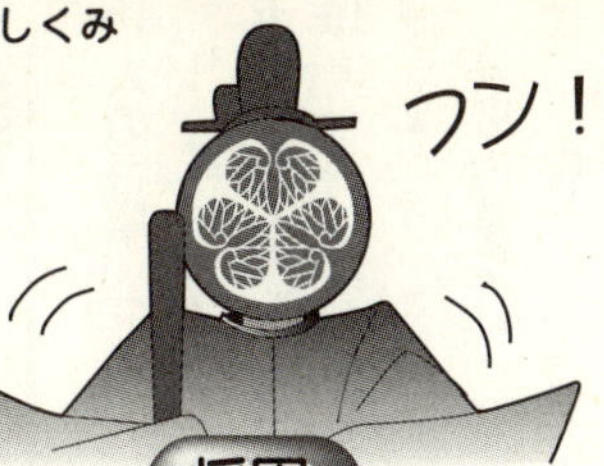

将軍

- **大老**　1人、幕府の最高職　常置ではない
- **老中**　5〜6人、政務を統括
  - **大目付**（大名の監視）
  - **大番頭**（江戸城・江戸市中の警備）
  - **勘定奉行**（財政管理、天領の徴税）
  - **関東郡代**（関東の天領支配）
  - **城代**（将軍に代わり城を預かる）
- **側用人**　1人、将軍の側近　老中に将軍の命を伝達
- **若年寄**　3〜5人、老中の補佐
  - **書院番頭**（江戸城の警備、将軍護衛）
  - **小姓組番頭**（同右）
  - **新番頭**（小姓番組の補佐）
  - **目付**（旗本・御家人の監視）
- **寺社奉行**　4人、全国の寺社領を管理
- **京都所司代**　1人、京都の護衛　朝廷・西国大名の監視
- **大坂城代**　1人、大坂諸役人を統括　大坂城の守護、西国大名の監視

★天領……幕領ともいう。幕府の直接支配地（直轄地）
★旗本……将軍に謁見できる
★御家人……将軍に謁見できない
（旗本・御家人）―石高1万石未満の将軍直属の家臣

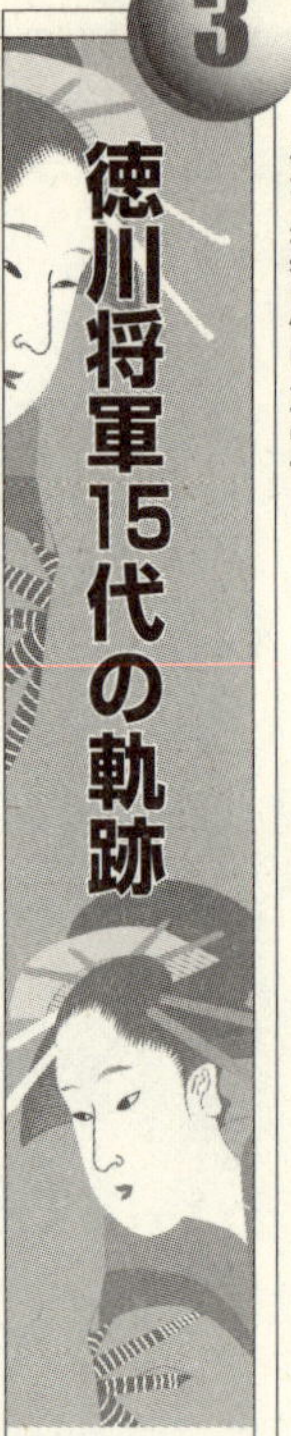

3 徳川将軍15代の軌跡

家康が開いた江戸幕府は、太平の時代と呼ばれる長期安定時代だった。その15人の将軍たちをざっと見てみよう。

15人の将軍

　江戸時代の将軍は、全国の諸大名の上に君臨する絶大な権力を持ち、徳川時代の頂点に立った存在である。15人の中には、早死にした人、積極的に政治をした人、側近まかせの人など、いろいろな将軍がいた。

　幕府の基礎は、初代家康・2代秀忠・3代家光《いえみつ》の時代に完成した。家光は、「生まれながらの将軍」と自負したが、かつては弟の方が器量よしとされ、後継ぎ問題で一悶着あった将軍だ。だが、祖父・家康の「太平の世では後継ぎは暗愚でもいい。長子相続の秩序を守り、家を乱すな」とう言葉で将軍に就任したのである。この家光の時代に幕府政治の機構がおおむね整い、鎖国制度も始まった。

　その後は側近政治が続き、4代家綱《いえつな》・5代綱吉《つなよし》・6代家宣《いえのぶ》のときに幕府は最盛期を迎え、7代家継《いえつぐ》、8代吉宗《よしむね》のころは安定した時代であった。吉宗は側近政治を改め、自ら政治改革を押し進めた中興の祖とされる。

　9代家重《いえしげ》は言葉が上手く話せず、父・吉宗が大御所として政治をみた。10代家治《いえはる》の時代には老中の田沼意《たぬまおき》次《つぐ》が活躍し、11代家斉《いえなり》のときには松平定信《まつだいらさだのぶ》が、12代家《いえ》慶《よし》のときには水野忠邦《みずのただくに》がそれぞれ財政改革を行ったが、上手くいかず、幕府は経済面から破綻しはじめた。

　13代家定《いえさだ》の時代になると、黒船来航で国内は騒然とし始め、時代は幕末を迎える。このころには政治的にも幕府の力は翳《かげ》りを見せ、それまで冷遇されていた長州（毛利氏）や薩摩（島津氏）といった外様大名の動きを抑えられなくなっていた。尊王攘夷《そんのうじょうい》（皇室を敬い、外国を武力で討つ）論が横行し、14代家茂《いえもち》は動乱の中で亡くなり、15代慶喜《よしのぶ》のとき、ついに江戸幕府260年の歴史は幕を降ろしたのであった。

1603～1867年

■江戸幕府の将軍たち

※名前横は生没年

初 家康《いえやす》 1542～1616 在職：1603～1605 享年75歳 ★江戸幕府を開く ★駿府で大御所政治	2 秀忠《ひでただ》 1579～1632 在職：1605～1623 家康3男　享年54歳 ★武家諸法度や公家諸法度など基礎固め	3 家光《いえみつ》 1604～1651 在職：1623～1651 秀忠長男　享年48歳 ★参勤交代制確立 ★島原の乱、鎖国完成
4 家綱《いえつな》 1641～1680 在職：1651～1680 家光長男　享年40歳 ★病弱で重臣が補佐 ★由井正雪の乱、明暦の大火、殉死を禁止	5 綱吉《つなよし》 1646～1709 在職：1680～1709 家綱弟　享年64歳 ★最初は善政 ★生類憐みの令 ★赤穂浪士の討ち入り	6 家宣《いえのぶ》 1662～1712 在職：1709～1712 綱吉甥　享年51歳 ★学問好き ★新井白石を起用して「正徳の治」の善政
7 家継《いえつぐ》 1709～1716 在職：1713～1716 家宣4男　享年8歳 ★最も幼く短期間 ★家宣時代を継ぐ	8 吉宗《よしむね》 1684～1751 在職：1716～1745 紀州家出身　享年68歳 ★側近政治の廃止 ★享保の改革 ★「暴れん坊将軍」当人	9 家重《いえしげ》 1711～1761 在職：1745～1760 吉宗長男　享年51歳 ★幼いころから言語不明瞭で、側用人しか理解できず
10 家治《いえはる》 1737～1786 在職：1760～1786 家重長男　享年50歳 ★幼いころから聡明 ★田沼意次の活躍	11 家斉《いえなり》 1773～1841 在職：1787～1837 一橋家出身　享年69歳 ★松平定信の起用で「寛政の改革」 ★側室40人、子供55人	12 家慶《いえよし》 1793～1853 在職：1837～1853 家斉2男　享年61歳 ★水野忠邦の起用で「天保の改革」 ★ペリー来航
13 家定《いえさだ》 1728～1858 在職：1853～1858 家慶4男　享年35歳 ★病弱で奇行が目立つ	14 家茂《いえもち》 1846～1866 在職：1858～1866 紀州家出身　享年21歳 ★井伊直弼により就任 ★皇女・和宮と結婚 ★長州征討中に病没	15 慶喜《よしのぶ》 1837～1913 在職：1866～1867 一橋家出身　享年77歳 ★「家康の再来」といわれた才気の持ち主 ★大政奉還

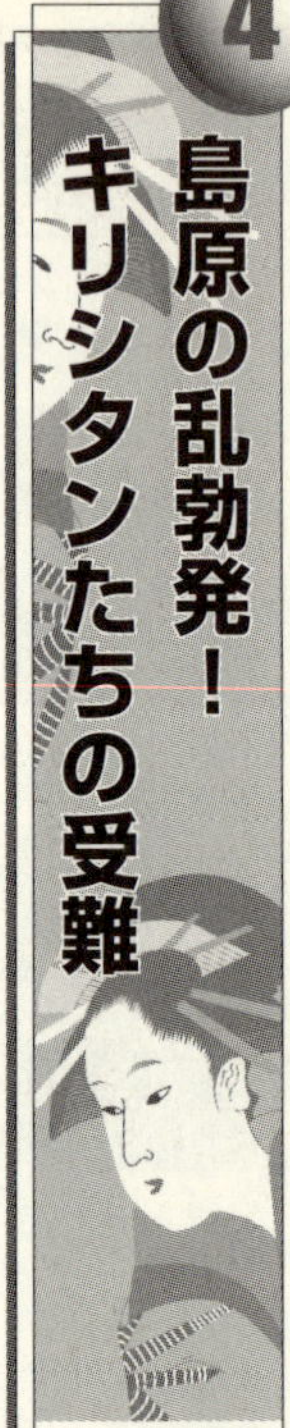

4 島原の乱勃発！キリシタンたちの受難

島原の乱は、重税に苦しむ農民とキリシタン信仰が結びついた一揆であった。キリシタンの受難は、３００年も続いた。

キリシタン弾圧への序章

「25年後、16歳の天童《てんどう》（神が子供の姿をとったもの）が現れてパライゾ（天国）が実現するであろう」

これは、１６１２年の禁教令で国外追放になったママコス神父が、天草《あまくさ》（熊本）を去るときに残した言葉とされる。それから25年後、16歳の少年・天草四郎時《しろうとき》貞《さだ》の主導のもと、島原の乱が起こるのである。

１５４９年、フランシスコ＝ザビエルが日本に伝えたキリスト教は、信長に認められ、続々と来日した宣教師により布教された。九州を中心にキリスト教徒になる大名もあらわれ、キリシタン大名と呼ばれた。京や安土にも教会が建てられ、南蛮《なんばん》（ポルトガルやスペイン）貿易と連動して、キリスト教は大いに栄えた。

秀吉が天下人になると、全国統一直後に宣教師追放令が発布され、一転してキリスト教は弾圧された。教徒の団結を恐れたのである。江戸時代に入ると、当初は貿易促進のために容認していた家康も、やがて禁教令を発布して取り締まった。それはイギリスやオランダが「ポルトガル・スペインは日本侵略のためにキリスト教を布教している」と吹き込んだためといわれる。

島原の乱

１６３７年10月、天草四郎時貞を首領とし、天草・島原（長崎）の農民3万数千人が、島原半島の原《はら》城に立てこもる島原の乱が勃発した。原因は、島原藩（松倉氏）と天草藩（寺沢氏）による農民への過酷な税の取り立てと、その刑罰である。島原では、年貢を納められなかった家の妊婦が、胎児もろとも虐殺されるという事件も起こった。こうした農民の怒りが弾圧されたキリシタンと結びつき、大一揆へ発展したのだった。

1549〜1873年

■キリシタンの受難

1549	フランシスコ＝ザビエルがキリスト教伝来
1569	ルイス＝フロイス、信長より布教許可を得る
1582	遣欧少年使節団、長崎を出発（1590帰国）
1587	秀吉、宣教師（バテレン）追放令発布
1596	長崎で26聖人殉教（宣教師・信者26人の処刑）
1612	家康、天領に禁教令発布（翌年全国へ）
1614	高山右近（大名）らキリシタンを国外追放
1622	元和の大殉教（長崎でキリシタン55人の処刑）
1637	島原の乱
1873	キリシタン禁制を解禁

信長
秀吉
徳川
明治

幕府は板倉重昌《いたくらしげまさ》を総大将として討伐軍を差し向けたが、一揆勢の抵抗はすさまじく、大将の重昌までが戦死する始末だった。そこで老中・松平伊豆守《いずのかみ》信綱《のぶつな》を総大将に、大軍を派遣せざるを得なくなった。信綱は「知恵伊豆」の異名をもつ人物である。この時、小倉藩小《お》笠原《がさわら》氏の客分であった剣豪の宮本《みやもと》武蔵《むさし》も出陣しており、一揆勢の投げた石にあたって足に怪我をしたという。

一揆勢は死を恐れず勇敢に戦ったが、やがて武器や食料が尽き、3ヶ月の籠城《ろうじょう》の末、原城はついに陥落した。立てこもった人々は、老弱男女の区別なく、ことごとく殺されたのである。幕府はこれを機にさらに厳しくキリシタンを取り締まり、鎖国政策を進めた。

だが、島原の乱で全滅したと思われたキリシタンは、明治のキリシタン解禁までの300年、厳しい弾圧に耐え忍びながらも信仰を持ち続けていた。いわゆる「隠れキリシタン」である。1805年には約5000人もの信者が発覚、1873年のキリスト教解禁後は各地に天主堂が建設され、キリスト教徒は次々と復活していく。弾圧の中にあっても、キリシタンたちの信仰は、脈々と生き続けていたのである。

5 幕府にとって鎖国はこんなに便利だった！

鎖国は貝のように国交を閉ざしてしまうことではない。幕府の貿易独占と、大名支配のための政策だった。

鎖国以前

「鎖国《さこく》」の語句を最初に使った日本人は、江戸後期の蘭学《らんがく》者・志筑忠雄《しづきただお》である。彼が１８０１年に『鎖国論』というオランダ語訳本を出版したのがはじまりだ。

戦国時代は、人々が自由に外国と行き来した時代である。大名や商人たちが貿易を主導し、秀吉のころには朱印船《しゅいんせん》貿易が流行した。これは、国の権力者の渡航許可を受けた公認の貿易である。江戸時代初期には、老中が発する奉書を受けた奉書《ほうしょ》船貿易がはじまり、家光のころまでは盛んに貿易が行われた。東南アジアで活躍する日本人も多く、彼らは日本町をつくって生活していた。

鎖国の正体

だが、幕府は次第に貿易船の行き来や人々の移住を禁止しはじめ、島原の乱後の１６３９年、ポルトガル船の来航を禁じた。２年後にはオランダ商館を長崎の出島《でじま》に移し、ここのみを窓口としてオランダ・中国との貿易だけを許可した。鎖国の完成である。

ではなぜ、幕府は鎖国を断行したのだろう。島原の乱を教訓にして、キリスト教を禁止するためということもあるが、最大の目的は、幕府が貿易を独占することにあった。

幕府は、反乱を防ぐため諸大名を貧窮させる政策をとってきた。従来のように、大名や商人が自由に貿易をすれば、当然、諸藩の財政が潤うことになる。それは幕府にとっては絶対に避けたいことなので、大名統制の一環として鎖国を行い、幕府が貿易の利益を独占できるようにしたのである。

また、当時の日本では生野（兵庫）や大森（島根）、

■鎖国までの道のり

南蛮……ポルトガル・スペインなど南欧諸国のこと
北欧系の紅毛人と区別した言い方

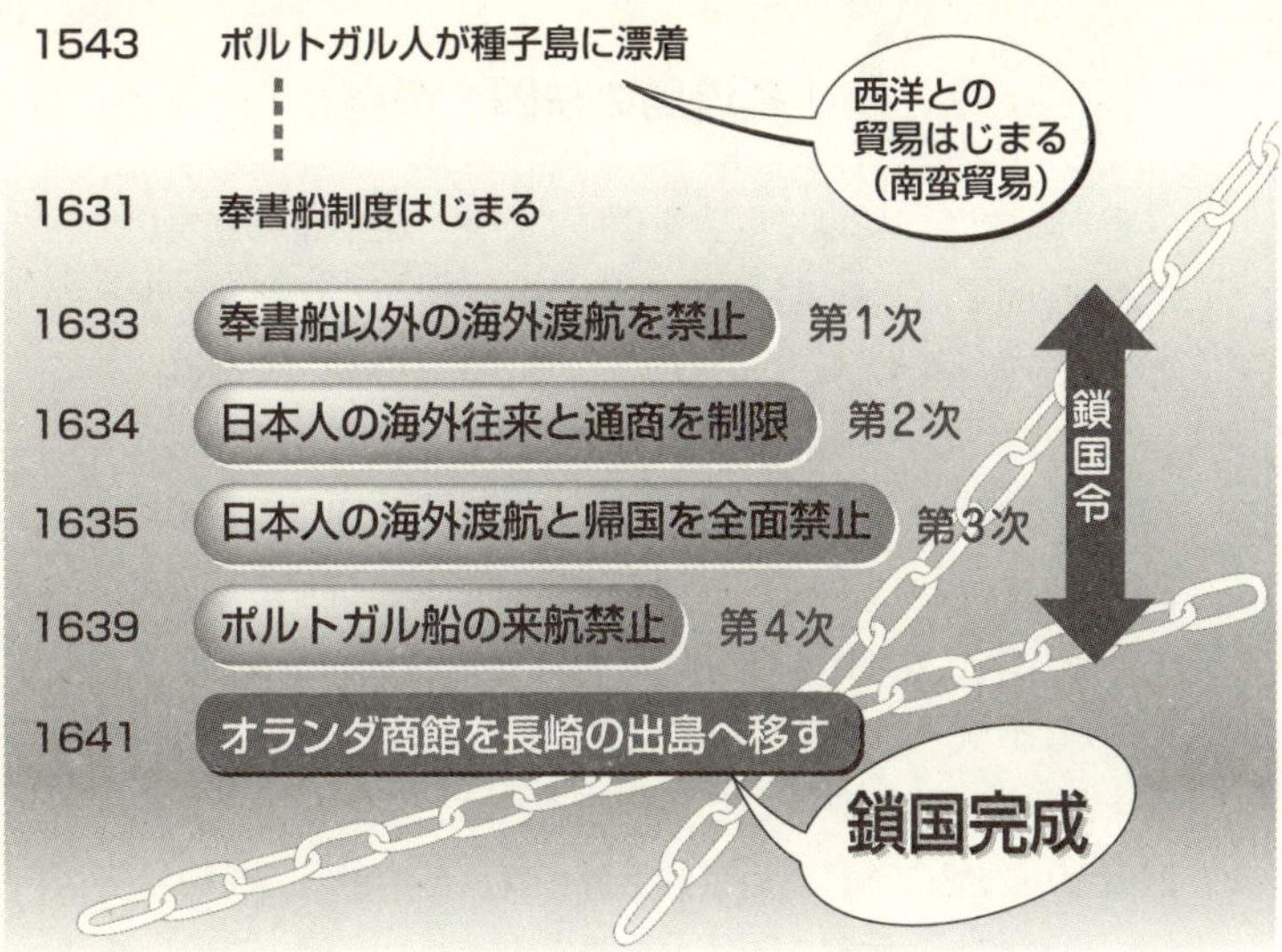

1543　ポルトガル人が種子島に漂着
西洋との貿易はじまる（南蛮貿易）
1631　奉書船制度はじまる
1633　奉書船以外の海外渡航を禁止　第1次
1634　日本人の海外往来と通商を制限　第2次
1635　日本人の海外渡航と帰国を全面禁止　第3次
1639　ポルトガル船の来航禁止　第4次
鎖国令
1641　オランダ商館を長崎の出島へ移す
鎖国完成

相川（佐渡）などの銀山から多量の銀が産出されたが、これは世界の銀産出量の3分の1を占めていた。この銀の海外流出を防ぐためにも、鎖国は必要であった。

ところで、なぜオランダのみが貿易相手として認められたかというと、キリスト教の布教活動をしない国だからだ。また、オランダが「ポルトガルやスペインは、キリスト教を利用して日本を植民地にしようと画策している」と繰り返しライバルを中傷し、対日本貿易を独占しようと積極的に動いたこともある。

鎖国は、決して孤立政策ではなかった。現に幕府は、長崎以外にも琉球（沖縄）・対馬・松前（北海道）を通して、中国やオランダ、朝鮮、琉球、アイヌとの関係を維持していた。そうして限られた国々との貿易を通じて、国際情勢を把握しようとしていたのである。また、諸大名の貿易を禁止することで圧倒的な情報、貿易利潤、軍事力を独占することを狙って行った政策であり、それによって徳川の天下は維持されたともいえるのだ。

鎖国とは、幕府による貿易独占政策なのである。

「巌流島の決闘」の謎

宮本《みやもと》武蔵《むさし》は、13歳で剣客を倒して以来、60数回の勝負に1度も敗れず、『五輪書《ごりんのしょ》』という兵法書を書き残した剣豪だが、その最も有名な戦いが、いわゆる「巌流島《がんりゅうじま》の決闘」である。

1612年、関門海峡の船島《ふなじま》（巌流島とは、江戸中期以降の呼び名）で佐々木小次郎《ささきこじろう》と対決した武蔵は、木刀にて見事小次郎を打ち負かした。が、この戦いにはあまりに謎が多い。

越前出身といわれる小次郎だが、決闘当時は武蔵29歳に対し、18～70歳のいずれかで、その年齢だけでも諸説ある。

また『沼田家記《ぬまたかき》』※という書物によれば、互角の戦いの後、武蔵が小次郎に一打を浴びせ気絶させ、その後意識を取り戻した小次郎を、武蔵の弟子と名乗る剣客たちが襲って殺したとある。だが、当時の武蔵に弟子はいなかったはずなのだ。

一説によると、小次郎は以前細川氏と対立した豊前・佐々木氏の出といわれ、そうした背景から決闘の仲介人となった細川氏が、小次郎を暗殺したのではないかともいわれている。

一方、武蔵の著書には小次郎の名前は一切見られず、武蔵の弟子の著書にその名前が登場することから、弟子が武蔵の偉大さを誇張するために、小次郎という花形ライバルを創作したのではないかという見方さえある。

※巌流島の決闘当時、細川藩家老で門司《もじ》城代であった沼田延元《のぶもと》が残した記録を子孫がまとめたもの

幕府公認の歓楽街・吉原

男性人口が女性の倍近くだった江戸は、単身赴任男性が多く、遊郭はかかせない場所であった。全国一の歓楽街・吉原《よしわら》は、1617年に幕府公認で現在の日本橋にてスタートした。幕府も、各地の遊女屋を1ヶ所にまとめた方が支配しやすかったのだ。これが明暦《めいれき》の大火《たいか》で全焼すると、現在の浅草に移転した。吉原とは、最初に幕府が公認した場所が葭《よし》が生い茂る地であったため、葭原→吉原と呼ばれるようになったという。

当初は武士中心だった客も、やがて町人の数が増えた。吉原では金さえあれば士農工商の身分は関係なく、一晩で1000両（1両＝約8万と考えて8000万円）もの金がまわったという。

もてなす遊女は、太夫《たゆう》（いわゆる花魁《おいらん》道中を歩く高級遊女）から格子女郎《こうしじょろう》（格子から客を引き寄せる）、散茶女郎という下級遊女がいて、格が重視されていた。太夫は美貌はもちろん、話術や琴・三味線・和歌・漢詩・華道・茶道……と一通りこなせるのが当たり前で、8〜9歳で吉原に売られ、禿《かむろ》（見習い）時代から修業を積んで一人前になるのである。

だが、若い男女が心中未遂で生き残れば「男は非人、女は吉原へ」といわれ、吉原の火事に町火消しは出動しないなど、江戸市中とは別世界とみなされ、実態は幕府直接支配の最下層とみなされていたのである。

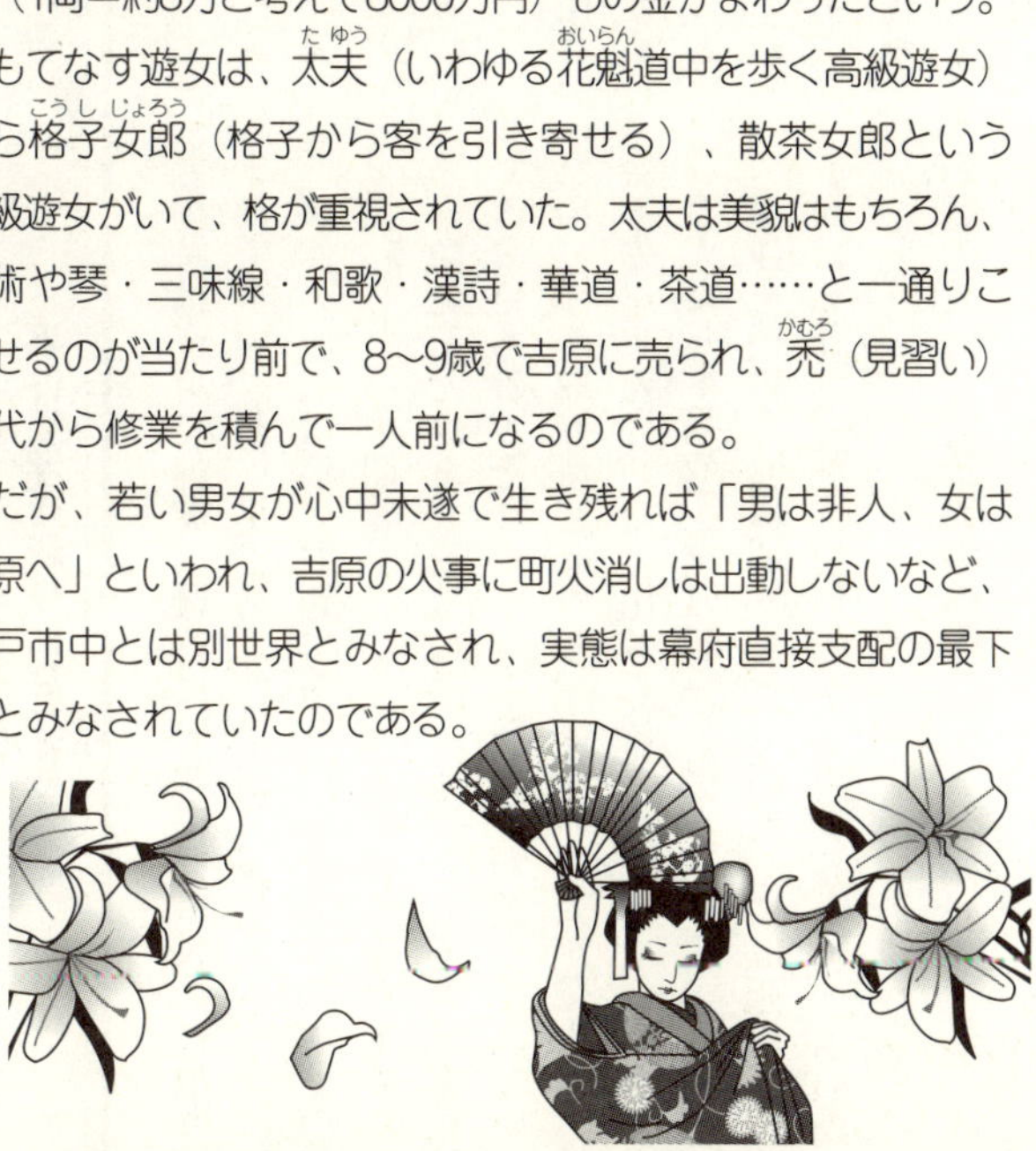

6 3代将軍・家光死去！幕府を襲った2大危機

将軍の代わり目におこった2大事件。幕府の抱える浪人問題と財政難が、2つの事件で浮き彫りになった。

慶安事件〜浪人問題〜

3代将軍・家光が亡くなったとき、その子・4代家《いえ》綱《つな》はわずか11歳の少年であった。保科正之《ほしなまさゆき》（家光の異母弟で初代会津藩主）という名補佐役が付いていたので問題はなかったが、将軍の代わり目を狙ってある反乱計画が発覚する。いわゆる慶安《けいあん》事件である。

これは、1651年（慶安4）7月、軍学者の由井《ゆい》正雪《しょうせつ》とその同志で槍の達人・丸橋忠弥《まるばしちゅうや》が、浪人を集めて反乱を計画した事件である。浪人とは、幕府による大名家取り潰しなどで主家を失った（今でいう職なし）武士たちのことだ。彼らの計画は、丸橋が江戸市中に火をかけて混乱を起こすと同時に、由井が家康の遺骨が眠る駿府で騒動をおこし、諸国に溢れかえる浪人たちを糾合《きゅうごう》して、新政権を樹立しようというものだった。

だが計画はずさんな点が多く、事前に情報が漏れて丸橋らは江戸で捕縛、駿府にいた由井も役人に取り囲まれて家族と共に自害、事件は未遂に終わった。

事件の原因は浪人問題にあり、幕府は末期《まつご》養子の禁を緩和した。末期養子とは、大名が後継ぎを定めないまま急死した場合、死後に養子届けをして家督を相続する事である。それまで、末期養子が禁止されていたために藩が取り潰しとなり、大量の浪人が発生し、社会不安を生んでいた。由井らは、こうした行き場のない浪人たちを集めて幕府転覆《てんぷく》を狙ったのである。

事件を機に幕府は、50歳までの武士には死亡後の養子縁組を許し、家督相続を認める事としたのであった。

明暦の大火〜財政赤字へ〜

由井正雪の乱後の1657年（明暦《めいれき》3）正月、江戸で明暦の大火という大火災が発生した。これは同じ振

1651～1657年

■浪人増加の問題

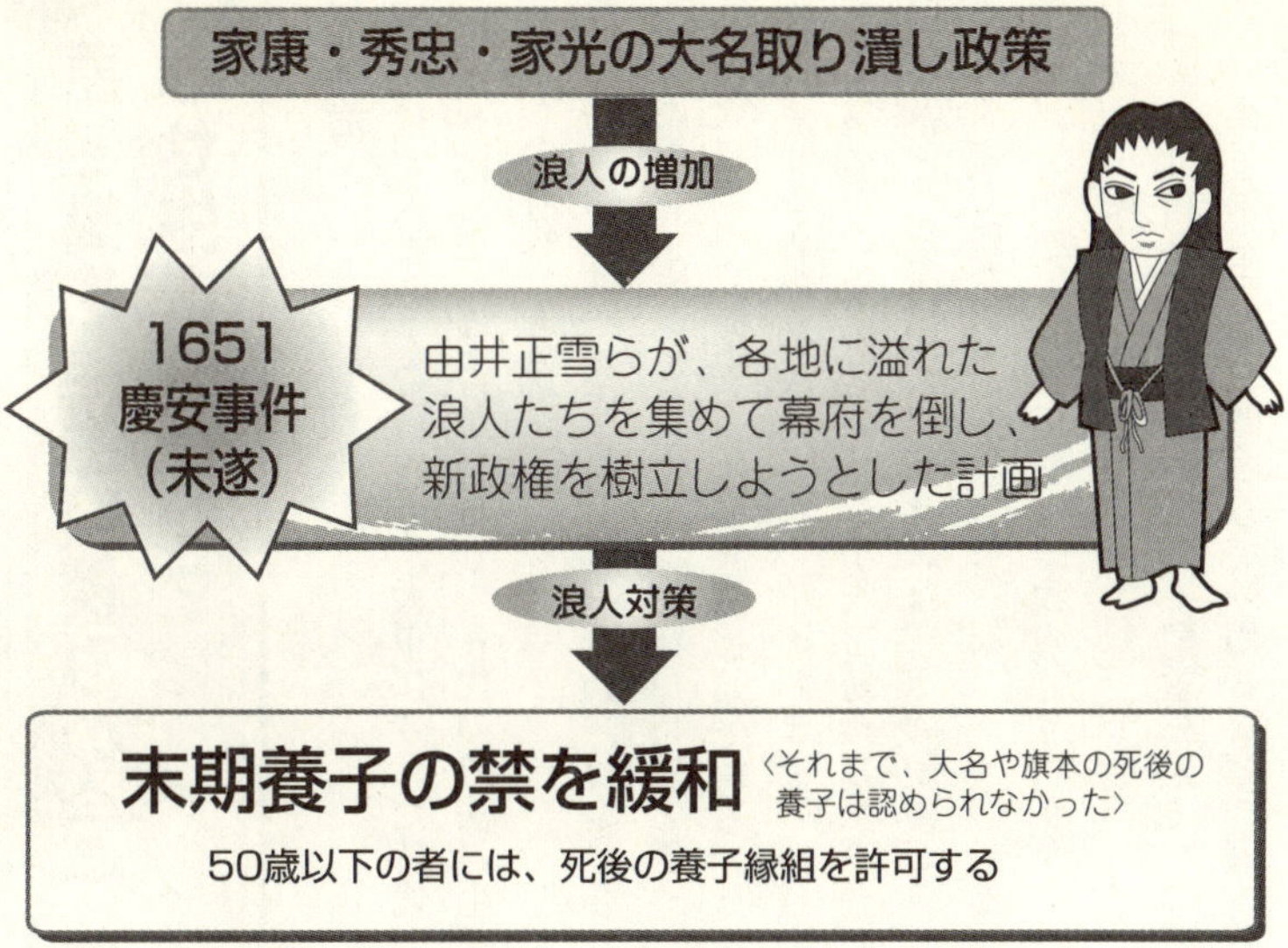
家康・秀忠・家光の大名取り潰し政策
浪人の増加
1651
慶安事件
（未遂）
由井正雪らが、各地に溢れた
浪人たちを集めて幕府を倒し、
新政権を樹立しようとした計画
浪人対策
末期養子の禁を緩和
〈それまで、大名や旗本の死後の
養子は認められなかった〉
50歳以下の者には、死後の養子縁組を許可する

袖を着た3人の娘が次々と病死したので、その振袖を焼き捨てようと火をつけたのが、風に煽られて江戸市中にまで広がったことから、振袖火事とも呼ばれる。

この火災は、江戸市中を呑み込んで、大名や役人の屋敷を焼き、ついに江戸城まで及んだ。城内にあった火薬に引火し、日本一を誇った天守閣まで焼け落ちてしまったのだ。将軍・家綱や老中たちは大いにあせり、一時は城を出るとの意見もあがったほどだったが、将軍の威信にかかわるとの理由で、城内にとどまることになった。

猛火は、3日目の朝になってようやく鎮火したが、その翌日は大雪が降ったため、飢えと寒さで凍死する人々も少なくなかった。この火災では、実に10万もの人が犠牲になったという。

幕府は、江戸市民や大名、旗本の救済に奔走し、町の復興、城の復旧作業に追われた。江戸城の修復だけで１００万両もの費用がかかり、天守閣はついに修復されなかった。この火事により、家康以来の貯金も果て、幕府は初めて赤字転落してしまう。この財政問題は、次の5代将軍・綱吉《つなよし》へと持ち越されたのである。

7 悪名高き「生類憐みの令」はなぜ生まれたか？

5代綱吉は、当初は善政を敷いて親しまれたものの、後に「生類憐みの令」というとんでもない悪法を出したのである。

綱吉の政治

江戸時代、人より犬の命の方が大事にされた時代があった。5代将軍・綱吉《つなよし》が発布した希代の悪法「生類《しょうるい》憐《あわれ》みの令」の時代である。

5代将軍・綱吉は、4代家綱の弟である。将軍となった綱吉が最初に取りかかったのは、江戸市中を襲った明暦の大火によって発生した財政難の克服である。

綱吉はまず、貨幣の改鋳《かいちゅう》を行い、それまでの慶長《けいちょう》小判よりも金の含有率の低い元禄《げんろく》小判を鋳造した。金の含有率を落として市中に出回せれば、その差額が幕府の懐へ入ることになる。

その他にも、役人の不正や、藩政の行き届かない大名などを取り締まる一方、優秀な者は表彰した。また、学問好きの性格から、江戸の湯島《ゆしま》に聖堂を建てて学問所とし、朱子学《しゅしがく》を公の学問として勧めるなど、綱吉時代の前期は「天和《てんな》の治」と呼ばれ、敬われていた。

「生類憐みの令」誕生

綱吉の治世といえば、側用人の柳沢吉保《やなぎさわよしやす》を起用したことも特徴的だ。側近政治は将軍のご機嫌伺いに走る傾向があり、独裁政治になりやすい。その結果生み出されたのが、世界にも類を見ない悪法「生類憐みの令」である。

綱吉は幼い長男を亡くして以来、世継ぎが生まれなかった。そこで、綱吉の母が崇拝する僧侶が「子が生まれないのは、前世で殺生した報いである。子が欲しければ、殺生をやめて生類を憐れみなさい」と告げたことが、生類憐みの令のきっかけとなった。綱吉は戌年だったので、特に犬が手厚く保護されたのである。

そのため、綱吉は「犬公方《いぬくぼう》」とも呼ばれた。

1680～1709年

■生類憐みの令

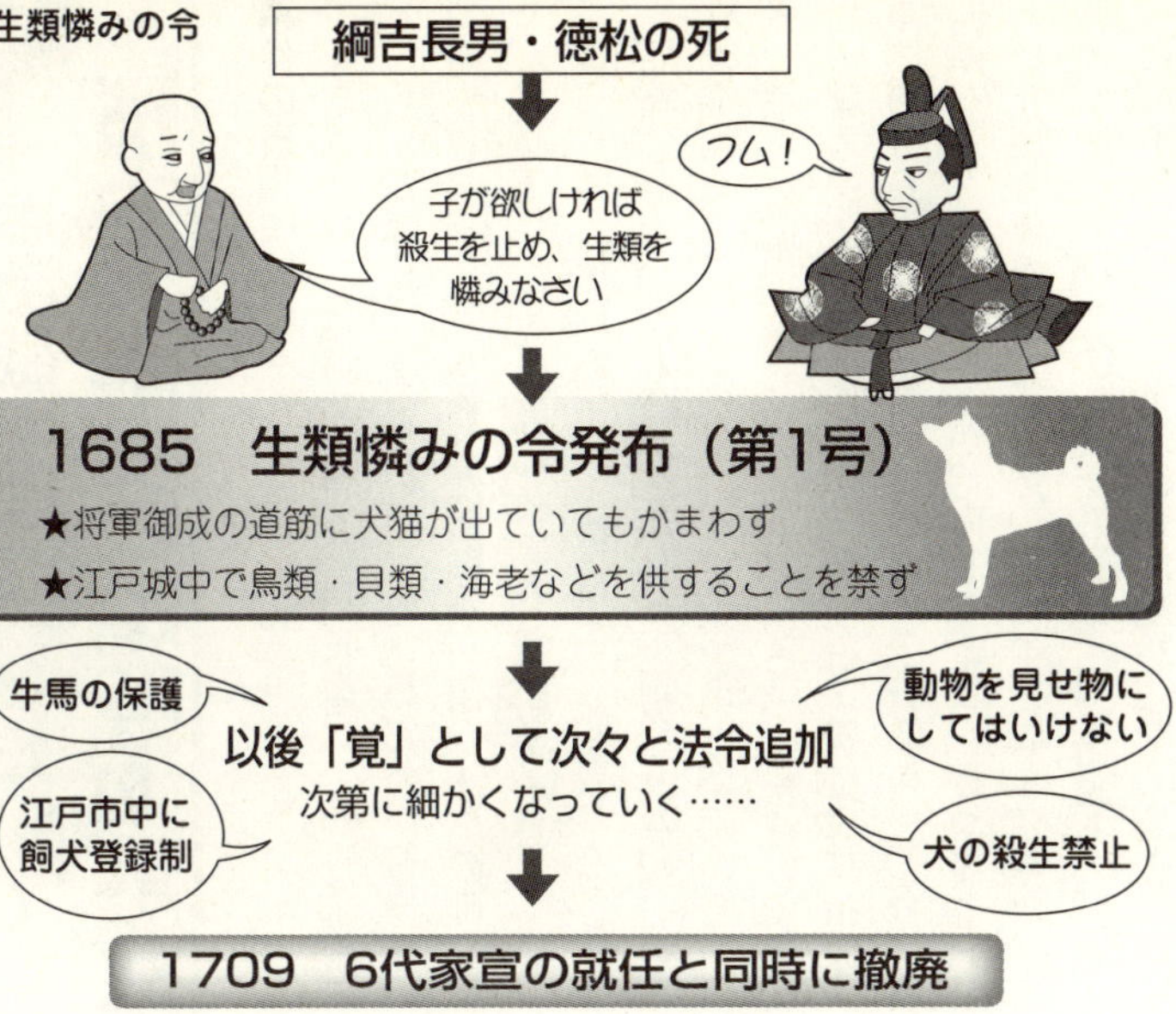
綱吉長男・徳松の死
フム！
子が欲しければ
殺生を止め、生類を
憐みなさい
1685　生類憐みの令発布（第1号）
★将軍御成の道筋に犬猫が出ていてもかまわず
★江戸城中で鳥類・貝類・海老などを供することを禁ず
牛馬の保護
動物を見せ物にしてはいけない
以後「覚」として次々と法令追加
次第に細かくなっていく……
江戸市中に飼犬登録制
犬の殺生禁止
1709　6代家宣の就任と同時に撤廃

この法令の最初の犠牲者は、江戸城内の台所頭であった。台所の井戸に猫が落ちて死んだ責任をとらされ、八丈島に流されたのである。他にも、心臓病に効くということで、妻のためにツバメを殺した武士が死罪になったり、江戸城内で蚊をたたいて流罪になった武士もいる。犬を殺して、死罪や流罪になった者は数十万にものぼったという。

各所に野犬の収容所がおかれ、それは犬小屋というより犬屋敷であった。犬たちのエサには、白米やみそ汁があてられ、農民たちよりもよほど豪華なものを食べていたという。このとんでもない悪法は、人々を怯えさせ、その不安と恐怖は想像を絶するものがあった。

この法が20年以上も続いたのは、誰も綱吉に逆らえなかったからで、その原因は側近政治にあった。普通ならば家臣が諫《いさ》めるところだが、柳沢吉保ら側近は、綱吉のご機嫌を取りながら出世したので、下手に口出しして機嫌を損ねることを何より恐れたのである。

綱吉は、「生類憐みの令を自分の死後も長く続けるように」と遺言したが、次の6代将軍・家宣《いえのぶ》は、就任と同時にあっさり撤廃してしまった。

8

「忠臣蔵」は幕府の裁断ミスが原因だった!

太平の時代に降ってわいた赤穂事件。主君の仇を討った浪士たちはヒーローとなり、歌舞伎や講談でも上演された。

事件の真相

1702年(元禄15)12月14日深夜(15日未明)、しんしんと降りしきる雪の中、揃いのだんだら模様の羽織を着て、完全武装した異様な一団が江戸の町を行く。目指すは、亡き主君の仇《かたき》・吉良上野介《きらこうずけのすけ》の首。

彼らは元・播州《ばんしゅう》(岡山)赤穂《あこう》藩士、総勢47人である。「忠臣蔵《ちゅうしんぐら》」で知られる赤穂事件は、前年3月14日の事件が発端だった。この日、江戸城では、朝廷からの使者を迎える静粛な儀式が行われていたが、接待役であった赤穂藩主・浅野内匠頭《あさのたくみのかみ》が、指南役(接待役に指図する)の吉良上野介を斬りつけた。上野介のいじめに内匠頭が逆上したというが、同じ特産物を持つ藩として上野介が赤穂の塩を妬んだ、美少年を取り合った、内匠頭が賄賂《わいろ》を贈らなかったなど、理由は諸説ある。

この事件に時の将軍・綱吉は激怒した。当時、殿中(江戸城内)では、斬りつけるどころか刀を抜くことさえ許されない。よって、内匠頭は即日切腹。浅手で済んだ上野介は、「殿中で刀を抜かず、大したものだ」と褒められてお構いなしであった。

この裁きには「喧嘩両成敗《けんかりょうせいばい》」という、鎌倉以来の武士のルールを無視したものだと反対の声があがった。まずは両方の言い分を聞き、争いの原因を明らかにすべきだという意見である。だが、独裁者・綱吉と側近の柳沢吉保《よしやす》は耳を貸さなかった。

風さそふ花よりもなほ我はまた
　春の名残をいかにとかせん

内匠頭は、辞世の句を残して切腹した。

赤穂浪士たちの真意

主君の切腹に続き、浅野家は取り潰しとなった。そ

1701～1703年

■元禄赤穂事件の流れ

1701年3月14日　「刃傷・松の廊下」事件
〈赤穂藩主・浅野内匠頭が吉良上野介を斬りつける〉

↓

内匠頭は即日切腹（御家断絶）
上野介は一切のお咎めなし

↓

1702年12月14日　赤穂浪士47人が吉良邸に討ち入り

1703年2月4日　浪士切腹

↓　事件からちょうど47年目……

1748年8月『仮名手本忠臣蔵』大坂で初上演

してそれから1年9ヶ月後、内匠頭の月違いの命日、大石《おおいし》内蔵助《くらのすけ》ら赤穂浪士47人が吉良邸に討ち入り、2時間の死闘の末、ついに主君の仇を討ったのである。

太平の世に降ってわいた仇討ち騒動。「生類憐みの令」のせいで民衆の鬱憤《うっぷん》は溜まりに溜まっていたこの時期、人々は赤穂浪士を拍手喝采で迎え、絶賛した。

事件を知った幕府は、浪士たちの処遇について悩んだ。徒党を組むこと自体がすでに違反した行動だが、仇討ちは武士として賞賛されるべき行為である。しかも、幕府は前年の裁断ミスを自覚し、後ろめたさを感じていた。そのため、幕府は浪士たちの討ち入り計画を知りながら、あえて黙認したという説さえある。首を取られた上、後々まで悪者の烙印《らくいん》を押されるはめになった上野介は、幕府の裁断ミスの犠牲者であった。

結局、赤穂浪士たちは切腹となった。だが、世間の人々は彼らを賞賛し、歌舞伎や講談によって後世に語り継いだ。浪士たちは世論を完全に味方につけ、仇討ちという行為をもって、幕府の不公正な裁きに抗議した。赤穂事件は私的な仇討ちではなく、幕府の裁断を揺るがす政治的事件だったのである。

9 幕府中興の祖 8代将軍・吉宗は農民の敵？

吉宗は、財政建て直しを掲げ「享保の改革」を押し進めた。だがそれは、貧しい農民をさらに貧窮させる要因となった。

吉宗の登場

徳川吉宗《よしむね》といえば、面白いエピソードが残っている。あるとき、奥女中から美人を50人選び出した。女性たちは「側室になれるの？」と期待したが、吉宗は彼女たちをお払い箱にしてしまったのだ。その理由は、「美女ならば嫁ぎ先に不自由しないであろう」とのこと。

これは、幕府の財政を立て直すため、吉宗が取った倹約政策の一つ、奥女中たちの人員整理《リストラ》である。他にも、衣服や食事など自ら先頭に立って倹約を実行した。

吉宗は、御三家《ごさんけ》の一つ、紀州家の出身だ。御三家とは、水戸・尾張・紀伊の3家のことで、将軍家に後継ぎがない場合に備えて家康が分家させたものだ。7代家継《いえつぐ》がわずか8歳で亡くなったため、紀伊から吉宗が選ばれたのである。

将軍になった吉宗は、それまでの側近政治を止め、積極的に政治を執った。家康を尊敬していたようで、「諸事権現《ごんげん》様（家康）の定め通り」と宣言したほどだ。こうして、いわゆる「享保《きょうほう》の改革」がスタートする。

「米将軍」の実体

幕府財政の建て直しを第一とした吉宗は、倹約令で無駄遣いを防ぐ一方、江戸市政にも力を入れた。目安《めやす》箱《ばこ》を設置して庶民の意見を聞き、貧しい人々を救うための小石川養生所をつくった。「大岡越前《おおおかえちぜん》」こと大岡忠《ただ》相《すけ》を町奉行に抜擢したのも吉宗である。

だが、何といっても吉宗最大の狙いは、年貢（米）の徴収量を増やすことだった。彼が「米将軍」といわれる由縁である。そして、米本位体制を強化する一方、勃興する商業の統制にも乗り出した。

吉宗は、定免《じょうめん》法という税の徴収法を実施した。それ

1716〜1745年

■吉宗による享保の改革

目標
- ★家康時代の政治を理想（側用人を廃止）
- ★財政の建て直し（財源確保・増税）

財政安定
- 倹約令
- 定免法（年貢増徴）
- 足高の制（経費節減・人材登用）

商業統制
- 株仲間の公認
- 堂島の米市場公認
- 貨幣改鋳

江戸市政
- 目安箱の設置
- 町火消しの整備・充実
- 小石川養生所の創設
- 大岡忠相の抜擢

その他
- 新田開発
- 学問の奨励
- 洋書輸入制限の緩和
- 甘藷栽培の奨励

結果
- 幕政・財政は安定
- 農村の貧窮、一揆の増加

までは、その年の収穫量に対して一定率の年貢を徴収したが、定免法ではあらかじめ年貢量を決めて取り立てるため、豊作・凶作関係なく、安定した年貢が入ってくるという仕組みだ。

しかし、凶作でも定額の年貢を納めなければならないため、農民はさらに貧窮した。農民の不満は高まり、この時期以降、百姓一揆が続発している。

吉宗の改革は、当初の狙い通り幕府財政を潤し、幕政は一応の安定をみた。だが、年貢を搾り取られた農民にとっては、さらに厳しい生活を強いられる結果となったのである。

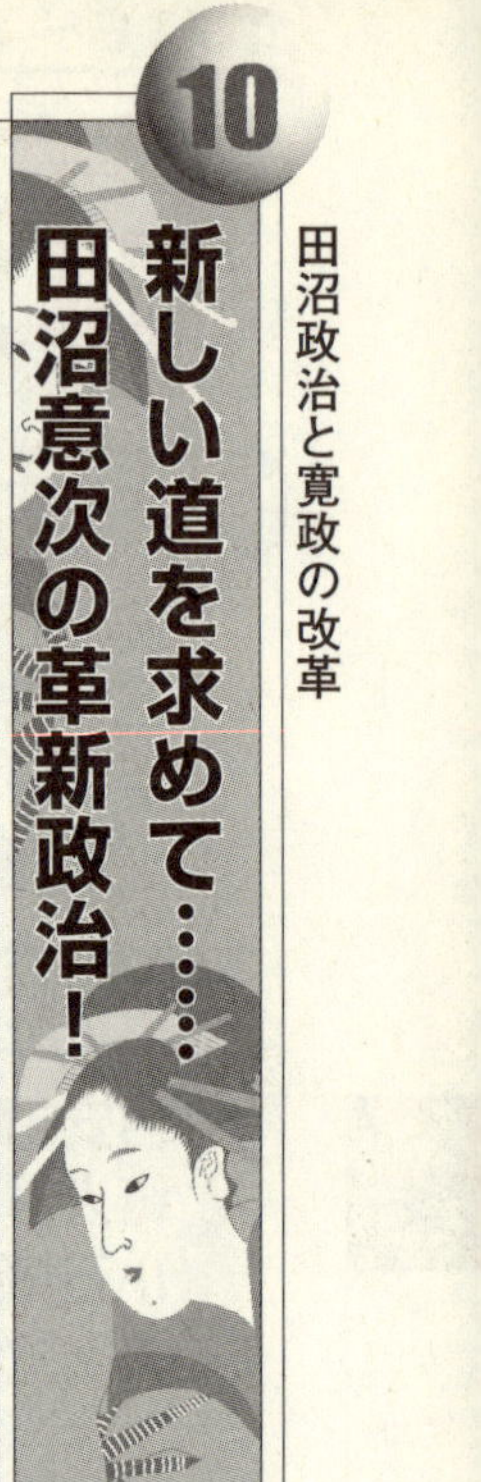

10 新しい道を求めて……田沼意次の革新政治！

商業が目覚ましい発展を遂げる中、幕府では「田沼政治」と「寛政の改革」の正反対の2つの改革が行われる。

商業社会の到来

江戸時代、大坂は「天下の台所」と呼ばれ、商業の中心地として栄えた。これも海運業の発達のおかげで、大坂は東と西をつなぐ水陸交通の要所となった。さらに全国の米が堂島《どうじま》の米市場に集まり、ここで金に換えられた。始めはこれらの作業を武士が行っていたが、やがて商売に慣れた町人が代行するようになり、淀屋《よどや》や鴻池《こうのいけ》といった金持ち商人が登場したのである。

このころには貨幣経済が定着して、日本は農業社会から商業社会へと変化しつつあった。それを強く意識し、政界に躍り出たのが老中・田沼意次《たぬまおきつぐ》である。

田沼意次の政治～商業立国へ～

田沼意次は、もと足軽だったが、その才を見込まれて大名に出世し、側用人を経て10代将軍・家治《いえはる》のときに老中にまで上りつめた人物である。家治は聡明な将軍だったが、政治は意次に任せきりだった。

それまでの幕府政策は、農民から取り立てた年貢で財政を賄《まかな》ってきたが、意次は商業の発達に注目した。銅や鉄を幕府の専売品として特定の商人に管理させ、そこから税を徴収し、株仲間（幕府から公認された商人・職人の団体）の独占を認める代わりに税金を徴収する他、銭を増鋳《ぞうちゅう》するなど、商業資本を上手く利用して幕府財政にあてたのである。

さらに、蝦夷《えぞ》地（北海道）を探索させ、ロシア人との交易が可能かを調査させている。計画段階ではあったが、将来は貿易目的での開国も考えていたようだ。

だが、意次の政治は商人との癒着《ゆちゃく》が多く、「賄賂《わいろ》政治」として非難されることが多かった。また、運悪く飢饉や浅間山の噴火が重なり、さらには息子が江戸城

1767〜1793年

■幕府の改革

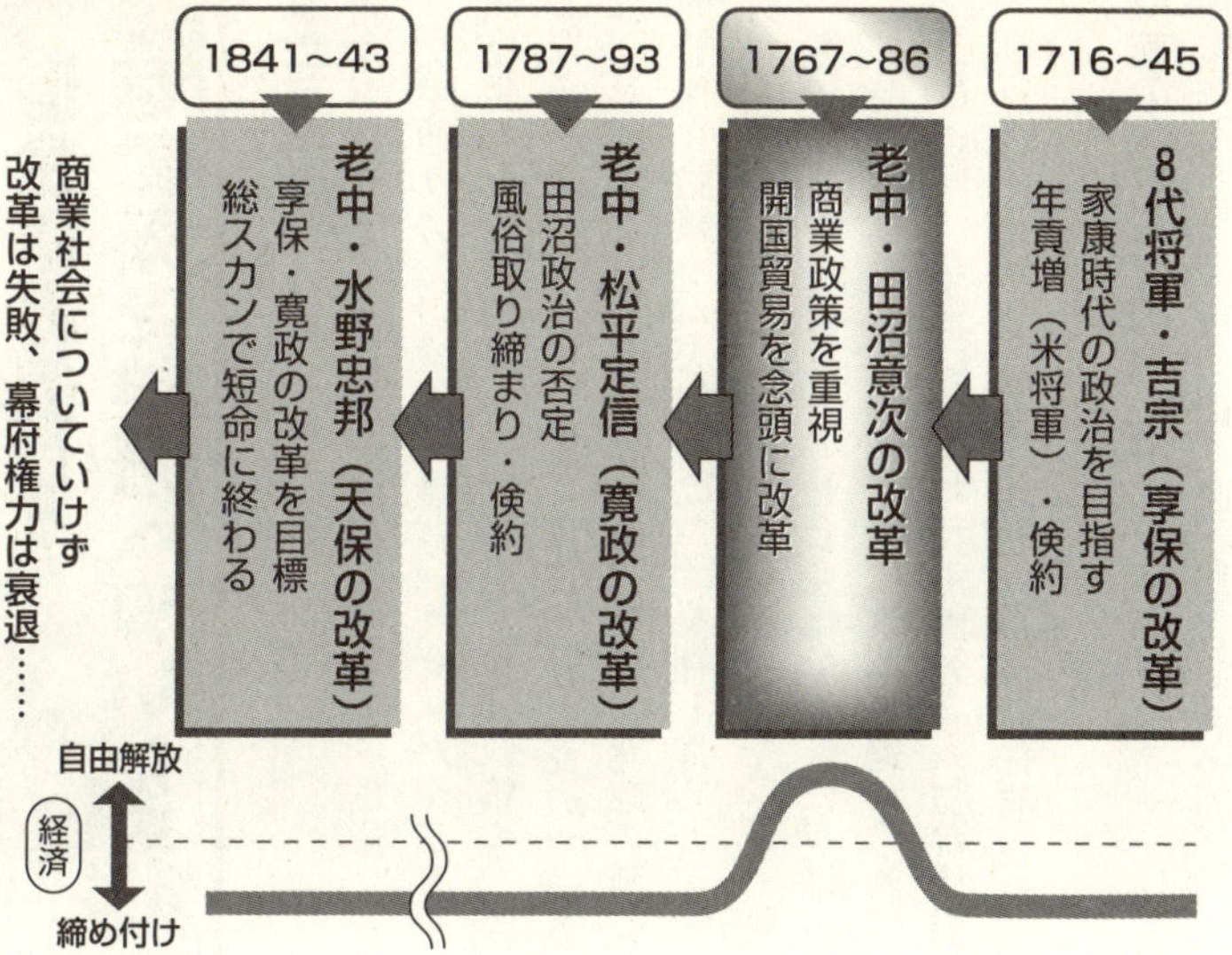
1716〜45
8代将軍・吉宗（享保の改革）
家康時代の政治を目指す
年貢増（米将軍）・倹約
1767〜86
老中・田沼意次の改革
商業政策を重視
開国貿易を念頭に改革
1787〜93
老中・松平定信（寛政の改革）
田沼政治の否定
風俗取り締まり・倹約
1841〜43
老中・水野忠邦（天保の改革）
享保・寛政の改革を目標
総スカンで短命に終わる
商業社会についていけず
改革は失敗、幕府権力は衰退……
自由解放
経済
締め付け

内で殺されるという不幸にも見舞われ、やがて意次は失脚し、諸政策も中止になってしまった。

松平定信の改革〜意次政治の否定〜

代わって登場したのは老中・松平定信《さだのぶ》である。彼の改革は「寛政《かんせい》の改革」として知られるが、意次が内需拡大を進めたのに対し、定信は幕府と商業の関係を絶ち、倹約令で引き締めにかかった。定信自身、倹約を心がける熱心な政治家だったが、それは民衆にまで強要された。百姓の出稼ぎを禁じ、朱子《しゅし》学以外の学問を禁止し、言論・出版物の検閲も厳しくなった。また、男女混浴までも禁止となり、御《お》庭番《にわばん》という隠密《おんみつ》を放って市中を監視させたという。

一方で貧困者の救済政策や、人足寄場《にんそくよりば》という前科者の更正施設をつくったりもした。また、「鬼平《おにへい》」こと長谷川平蔵《へいぞう》を輩出したのも、定信の時代である。

しかし、定信の厳しい改革は人々に受け入れられず、商業時代の波に乗れなかった幕府は、経済面から衰退していく。その点で、従来の幕府システムから脱却して商業を重視した意次の改革は、革新的であった。

11 借金踏み倒し？薩摩藩を雄藩へ導いた男

幕府が従来の農業システムから抜け出せない反面、諸藩では着々と藩政改革が進められていた。

雄藩たちの改革

薩摩や長州など、幕末に活躍した藩を「雄藩《ゆうはん》」という。文字通り勢力の雄大な藩という意味だが、幕末に突然出現したわけではない。幕府が保守政策をとっている間に、独自で改革を進めて成長した藩なのである。

幕府では、老中・水野忠邦《ただくに》が、享保・寛政の両改革と同じ保守路線で「天保《てんぽう》の改革」を押し進めたが、締め付けが反感を呼び、わずか2年で頓挫《とんざ》してしまう。

一方、農業から商業への社会変化を背景に、経済改革の必要を感じた諸藩では、藩政改革が進められていた。改革には、身分にとらわれず優秀な人物が抜擢され、その内容は財政や軍事、学問など多岐に渡った。

薩摩藩の救世主・調所広郷

薩摩藩（鹿児島）は、関ヶ原で西軍に与《くみ》したため、ずっと幕府から冷遇され、金を使わされ続けた結果、２００年間になんと５００万両もの借金を負う借金大国になり果てていたのだ（薩摩藩の年収は10～15万両）。

そこへ登場したのが、下級武士出身の調所広郷《ずしょひろさと》だ。彼がとった行動は、事実上の借金踏み倒しである。

彼はなんと、大坂などの債権者たちを集合させて、目の前で借金証文を焼き払ったのだ。さらに新しい証文を渡し、「借金は、２５０年分割の無利子で返す」と言ってのけた。債権者たちは怒ったが、「何かあったら腹を切る」の一言で押し切られてしまったのである。

その後は、琉球を通じて清《しん》（中国）と密貿易をしたり、奄美三島（大島・徳之島・喜界ヶ島）での黒砂糖の専売が成功、藩財政は立ち直った。さらに農地改革、軍制改革なども進められ、広郷の借金整理をきっかけに、薩摩藩は雄藩へと成長を遂げたのであった。

18～19世紀

■諸藩の改革

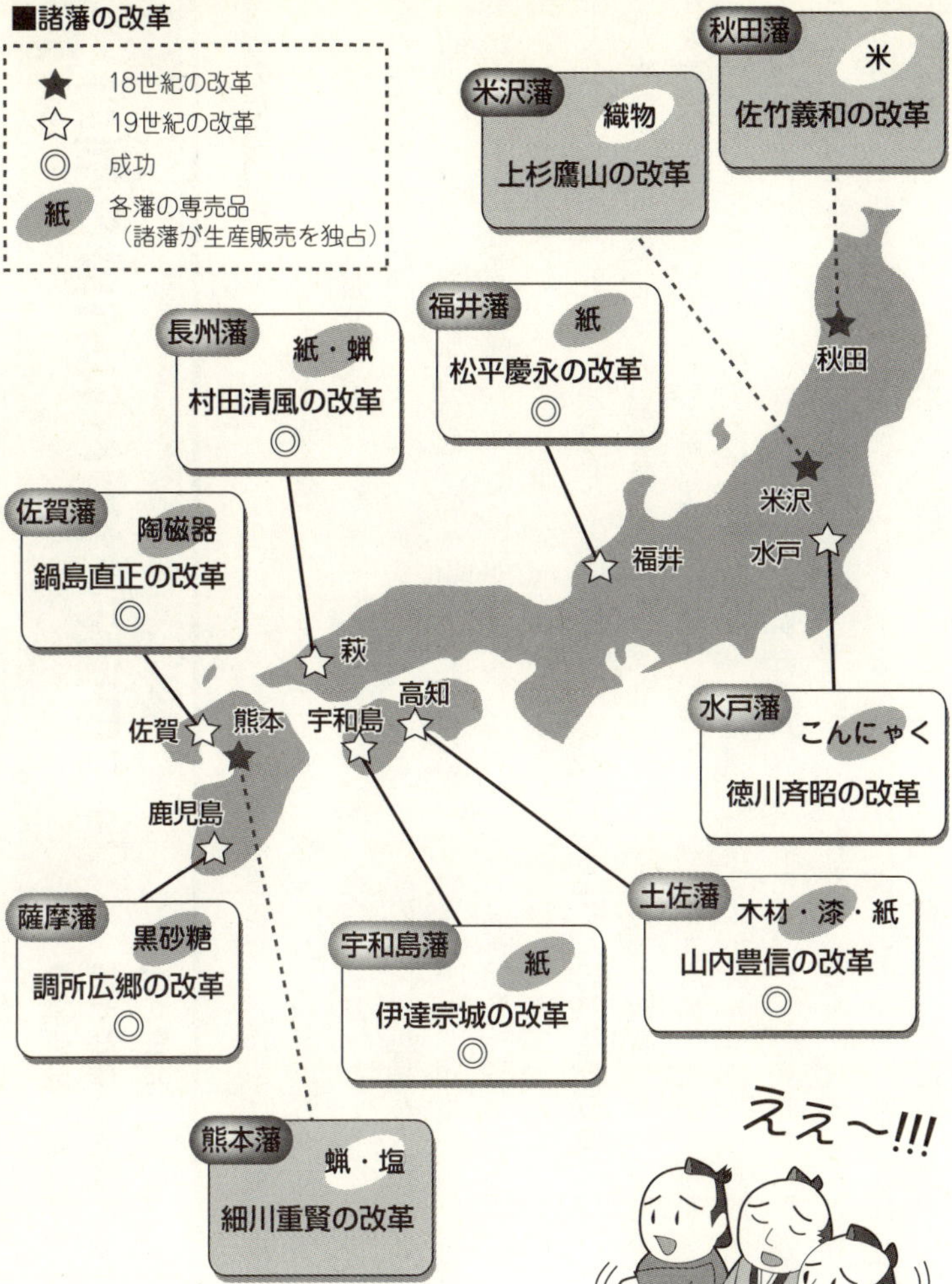

★ 18世紀の改革
☆ 19世紀の改革
◎ 成功
紙 各藩の専売品
（諸藩が生産販売を独占）
秋田藩
米
佐竹義和の改革
米沢藩
織物
上杉鷹山の改革
福井藩
紙
松平慶永の改革
◎
長州藩
紙・蝋
村田清風の改革
◎
佐賀藩
陶磁器
鍋島直正の改革
◎
秋田
米沢
水戸
福井
萩
高知
宇和島
熊本
佐賀
鹿児島
水戸藩
こんにゃく
徳川斉昭の改革
土佐藩
木材・漆・紙
山内豊信の改革
◎
薩摩藩
黒砂糖
調所広郷の改革
◎
宇和島藩
紙
伊達宗城の改革
◎
熊本藩
蝋・塩
細川重賢の改革

ええ～!!!
250年分割払いで！
利子はナシじゃ！

12

江戸の文学はこんなに面白い!

発禁処分にもめげず、江戸の作家たちは様々な作品を世に送り出し、それらは民衆の生活に潤いをもたらした!

民衆のための文学

いつの時代も、人々の心を潤すのはエンターテイメントである。江戸時代の文学は、娯楽中心の、民衆のための文学であった。

17世紀に登場した井原西鶴《いはらさいかく》は、好色物《こうしょくもの》といわれる、男女の好色生活（恋物語）を描いた作品を発表し、ベストセラー作家となった。第1作『好色一代男《こうしょくいちだいおとこ》』は、主人公・世之介の遊女たちとの愛欲生活を描いた破天荒な物語で、町人たちに大当たり、その後も、『好色一代女』『好色五人女』など、好色物を続々書いている。

江戸の代表的ベストセラーといえば、19世紀に発刊された十返舎一九《じっぺんしゃいっく》の『東海道中膝栗毛《とうかいどうちゅうひざくりげ》』である。弥次《やじ》さん・喜多《きた》さんコンビの江戸〜箱根ドタバタ道中記だ。2人のやりとりがおもしろおかしく、親近感もあって大変な人気であった。読者から「続編を!」との希望が殺到し、珍道中はさらに東海道を西へ西へと続き、なんと21年間も出版され続けたのである。

他にも、読本《よみほん》という歴史伝奇小説があらわれ、滝沢《たきざわ》馬琴《ばきん》の『南総里見八犬伝《なんそうさとみはっけんでん》』がヒットした。「犬」の名をもつ八犬士たちが集い、主家再興を遂げる雄大な物語だ。現在でも、映画や小説でおなじみの作品である。

女性に人気の色恋もの

文化・文政時代（19世紀前半）には、女性に支持されて色恋ものが人気を博した。江戸町人の恋愛生活をイラスト入りで書いた人情本《にんじょうぼん》では、為永春水《ためながしゅんすい》が『春色《しゅんしょく》梅児誉美《うめごよみ》』を発表した。色男の主人公をめぐって、女性たちが繰り広げる恋愛模様を描いたものだ。人情本には、いわゆる男女の三角関係を描いたものが多い。合巻《ごうかん》と呼ばれた絵入りの小説では、柳亭種彦《りゅうていたねひこ》の『偐《にせ》紫田舎源氏《むらさきいなかげんじ》』がある。これは名作『源氏物語』のパロディで、足利将軍家の御曹司《おんぞうし》が、身をやつして女性遍歴を重ねながら奸臣をやっつけるという長編エンターテイメントだが、これが女性を中心にヒットした。

これらは風俗を乱すという理由から、天保の改革で発禁処分にあいながらも、民衆の人気を得ていた。この時代の文学は、恋愛・冒険・旅行など、いろいろなジャンルの娯楽作品がわんさかあったのである。

17〜19世紀前半

■近世文学の流れ

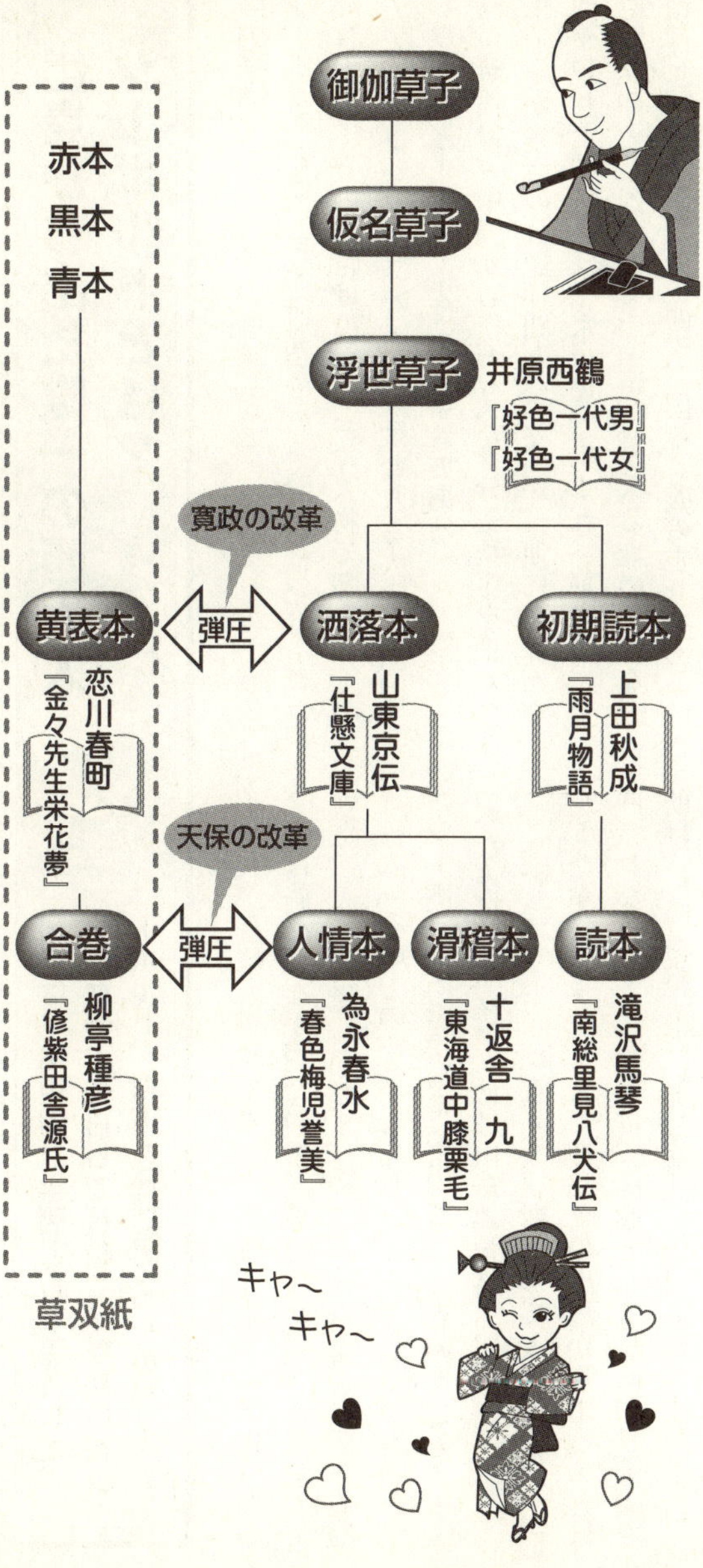

御伽草子
仮名草子
浮世草子
井原西鶴
『好色一代男』
『好色一代女』
赤本
黒本
青本
寛政の改革
黄表本
弾圧
洒落本
初期読本
恋川春町
『金々先生栄花夢』
山東京伝
『仕懸文庫』
上田秋成
『雨月物語』
天保の改革
合巻
弾圧
人情本
滑稽本
読本
柳亭種彦
『修紫田舎源氏』
為永春水
『春色梅児誉美』
十返舎一九
『東海道中膝栗毛』
滝沢馬琴
『南総里見八犬伝』
草双紙
キャ〜
キャ〜

13 出島から出た唯一の西洋人 シーボルトとは?

蘭学は、実用的な学問として流行した。そんな中、来日して長崎で塾を開いたシーボルト。彼は一体何者だったのか?

江戸の学問

シーボルトとは、日本研究家として、19世紀ヨーロッパの日本ブームの火付け役となった人物である。その一方で、オランダのスパイだと疑われる人物なのだ。いわゆる、シーボルト事件の当事者である。

江戸時代は、中国から伝わり、身分や秩序を重んじる朱子学《しゅしがく》が幕府の公認学問となったが、他にも様々な学問が現れた。例えば、水戸藩で生まれ、幕末の志士に影響を与えた国学《こくがく》は、中国思想が入る前の純粋な日本精神を学ぼうという学問で、国粋主義の走りである。

そして、江戸時代後期に流行したのが、医学や天文、地理など、実用的な学問としての蘭《らん》学であった。

シーボルト登場

このころ、日本研究を目的に、シーボルトというドイツ人が長崎へやって来た。当時、オランダ以外との交流は許されなかったので、彼はオランダ人を装っていた。入国に際し、こんなやりとりがあったそうだ。

役人「その方《ほう》のオランダ語、ちとおかしいぞ?」

シーボルト「山岳地帯の出身で、訛《なま》りがあるんです」

(ちなみに、オランダには山岳地帯はない)

こうして、ドイツ訛りを誤魔化して入国したシーボルトだが、オランダ人でも長崎の出島から出ることは許されない。そこで彼は、医師として長崎の日本人を助け、「鳴滝《なるたき》塾」という塾兼診療所を開設することで、役人を説得して長崎郊外に家を構えた。彼こそ、江戸時代に西洋人で初めて出島を出た人物であった。

シーボルト事件

シーボルトの日本研究が、実はスパイ活動であった

1828年

■蘭学の私塾

芝蘭堂
江戸：1786年 **大槻玄沢** が創設
門人総数は100を越した人気ぶり
玄沢の名は杉田**玄**白・前野良**沢**からとった

適塾
大坂：1838年 **緒方洪庵** が創設
福沢諭吉や大村益次郎の出身塾

鳴滝塾
長崎：1824年 **シーボルト** が創設
診療所、兼学塾　高野長英の出身塾

■蘭学の平等思想

※幕府の洋学者グループ（蛮学社中）弾圧事件
渡辺崋山や高野長英らが逮捕・処罰された

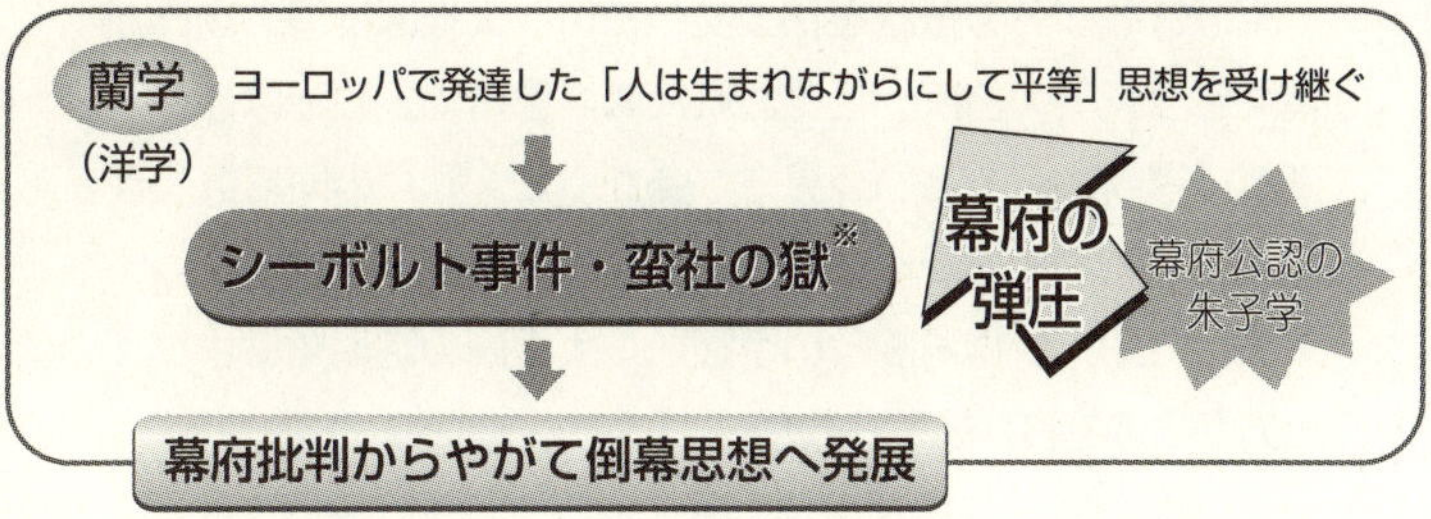

蘭学
（洋学）
ヨーロッパで発達した「人は生まれながらにして平等」思想を受け継ぐ
シーボルト事件・蛮社の獄※
幕府の弾圧
幕府公認の朱子学
幕府批判からやがて倒幕思想へ発展

という説がある。当時のオランダは、イギリスやフランスに押されて植民地が減少し、それは死活問題だった。そこでオランダ政府は、オランダだけが貿易権を持つ日本の産物で、ヨーロッパで高く売れそうなものを調査することを考えたのだ。その指令を受けた調査員が、ドイツ人のシーボルトであったという。

そんな中、シーボルトは伊能忠敬《いのうただたか》の「大日本沿海與《だいにほんえんかいよ》地全図《ちぜんず》」に遭遇した。彼はこの精密な地図を見て驚き、何としてもオランダに持ち帰ろうと考えた。そして幕臣で天文学者の高橋景保《たかはしかげやす》に何度もアプローチをし、ついに手に入れたのだった。

しかし、このことが幕府に知られ、シーボルトは国外追放、高橋景保は投獄されて獄死した。これが、1828年におこったシーボルト事件である。

帰国後、彼は日本研究の成果を本にまとめ、『Nippon』『日本植物誌』などを発表、日本研究者の第一人者として、ヨーロッパの学会で活躍した。

ちなみに、シーボルトには長崎滞在中に生まれたイネという娘がおり、後に日本へ戻ったときに再会を果たしている。イネは、日本初の女医となった。

「下らないもの」の語源

江戸が百万都市として栄えた江戸時代でも、千年の王城といわれる京は、雅《みやび》やかで人々憧れの的であった。天皇の座す京へ行くことを「京に上《のぼ》る」といい、京から地方へ向かうことを「下《くだ》る」というため、関西を上方《かみかた》と呼んだのである。

京は昔ながらの伝統を保つ文化都市、大坂は全国の物資が集まる「天下の台所」といわれた商業都市で、政治は江戸、商業・産業は上方という見方が強かった。江戸の町には、菱《ひし》垣廻船《がきかいせん》（竹や板で菱形の垣を作り、積み荷が落ちないように工夫した船）や樽《たる》廻船という江戸・大坂間の定期船により、上方からの物資が届けられた。

米や酒、油などの食品の他、絹織物などの呉服や装飾品など、上方からのものを「下りもの」と呼び、江戸の町では高級品として取り扱われた。江戸っ子たちにとって、「下りもの」を食べたり身につけたりすることは、「おしゃれ」で「最先端」な名誉なことであった。

反対に、東北や関東から廻ってくる品物は「下らないもの」とされ、安物で粗悪品という認識が一般的であった。そのため、「下らない」といえば「つまらない、価値がない」という意味を指すようになったのである。

「首斬り役人」山田浅右衛門

江戸時代といえども、人を斬ることは犯罪であった。たとえ武士が町人を斬って「斬り捨て御免」を認められたとしても、目付《めつけ》（旗本・御家人の監視人）の取り調べ・裁きを受けなくてはならない。

だが、合法的な人斬りもいた。通称「首斬り役人」の山田家は、代々浅右衛門《あさえもん》の名を踏襲し、将軍の刀の鑑定や管理、切れ味確認を生業とする家柄だが、身分はただの浪人であった。

やがて、罪人の斬首やその死体を使った試し斬りも請け負うようになり、罪人の首なし死体を保管して試し斬り希望者に売ったり、人間の肝から丸薬《がんやく》を製造販売するなど、副業も繁盛し、大名なみの生活を送っていた。

幕末に活躍した7代目山田浅右衛門吉利《よしとし》は、安政の大獄の吉田松陰や橋本左内など、最も多くの斬首刑を行った人物である。彼は山田流居合術《いあいじゅつ》の極意・首の皮一枚を残して斬るという離れ業の達人で、雨の日は左手に傘を持ち、右手一本でその技を見せたという。

山田家では、この辛い家業を弟子から養子をとって継がせることが多かった。また、斬首した罪人たちの供養は、生涯かけて丁重に行っていたようだ。

1882年、斬首は廃止となり、山田家も廃絶となった。

100年先を見つめた思想家

江戸中期を生きた思想家・安藤昌益《あんどうしょうえき》は、江戸生まれとも出羽（秋田）生まれともいわれ、その出自は不明な点が多い。町医者として大館（秋田）、八戸（青森）で生活し、『自然《しぜん》真営道《しんえいとう》』という著書を残している。

彼は、この中で徹底して身分制度を批判している。そして、自分で農作業をせず、農民の生産物を搾取する将軍や天皇、貴族、武士、さらには商人までを徹底して非難した。彼は、自然社会の掟に従い、全ての人間が平等に汗を流して働く自給自足の平等社会を理想としたのだ。もちろん、男女も平等である。これは、身分と秩序が絶対の江戸幕府下において、考えられない発想であった。

だが、「忘れられた思想家」といわれる彼の思想は、当時は誰にも知られなかった。なぜなら、彼の書く漢文は文法も何も無視した悪文で、その著書は他人には解読不可能、本人は「外見より中身」と主張する代物だったのだ。まさにコロンブスの卵であった彼の思想が世に広まったのは、明治時代の哲学者・狩野亨吉《かりのこうきち》が、苦労の末、解読に成功した結果である。

昌益は、著書の中で「100年後の人に読んでもらいたい」と記している。今はこんな時代でも、100年先は自分の主張する理想社会が生まれると信じていたのかもしれない。

第6章

幕末の動乱

江戸～明治時代

幕末

再び動乱の中へ

江戸（幕末）

1844	オランダ国王の開国勧告
1853	ペリー、浦賀に来航
1854	日米和親条約
1858	日米修好通商条約
	井伊直弼、大老に就任
	安政の大獄（〜59）
1860	桜田門外の変（井伊直弼の暗殺）
1861	和宮、将軍家茂に降嫁（公武合体）
1862	生麦事件
1863	8・18の政変

外国の圧力

江戸幕府の長い鎖国政策は、日本人の国際感覚を麻痺させてしまった。西欧列強がアジアに進出し、中国がアヘン戦争に敗れて半植民地化されてしまっても、幕府は何ら目立った対応はしていない。だが一部の識者たちは、切々と国家の危機を感じていた。

ペリー来航により、日本は強制的に開国させられ、西欧列強と不平等条約を結ぶ。人々の目には幕府の失態と移り、代わって朝廷を担ぎ上げる動きが出てくる。平安時代以来の、朝廷の復活である。

幕府は、列強の強大さを知って開国に応じた。だが、末端の志士たちは無謀にも攘夷《じょうい》を主張し、尊王《そんのう》攘夷が志士たちの合い言葉となっていく。

明治

1870

1864
池田屋事件
蛤御門の変（禁門の変）
第1次長州征討
四国連合艦隊、下関を砲撃
高杉晋作、長州で挙兵

1866
薩長連合の成立
第2次長州征討（家茂の死で中止）

1867
大政奉還
王政復古の大号令

1868
鳥羽・伏見の戦い（戊辰戦争はじまる）
江戸開城　上野・彰義隊の戦い
奥羽越列藩同盟の成立
会津戦争

1869
五稜郭の戦い（戊辰戦争おわる）

幕府政治の終わり

日本の明治維新は、将軍が朝廷に政権を返上するという世界史上類をみない「無血革命」となるはずだった。だが、薩長《さっちょう》などの討幕派は徳川氏の滅亡を主張した。この挑発に、旧幕府の不満分子が呼応したかたちで全国的内乱が勃発する。戊辰《ぼしん》戦争である。

薩長は天皇を手中にし、錦《にしき》の御旗《みはた》をかかげて「官軍」となった。旧幕府軍は「賊軍」とされ、追われる形で戦場は北へ北へと移行していく。

旧幕府勢力は、北海道に共和国を設立して希望をつなごうとするが、ついに降伏、2年間続いた戊辰戦争が終わり、明治時代へ突入する。

幕末は、それまで幕府に抑圧されてきた人々のエネルギーが、一気に沸き起こり燃焼された時代だった。若い志士たちが歴史をつくり、誰もが真剣に国の将来を考え、戦った。幕府という殻を破り、世界の中の日本という国家意識に目覚め始めたのである。

1 日本が植民地にならなかった理由

18世紀末以降、露・米・英が日本に急接近。圧倒的武力を持つ列強から、日本が植民地化を免れたのは「運」だった？

右往左往する幕府

アジア諸国のうち、近代になって西欧列強の植民地にならなかった国は、日本とタイの2つだけである。日本は鎖国を放棄して列強の要請に屈したにもかかわらず、なぜ植民地化を免れることができたのだろう。

１７９２年、ラクスマン率いるロシア船が漂流民を乗せ、通商を求めて根室にやって来た。だが、幕府は「交渉は長崎で行う」と、漂流民を受け取って追い返した。それを受けて、１８０４年にレザノフが長崎に来航したが、幕府メンバーはラクスマン当時とは変わっており、「前任者のやったこと。我が国は鎖国なので受け入れられない」と突っぱねて追い返してしまった。

その後は、外国船が漂着したら、食料や薪水《しんすい》を提供して、穏便に帰国させる方針をとっていたが、イギリスのフェートン号が敵国・オランダの船を追って長崎に侵入し、オランダ人を人質に取って薪水を強要した事件がおこると、幕府は異国船打払令を出し、外国船は問答無用で撃退する方針に転換した。だが１８４２年、中国・清がアヘン戦争でイギリスに敗れたことを知った幕府は、あわてて薪水給与令を出して態度を軟化させるなど、その場しのぎの対策を繰り返す有様であった。

植民地にならなかった理由

ロシアやアメリカ、イギリスなどが続々と日本に開国を求めてやって来たのは、中国貿易のための航路を確保し、食料や薪水の補給基地として利用するためだ。中でもイギリスは、日本をアジア諸国に広げた植民地の1つにしようと狙っていた可能性が高い。

そんな迫り来る脅威の中で、日本が植民地にならず

1792～1853年

■外国船の来航

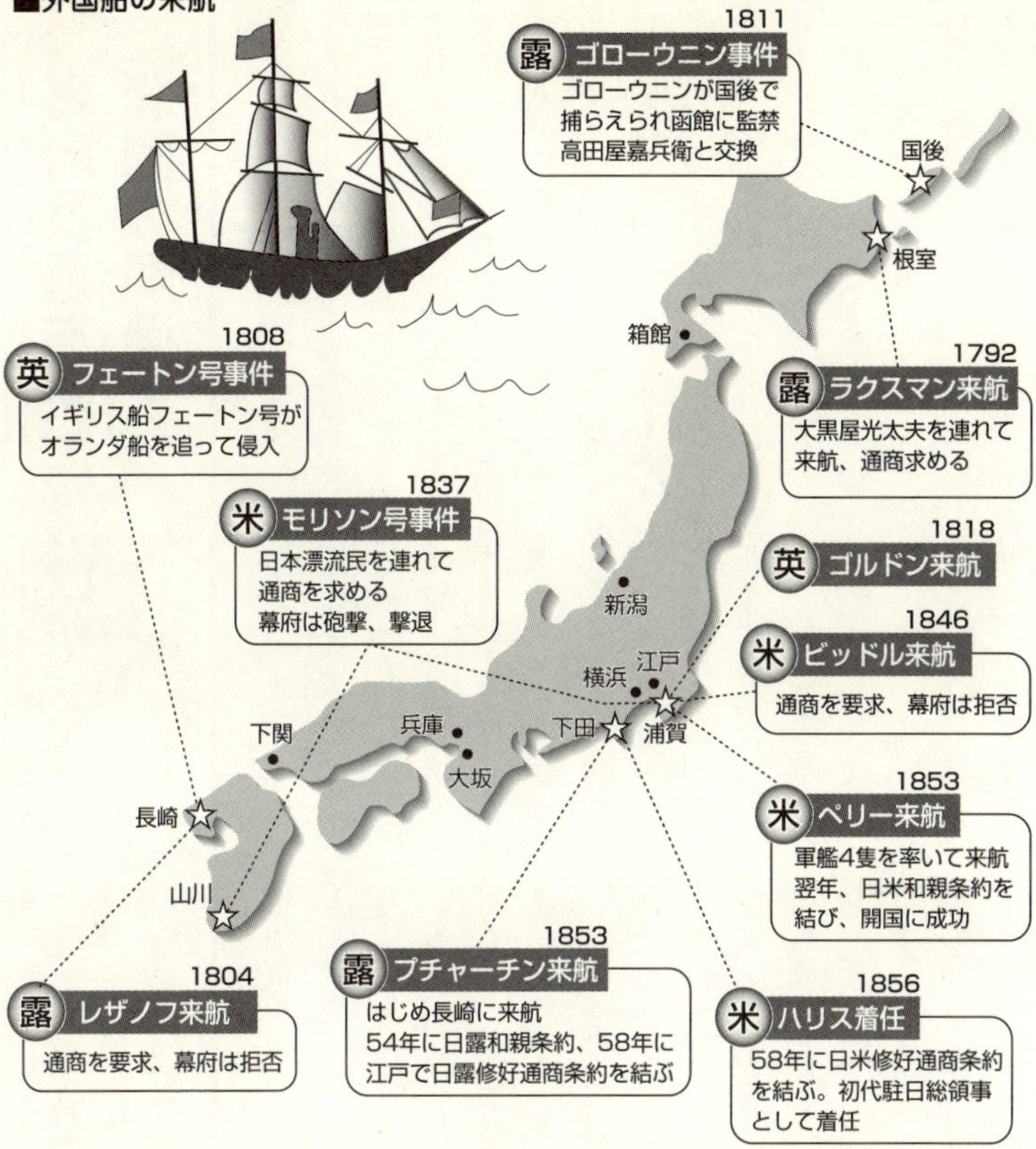
1811
露 ゴローウニン事件
ゴローウニンが国後で捕らえられ函館に監禁
高田屋嘉兵衛と交換
国後
根室
箱館
1808
英 フェートン号事件
イギリス船フェートン号がオランダ船を追って侵入
1792
露 ラクスマン来航
大黒屋光太夫を連れて来航、通商求める
1837
米 モリソン号事件
日本漂流民を連れて通商を求める
幕府は砲撃、撃退
1818
英 ゴルドン来航
新潟
1846
米 ビッドル来航
通商を要求、幕府は拒否
江戸
横浜
浦賀
下田
兵庫
大坂
下関
長崎
山川
1853
米 ペリー来航
軍艦4隻を率いて来航
翌年、日米和親条約を結び、開国に成功
1853
露 プチャーチン来航
はじめ長崎に来航
54年に日露和親条約、58年に江戸で日露修好通商条約を結ぶ
1804
露 レザノフ来航
通商を要求、幕府は拒否
1856
米 ハリス着任
58年に日米修好通商条約を結ぶ。初代駐日総領事として着任

に明治を迎えることができたのは、まさに運が良かったからだといえる。この後、１８５３年のペリー来航に続いて開国条約は結ぶものの、列強は各々の事情から、それ以上日本に執着するだけの余裕をなくしていた。

アメリカは国内の南北戦争によりアジアから一時的に撤退し、ロシアは、オスマン＝トルコとのクリミア戦争に敗れ、戦後処理に追われていた。最も大きかったのは、イギリスの手が弱まったことだ。中国で太平天国の乱、インドでセポイの乱と、植民地で大規模反乱が同時期におこり、対応に追われていたのだ。

日本は、国際情勢の間をすり抜けて、運よく植民地にならずに済んだのである。

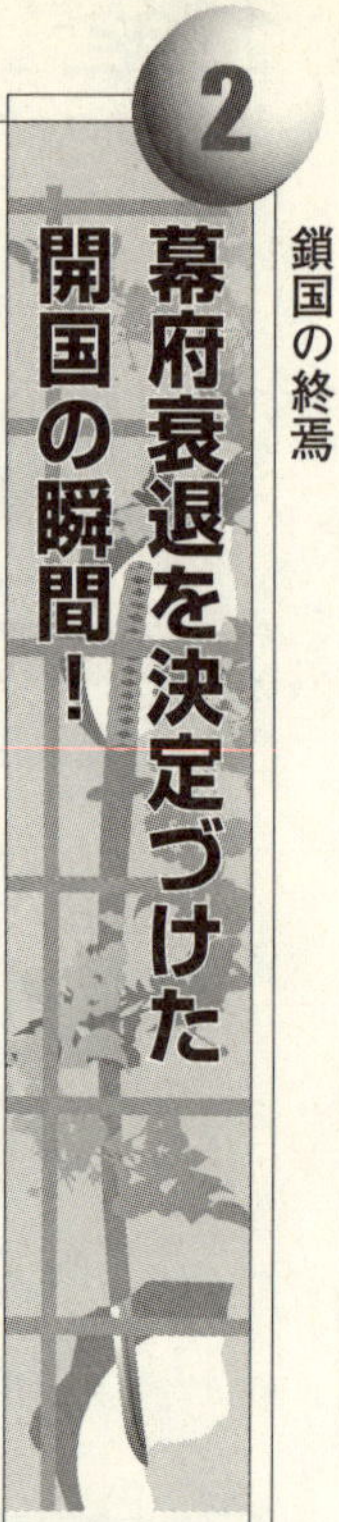

2 幕府衰退を決定づけた開国の瞬間！

幕府はついに鎖国の伝統を捨てて開国に踏み切った。このときから、朝廷や諸大名の存在がにわかに突出してくる。

オランダの忠告

１８５３年のペリー来航は、突然の出来事ではない。少なくとも、幕府首脳は予測できたはずだった。

これより約10年前、オランダは日本に「世界情勢からみて、これ以上鎖国を続けるのは不可能だ」と忠告している。さらにペリー来航前年にも、「アメリカが通商を求めて、ペリー提督の指揮する軍艦4隻を江戸へ向けて派遣した」との情報をもたらしていたのだ。

当時の老中・阿部正弘《まさひろ》は、これを御三家にすら知らせなかった。沿岸に形ばかりの砲台をかまえただけで、ペリー来航をここまで予告されながら、ほとんど何も手を打たなかったのである。

ペリーの登場

１８５３年6月、オランダの予告通り、アメリカ合衆国東インド艦隊提督・ペリーが、軍艦4隻を引き連れて浦賀にやって来た。ペリーはアメリカ大統領の親書を渡し、来年また来ることを告げて帰国していった。

翌年、再来日したペリーとの間に日米和親条約が結ばれる。続いてロシア・オランダ・イギリスとも和親条約が結ばれた。鎖国の伝統が崩れた瞬間だった。

朝廷を始め、諸大名から幕府の弱腰に対する批判がわき起こったが、阿部率いる幕府としては、他に道がなかったのだ。ペリーの態度は始終威圧的で、「拒むなら武力で決着を」といわんばかりである。もちろん、近代軍備を誇り、隣の大国・清をも破った列強と戦争をして、勝てる見込みは全くないのだ。

そして4年後には、ペリーに代わりハリスがやって来て、日米修好通商条約が結ばれた。これがいわゆる不平等条約である。

1853～1858年

■開国条約の締結

1854 日米和親条約

ペリー×阿部正弘（老中）

- ★下田・箱館の開港
- ★漂流民の救助・引き渡し
- ★アメリカ人の自由区域をつくる
- ★薪水・食糧・石炭などを供給
- ★アメリカへ一方的に最恵国待遇
- ★下田へ領事を駐在

1858 日米修好通商条約

ハリス×井伊直弼（大老）
堀田正睦（老中）

- ☆公使・領事の駐在と外国人の居留
- ☆江戸・大坂の開市、
神奈川・長崎・新潟・兵庫の開港
- ☆自由貿易
- ☆領事に裁判権を持たせる（治外法権を認める）
→日本でおこった事件でも、外国人を裁けない
- ☆関税は協定で決める（関税自主権なし）

朝廷・諸大名の台頭

ペリー来航直後、国家の一大事とみた幕府は、前例を破って朝廷に意見を求めた。それまで幕府が政治から完全に除外し、飾りだけの存在としてきた朝廷に、である。この出来事は、幕府に解決能力がないことを自ら暴露してしまったようなものだ。

もっとも朝廷は、幕府以上に世情には疎いので、ただ日本の面子を保つように告げ、神仏に祈るだけだった。

さらに水戸や越前、薩摩など諸藩の意見も求め、積極的に人材登用しはじめた。単独で処理する力を失っていた幕府は、朝廷や諸大名に政治へ参加するきっかけを与えてしまったのだ。

幕府崩壊への第一歩であった。

3 幕府最後の強硬政策！井伊直弼の登場

安政の大獄。井伊直弼の改革は独裁的で強烈な弾圧であったが、衰退する幕府が最後にみせた積極政策であった。

井伊直弼の登場

「春浅み野中の清水氷居て　底の心を汲む人ぞなき」

安政《あんせい》の大獄《たいごく》で粛清の嵐を巻き起こし、後に暗殺された井伊直弼《いいなおすけ》の歌である。本当の心を、世間は読みとってはくれない。無念の気持ちが込められている。そこには国の将来を案じ、苦悩する一個の人間の姿がある。

彦根藩35万石の藩王・井伊直弼は、先代の14男であった。後継ぎだった長兄の系列が絶え、他の兄たちが他家へ養子へ出ていたものだから、残っていた直弼に当主の座がまわってきたのである。

やがて頭角をあらわした直弼は、世間が開国に沸き立つ1858年（安政5）、大老《たいろう》となった。これは幕府非常時に置かれる最重要職である。彼の前には「日米修好通商条約の調印」と「将軍継嗣」の2大問題が立ちはだかっていた。

安政の大獄へ

直弼は、アメリカ総領事・ハリスが突きつけた修好通商条約を、朝廷の許可なく締結した。これには水戸の徳川斉昭《なりあき》や越前の松平慶永《よしなが》、薩摩の島津斉彬《なりあきら》ら大名たちや、時の孝明《こうめい》天皇が断固反対していた。だがアメリカだけでなく、イギリスやフランスも通商を求めて続々とやってくる。そんな焦りが幕府にあり、どうせ鎖国は無理なのだから、朝廷や大名たちに口を挟まれる前に、幕府が独断で開国するべきと考えたのである。

また、直弼は病弱な現将軍・家定《いえさだ》の後継者についても、諸大名と対立していた。直弼が、紀州家の徳川慶《よし》福《とみ》（のち家茂《いえもち》と改名）を推す一方、水戸の斉昭や越前の慶永、島津の斉彬ら諸大名は、聡明で人望もある一橋慶喜《よしのぶ》（水戸から一橋家へ養子に出た）を推した。

結局、直弼の独断で次期将軍は慶福に決定した。根

1858～1860年

■幕府内の対立

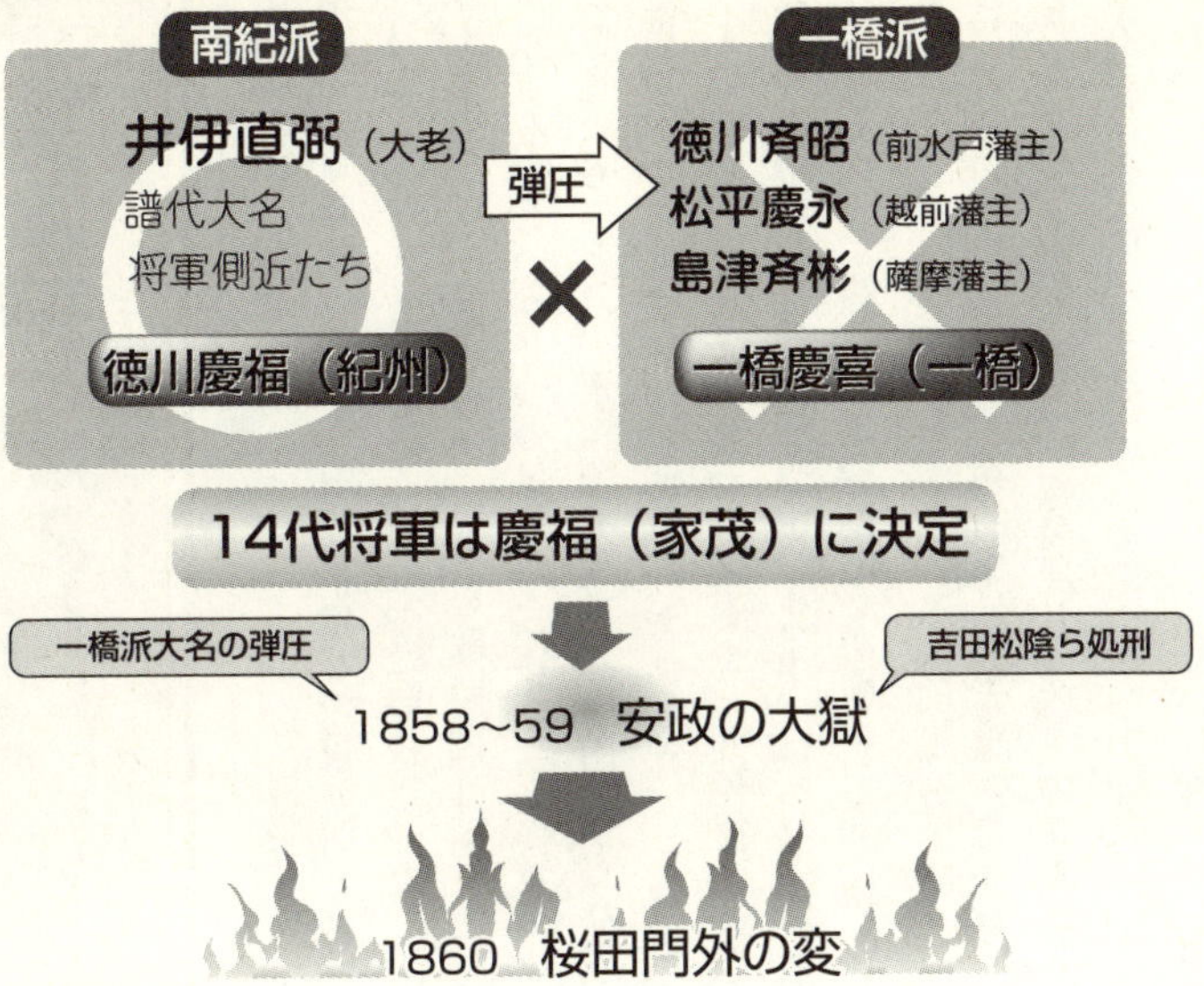
南紀派
井伊直弼（大老）
譜代大名
将軍側近たち
徳川慶福（紀州）
弾圧
一橋派
徳川斉昭（前水戸藩主）
松平慶永（越前藩主）
島津斉彬（薩摩藩主）
一橋慶喜（一橋）
14代将軍は慶福（家茂）に決定
一橋派大名の弾圧
吉田松陰ら処刑
1858～59　安政の大獄
1860　桜田門外の変

拠は「血筋が将軍家に近い」とのこと。直弼にとって、22歳の賢明な慶喜より、扱いやすい13歳の慶福の方が、都合が良かったこともあった。

一方、幕府が勝手に条約調印したことに激怒した孝明天皇が、水戸藩に攘夷（外国を攻撃する）の命令を下すという事件がおこり、直弼の強硬なやり方には各地で反発が起こった。こうした反対者に、直弼は大弾圧でのぞんだ。安政の大獄である。

斉昭や慶永、慶喜などの大名は謹慎、隠居、登城禁止となり、越前藩士の橋本左内《さない》や長州藩士・吉田松陰《しょういん》といった人々が死罪となった。彼らの死は、志士たちを討幕に走らせる要因になったのである。

大老就任からわずか2年足らず、直弼は江戸城の桜田門外で、水戸脱藩浪士らに襲われて命を落とした。以降、京都を中心に、脱藩浪士が勤皇の志士を名乗り、直弼の協力者や開国主義者たちを暗殺する事件が頻発した。それは安政の大獄で同志を殺された恨みでもあり、「天誅」の名を借りたテロ行為であった。

直弼以降、幕府に強力な指導者はあらわれず、世論は「開国か鎖国か」から、「尊王攘夷」へと傾いていく。

4 尊王攘夷とは?

幕府だって本来は「尊王攘夷」である。この思想が、反幕府勢力の合い言葉のように変化していったのはなぜか?

尊王攘夷という思想

幕末という時代は、ほんの15年ほどの短い間とはいえ、日本人の考え方が大きく変わった時代だった。

尊王攘夷《そんのうじょうい》とは、文字通り「天皇を敬い」「外国を武力で排除する」という2つの思想が合体したものだ。尊王（尊皇とも）とは、水戸藩で誕生した国学から発展した思想で、もとは「尊王敬幕」であった。それが、ペリー来航からはじまる幕府の衰退や、井伊直弼の強硬政策があいまって幕府批判が高まる中、いつしか「敬幕」がなくなり、諸外国への危機感が高まって「攘夷」が結びついたのである。

また、時の孝明《こうめい》天皇が、病的な外国人嫌いだったことも重なり、「攘夷＝尊王」に発展し、尊王の志士たちは盛んに攘夷を叫ぶようになった。

攘夷という不可能

本来、幕府も尊王攘夷である。開国を余儀なくされたのは、武力では西欧列強に敵わず、国の将来を考えての苦渋の決断であった。だが、志士を名乗る脱藩浪士や下級武士たちには、そんな国際情勢は到底わからない。それは世情に疎い朝廷も同じである。幕府にとって攘夷とは、そうはしたいものの、まったく不可能な行為だったのである。

ちなみに脱藩というのは、藩を抜け出して浪人になることをいい、大きな罪とされていた。自由に行動するためには藩士という身分が邪魔になることが多かったため、坂本龍馬《さかもとりょうま》などはあえてこの大罪を犯している。

幕府は、朝廷と協力して危機を乗り越えようという公武《こうぶ》合体路線で政治をすすめた。その第一歩が、将軍家茂《いえもち》と孝明天皇の妹・和宮《かずのみや》の結婚である。以降、孝明

1853～1867年

■幕末の変遷

年	出来事
1860	3月、桜田門外の変
1861	10月、和宮、将軍家茂に降嫁（公武合体）
1862	8月、生麦事件（薩摩藩の島津久光が横浜近郊の生麦で行列を横切ったイギリス人を殺害）
1863	5月、長州藩、下関で外国船を砲撃（攘夷の決行）
	7月、イギリス、生麦事件の報復で薩摩を砲撃
	8月、8.18の政変（公武合体派が、長州藩と結んだ尊攘派を京都から追放）
1864	6月、池田屋事件（新選組が京都潜伏の過激志士を襲撃）
	7月、蛤御門の変（長州藩が京都で決起、薩摩・会津藩ら幕府側に大敗）
	第1次長州征討 →長州藩降伏
	8月、英・米・蘭・仏の4ヶ国艦隊が下関を砲撃（前年の長州藩による外国船砲撃への報復）
1866	1月、薩長同盟が成立
	6月、第2次長州征討 →家茂の死で中止
	12月、孝明天皇没（公武合体派の消滅）
1867	10月、大政奉還

尊王攘夷

薩長、攘夷は不可能と実感

尊王討幕

天皇と家茂は協力して事に当たったが、2人が同時期に急死したことで、流れは急速に「攘夷」から「討幕」へと変化する。

尊王攘夷の筆頭であった長州藩は、実際に列強と戦争をした経験から、攘夷が不可能であることを身をもって知った。同じく薩摩も、イギリスとの戦争を体験して、その強大さを実感していた。

こうした経験から、薩長はやがて天皇を旗印に、協力して幕府を滅ぼし、新政権を樹立する。あれほど「尊王攘夷」を叫んだ彼らだが、明治になってフタを開けてみれば、そこにはすでに攘夷思想はなく、現実的な開国政策に転換していたのである。

幕末江戸の剣術道場

武士の本業は武芸である。その花形は剣術であるが、江戸時代は真剣勝負が禁じられていたため、道場剣術が主流となり、作法が尊重された。江戸時代後期になると竹刀と防具が発明され、幕末動乱の時代には、再び実戦剣術が重んじられた。

幕末は、江戸だけでも様々な剣術道場があり、中でも3大道場が有名で、「位は桃井《ももい》、力は斉藤《さいとう》、技は千葉《ちば》」と評された。

当時、道場は剣術の腕を磨く場であったと同時に、情報交換の場でもあった。現に、こうした道場は幕末に活躍した志士たちをたくさん排出している。また、道場は門下生たちを養い、武士に限らず町民や農民でも志ある者は幅広く受け入れた。幕末京都を震撼させた新選組《しんせんぐみ》の幹部の多くは、江戸の貧乏道場出身者たちである。

こうして幕末の剣術道場は、武芸の場だけでなく、一種のサロンとして脚光を浴びたのであった。

道場名	流派	道場主	主な門下生
玄武館	北辰一刀流	千葉周作	山岡鉄舟　清河八郎　山南敬助
練兵館	神道無念流	斉藤弥九郎	桂五郎　品川弥二郎　永倉新八
士学館	鏡心明智流	桃井春蔵	武市瑞山　岡田以蔵
伊庭道場	心形刀流	伊庭軍兵衛	伊庭八郎　伊庭想太郎
男谷道場	直心影流	男谷精一郎	勝海舟　天野八郎　榊原健吉
千葉道場	北辰一刀流	千葉貞吉	坂本龍馬　千葉重太郎
撃剣館	神道無念流	岡田十松吉利	江川太郎左衛門　藤田東湖
試衛館	天然理心流	近藤勇	沖田総司　土方歳三

……江戸3大道場。これに伊庭道場を加えると4大道場となる。

皇女和宮と将軍家茂

朝廷と幕府の和解策として、14代将軍・家茂《いえもち》と孝明《こうめい》天皇の妹・和宮《かずのみや》の結婚が決まったとき、2人は17歳と15歳だった。

和宮は、6歳で有栖川宮熾仁親王《ありすがわのみやたるひとしんのう》と婚約が決まっていたが、いやいや将軍に嫁ぐことになったのである。江戸城大奥での生活は朝廷の習慣とはだいぶ違い、女中同士の対立もあってだいぶ苦労があったようだが、夫・家茂がことあるごとに和宮をいたわり、その優しさだけが彼女の救いだった。

あるとき、家茂と養母・天璋院《てんしょういん》が庭へ降りようとすると、家茂の草履だけが下に落ちていた。和宮は裸足でぴょんと庭へ降り、家茂の草履を上へ置いた。身の回りを一切女中に任せていた彼女のこの行為に、周囲は大変おどろいたという。

政略結婚ながらも幸せな2人だったが、長州征討のため大坂城へ入った家茂は、21歳の若さで死んでしまう。江戸の和宮のもとには、生前土産《みやげ》にねだった西陣織だけが届けられた。形見となった西陣織を抱いて、和宮は泣き伏したという。

その後、官軍の総大将としてかつての婚約者・有栖川宮が江戸に進軍したときも、和宮は江戸総攻撃中止を訴え、徳川助命を嘆願している。そして維新から10年後、「将軍のお傍に」という遺言を残し、32歳で亡くなった。

動乱の時代に翻弄された家茂と和宮は、現在、東京・増上寺に仲良く並んで眠っている。

幕末の群像①

5 幕末の快男児・高杉晋作！長州を討幕に導いた男

数々の挫折も何のその、長州を討幕に向けさせ、維新の道をつくった革命児・高杉晋作の短くも波乱な人生！

幕末の快男児

「いよッ、征夷大将軍！」

1863年、京都に来ていた14代将軍・家茂《いえもち》の行列に向かい、懐手に見物していた男が大声でヤジを飛ばした。幕府の役人が問いただそうとすると、

「俺は長州藩の高杉晋作《たかすぎしんさく》だ！何か文句あるか？」

とふんぞり返り、役人たちを閉口させた。彼こそ、長州にその人ありといわれた快男児・高杉晋作である。

長州藩は、関ヶ原の戦い以後、幕府により中国の覇者から萩《はぎ》一国へ落とされ、冷遇され続けた過去を持つ。そのため毎新年の儀式の際、家臣が「徳川征伐の準備は整っております。いざ、出陣のご命令を」と問うと、藩主が「今年はまだその時機にあらず。今しばらく時を待ち武道に励め」と答える風習があったという。

そんな藩風で育った高杉晋作は、幼い頃から暴れん坊として厄介視されていたが、19歳のとき、友人の久《く》坂玄瑞《さかげんずい》に誘われて吉田松陰《よしだしょういん》の松下村塾《しょうかそんじゅく》に通うようになった。松陰は、生徒一人一人の個性をのばす教育、いわゆる「褒める」教育を行っていた。ここからは、伊藤俊輔《しゅんすけ》（博文《ひろぶみ》）や井上聞多《もんた》（馨《かおる》）、山県狂介《きょうすけ》（有朋《ありとも》）といった明治の指導者たちが、数多く巣立っている。

安政の大獄で松陰が死罪となると、晋作は討幕を意識するようになる。彼は江戸や京都に遊学して、幕府や朝廷の不甲斐なさに幻滅し、上海へ渡航したときには、欧米人に酷使される中国人を見て「清《しん》（中国）のようになりたくない」と決意を固めたのであった。

長州を討幕へ

晋作は、生まれつき肺結核を患っていたが、それを全く感じさせない発想力と行動力を持っていた。

■長州藩の動き

1863年
5月　攘夷を決行（下関の外国船を砲撃）
8月　8.18政変（クーデター失敗）

↓

蛤御門の変 1864年7月
長州急進派（久坂玄瑞ら）決起
薩摩・会津藩ら幕府軍に敗退

↓

幕府の長州征討 → 藩内で保守派台頭 ← 4ヶ国艦隊の下関砲撃

↓

高杉晋作、奇兵隊を率いて挙兵
長州、完全討幕化！

当時の長州藩は、アメリカ・イギリス・フランス・オランダ船を攻撃してその反撃に遭い、幕府からは朝廷を利用してクーデターを企てた朝敵《ちょうてき》として追討軍を受けるなど、八方塞がり状態だった。その結果、藩内では保守派が台頭し、事は一段落したかに見えた。

だが晋作は、伊藤俊輔や井上聞多らを引き連れ、農民や町民など、藩の正規兵以外で組織した奇兵《きへい》隊を率いてクーデターを起こす。保守派を一掃して藩内を討幕に一本化すると、再び向けられた幕府の長州征討軍相手に奮戦、見事これを撃退したのである。

この間、坂本龍馬の活躍で長州は薩摩と結び、いよいよ討幕計画が具体化した。だが、晋作はついに幕府滅亡を見ることなく、病死した。29歳であった。

高杉晋作は、長州藩をぐいぐい引っ張って討幕に向かせ、それを実行できるだけの力を育てた人物である。長州藩なくば明治維新もなかったであろうから、晋作の果たした役割や、後世に与えた影響は大きい。

「おもしろきこともなき世をおもしろく」

彼の人生そのままを物語っているような、痛快な辞世の句である。

6 幕府の衰退から誕生した幕末最強の集団・新選組！

新選組。それは、時代の見えなかったただの殺人集団とも、幕府に殉じた誠の武士団とも、評価は現在もわかれている。

池田屋事件

池田屋《いけだや》事件の死闘は、新選組《しんせんぐみ》にとって実はかなり不利な戦いであった。出動可能な隊士は34人。それをさらに局長・近藤勇《こんどういさみ》が10人、副長・土方歳三《ひじかたとしぞう》が残りを引き連れ、二手にわかれて出動した。近藤隊の目的地は池田屋。尊王攘夷の志士が集合するという情報を、事前にキャッチしての襲撃作戦だった。

「新選組、御用改めだ！」

と叫んで入ったものの、店の外に6人を割き、屋内に踏み込んだのは近藤以下たった4人。3倍以上の敵を相手に、数十分間も死闘が続いた。やがて土方隊が駆けつけて敵を捕縛、事件はやっと決着したのだった。

このとき、志士たちは京都に火を放ち、混乱に乗じて天皇を長州へ連れ出す計画を立てていたとか。ともかく、この事件は新選組の名を一気に高めたのである。

新選組とは

新選組の中心となったのは、幕府の直轄地であった多摩出身の郷士、近藤と土方だった。たまたま、江戸で将軍・家茂《いえもち》の上洛に護衛として募集された浪士隊に加わり、京都へ赴いたのがきっかけだった。京都では尊王攘夷を叫ぶ志士たちによるテロが横行していたため、近藤らは会津藩配下の京都警備隊・新選組として、志士たちを取り締まる役目を仰せつかったのである。

これは今までにないことだった。天下の幕府が、素性も定かでない郷士や浪人たちに、京都の町や市民を警護させるのだ。逆に言えば、幕府直参《じきさん》の旗本《はたもと》や御家《ごけ》人《にん》たちだけでは、手に負えなくなっていたということである（旗本の護衛組織には、京都見廻組《みまわりぐみ》がある）。

新選組とは、幕府衰退の中から生まれた偶然の産物であった。

1863～1869年

■新選組の活躍

形成期

1863　2月、江戸で浪士隊の募集（将軍家茂上洛の警護のため）

3月、京都で新選組結成

最盛期

1864　6月、池田屋事件

7月、蛤御門の変

1867　10月、大政奉還

衰退期

1868　1月、鳥羽・伏見の戦い

4月、近藤勇、処刑

会津藩とともに「朝敵」とされる

1869　5月、土方歳三、箱館で戦死

栄光と破滅

　近藤や土方の活躍で、新選組は浪士集団から一大組織へ成長した。その中で凄まじい内紛もあったが、「誠」の文字を掲げ、赤穂《あこう》浪士を真似ただんだら模様の羽織を着て市中を見回る姿に、暗殺者たちは身を潜めた。

　池田屋事件でその名を知られ、その後におこった蛤《はまぐり》御門《ごもん》の変でも会津藩と協力して長州藩を追いやった。

　だが、大政奉還がなって政権が徳川から朝廷へ移ると、新選組の存在理由がなくなった。忠義を尽くすべき将軍はもはやおらず、それまでさんざん京都で志士たちを取り締まった新選組は、会津藩とともに長州や薩摩から憎まれていたのだ。

　戊辰《ぼしん》戦争では、新選組は新政府軍を相手に戦い続け、近藤は甲州（山梨）で捕らえられ斬首となった。土方はその後も戦場を転々として北海道へ渡り、戊辰戦争の最後である箱館戦争で戦死を遂げた。

　新選組は、幕府崩壊の直前に上がった花火のようなものであった。隊士たちは武士以外の出身の者も多く、幕府から何ら恩恵を受けていなかったにもかかわらず、最期まで幕府のために戦い抜いたのである。

7 薩長同盟成立！無血革命を目指した坂本龍馬

坂本龍馬は、幕末に大きな影響を及ぼした人物だが、その最大の功績は、薩長同盟の成立であった。

坂本龍馬

坂本龍馬《さかもとりょうま》は、「日本初」を3つした。1つは亀山社中《かめやましゃちゅう》（後の海援隊《かいえんたい》）という貿易会社を設立したこと。日本初の株式会社である。2つ目は、新婚旅行。薩長《さっちょう》同盟を成立させた直後、妻・おりょうと2週間程の温泉旅行へ出かけている。そして3つ目は、船中八策《せんちゅうはっさく》という改革案を草案し、大名議会制を発案したことである。

龍馬は、土佐藩の郷士（武士と農民の間）に生まれた。若い頃は土佐の過激尊王攘夷組織・土佐勤皇《きんのう》党で活動し、脱藩という大罪まで犯して運動に励んだ。だが、江戸へ出て幕臣の勝海舟《かつかいしゅう》と知り合ったことが、龍馬の生き方を大きく変える。海舟のもとで海軍知識や技術を得た龍馬は、世界中の海を渡って貿易したいと思うようになったという。やがて海舟の仲介で薩摩藩に留まり、長崎で亀山社中を設立したのである。

薩摩と長州

薩摩と長州、同じ尊攘の雄藩として一緒にされがちだが、その経緯は随分違う。薩摩は藩主の父・島津久《ひさ》光《みつ》が実権を握り、大久保《おおくぼ》利通《としみち》や西郷隆盛《さいごうたかもり》が側近として活躍していた。久光は幕府に協力的で、クーデター未遂事件である8・18の政変や蛤御門《はまぐりごもん》の変では、会津・桑名藩と一緒に長州を徹底的に叩いた。薩摩は早くから「攘夷は無理」と理解し、一途に尊王攘夷を叫んで幕府に反抗し続けた長州よりも、ある意味で狡猾《こうかつ》だ。

長州は薩摩にさんざん煮え湯を飲まされてきたので、薩摩を相当恨んでいた。蛤御門の変で有望な藩士たちを何人も失った長州は、以後下駄の裏に「薩賊会奸《さつぞくかいかん》」（薩=薩摩、会=会津）と書いて踏みつけていたという。

とにかく、薩長というのは犬猿の仲であった。だが、幕府が日本の政治を主導する力を失っていることを実

1866～1867年

■長州藩と薩摩藩

8.18の政変
蛤御門の変
長州征討
薩賊会奸
薩賊会奸
長州藩
桂小五郎
★幕府に敵対
★志士は身分上下なく活躍
★薩摩に恨み抱く
犬猿の仲
薩摩藩
西郷隆盛
★幕府に協力
★藩主の父・島津久光が実権を握る
坂本龍馬、中岡慎太郎の仲介
1866年1月
薩長同盟成立
1867年10月
大政奉還

感していた龍馬は、2大雄藩である薩長を結びつけ、幕府に匹敵する力にしようと考えたのだ。犬猿の仲である2藩をいかにして上手く結びつけるか。龍馬の考えは、経済面に着目した、合理的なものだった。

それは、征討以降、表立って武器を買えない長州に、薩摩がイギリスから武器を買って流すという考えだ。もちろん、龍馬の海援隊が仲介をして、である。龍馬の努力はついに実を結び、長州の桂小五郎《かつらこごろう》（木戸孝允《きどたかよし》）と薩摩の西郷隆盛の間で、薩長同盟が成立した。

さらに龍馬は、大政奉還《たいせいほうかん》を土佐藩主・山内容堂《やまのうちようどう》に提案し、世界史上まれな無血革命をもっとも早く、具体的に考えていた。すなわち、将軍・慶喜《よしのぶ》に政権を朝廷に返させて、徳川も大名の一つとして、政権に加える。天皇を頂点にした大名議会制にして、西欧のような議会政治を構想していたのだ。

だが、龍馬は大政奉還直後に暗殺された。犯人は幕府側の京都見廻組《みまわりぐみ》とされているが、徳川を武力で滅ぼそうとした一派に暗殺された可能性も高い。龍馬がもし生きていたら、戊辰《ぼしん》戦争で徹底的に幕軍を追いつめた新政府軍や、明治の世の中をどう見ただろうか。

松下村塾の人々

長州藩士・吉田松陰《しょういん》が教えた松下村塾《しょうかそんじゅく》は、維新の志士と呼ばれる人々をたくさん輩出している。中でも高杉晋作《たかすぎしんさく》は、蛤《はまぐり》御門《ごもん》の変で戦死した久《く》坂玄瑞《さかげんずい》と「松下村塾の双璧《そうへき》」とされる看板であった。また、これに吉田稔麿《としまろ》（池田屋事件で戦死）を加えると三秀、さらに入《いり》江《え》九《く》一《いち》（蛤御門の変で戦死）を加えると四天王と呼ばれた。

他にも、伊藤博文《ひろぶみ》や井上馨《かおる》、山県有朋《やまがたありとも》、山田顕義《あきよし》など、後の明治政府の重鎮がたくさんいた。塾生ではないが、乃《の》木《ぎ》希《まれ》典《すけ》も松陰の影響を受けた1人である。

それぞれの性格を知る上で、こんなエピソードが残っている。あるとき、吉田稔麿が山県に絵を描いて見せた。そこには鼻輪のない放れ牛、となりに坊主頭で裃《かみしも》を着ている人物、そして木刀と棒がある。山県がこの絵の意味を聞くと、

「放れ牛は高杉晋作。こいつは乗りこなすのが難しい。坊主頭は久坂玄瑞だ。これは政府のお偉方として座らせれば立派な政治家になる。木刀は入江九一。偉いやつだが、まだ本当の刀にはなれない。棒はおまえだ」と答えたという。

松陰と四天王はみな、維新を前に20代で死んでしまったが、その遺志は脈々と受け継がれたのである。

外国メディアの見た幕末

江戸時代の日本は、ドイツ人ケンペルにより「2人の主権者が存在し、天皇は宗教上の、将軍は政治上の皇帝である」とヨーロッパに紹介されていた。

幕末の日本の様子は、新聞を通して海外に報道されていた。1862年の生麦《なまむぎ》事件（薩摩藩がイギリス人を殺害）の反響は大きく、あるイギリスの新聞では、

「残念なことに東洋へ行くような階層のイギリス人は、現地住民を劣った存在とみなし、現地の風習を無視して横柄で暴利を貪っている」と西洋人の行動を戒める一方、

「血塗られた排外思想を抱く人間たちや政治体制には、高圧的な態度でのぞむしかなく、これは正義の戦いになるだろう」という強硬論も出現し、そこでは、

「日本でおこっている戦いは、東洋の半野蛮状態と西洋文明の戦いなのだ」と主張している。

そして1873年の『ロンドン・タイムズ』では、

「最近4年間の日本の発展は、人類の歴史上もっとも目覚ましいものの1つである。西洋文明が熱心に取り入れられ、改革が行われている。日本国民は、新しい時代へ向けて発展しつつあるのだ」と報道された。

幕末日本の激動の様子は、刻々と本国へ報道され、西欧諸国の注目を集めていたのである。

8 大政奉還なる！維新は無血革命のはずだった

時代の流れを見極め、自ら権力を放棄した最後の将軍・慶喜。彼の行動は、日本の未来に大きく貢献した。

最後の将軍

日本の明治維新は、世界史上まれな形で政権交代が行われた。なんと、将軍が自分から政権を朝廷に返還してしまったのだ。１８６７年の大政奉還《たいせいほうかん》である。

14代将軍・家茂《いえもち》が病死すると、将軍後見職であった徳川慶喜《よしのぶ》が15代将軍に就任した。聡明で人望厚い彼は、「家康公の再来」とまでいわれた人物である。だが、慶喜にとって不幸だったのは、就任直後に孝明《こうめい》天皇が亡くなったことだ。天皇は、強硬な攘夷論者ながら、幕府に好意的で、公武合体（朝廷と幕府が協力して政治に当たる）を進めてきた、幕府にとっては絶好のパートナーであった。

この孝明天皇の突然死には、暗殺の影がつきまとっている。当時は薩長同盟が成立し、雄藩はじめ朝廷内でも討幕の気運が高まり、幕府を擁護する天皇の存在は、彼ら討幕派にとって障害になっていたのだ。

慶喜は長州征討からの帰りで京都にいたが、このまま京都を離れれば、朝廷は薩長に乗っ取られてしまう。慶喜は、江戸へ帰ろうにも帰れない状態だった。

大政奉還へ

そんな慶喜のもとへ、土佐藩主の山内容堂《やまのうちようどう》から提案があった。土佐脱藩の坂本龍馬が考え出した改革案で、「船中八策《せんちゅうはっさく》」というものだ。幕府政治をやめ、朝廷を中心とした大名議会制で政治を進め、徳川も一大名の身分で加わるというものである。

慶喜としても、幕府にはもはや力がないことを実感しており、薩長が年少の天皇を利用して徳川を朝敵と決めつける前に、何とかしようと考えていた。そこで、龍馬や容堂の意見を受けて、自分から政権を朝廷に返

1867年

■坂本龍馬の構想

船中八策ぜよ
徳川も仲良く政治するっちゃ!
(1867年、4月長崎～大坂の船内で龍馬がまとめた改革案)
① 幕府の政権返上
② 議会を開設
③ 官制の改革
④ 外交の刷新
⑤ 法典の制定
⑥ 海軍の拡張
⑦ 帝都守備の親兵設置
⑧ 貨幣の整備
大政奉還へ

してしまおうと決めたのである。大政奉還してしまえば、薩長には徳川を討つ理由がなくなるのだ。また、実力も経験もない朝廷に政治が執れるわけがない。すぐに困って、政権を返してくるだろうという魂胆もあった。

大政奉還は、ついになった。どんな思惑があったにせよ、２６０年続いた幕府の政治を自分で終わらせてしまうのだから、慶喜にとって苦渋の決断であった。

「よくぞ断じたまえるかな、予、誓ってこの公のために、一命を捨てん」

大政奉還がなったときの龍馬の言葉である。もし慶喜が権力に固執する将軍であったら、維新史はもっと違ったものになっていただろう。当時は薩長にイギリス、幕府にフランスがついていたため、日本が真っ二つにわかれて、イギリス対フランスの代理戦争をさせられた可能性が高い。そういう意味でも、慶喜の決断は日本にとって重要なものだった。

本来なら、維新はここで龍馬が思い描いたように無血革命で終わるはずだった。だが薩長率いる討幕派は、徳川を滅亡させ、権力を一新して新時代を迎えることに固執した。そのために、戊辰《ぼしん》戦争を引き起こすのである。

9 朝廷随一の策士・岩倉具視の「徳川外し」クーデター

大政奉還で、慶喜に一杯食わされた討幕派。だが武力攻撃にこだわる彼らは、さらに次の手を考えていた。

岩倉具視の陰謀

王政復古《おうせいふっこ》の大号令《だいごうれい》とは、文字通り、「朝廷（王政）に政治が戻ってきた（復古）という事を宣言した（大号令）」である。

大政奉還で幕府から政権を返上された朝廷だが、その中には、それだけでは満足しない一派があった。宮中随一の策士といわれた公卿・岩倉具視《いわくらともみ》と、大久保利通や西郷隆盛、桂小五郎といった薩長勢力である。

岩倉は、慶喜が大政奉還する前夜、年少の天皇（明治天皇）を動かして討幕の密勅を受けていた。これで徳川を攻撃できる根拠を得たわけだが、その翌日に慶喜が大政奉還してしまったのだから、岩倉らの思惑は外れ、討幕は不発に終わってしまったことになる。

だが、岩倉はあきらめなかった。軍事行動は一時保留し、朝廷内で徳川を擁護する公卿を一掃すると、王政復古の大号令を出して新政権を発足した。その第一歩として、諸大名が集められ会議が開かれた。小御所《こごしょ》会議である。

徳川外しの小御所会議

集まった面々を見て、真っ先に口を開いたのは土佐藩主の山内容堂だった。

「この大事な会議に、なぜ徳川慶喜公が見えないのか」

これに対し、岩倉らは幕府の罪状を次々読み上げ、徳川が反省するなら官位を辞し、領地を半分返上せよと、いわゆる「辞官納地《じかんのうち》」を主張した。

容堂は、これが個人的な徳川攻撃であることを察知した。２６０年もの長期間、太平の世を支えてきた徳川の力は評価されるべきだ。越前の松平慶永《よしなが》も容堂と

1867年

■「王政復古の大号令」舞台裏

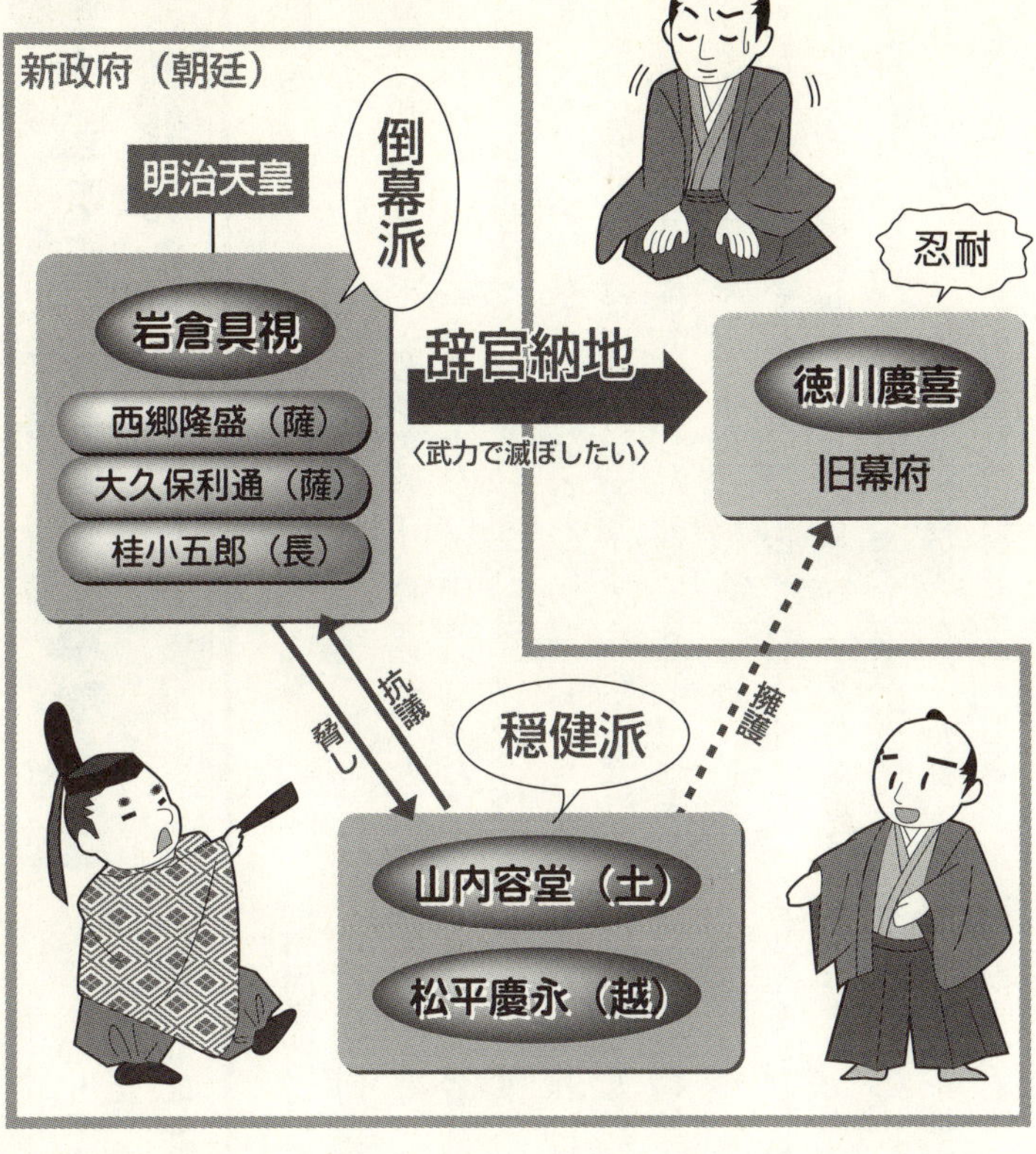
新政府（朝廷）
明治天皇
倒幕派
岩倉具視
西郷隆盛（薩）
大久保利通（薩）
桂小五郎（長）
辞官納地
〈武力で滅ぼしたい〉
忍耐
徳川慶喜
旧幕府
抗議
脅し
擁護
穏健派
山内容堂（土）
松平慶永（越）

同意見で、慶喜を交えた公正な会議をするよう岩倉に訴えた。

この言い分はもっともなので、岩倉は答えに窮したが、西郷の「いざとなれば容堂公を殺してでも」という意見に従い、短刀を懐に隠して会議に臨んでいた。さすがの容堂も岩倉の剣幕に押され、慶喜の「辞官納地」を飲まざるを得なかったのである。

こうして慶喜（徳川氏）は、新政権からまったく外された上に、領地の返上まで求められた。さらに岩倉らは、慶喜がこれに武力で反発することを狙い、それを口実に徳川氏を討ち滅ぼすことを策していた。何としても慶喜側から戦争を起こさせ、「天皇の名のもとに征討する」根拠が必要だったのである。

10 大軍を擁する旧幕府軍が敗北したのはなぜ？

ついに新政府軍と旧幕府軍の戦闘が始まった。3倍の兵力でのぞんだ旧幕府軍が敗北したのはなぜか？

戦闘開始

「刀や槍の時代は、もう終わった……」

鳥羽・伏見の戦いで、最新の銃や大砲を装備した新政府軍を前に、旧幕府軍の兵士たちの誰もが思ったことである。戦国時代と大して変わらない軍装の彼らは、否が応でも時代の流れを痛感させられたのだった。

新政府に身分と土地半分の返上を命じられた慶喜は、これに憤慨した。政権を返上した上に、身分や土地まで……それではどうやって家臣たちを食べさせていけばよいのか。だが、それ以上に旧幕臣や会津・桑名ら譜代藩士たちが憤激した。彼らの憎悪は、とくに薩摩藩に向けられた。かつては協力して長州と戦ったのが、手のひらを返したように新政府側に寝返ったのだから。

１８６８年正月、鳥羽と伏見で対峙していた旧幕府軍と薩長軍の間で、ついに戦闘が始まったのである。

旧幕府軍敗退の要因

前線の兵同士の押し問答に始まり、薩摩藩兵の発砲で戦いが始まった。旧幕府軍は1万５０００、薩長を主力とした新政府軍は５０００という兵力差である。だが新政府軍は、イギリス製の最新鋭の武装で戦いにのぞみ、それに対し旧幕府軍は、ほとんどが旧態の槍刀に甲冑姿というもので、新政府軍の放つ銃や大砲を前に、大苦戦を強いられていた。

さらに開戦から3日目、新政府軍は天皇の代理である親王を大将に担ぎ出し、皇室の象徴である錦《にしき》の御旗《みはた》を掲げたのである。これは、それまで私兵だった薩長軍が、「官軍」になった瞬間だった。同時に、それまで国内一の力を持ち、政権奪回も可能と考えていた旧幕府軍が一転して「賊軍」となったのだ。新政府軍の士気は高まり、大義名分を失った旧幕府軍は愕然とする。

1868年

■鳥羽・伏見の戦い

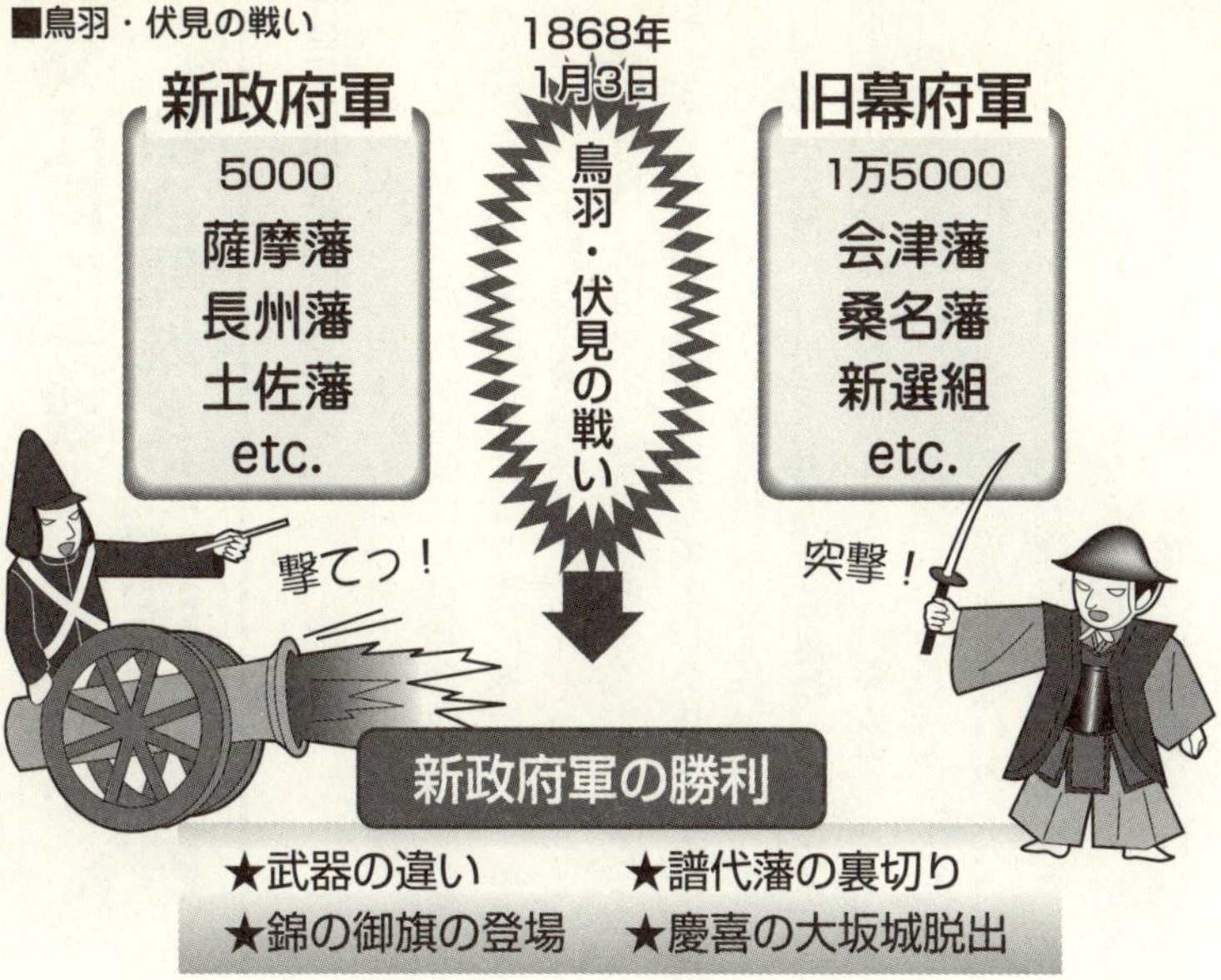
1868年
1月3日
新政府軍
5000
薩摩藩
長州藩
土佐藩
etc.
鳥羽・伏見の戦い
旧幕府軍
1万5000
会津藩
桑名藩
新選組
etc.
撃てっ！
突撃！
新政府軍の勝利
★武器の違い
★譜代藩の裏切り
★錦の御旗の登場
★慶喜の大坂城脱出

最新兵器と錦の御旗を前に、旧幕府軍は会津・桑名藩兵をはじめ、新選組、見廻組といった諸隊も奮戦したが、戦況は悪化する一方だった。

さらに追いうちをかけたのが、譜代藩の裏切りである。助けを求めた淀《よど》藩では、城門を閉ざされ入城を拒否された。淀藩主は時の老中だったというのに。また津《つ》藩では、撤退勧告を突きつけてきたばかりか、攻撃までしてくる始末。旧幕府軍は総崩れとなり、最後の砦《とりで》と信じる大坂城の慶喜を頼って落ちていった。

だが、大坂城では信じられない事がおこっていた。疲れ切った旧幕府軍が辿り着いたときには、慶喜は江戸へむけて大坂城を脱出したあとだったのである。

慶喜は、もはや勝利は不可能と判断し、江戸で恭順《きょうじゅん》の意を示すため、抗戦派の手の届かないところへ逃げたのだった。総大将の敵前逃亡を知った兵たちは相当なショックを受け、完全に戦意を喪失したのである。

鳥羽・伏見の戦いは、新政府軍の大勝であった。旧幕府は、これで政権奪回のチャンスを永遠に失ったのである。だが、江戸では新政府軍と一戦交えようと意気込む旧幕臣たちが、着々と戦争準備を整えていた。

11 江戸の分裂！無血開城と彰義隊の死闘

歴史的な勝・西郷会談により、江戸城は平和的に開け渡された。しかし一方で、彰義隊の死闘が展開していたのだ。

江戸無血開城

いつの時代どの戦争にも、一勢力内に和平派と抗戦派は必ずいる。それが明確にわかれたのが、戊辰戦争の江戸だった。首脳交渉により江戸城総攻撃が中止となる一方、上野では凄惨な戦が行われたのである。

勝海舟《かつかいしゅう》は、幕臣ながら薩長の藩士などと交流を持ち、早くから幕府の無能を実感して政権交代を考えた人物である。そして、大の戦争嫌いでもあった。

慶喜が大坂から戻ってひたすら謹慎しているので、旧幕府の今後はこの勝に任された。新政府軍は、旧幕府の本拠である江戸城総攻撃のため、続々と上京してくる。その代表・西郷隆盛《さいごうたかもり》は勝とも面識のある人物だ。

勝は、旗本が結成した彰義隊《しょうぎたい》を上野の山へ集め、新選組を江戸から遠ざけるなど抗戦派を隔離し、一方で江戸湾には最新鋭を誇る旧幕府海軍の軍艦を停泊させて、不測の事態にも備えた。その上で西郷に使いを送り、江戸城総攻撃を中止するように要請したのである。

やがて、薩摩藩邸で勝と西郷の会談が行われた。勝は「徳川を助けてくれ」とは言わず、「江戸の町を救ってくれ」と言ったという。勝の回想によると、

「いよいよ談判になると、西郷は、俺の言うことを一々信用してくれ、その間一点の疑念もはさまなかった。『いろいろむずかしい議論もありましょうが、私一身にかけてお引き受けします』西郷のこの一言で江戸百万の生霊（人間）も、その生命と財産を保つことができ、また徳川氏もその滅亡を免れたのだ」（『氷川清話《ひかわせいわ》』より）

という様子だった。また、西郷が攻撃中止を決意した裏には、横浜にいる外国人居留地にも被害が出ることを恐れたイギリスが反対したこともあった。ともかく、江戸での全面戦争は何とか免れたのである。

1868年

■戊辰戦争・江戸の様子

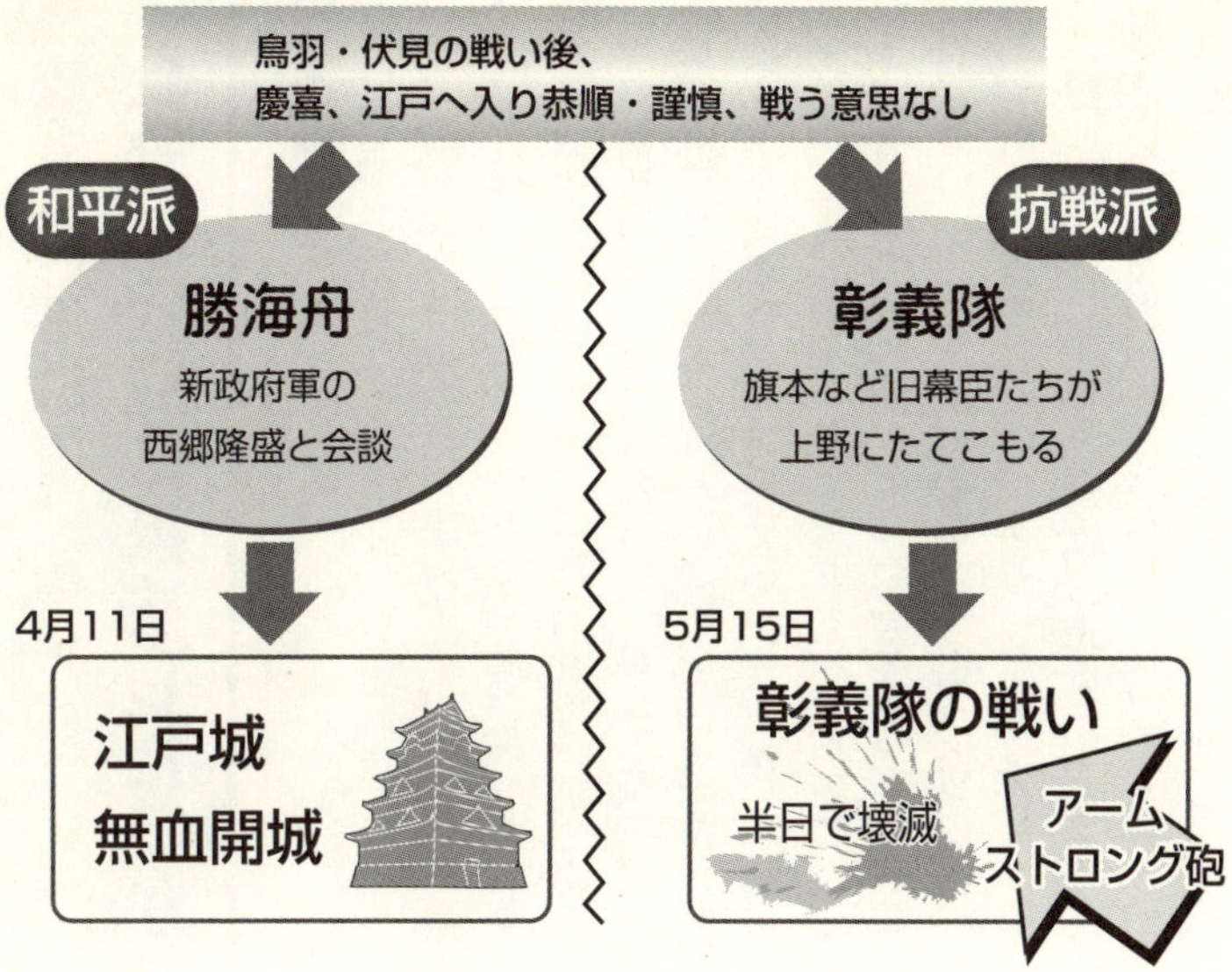
鳥羽・伏見の戦い後、
慶喜、江戸へ入り恭順・謹慎、戦う意思なし
和平派
勝海舟
新政府軍の
西郷隆盛と会談
4月11日
江戸城
無血開城
抗戦派
彰義隊
旗本など旧幕臣たちが
上野にたてこもる
5月15日
彰義隊の戦い
半日で壊滅
アームストロング砲

彰義隊の戦い

江戸開城の1ヶ月後、長州の大村益次郎《おおむらますじろう》率いる新政府軍は、一斉に上野の山にこもった彰義隊を攻撃した。彰義隊とは、旗本などの旧幕臣からなる部隊で、勝の江戸無血開城に反対した抗戦派が集まり、戦闘準備をしていたのだ。

彰義隊は、実に10倍もの兵力の敵を相手に、よく奮戦した。だが、新政府軍の虎の子兵器・アームストロング砲が登場すると、形勢は一気に新政府軍に傾き、襲い来る猛烈な砲撃を前に、白兵戦に頼る彰義隊はあっという間に壊滅させられたのである。

この戦いは、わずか1日に満たない戦闘時間というのに、なんと戊辰戦争中で最大の戦傷者を出した。しかも新政府軍は、その遺体の後片付けさえも許さなかった。遺体は、そのまま雨の中を数日放置され悪臭がただよい、江戸市民はその痛ましさに目を覆ったという。

一方で平和的な城明け渡し、そして一方で凄惨な死闘。こうして江戸は新政府軍の手に落ちたが、旧幕府の主戦派は江戸を脱出して北上し、形勢を立て直して再び新政府軍との戦争に挑むのである。

戊辰戦争③奥羽越列藩同盟

12 東北諸藩はなぜ新政府に抵抗したのか？

江戸開城後も、東北では戦争が続いた。東北諸藩は、奥羽越列藩同盟を結び、新政府軍に抵抗を続けるが……。

長岡城の戦い

「白河以北、一山百文《ひとやまひゃくもん》」

白河（福島県白河市）は、戊辰戦争中の激戦地の1つだ。これは、戊辰戦争で敗れた東北を侮辱し、薩長閥からなる明治政府の世になっていわれた言葉である。

江戸で無血開城が行われたころ、越後・長岡《ながおか》藩（新潟県長岡市）では家老・河井《かわい》継之助《つぐのすけ》が、富国強兵などの藩政改革を成功させ、一貫して中立を保っていた。

継之助は、近くの小千谷《おぢや》に置かれた新政府軍の本陣へ赴き、責任者の岩村《いわむら》清一郎《せいいちろう》に会見を願った。新政府軍に長岡藩の中立を認めてもらい、旧幕府軍との仲介を買って出ると提案したのである。だが、岩村は降伏以外は認めず、追いすがる継之助を振り払って言った。

「田舎大名の家老の言うことなど聞けぬ」

岩村24歳、継之助42歳であった。

継之助は、徹底抗戦を決意せざるを得なかったのだ。

後年、長州出身の品川《しながわ》弥二郎《やじろう》は当時をこう振り返る。

「岩村などでなく黒田（清隆）か山県（有朋）が河井と会っていれば、戦争にはならなかっただろうに」

こうして長岡戦争が始まった。新政府軍は長岡城を占領するが、継之助は軍を率いて奪回。だがその際、足に怪我を負い、再び城は新政府軍の手に落ちた。継之助は会津へ逃れたが、足の怪我がもとで亡くなった。

長岡戦争は2ヶ月続き、地元の継之助への評価は、「長岡を焼いた男」「長岡を救った英雄」とわかれている。

奥羽越列藩同盟

新政府は、会津藩と庄内《しょうない》藩を朝敵として東に軍を進めていた。東北諸藩はまだ新政府に従っておらず、とくに会津藩は、尊王攘夷運動の頃から許し難い宿敵で

■奥羽越列藩同盟

新政府軍の追討

対象藩	追討理由
会津藩	幕府軍の主力、旧京都守護職として長州藩および尊王攘夷志士を厳しく取り締まった
庄内藩	戊辰戦争前夜に江戸薩摩藩邸を焼き討ちした

奥羽越列藩同盟（全31藩）
会津・庄内藩を救援すべく結成

□ 譜代藩

仙台・米沢・盛岡（南部）・秋田・弘前・二本松・守山
新庄・八戸・棚倉・中村・三春・山形・磐城平・松前
福島・本庄・泉・亀田・湯長谷・下手渡・矢島・一関
上山・天童・新発田・村上・村松・三根山・長岡・黒川

あった。そこで、まずは仙台藩に会津討伐を命じた。

困った仙台藩は、近隣の藩と会合し、会津藩主・松平容保《かたもり》は、鳥羽・伏見の戦い以来、会津に戻り隠居し恭順しているので、処分を寛大にしてくれないかと、連名で会津赦免の嘆願書を提出した。

だが、新政府軍参謀・世良修蔵《せらしゅうぞう》は全く相手にせず、あくまで「容保の首」を要求、東北諸藩をも敵とみなした。これに憤慨した仙台藩は世良を殺し、「会津は朝敵にあらず。朝廷を利用して私怨を晴らそうとする薩長こそが敵だ」として団結を呼びかけ、仙台藩を盟主に31藩からなる奥羽越列藩《おううえつれっぱん》同盟が結成されたのである。

だが、新政府軍は白河で旧幕府軍を破ると勢いづいた。まず、秋田藩や三春《みはる》藩が脱盟、やがて先に挙げた長岡藩や二本松《にほんまつ》藩も陥落すると、米沢・仙台藩が降伏、同盟は崩壊した。朝敵の汚名を着せられた会津藩と庄内藩の2藩は、その後も抵抗を続けていた。

東北諸藩は、会津を除けばとくに徳川に忠誠が厚かったわけではない。だが、徹底して会津を叩こうという私怨や、東北諸藩の降伏以外は認めないという新政府軍の傲慢《ごうまん》な態度に反発し、抗戦を決意したのであった。

戊辰戦争④会津戦争

13 会津戦争の悲劇

新政府から「賊魁」「朝敵」と徹底攻撃された会津藩。女性や幼い少年たちまでが、武器を手に城を守って戦った！

緊迫する会津藩

「城が燃えている！」

飯盛《いいもり》山から会津城下を見下ろした白虎隊《びゃっこたい》の少年たちが叫んだ。少年たちは絶望し、互いに刺し違えて自害して果てた。会津若松市の白虎隊記念館には、12歳で会津籠城を体験した画家・佐野石峰《せきほう》の有名な白虎隊自刃の図が残っており、その生々しさを今に伝えている。

会津藩では、鳥羽・伏見の戦いから戻った藩主・松平容保《かたもり》が隠居・謹慎する一方、来るべき新政府軍に備えて軍制改革を行った。大砲や洋銃を揃え、藩士を年齢によって玄武《げんぶ》（50歳以上）、青龍《せいりゅう》（49～36歳）、朱雀《すざく》（35～18歳）、白虎（17～15歳）の4隊にわけ、郷士や農民など、武士以外の階層も部隊編成に加えた。

8月、新政府軍は二本松・会津間の母《ぼ》成《なり》峠で旧幕府軍を撃破し、ついに会津へと侵入してきたのである。

白虎隊の最期

会津には、鳥羽・伏見の戦い以来、敗走した旧幕府軍勢力が集まっていた。水戸藩市川《いちかわ》隊や郡上《ぐじょう》藩凌霜《りょうそう》隊（岐阜）といった援軍も到着し、土方歳三率いる新選組や伝習《でんしゅう》隊、遊撃《ゆうげき》隊といった旧幕府の諸隊も参陣している。だが、これらの諸隊や会津藩主力部隊のほとんどは、各方面での戦いの最中で、会津城下を出ていた。

新政府軍は会津の本城である鶴《つる》ヶ《が》城を激しく攻め立て、その圧倒的な兵力の前に各隊は防戦一方であった。予備軍であった年少の白虎隊も第一線に立つが、退却の途中に味方の隊と離れ、飯盛山へ逃れた。隊士の数も、気がつけば半数になっている。そこで、城下の炎を落城と勘違いして、冒頭の悲劇が起こったのである。

なお、白虎隊の最期の様子は、唯一息を吹き返した隊士の飯沼貞吉《いいぬまさだきち》により、後世に語り継がれた。

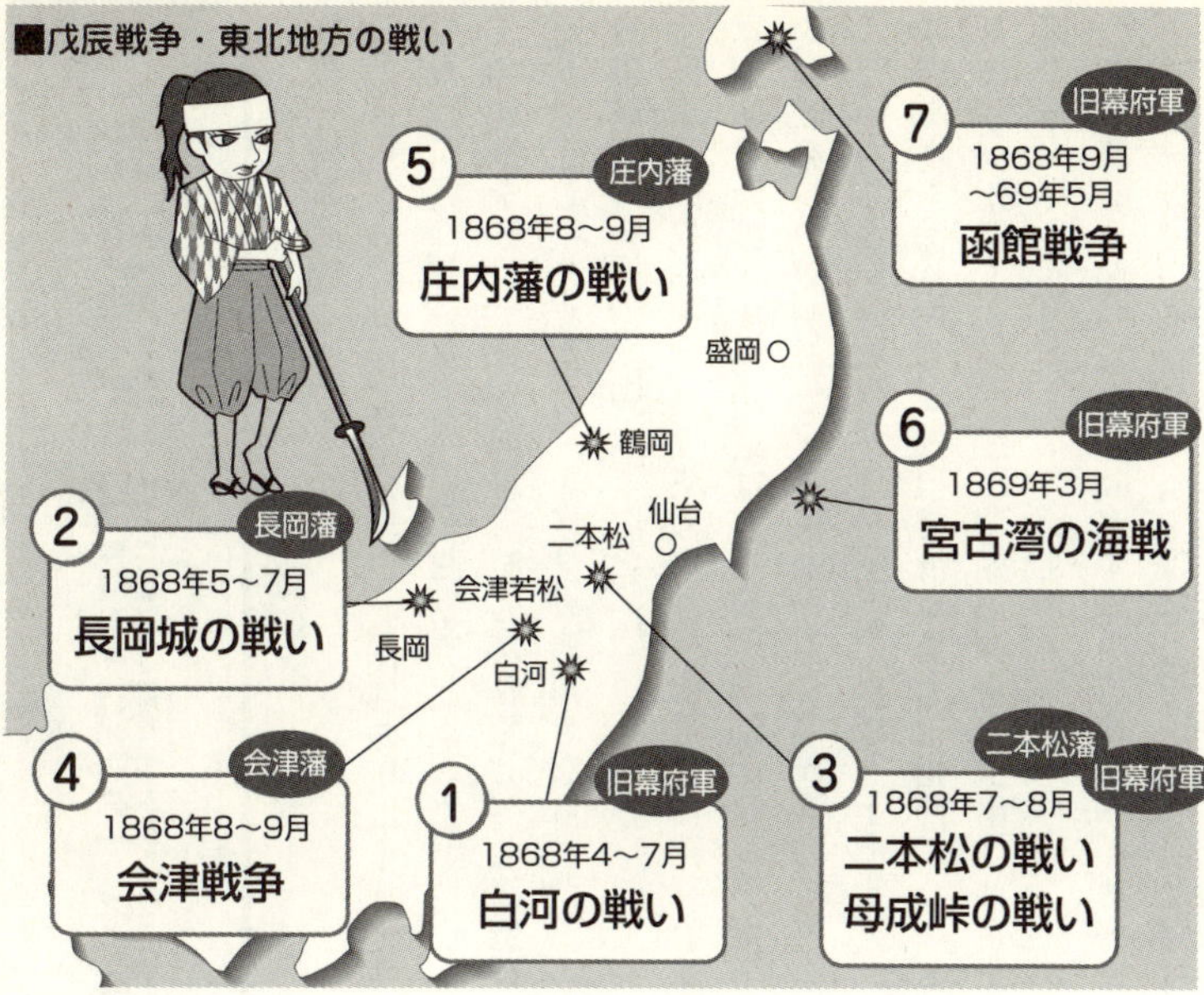

戊辰戦争・東北地方の戦い
7 旧幕府軍
1868年9月
～69年5月
函館戦争
5 庄内藩
1868年8～9月
庄内藩の戦い
盛岡
鶴岡
6 旧幕府軍
1869年3月
宮古湾の海戦
仙台
二本松
2 長岡藩
1868年5～7月
長岡城の戦い
会津若松
長岡
白河
4 会津藩
1868年8～9月
会津戦争
1 旧幕府軍
1868年4～7月
白河の戦い
3 二本松藩 旧幕府軍
1868年7～8月
二本松の戦い
母成峠の戦い

籠城一ヶ月

やがて鶴ヶ城は完全に包囲され、始めは銃撃や白兵戦で攻めてきた新政府軍だったが、大砲により一挙に片をつける作戦に出た。

城内はたちまち破壊され、死傷者が続出した。新政府軍は降伏を勧めるが、米沢・仙台藩までが降伏した後も、会津は孤立無援で戦い続けた。

だが9月22日、食糧も武器も尽きたため、容保はついに開城、降伏した。城を包囲した新政府軍の兵力3万に対し、城内の会津藩兵力は5000、うち、女性や病人などの非戦闘員が約3割を占めていたという。

「もののふの猛《たけ》き心にくらぶれば
　数にも入らぬ我が身ながらも」

娘子《じょうし》隊として参戦し、22歳で戦死した中野《なかの》竹子《たけこ》の辞世の句である。女性たちも武器を取って戦っていた。

降伏後、容保は江戸（東京）で蟄居《ちっきょ》、会津藩は斗南《となみ》藩（青森県むつ市）へ移されたが、本州最北端のこの地の開墾は過酷で、藩士の多くが無惨な死を遂げた。

会津藩に続き、26日には庄内藩も降伏、残る勢力は、北海道へ向かった旧幕府艦隊だけになったのである。

14 北海道に「蝦夷共和国」誕生！

明治初頭、北海道に「蝦夷共和国」が誕生。それは、行き場をなくした旧幕臣たちの生きる道であった。

総裁・榎本武揚

1868年12月15日、箱館・五稜郭《ごりょうかく》の空に101発の祝砲が鳴り響いた。江戸から脱出した旧幕府海軍や、戊辰戦争を戦ってきた旧幕府勢力が結集し、北海道政府が樹立したのである。アメリカ連邦をならったこの組織は、まさに独立国「蝦夷《えぞ》共和国」であった。

役職は入札（選挙）で決められ、総裁《そうさい》には元幕府海軍副総裁の榎本武揚《えのもとたけあき》が選ばれた。榎本はオランダ留学の経験を持つ開明派で、勝海舟のもとで航海術等を学んでいた。江戸開城以来、新政府軍に従うことを嫌い、勝の制止を振り切り、独自で海軍勢力を指揮した。8月には精鋭艦を率いて江戸湾品川沖から脱出、仙台を経て蝦夷《えぞ》地（北海道）へ入港した。

旧幕府勢力がのきなみ敗走する中、榎本率いる海軍だけは無傷で、最新の軍艦を保持していた。会津藩降伏後も脱走兵たちが続々と集まり、その中には、桑名藩主の松平定敬《さだあき》（会津藩主・松平容保《かたもり》の実弟）や新選組・土方歳三の姿もあった。

蝦夷地に上陸した榎本ら旧幕府軍は、またたく間に箱館・五稜郭の新政府軍を撃破し、松前城を落として江差《えさし》を占領したのである。

戊辰戦争最後の戦い

年が明けた1869年1月、共和国政府を発足させた榎本は、巧みな外交手腕と国際知識を活かして、英・仏に独立国として認めさせた。そして、このことを知った新政府は、榎本追討軍を差し向けたのである。

3月になると仙台・宮古湾に新政府軍の艦隊が到着した。迎え撃つ榎本艦隊だが、暴風雨に災いされ艦が座礁、敵艦に拿捕《だほ》されるなど、戦いは榎本軍に不利と

1868～1869年

■北海道政府のしくみ（1868.12～1869.5）

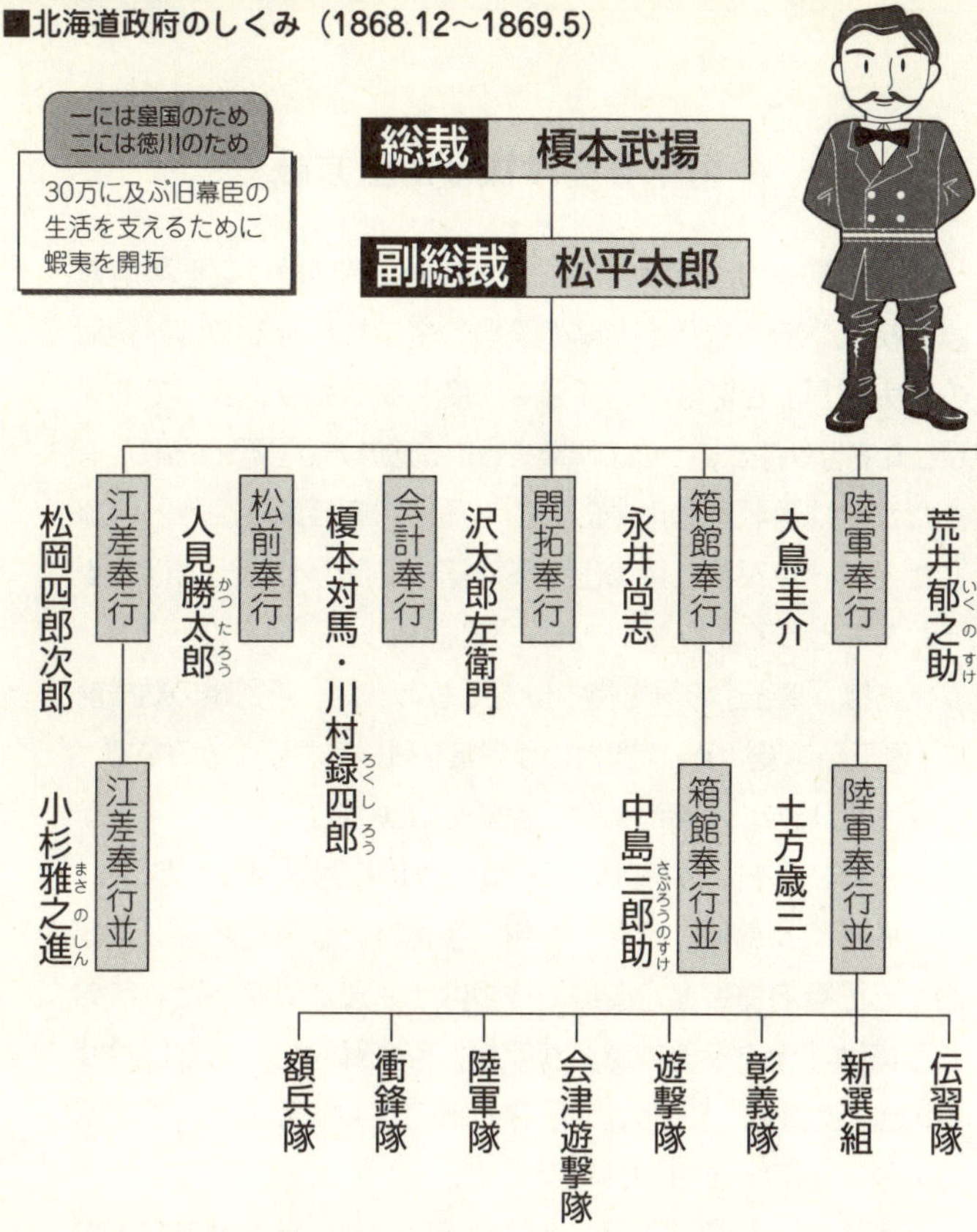

なり、箱館湾海戦にも敗れた。

五稜郭では新政府の大軍相手に奮戦した榎本軍だが、5月になると土方歳三はじめ歴戦の勇士が次々と戦死していった。

5月18日、榎本はついに降伏を決意し、五稜郭は開城した。ここに鳥羽・伏見の戦いに始まった戊辰戦争は終わったのである。

箱館戦争に動員された新政府軍兵力は13万を超え、対する榎本軍は3000だった。この数字は、榎本軍の奮戦ぶりが凄まじかったことを物語っている。

蝦夷共和国は、行き場をなくし、新政府を認められない旧幕臣たちが、自分たちの生きる道を求めてつくりあげた国家であった。その国の滅亡とともに、明治時代が幕開けしたのである。

幕末を駆け抜けた土方歳三

新選組副長の土方歳三《ひじかたとしぞう》は、戊辰戦争を戦い続けた旧幕府最強の抗戦派であった。多摩の豪農の生まれだった彼は新選組の「鬼副長」と呼ばれ、「局中法度《きょくちゅうはっと》」をつくり、少しでも違反した者は切腹という血の粛清を行い、敵味方から恐れられた。

だが、戊辰戦争の最中に郡山（福島）で会津白虎隊と合流したとき、京都や江戸の出来事を語って聞かせる土方は、少年たちにとって「やさしいお兄さん」だった。

土方は「豊玉《ほうぎょく》」の号を持つ俳人でもあった。新選組の結成前に『豊玉発句集』(全41句）という歌集を残しており、その中で、

「志礼八迷比《しればまよい》　志奈希連八迷者努《しなければまよわぬ》　恋の道」

と、粋な句を詠んでいる(この句だけに枠囲みがしてある)。

ともかく、鳥羽・伏見、甲州、宇都宮、会津と転戦し、仙台から旧幕府海軍と合流して最後は北海道まで渡った。このころには「土方不敗神話」ができ、百戦錬磨の土方がいれば軍の士気はあがり、もはや旧幕府軍の軍神的存在として、不可欠な存在になっていた。

だがついに1869年5月、不敗神話は敗れ、土方は新政府軍の射撃を受けて戦死した。それから一週間後、旧幕府軍は降伏、戊辰戦争は終結したのであった。

現存する彼の数枚の写真は、戦死の前に撮影し、愛刀と共に部下に託して故郷へ持たせたものである。

第7章

近代化する日本

明治〜平成

近代

世界戦争の時代

明治

年	出来事
1869	版籍奉還
1871	廃藩置県
1874	民撰議院設立の建白書
1877	西南戦争
1881	自由党の結成（初の政党）
1889	大日本帝国憲法（明治憲法）公布 衆議院議員選挙法の公布
1894	日清戦争
1904	日露戦争

近代国家づくり

近代日本は、とにかく改革を急いだ時代だった。この急速な近代化は、ヨーロッパの新進国家であるドイツと似ている。

明治政府は、天皇中心の強力な中央主権国家づくりを目指した。これはある意味、古代への回帰である。天皇は神の子孫で、絶対不可侵な存在であるということが強調されるようになったのだ。さらに、急速な近代化は国内に貧富の差をもたらし、都市を中心に工業が発達する一方、農村は貧窮していた。

朝鮮・中国への進出が進められ、日本が近代国家として世界デビューした日露戦争以降は、さらに歯止めがきかない侵略が本格化していったのである。

年	出来事
1910	韓国併合
1914	第1次世界大戦はじまる 日本、ドイツに宣戦布告
1923	関東大震災
1925	普通選挙法・治安維持法公布
1931	満州事変（～33）
1933	日本、国際連盟を脱退
1937	日中戦争はじまる
1941	太平洋戦争はじまる
1945	広島・長崎に原爆投下 日本、無条件降伏（終戦）
1951	サンフランシスコ平和条約

大正 1920　昭和 1940

戦争を乗り越えて

日露戦争後、日本は韓国を併合し、満州《まんしゅう》（中国東北部）に乗り込み、徐々に中国を侵略していく。さらには太平洋諸国にまで手をのばし、ついには米英などの国際社会を敵に回しての戦争に至った。

このあまりに無謀で無計画な戦争は、日本国民だけでなく、広範囲にわたりアジアの人々に多大な迷惑と被害を与える結果となった。一般に日本軍部の独走というが、本当の原因は国民の無知にあった。いや、無知の状態にさせられていたのである。思想や言論は弾圧され、書物は発禁、政府に反対する者は逮捕、投獄され、メディアまでが国の配下に置かれて、国民の情報源は国の発表だけになっていた。

戦争による荒廃で、誰もが国家滅亡の危機を感じた。だが、アメリカの政治的意図があったとはいえ、日本国民の数十年にわたる汗と苦労の結果、ついに世界トップ水準の経済大国へと成長したのである。

1 廃藩置県が「第二の維新」といわれるのはなぜ？

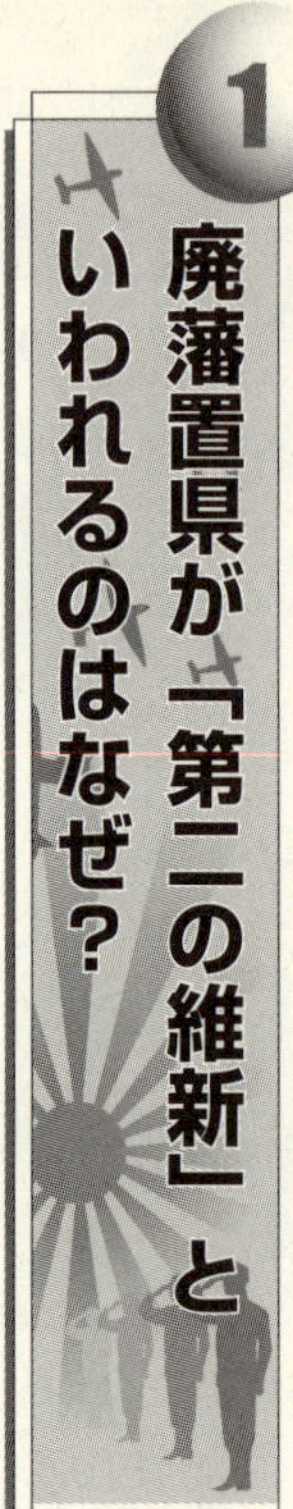

戊辰戦争に勝利した明治新政府は、「藩制」という問題を解決すべく、国家編成の一大改革にとりかかる。

明治政府の狙い

1871年7月の廃藩置県《はいはんちけん》が断行された日、薩摩藩では藩主の父・島津久光《ひさみつ》が夜通し花火を打ち上げ、鬱《うっ》憤《ぷん》をはらしたという。廃藩置県とは政府が全国を直接支配下に置くことで、国家の中央集権化を狙ったものだ。藩を廃止して府県を置き、支配権を失った藩主に代わり、中央から府知事・県令《けんれい》が派遣されたのである。

藩がなくなるということは、藩士も含め、全国およそ190万（全国人口の5～6％）の武士たちが失業したことになる。当然、各藩主を中心に反対が巻き起こるだろうと予測され、政府は薩長土3藩からなる親《しん》兵《ぺい》（政府直属軍）を備えてこの改革にのぞんだ。

だが、予想に反して反対はなく、冒頭のように島津がうさ晴らしする程度だった。これだけの改革に、なぜ利権を失った藩主たちは誰も反対しなかったのか？

すんなり断行された理由

実はその2年前、薩長土肥の4藩主が先頭に立って、土地と人民を天皇に返還する「版籍奉還《はんせきほうかん》」が行われた。このとき藩主は、収入を10分の1に減らされたものの、権限は健在であった。だが、収入が減らされては藩士たちを養うことが困難になる。各藩は財政難に陥った。

そこに廃藩置県の発令である。これは藩をなくすだけでなく、藩の借金も政府が引き継ぐということでもある。さらに、藩士に家禄《かろく》を払わなくてもよくなるのだから、藩主にとって悪い話ではなかったのである。

幕藩体制の象徴であった藩の解体は、封建的地方分権から、近代国家の原則である中央集権への変革の第一歩となった。これにより名実ともに幕府制度は終わったのであり、国家システムの大幅な改革である廃藩置県が、「第二の維新」といわれる由縁《ゆえん》である。

1871年

■廃藩置県（3府72県）1871年当時

現在のような47都道府県
（1道3府43県）になったのは
1888年（明治21）だよ
開拓使の管轄
（北海道設置は1886年）
青森
秋田
盛岡
水沢
酒田
山形
仙台
相川
新潟
置賜
福島
若松
柏崎
磐前
七尾
宇都宮
茨城
新川
群馬
栃木
金沢
長野
新治
入間
埼玉
足羽
筑摩
印旛
東京
山梨
敦賀
岐阜
神奈川
豊岡
鳥取
長浜
名古屋
木更津
島根
京都
静岡
北条
大津
飾磨
兵庫
額田
浜松
足柄
浜田
深津
安濃津
大阪
広島
岡山
堺
度会
奈良
山口
香川
松山
名東
和歌山
福岡
小倉
高知
宇和島
伊万里
三潴
大分
長崎
熊本
美々津
八代
鹿児島
都城
種子島
屋久島
奄美諸島
沖縄諸島
（沖縄県設置は1879年）
石垣島
宮古島

2 農民を苦しめた地租改正の実態

農民に土地所有を認め、年貢は金納で。一見近代的なこの改革の本当の狙いは？そして、本当に得したのは誰か？

地租改正のねらい

戊辰戦争の最中、新政府軍に赤報隊《せきほうたい》という部隊があった。彼らは新政府の方針「年貢半減！」を触れ回っていたのだが、やがて「民心を惑わせた偽官軍《にせかんぐん》」として、隊長の相楽総三《さがらそうぞう》以下６名が処刑された。新政府は、赤報隊を利用して民心を惹きつけておきながら、「年貢半減の約束など知らない」とばかりに責任を押しつけて抹殺してしまったのである。この事件は、新政府のその後の農民に対する姿勢を知る上で注目すべき事件だ。

１９７３年に断行された地租改正《ちそかいせい》は、全ての土地の持ち主を確定し、農民に土地所有を認めた改革である。しかし、本当の狙いは税の金納であった。

これまでは米の豊作・不作が税収入を左右したが、近代国家をめざす政府にとって　税を金で納めさせて収入を安定させることが急務だったのである。

誰が一番得をした？

地租改正後、政府の収入は確かに安定したが、それまで以上に農民一揆が増えたのは、一体なぜだろう。

実は地価の３％と決められた納税率は、農民にとって今まで以上の重税になっていた。また、農村で共同利用していた土地も官有地として持っていかれ、農民の暮らしはいっそう苦しくなっていたのだ。

一方、土地を所有できるということは、「苦しくなったらいつでも好きに土地を手放せる」ということだ。そうして土地を手放した農民は、結局小作として地主の支配下に入ることになり、富める地主はますます栄え、貧しい農民はさらに生活苦に追われることになる。

さらに問題なのは、金納システムだ。農民は米を金にかえて納めなければならないので、ここで商人との関わりが出てくる。農民にとってみれば、突然右も左

1873～1877年

■地租改正（1873）

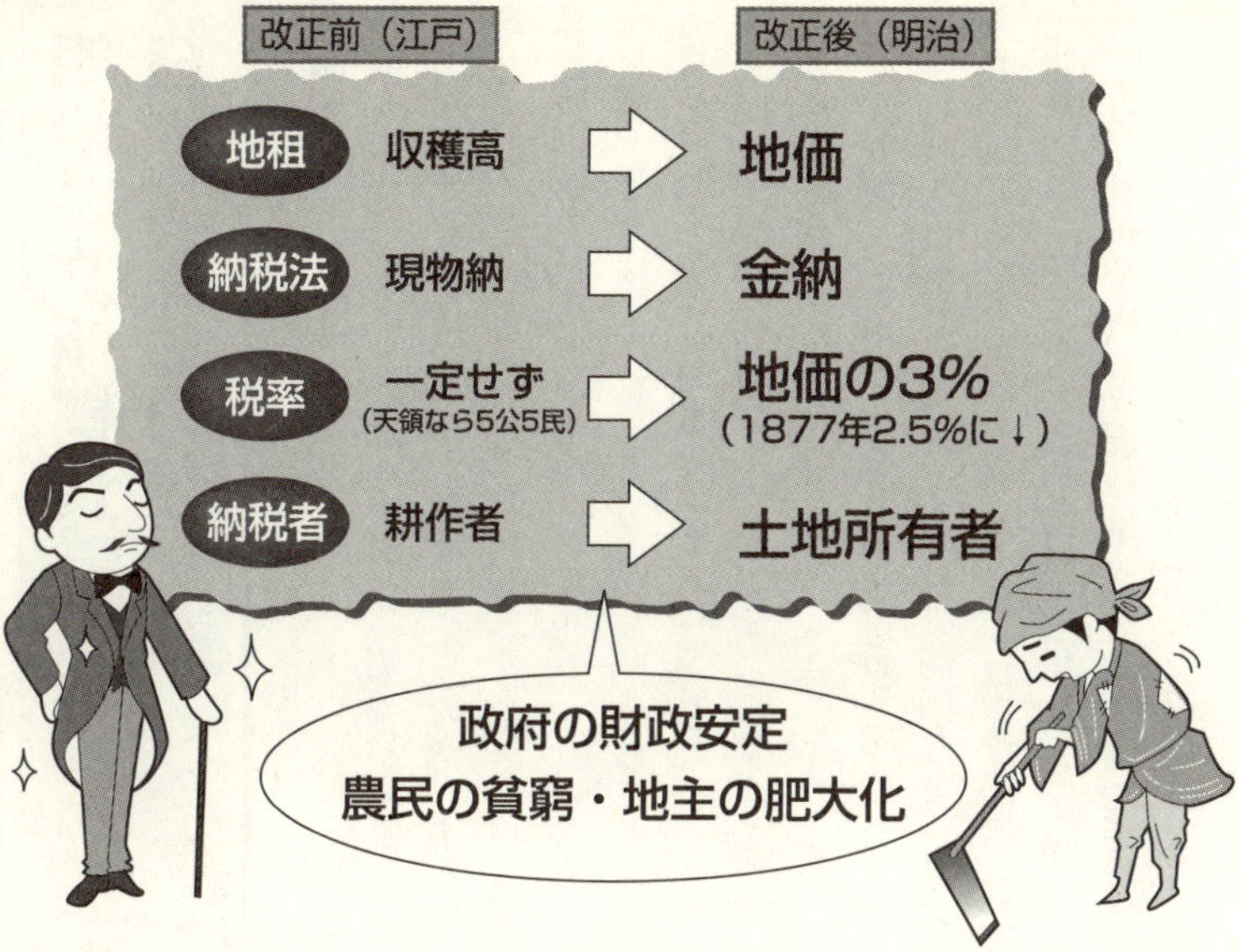

	改正前（江戸）	改正後（明治）
地租	収穫高	地価
納税法	現物納	金納
税率	一定せず（天領なら5公5民）	地価の3%（1877年2.5%に↓）
納税者	耕作者	土地所有者

もわからない商業世界に放り込まれたようなもので、商人たちのいいカモになってしまうのだ。

ちなみに、この時代の米価は常に上がっているので、地主からすれば、米よりも金で納められた方が得をする仕組みになっている。

こうしたことから、農民たちは不満を募らせ一揆をおこしたのである。茨城県や三重県での一揆はとくに大規模で、県庁、町役場や学校など、公共施設がことごとく襲われたという。

政府は、この農民一揆が全国に飛び火し、不平分子の反乱と結びつくことを恐れ、地租をそれまでの3%から2・5%に引き下げた。この政府の処置は、

「竹槍でどんと突き出す2分《ぶ》5厘《りん》」

などと皮肉まじりにいわれた。

農民は、地租改正で結果的に重税を押し付けられたことになる。この改革で中央の財政が確保され、近代国家の体裁は整ったにしろ、貧しい農民をさらにおとしめ、地主や商人、資本家といった搾取層をどんどん肥らせるという構図をつくりだしてしまったのである。

3 明治の文明開化 日本洋服ものがたり

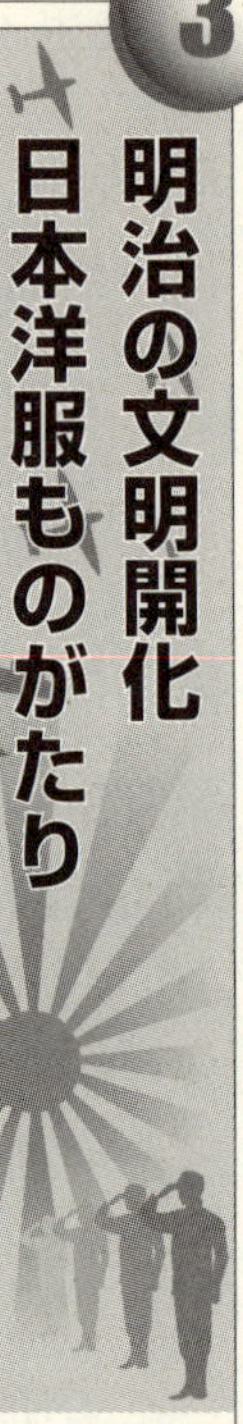

明治時代、日本の近代化を急ぐ政府は、国民を巻き込んで急速な西欧化を目指したのであった。

日本洋服史

「ザンギリ頭をたたいてみれば文明開化の音がする、チョンマゲ頭をたたいてみれば因循姑息《いんじゅうこそく》の音がする」

江戸と明治では、人々の暮らしも大きく変わった。それは近代国家を目指す、上からの変化だったにしろ、食物や習慣、思想など、様々なものが西欧化していく。中でも目に見えて変化したもの、それは服装だ。

日本人が「洋服」と初めて出会ったのは、1543年の種子島に鉄砲が伝来したときだ。そのとき、鉄砲と一緒に、洋服をプレゼントされていたのである。

それから時代は下り、ペリー来航で開国して以来、日本人も洋服にふれる機会が増え、当時は南蛮服、紅毛服、筒袖、マンテルなどと呼ばれたが、やがて洋服に定着する。長州征討、戊辰戦争を通して、機能性をとくに重視した軍服がまず洋装化していったのである。

明治に入ると、外国人の多い横浜や長崎、東京では官庁街の丸の内や銀座、外国人居留地のあった築地を中心に洋装化が始まった。まずは軍人や役人といった男性が中心で、女性はまだ和服姿が良しとされていた。女性に洋服が広まるのは、いわゆる鹿鳴館《ろくめいかん》時代である（1882〜87年、井上馨《かおる》外相が不平等条約改正のため、西欧諸国に日本文化の近代化をさかんにアピールした時代。鹿鳴館は、東京・麹《こうじ》町の社交場の名前）。新旧ごちゃまぜの時期であったから、洋服に草履《ぞうり》、下駄、もしくは裸足などという格好も珍しくない。ただし禁止令が発布されたこともあった。

政府でも本格的に洋服を導入し、1872年11月12日、「礼服には洋服を採用す」と布告している。

後の話だが、1972年には全日本洋服協同組合連合会により、11月12日が洋服記念日と定められた。

■明治の人口（1873ごろ、全人口約3,330万人）

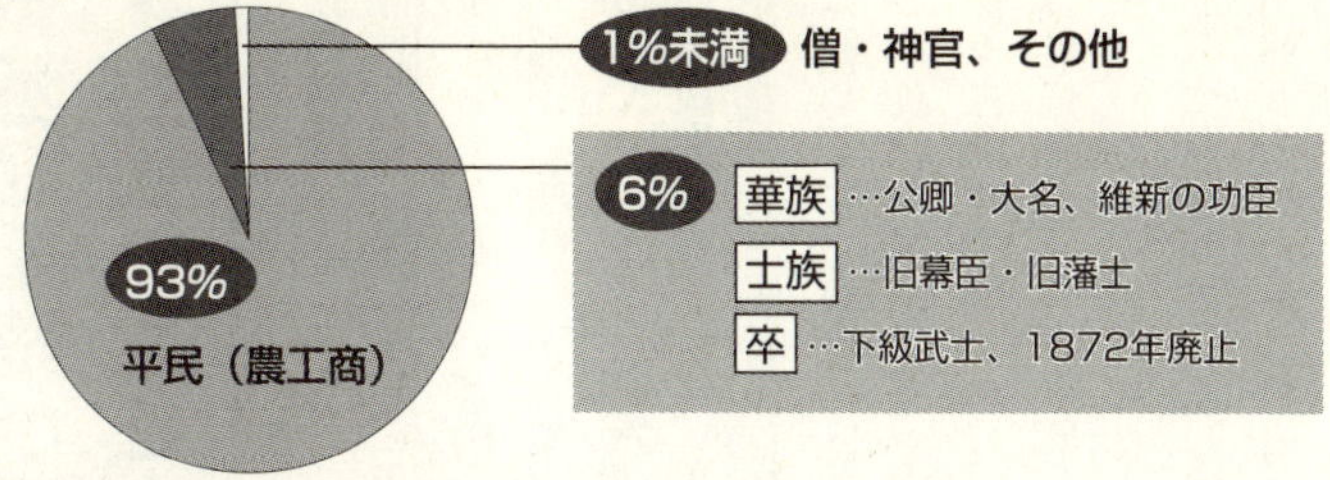
1%未満 僧・神官、その他
6%
華族 …公卿・大名、維新の功臣
士族 …旧幕臣・旧藩士
卒 …下級武士、1872年廃止
93%
平民（農工商）

■四民平等

1870 平民の苗字を許可

1871 戸籍法の公布（華族・士族・平民の3族籍）

散髪・廃刀の自由を許可（1876年、廃刀令）

平民の結婚・職業・住居の自由

解放令（穢多・非人の呼称を禁止）

さまざまな変化

明治は、江戸が東京と改称されて以降、太陽暦の採用を手始めに、自転車やこうもり傘、テーブルと椅子、ガス灯、蒸気機関車など、新しい文化が続々と輸入された。もちろん受け身だけでなく、最初に「文明開化」の言葉を使った福沢《ふくざわ》諭吉《ゆきち》は、『学問のすすめ』や『西洋事情』などで近代国家のあり方を積極的に説いている。

政府が中央集権国家の強化のために奨励したのが、教育と宗教である。1890年に発布された教育勅語《きょういくちょくご》では、「天皇への忠」と「親への孝」が道徳の2大柱とされ、とくに天皇の絶対性が強調され、国家意識を植え付けた。女性も教育を受けることはできるものの、あくまで「良妻賢母」を第一とし、男をたすけ、男に従うものと位置づけされた。

宗教も、はるか古代の神道へ戻ることを目指し、神道と仏教の合体を否定、神仏分離令《しんぶつぶんり》を出した。そして天皇を神とする神道が国教化し、「日本は神の国」という思想を政府が広く普及させたのである。

こうした国家観・天皇観は、明治・大正・昭和の終戦まで、国民の意識を支配していくことになる。

4 西郷隆盛が征韓論で主張したことは？

征韓論。西郷は、不平士族たちの活躍の場を朝鮮に求め、士族問題の解決を考えていた。

士族の問題

開国以来、「尊王攘夷」を唱えて討幕運動をしてきた志士たち。だが、いざ明治を迎えてみれば、攘夷どころか開国、西洋化する始末。「これでは幕府を倒した意味がない」という士族（元武士）たちがいた。

明治政府からすれば、幕府時代の名残である士族は、厄介者であった。家禄《かろく》を与えなければならないし、税金は納めない。政府の財政を圧迫させるだけの存在である。政府は四民平等や廃刀《はいとう》令を実行し、士族の権利を徐々に削っていった。ついに家禄もうち切られ、武芸以外に身の立て方を知らない士族の多くは、「士族の商法」のように、慣れない商売に手を出して失敗するなど、その困窮が社会問題になっていた。

当然、士族たちは政府に不満を抱く。そんな彼らの働き場を考えたのが、西郷隆盛の征韓《せいかん》論であった。

征韓論をめるぐ思惑

征韓論とは、鎖国を続ける朝鮮を武力で開国させ、日本の勢力を広げようという論だ。西郷隆盛が声高に主張したとされている。彼は、朝鮮を士族たちの活躍の場とし、不満を解消させようと考えた。

これに反対したのが、大久保利通や岩倉具視、木戸孝允である。朝鮮出兵が決まったのは、大久保らが西欧諸国へ視察旅行に出ている間であった。帰国後、彼ら反対派は、まず日本の近代化を優先させ、外交よりも内政を充実させるべきと主張した。

反対派は、征韓論自体に反対したわけではない。明治が開けたばかりのころ、朝鮮へ国交を求めた国書を送ったとき、受け取り拒否されたことがあった。朝鮮としては、「日本は攘夷、攘夷と言っておきながら、西洋化してるじゃないか。そんな国とはつきあいたくな

1873年

■征韓論をめぐる対立

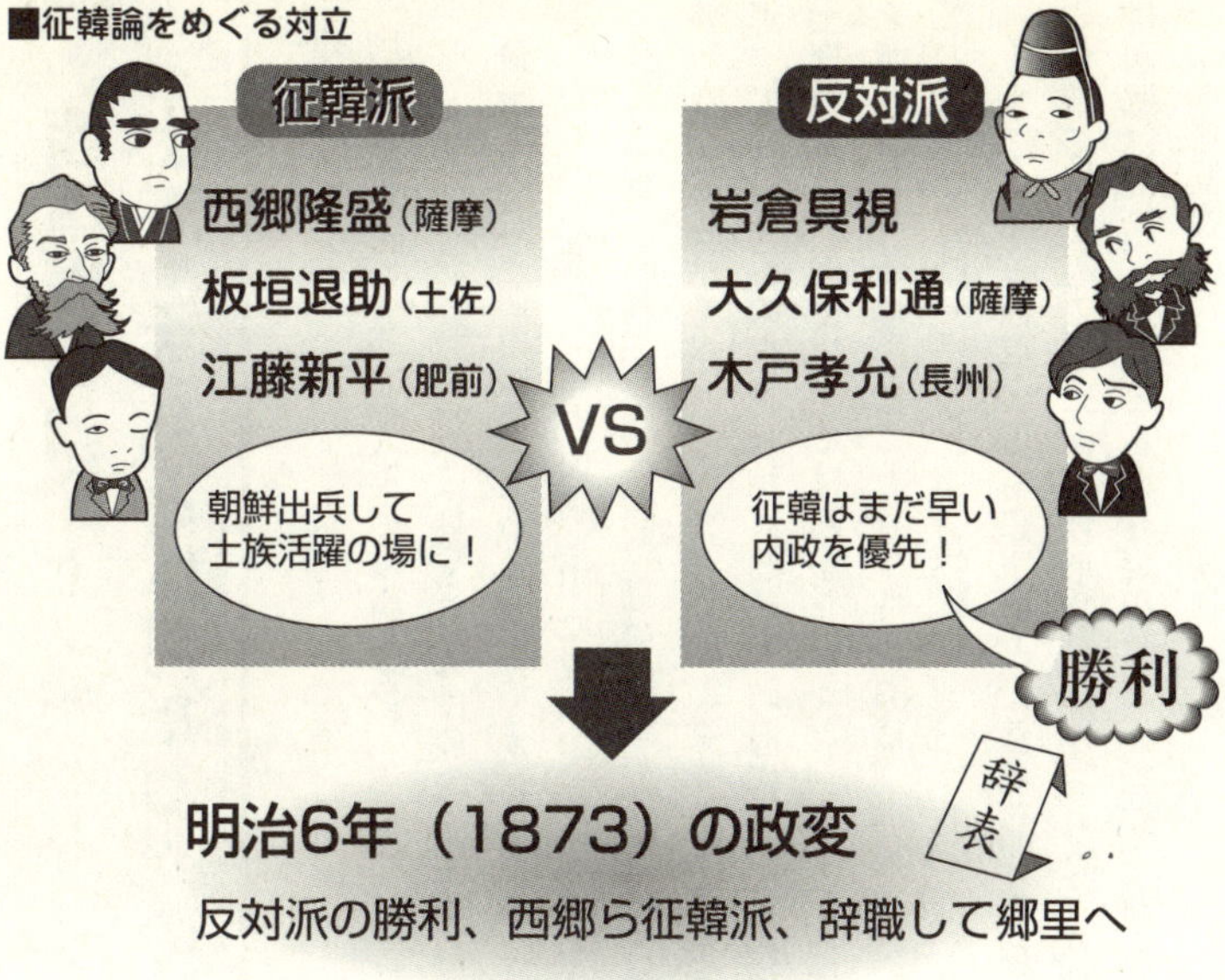

征韓派
西郷隆盛（薩摩）
板垣退助（土佐）
江藤新平（肥前）
朝鮮出兵して
士族活躍の場に！
VS
反対派
岩倉具視
大久保利通（薩摩）
木戸孝允（長州）
征韓はまだ早い
内政を優先！
勝利
辞表
明治6年（1873）の政変
反対派の勝利、西郷ら征韓派、辞職して郷里へ

い」という言い分だったのだが、木戸孝允などは、「謝罪がなければ武力で攻撃すべし」と主張したほどだ。だが、今はまだ軍事行動をおこす余裕がないし、下手をすれば外国からの借金が増えて植民地化の恐れもある。国内問題が片づいてから、事をおこせばよい。それで現段階での征韓論に反対したのである。

結局、反対派の勝利で征韓論は中止となり、これに怒った西郷は辞表をたたきつけ、板垣退助《いたがきたいすけ》、江藤新平《えとうしんぺい》といった同志とともに下野《げや》してしまった。いわゆる、明治6年（1873）の政変である。

もっとも、西郷自身が「武力で朝鮮に侵攻」と発言した史料は残っていないので、西郷は単身で武器をもたずに朝鮮へ赴き、日朝和平の交渉をしたいと考えていたという説もある。とはいえ、士族の不満を征韓論と結びつけて解決しようと考えたことは確かだろう。

西郷らの下野により、征韓論争は解決したが、士族たちの不満は解消されず、その矛先は政府に向けられた。そして不平士族たちの間では、下野した西郷を担ぎ上げて、その名の下に決起しようという気運が高まっていったのである。

5 西南戦争勃発！士族の反乱とは何だったのか？

次々と士族の乱がおこる中、西郷はあくまで平静を保った。だが、血気逸る士族たちにより、ついに最大の内乱が勃発！

士族の反乱

「雨は降る降る陣羽（人馬）は濡れる
　越すに越されぬ田原坂《たばるざか》……」

最後の内乱・西南《せいなん》戦争。その激戦地である田原坂（熊本）の戦いを歌った熊本民謡「田原坂」の一節である。

征韓論争に敗れ、故郷の鹿児島に戻った西郷隆盛《さいごうたかもり》は、優雅な隠居生活を送っていた。だが、彼を慕って後を追ってきた腹心の桐野利秋《きりのとしあき》はじめ、政府に不満を抱く士族たちは、彼を放ってはおかなかった。次々と特権を奪われ、行き場をなくした士族たちは、西郷を奉じての反乱を計画しはじめたのだ。

1874年、西郷とともに下野した江藤新平《えとうしんぺい》が故郷の佐賀で乱を起こしたが、政府軍に鎮圧された。江藤は西郷に一緒に蜂起するよう説得していたが、断られた末の挙兵だった。

2年後には熊本（神風連《じんぷうれん》の乱）、福岡（秋月《あきづき》の乱）、山口（萩《はぎ》の乱）と、士族の反乱が頻発した。これらの原因は士族の復権を求めたことが第一だが、佐賀の場合は、薩長に比べて肥前（佐賀）の政府内での立場が弱いことが要因だった。幕府制度への復帰を主張したり、民主主義を訴えるなど、士族の要求は様々だった。

ともかく、政府が最も気を配っていたのは、鹿児島で隠居生活を送る西郷の動向である。西郷が動き出す前に、何か手を打ち、ことを有利に運ぶ必要があった。

西郷、立つ

鹿児島では、不平士族が西郷のもとに集まり、逸《はや》る気持ちを抑えられないでいた。そこへ、大久保利通が送り込んだスパイが捕まり、西郷暗殺計画を自供する事件がおこった。士族たちはいきり立ち、「打倒政府」

1874～1877年

■不平士族の乱

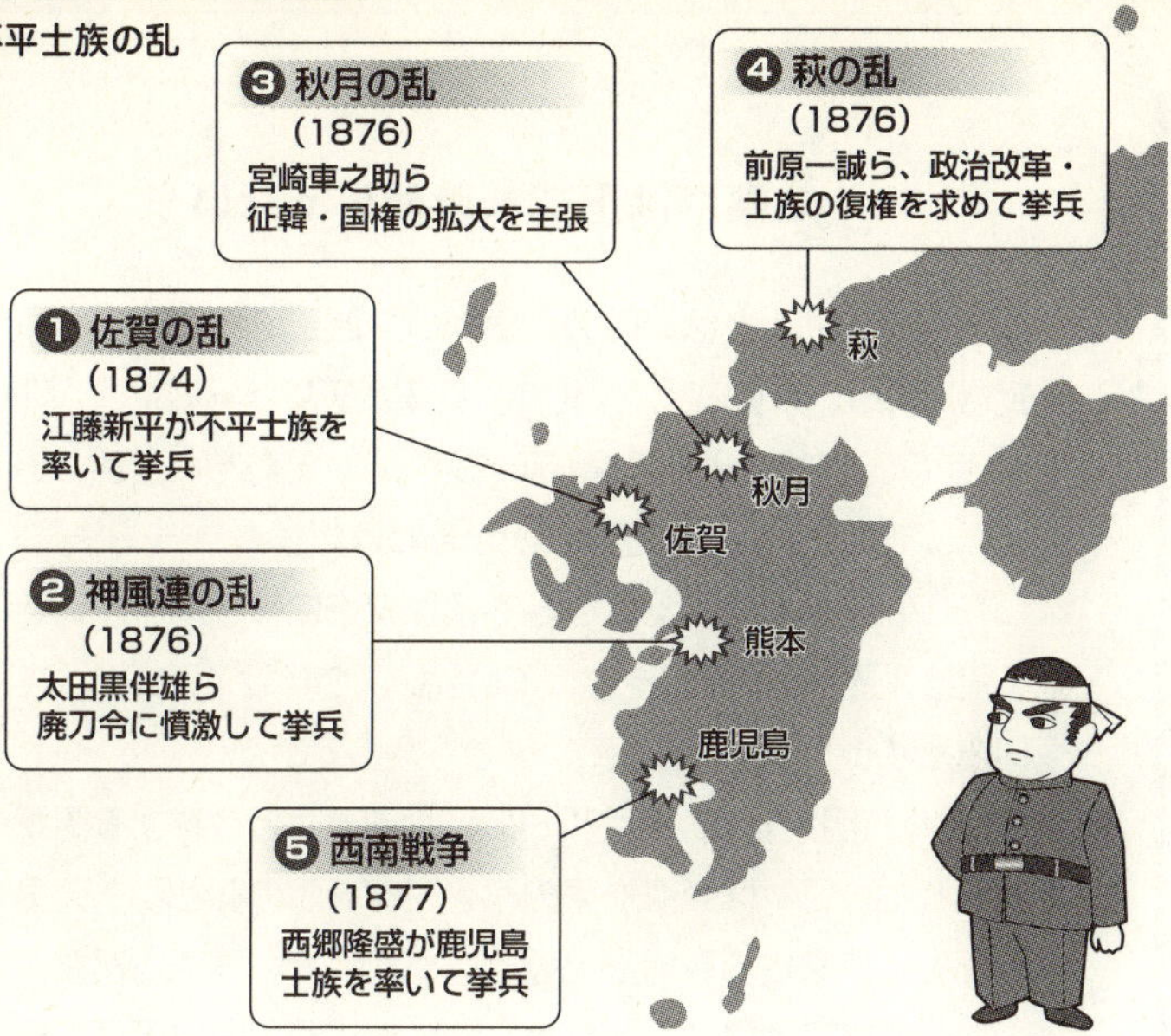

❸ 秋月の乱
(1876)
宮崎車之助ら
征韓・国権の拡大を主張
❹ 萩の乱
(1876)
前原一誠ら、政治改革・
士族の復権を求めて挙兵
❶ 佐賀の乱
(1874)
江藤新平が不平士族を
率いて挙兵
❷ 神風連の乱
(1876)
太田黒伴雄ら
廃刀令に憤激して挙兵
❺ 西南戦争
(1877)
西郷隆盛が鹿児島
士族を率いて挙兵
萩
秋月
佐賀
熊本
鹿児島

を叫ぶが、西郷はこれを抑え、東京へ談判に行くことを決めた。下手に武力蜂起をすれば、政府の思うツボなのだ。だが、士族たちが西郷をそのまま行かせるわけもなく、護衛兵をつけるといってきかなかった。

大久保ら政府は、これを鹿児島の士族の反乱とみなし、士族たちも「待ってました！」とばかりに応戦、政府の挑発に乗るかたちで、西南戦争が始まった。

この戦争は、西郷の政府への反乱と見なされた。西郷自身は最後まで戦争を避けようと考えていたが、戦が始まってしまえば、自分を慕う士族たちを見捨てることができず、総大将として戦地に向かったのである。

熊本城の戦い、田原坂の戦いと、薩摩軍は奮戦したが、敗走して鹿児島の城山にこもったところを政府軍の総攻撃を受け、ついに西郷は自刃、戦争は終結した。

一連の士族の反乱は、前述のように各々の要求が少しずつ違い、団結することがなかったため、ことごとく失敗に終わった。同時に、もはや武力で要求を訴える時代ではないという教訓を残した。それはやがて、自由民権運動などの政治運動を生み出すきっかけとなったのである。

東京は正式な首都じゃない？

「遷都《せんと》の詔勅《しょうちょく》」とは、時の天皇がいつどこに都を移すという宣言である。奈良時代（710年）に聖武天皇が平城京へ、平安時代（794年）に桓武天皇が平安京へと、それぞれ遷都の詔勅を発しており、公式に遷都が決まるわけだ。

しかし、明治維新にともなって都が東京に移ったとき、明治天皇は「遷都の詔勅」を発していない。つまり、正式に「東京に遷都する」とは宣言していなかったのである。

1868年（明治元年）7月17日、江戸を東京と改称する詔《みことのり》が発せられた。これは東京を東の都、京都を西の都とし、天皇が両都を行き来して政治を見るということで、東京に都を移すという意味ではない。ともかく、翌年10月に明治天皇の東京行幸《ぎょうこう》が実現したのであった。

京都の公家や市民は、政治の場は当然、京都に戻ると思った。だが政府首脳は、イメージ一新のため、また260年の長期政権を支えた旧江戸に着目し、東京への遷都を考えていたのである。政府は、天皇の東京行幸を機に、そのままそこに皇居をつくり、東京に政治機構を確立してしまったのである。

現在に至るまで、東京を首都とする法令も政令も発せられていない。今も「京都が日本古来の首都で、東京の皇居は別荘、実家は京都御所だ」と考える人もいるそうだ。

洋行経験者の西南戦争

薩摩藩士・村田新八《むらたしんぱち》は、西郷隆盛《さいごうたかもり》の片腕として明治維新に貢献した人物である。維新後は西郷・大久保利通《おおくぼとしみち》の推薦で、明治天皇を補佐する宮内大丞《くないだいじょう》に就き、1871年に岩倉遣欧使節《いわくらけんおうしせつ》団の一員として、西欧諸国へ渡航した。新しい時代の政治を担うべき人物として、周囲の期待を背負っていたのである。

だが、新八が帰国すると、西郷は征韓論《せいかんろん》に敗れて下野した後だった。西欧視察で列強の脅威を体感した彼は、征韓論には反対の立場であったが、苦渋の末、兄と慕う西郷のあとを追って辞職し、故郷の鹿児島へ戻った。士族の暴発を抑えるため、また、海外視察の経験を活かし、来るべき議会政治に備えて野党勢力を養成する狙いもあった。彼は、決起をはやる薩摩士族たちの中で最後まで挙兵に反対していたのである。

だが、ついに西南戦争が勃発すると、新八は大隊を指揮し、西郷に従って戦った。その服装は、フロックコートを羽織ったハイカラ姿であったという。戦いの中で息子を失い、自らも西郷とともに自刃して果てた。享年40歳。

勝海舟《かつかいしゅう》は「彼は暴徒にあらず、大久保利通に次ぐ傑物なり。惜しいかな、雄志を抱きながら、不幸にして賊名を負うとは……」と、新八の死をたいへん悼んでいる。

薩摩の同志たちよ、
暴発してはいけもはん

6 言論の時代到来！自由民権運動の隆盛と衰退

国会開設を求め、自由民権運動がはじまった。全国へ波及し隆盛を極めるが、過激事件へ変貌し、やがて衰退していく。

公平な議会政治を

明治が開けて7年。政府中枢は薩長土肥（鹿児島・山口・高知・佐賀）出身の「維新の功臣」が占め、様々な近代改革を強引に行ってきた。だが、西洋の自由・平等思想が一般に伝わるようになると、これら政治閥、とくに薩長の独占政治への批判が高まるようになった。

いわゆる自由民権運動《じゆうみんけんうんどう》の口火を切ったのは、1874年の板垣退助・後藤象二郎《しょうじろう》・江藤新平らが政府に提出した「民撰議院《みんせんぎいん》設立の建白書」だ。前年に征韓論争で敗れて下野した板垣らは、民撰議院＝国会の開設を求めて、政府に対抗したのである。

この直後、江藤が佐賀の乱をおこして刑死したのをはじめ、士族の乱が続くが、すべて鎮圧された。これらの結果、「これからは言論で反抗する時代だ」という認識が広がり、自由民権運動がいよいよ盛んになった。

自由民権運動の変容

士族の乱と並行して、高知では板垣らが立志社《りっししゃ》を立ち上げ、以後西日本を中心に各地で政治結社が続々と結成され、北海道から鹿児島まで、その数なんと200を越えるほどになっていた。立志社は組織を拡大して愛国社《あいこくしゃ》、さらには国会期成《こっかいきせい》同盟へと発展し、政府に建白書を提出して国会設立を訴えた。

この事態に対し、政府は集会条例を出して言論・集会・結社を厳しく取り締まる一方、内部でも対立がおこっていた。伊藤博文《いとうひろぶみ》ら薩長閥は、「国会開設はまだ早い」と見送る方針だが、肥（佐賀）閥の大隈重信《おおくましげのぶ》はこれに反対、「民声に応じてすぐに開設を」と主張した。

そこで伊藤らは大隈を罷免し、専制を固めた上で、「10年後の1890年には国会を開設する」と約束した。「明治14年の政変」といわれるクーデターである。

1874〜1890年

■自由民権運動

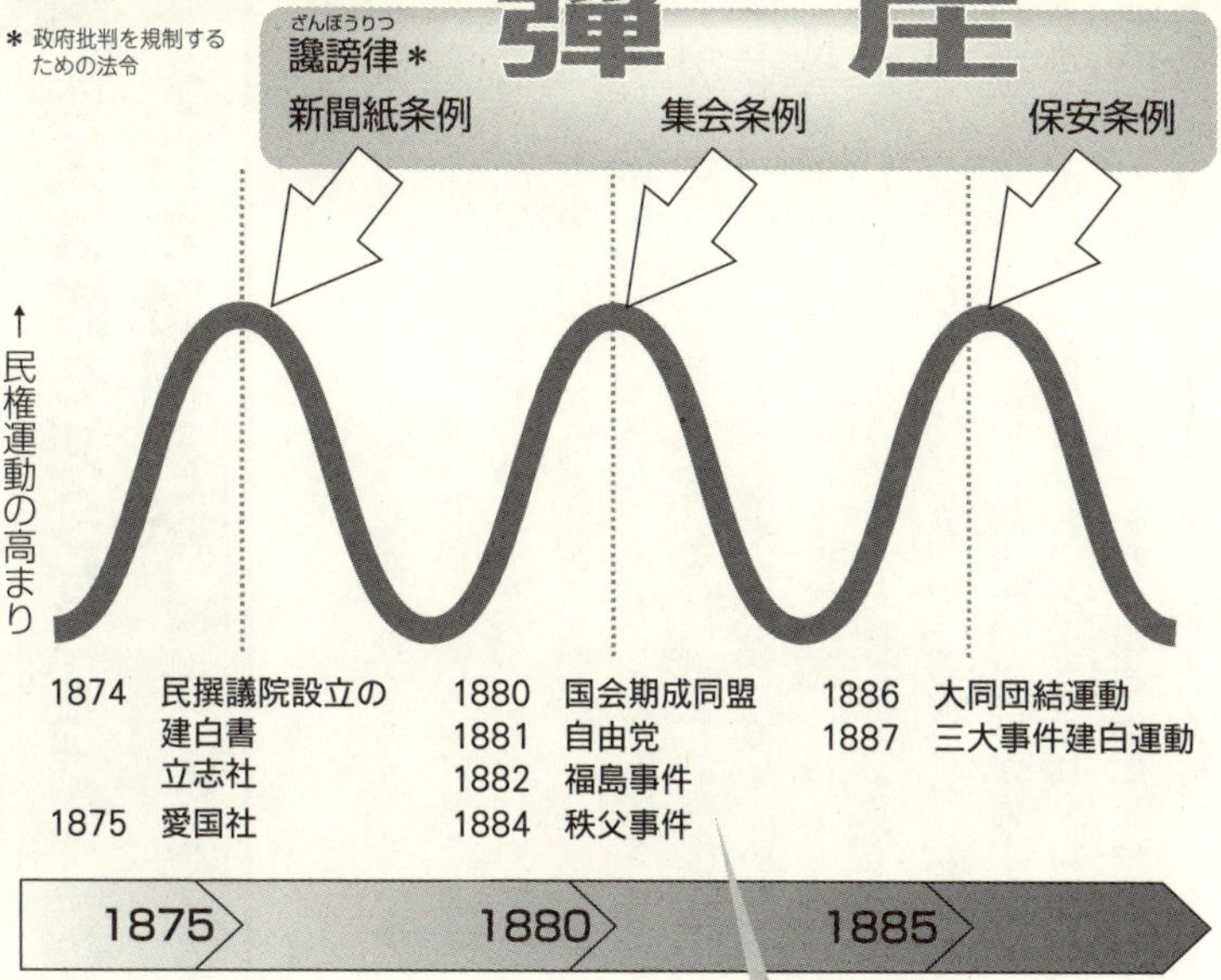
＊ 政府批判を規制するための法令
弾圧
讒謗律《ざんぼうりつ》＊
新聞紙条例
集会条例
保安条例
民権運動の高まり
1874 民撰議院設立の建白書
立志社
1875 愛国社
1880 国会期成同盟
1881 自由党
1882 福島事件
1884 秩父事件
1886 大同団結運動
1887 三大事件建白運動
1875
1880
1885

過激事件 他にも高田事件、群馬事件、加波山事件など

福島事件	土木工事の強制に対し、農民や自由党員が蜂起 自由党弾圧の好機として党員を逮捕・投獄
秩父事件	借金・租税に苦しむ農民の武力蜂起 軍隊により鎮圧

板垣
死すとも
自由は
死せず！

この後も、政府はアメとムチ政策で、緩和と弾圧を繰り返して民権運動に対処した。

一方、板垣らは、国会開設に備えて自由《じゆう》党を立ち上げ、野に下った大隈も立憲改進《りっけんかいしん》党を成立、共に政党のさきがけとなった。

士族レベルで始まった自由民権運動だったが、その後は次第に豪農、小作（貧農）へ広がり、民衆運動へと進化していった。だが、国会開設による開かれた政治改革を目指した当初の要求に加え、減税、徴兵反対、革命などが叫ばれるようになった。さらには、暗殺・テロまで出現するなど、運動は本来の性格から離れ、暴動にまで発展したあげく、やがて衰退していったのである。

7 民衆は誰も知らなかった大日本帝国憲法！

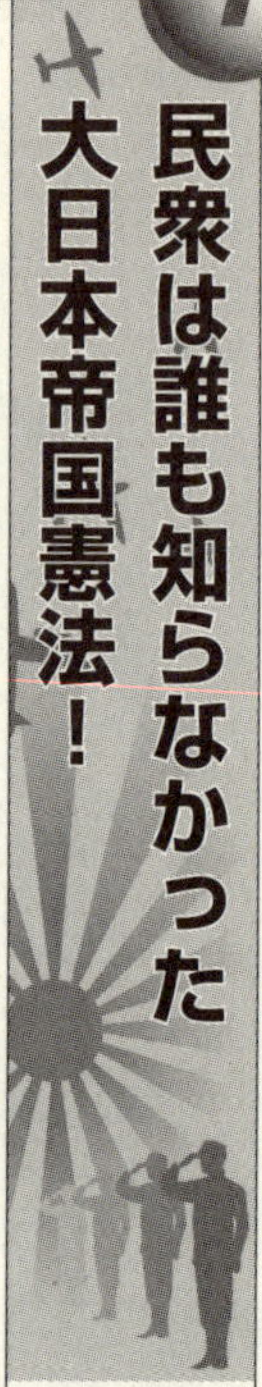

東京中はお祭り騒ぎ、華々しい明治憲法発布の当日。だが、民衆にはその内容は知らされていなかった……。

明治憲法発布

「東京全市は、十一日の憲法発布をひかえて、その準備のため、言語に絶した騒ぎを演じている。到るところ、奉祝門、照明、行列の計画。だが、こっけいなことには、誰も憲法の内容を御存知ないのだ」

ドイツ人医師ベルツの日記である。彼は、1889年（明治22）2月11日、大日本帝国憲法《だいにほんていこくけんぽう》（明治憲法）発布でお祭り騒ぎの東京を、冷ややかな目で見ていた。

国民の間には、

「今日は、お上から絹布《けんぷ》の法被《はっぴ》（上着）が下される！」

とのうわさが広がり、アジア初の「憲法」を「絹布」と間違える人までいるという始末で、憲法が何かなど全く知らなかった。また政府も、あえてそれを知らしめようとはしなかった。天皇中心の国家支配を合法的にするための、秘密的な憲法にすぎなかったのである。

憲法の内容

この憲法は、岩倉具視、伊藤博文が主導して、ドイツの帝政を倣《なら》ってつくりあげたものだ。戦争、講和、条約、憲法改正、議会の開閉など、天皇はあらゆる権限を持ち、内閣から独立した絶対権力者として位置づけされた。この憲法自体が、「天皇から下々（国民）に下される」という欽定《きんてい》憲法の形式をとっているのだ。

自由民権運動で約束した国会は、衆議院と貴族院の2院制を敷き、衆議院議員の決定に選挙が採用されたとはいえ、納税額により選挙権が制限された。驚くべきことに、選挙権を持てたのは国民のわずか1％だったのである。もちろん、女性に選挙権はない。

政府は、天皇絶対主権の国家を作り上げておきながら、その内容を国民から隠すようにして、ただ「ありがたい大日本帝国憲法」として発布したのである。

1889年

■大日本帝国憲法のしくみ

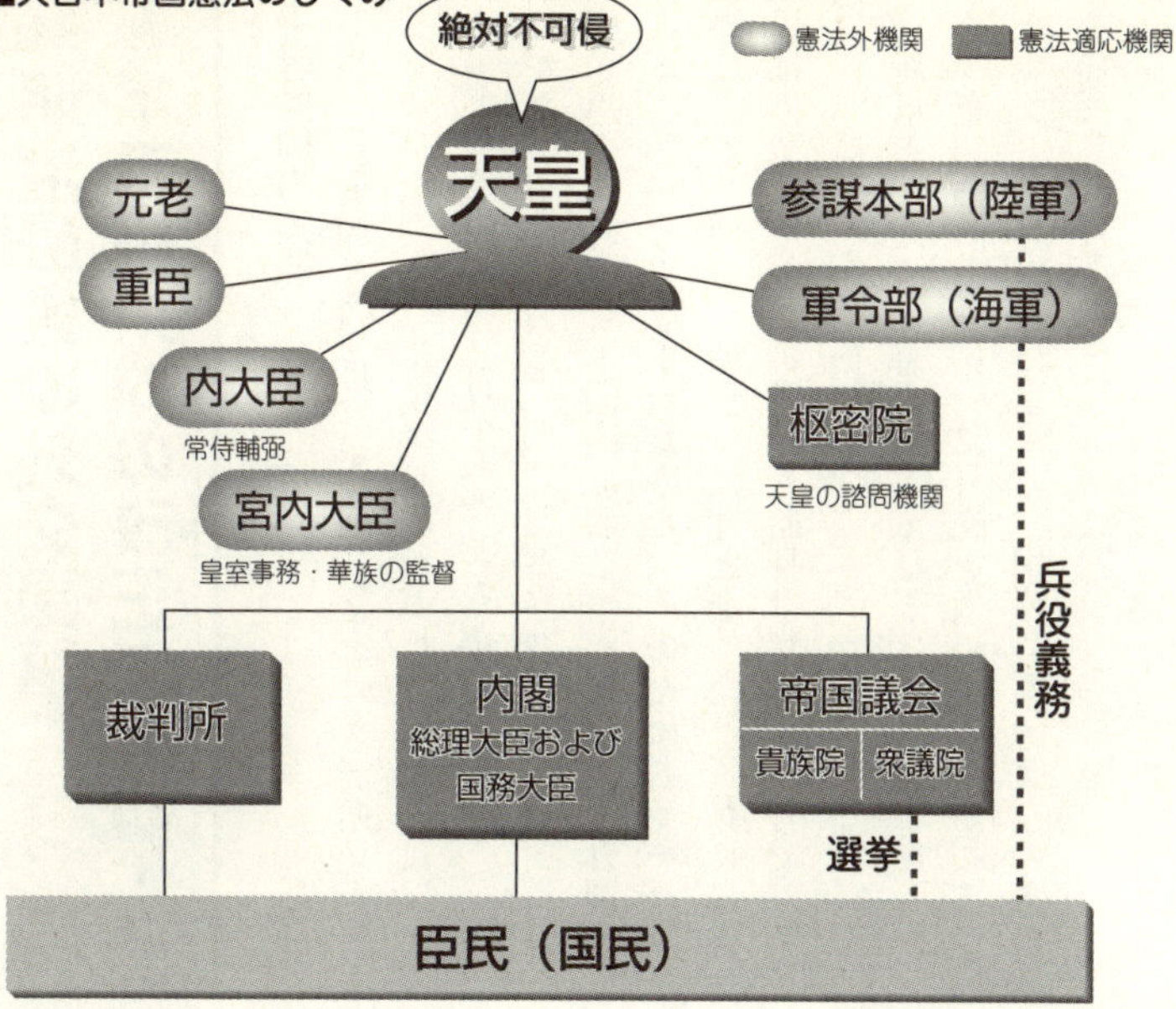

絶対不可侵
憲法外機関
憲法適応機関
天皇
元老
重臣
内大臣
常侍輔弼
宮内大臣
皇室事務・華族の監督
参謀本部（陸軍）
軍令部（海軍）
枢密院
天皇の諮問機関
兵役義務
裁判所
内閣
総理大臣および
国務大臣
帝国議会
貴族院
衆議院
選挙
臣民（国民）

■大日本帝国憲法と日本国憲法

昔は
ドイツ憲法を
ならったんだね

現在は…

欽定憲法 ⇨ 協定憲法

天皇が臣民に与える憲法

天皇主権 ⇨ 国民主権

国家元首・神格化・絶対不可侵

貴族院・衆議院の2院制 ⇨ 参議院・衆議院

選挙は衆議院のみ
（有権者は全人口の1.1%）

国民に兵役義務

統帥権の独立

⇨ 恒久平和
戦争放棄

軍隊の指揮統率権
内閣や議会は軍に関与できない
のち、軍部の独走へ……

憲法改正は天皇に発議権 ⇨ 国会の発議、国民投票

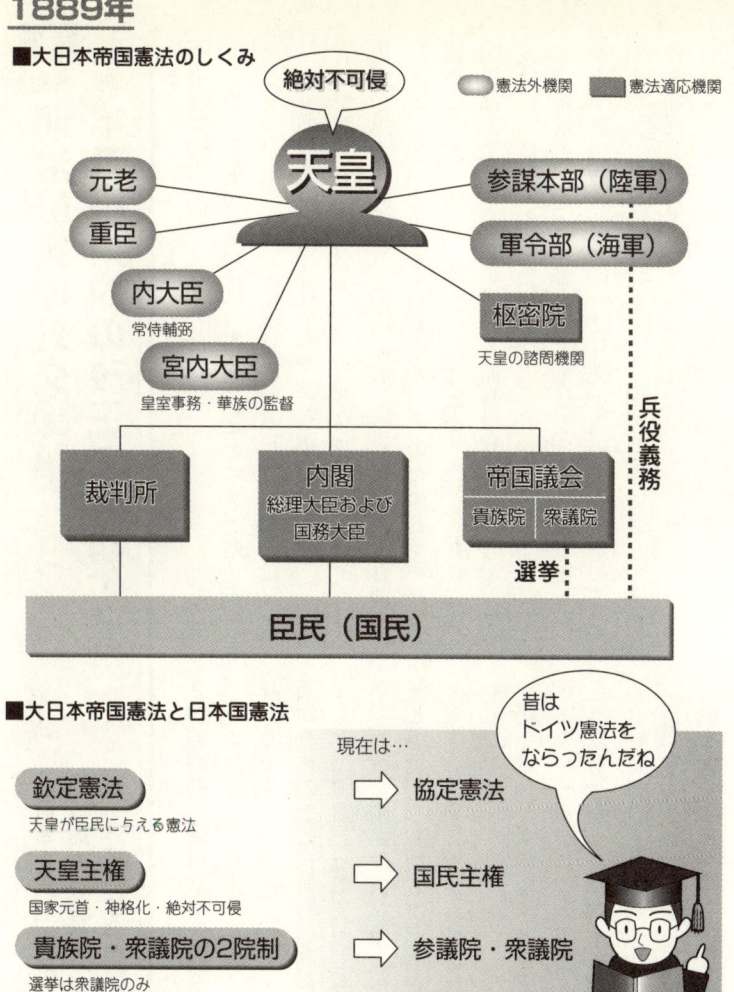

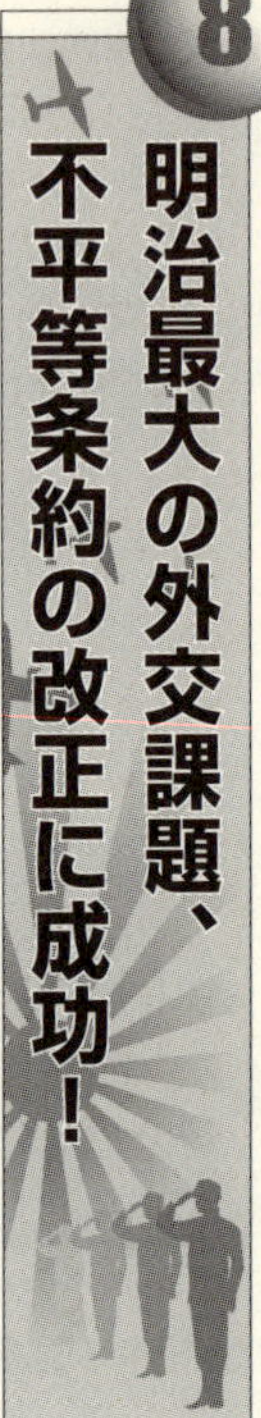

8 明治最大の外交課題、不平等条約の改正に成功！

「日本人乗船客全員死亡」が、国民に不平等条約解消の必要を痛感させた。そして、外相たちの奮闘が続けられる……。

不平等条約の実態

1886年10月24日、紀州沖でイギリス商船ノルマントン号が沈没し、船長はじめイギリス人乗組員は全員ボートで無事脱出、日本人客23人が全員溺死という、信じがたい事件がおこった。だが当時は条約上、治外法権が適用され、日本国内でおこった事件でも外国人を裁くことができなかったのだ。そのため、イギリス領事による裁判で、船長は無罪となった。これに日本国民は憤激したが、再審でも船長は禁錮3ヶ月で、賠償はいっさいなかったのである。

維新以来、政府は幕末に英米仏などの列強と結んだ不平等条約の解消を第一に外交を進めてきたが、このノルマントン号事件によって、国民も条約改正の必要性を痛感したのである。

2つの課題～治外法権と関税自主権～

ノルマントン号事件がおこったとき、外相は長州出身の井上馨《かおる》で、欧化政策のまっ最中だった。これは、条約改正のために西欧の制度や生活様式を模倣し、日本を近代国家として認めてもらおうという政策だったが、西欧諸国からは「猿マネ」と見なされ、国内でも厳しい批判をあびるなど不評であった。その上、ノルマントン号事件でさらに非難を浴び、井上は辞任に追い込まれた。

後を継いだ大隈重信《おおくましげのぶ》は、大審院に外国人判事を起用するという条件でアメリカ・ドイツ・ロシアと条約改正に成功した。だが、イギリスの新聞「ロンドンタイムズ」に外国人判事の起用が暴露されると、国内でも「代償付き条約改正」に反対する声があがった。大隈は、過激右翼のテロに遭い、片足を失って失脚した。

1858〜1911年

■不平等条約改正の流れ

2大不平等項目
- ■関税自主権がない（関税の決定ができない）
- ■治外法権（外国人を日本で裁けない）

1872 岩倉具視	最初の交渉（岩倉遣欧使節団）
1878 寺島宗則	アメリカと関税自主権の回復交渉
1882〜87 井上馨	極端な欧化政策（鹿鳴館時代） 外国人判事・内地雑居を条件としたため国内から反対 ノルマントン号事件
1888〜89 大隈重信	大審院に外国人判事採用を条件としたことがイギリス新聞で暴露 右翼のテロに遭い辞任
1891 青木周蔵	日本に好意的なイギリスと交渉 大津事件で辞任
⋮	
1894 陸奥宗光	イギリスと日英通商航海条約 列強との治外法権の撤廃に成功
1911 小村寿太郎	アメリカと交渉　条約改正の完了 列強との関税自主権の回復に成功

これを継いだ青木周蔵《しゅうぞう》は、無条件での条約改正を目指し、当時ロシアの進出を快く思っていなかったイギリスと交渉を進めたが、大津《おおつ》事件（巡査が、来日したロシア皇太子に斬りつけた事件）のために頓挫《とんざ》した。

不平等条約の2大懸案の1つ、列強の治外法権撤廃に成功したのは、次の陸奥《むつ》宗光《むねみつ》である。彼は他にも、相互の最恵国《さいけいこく》待遇、税権の一部回復にも成功している。

さらに、日露戦争後に小村寿《こむらじゅ》太郎《たろう》が列強との交渉で関税自主権の回復を勝ち取り、不平等条約は全て解消され、日本は真の独立国として世界に認められたのである。幕末の条約調印から、実に53年後のことであった。

9 日清戦争の勝利はロシアとの戦いの始まり！

日本近代史で初めての対外戦争、それが日清戦争だ。帝国主義に仲間入りした日本の前に、ロシアの影が立ちふさがる。

中国との戦い

「眠れる獅子」

日清《にっしん》戦争後、西欧列強が中国を分割支配していたころ、弱体しきった中国はこう呼ばれていた。

日清戦争は、日本近代史上初めての対外戦争である。有史以来、日本にとって中国は常に先進国であった。だが、１８４２年にアヘン戦争でイギリスに負けてからは、中国清王朝は急速に衰退し、西欧列強の支配を受け、先進国としての威光は色あせていったのである。

明治時代、日本は朝鮮に侵略の手をのばし、清は従来通り朝鮮を属国と考えていた。１８９４年、朝鮮で農民による反乱がおこると、日清共同で出兵、鎮圧にあたるが、やがて朝鮮の支配をめぐって日清間で武力衝突がおこり、日清戦争の開始となったのである。

戦況は日本優勢で進み、日本の勝利で終結した。

次なる敵の登場

１８９５年、山口の下関で日清戦争の講和条約が結ばれた。いわゆる下関条約の内容は、朝鮮の独立、中国の遼東《りょうとう》半島・台湾・澎湖《ほうこ》列島を日本へ割譲、賠償金２億両《テール》（３億１０００万円）の支払い、蘇州《そしゅう》・杭州《こうしゅう》・沙《さ》市《し》・重慶《じゅうけい》の開港であった。

だが、ロシア・ドイツ・フランスがこれに干渉してきた。日本の中国侵出を警戒した3国は、手を結んで遼東半島を中国に返還するよう求めてきた。ロシアが、ここを中国進出への足がかりにするためであるのは明白だったが、当時の日本には大国ロシアと戦える力はない。悔しいが、言うことを聞くしか道はなかった。

この一件以降、「臥薪嘗胆《がしんしょうたん》」（敵を討つため今は苦労して力をつけよう）が日本国民の合い言葉となり、ロシアとの戦いはこのときから始まったのである。

1894年

■日清戦争後の中国分割

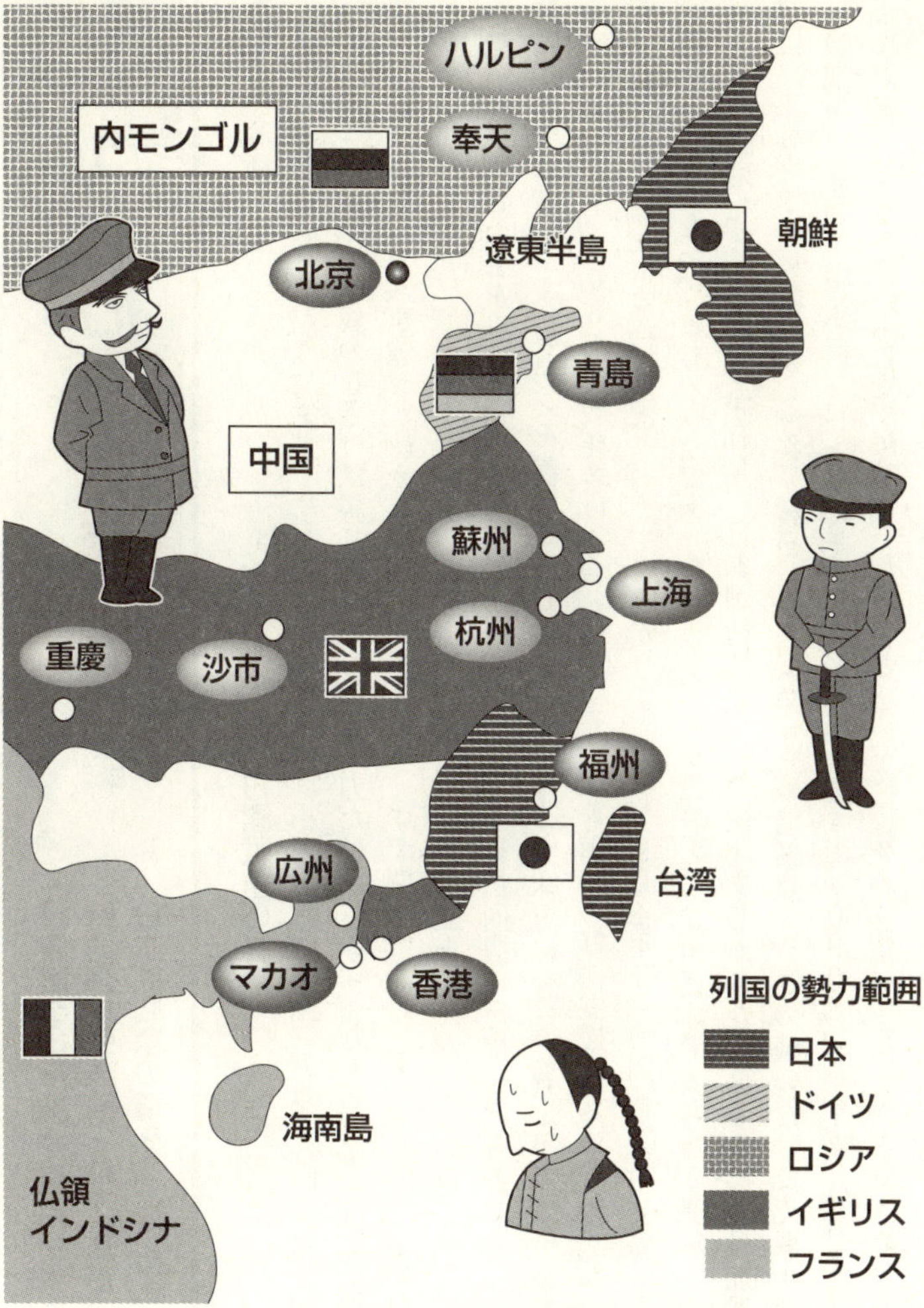
ハルピン
内モンゴル
奉天
朝鮮
遼東半島
北京
青島
中国
蘇州
上海
杭州
重慶
沙市
福州
台湾
広州
マカオ
香港
海南島
仏領
インドシナ
列国の勢力範囲
日本
ドイツ
ロシア
イギリス
フランス

※アメリカは列強中でも中国進出が遅れていた。

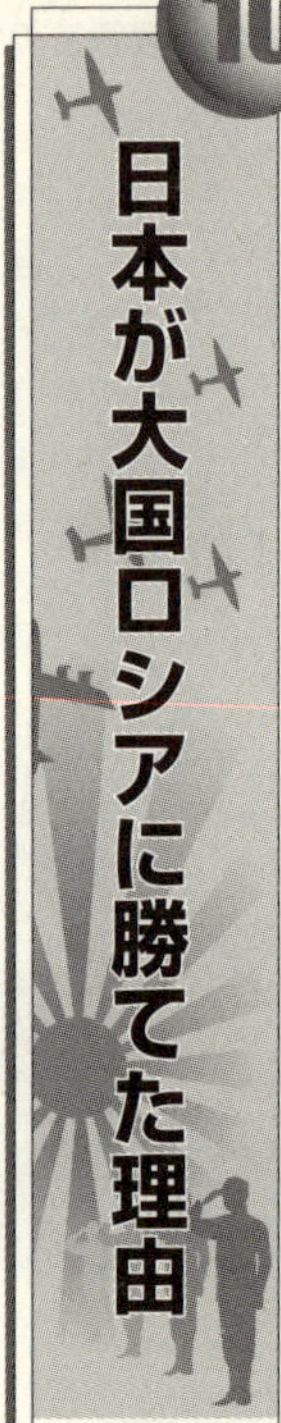

10 日本が大国ロシアに勝てた理由

日露戦争は、外交努力が実を結んだ「一時的勝利」であった。だが、これを機に日本は戦争の道を歩み始める。

朝鮮をめぐる利権

「ああ弟よ　君を泣く　君死にたもうことなかれ
末に生まれし君なれば　親のなさけは勝りしも
親は刃をにぎらせて　人を殺せと教えしや
人を殺して死ねよとて　二十四までを育てしや……」

日露《にちろ》戦争に従軍した弟を思う与謝野晶子《よさのあきこ》のこの歌は、反戦歌として当時センセーションを巻き起こした。この戦争は、動員兵力１０８万、戦死者は8万を越え、負傷者16万、投入した軍費17億円という、日本が今までに経験したことのない、苦しい戦争であった。

ロシアは中国東北部の満州《まんしゅう》を保有し、日本が利権を持つ韓国（１８９７年に朝鮮から改称）を狙っていた。日本は韓国を生命線と主張し、ロシアの手に渡れば、そのまま南下して日本侵攻の足がかりとされることを恐れた。その前に、ロシアを叩かなくてはならない。

日露戦争の経過

小国日本が大国ロシアに勝てた要因は、国力や軍事力だけではない。むしろ、その周到な外交力にあった。

まず開戦直前に、ロシアの南下を警戒するイギリスと日英《にちえい》同盟を結んだ。これは、ロシアがフランスと結んだ露仏《ろふつ》同盟に対抗したものである。イギリスとアメリカを味方につけ、資金不足は借金で補うなど、戦争中も両国の経済支援を受けることができたのである。

１９０４年2月の開戦以来、戦況は予想通り厳しかった。とくに、乃木希典《のぎまれすけ》将軍が指揮した２０３高地の戦いは凄まじかった。２０３高地は旅順口《りょじゅんこう》を見下ろせる戦略拠点で、この戦いだけで死者１万５４００、負傷者４万４０００という膨大な犠牲者を出したのである。

決死の突撃で、何とか２０３高地を陥落させた日本陸軍は旅順攻略に成功した。その後、海軍がバルチッ

1904～1905年

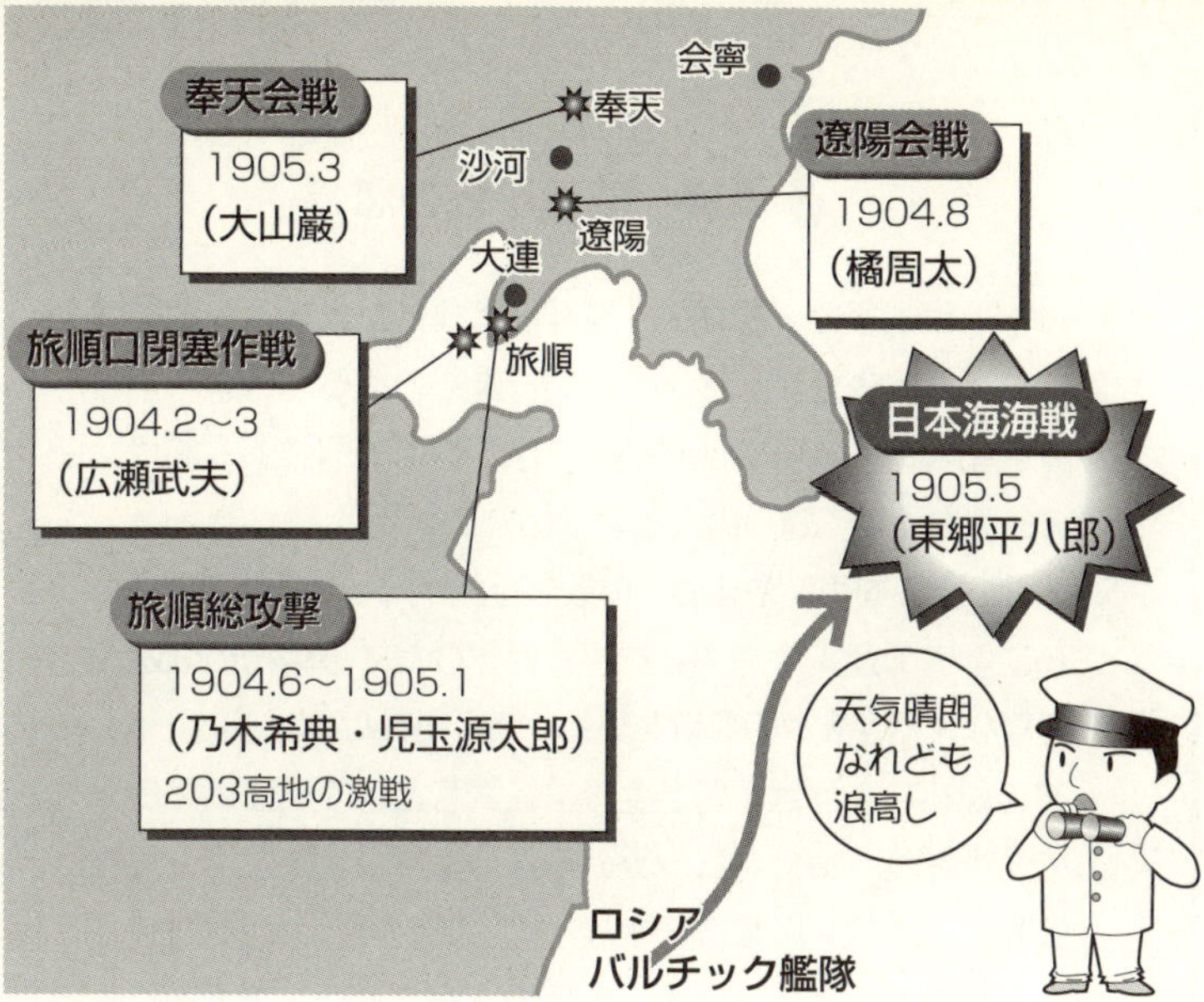

会寧
奉天会戦
1905.3
（大山巌）
奉天
沙河
遼陽
遼陽会戦
1904.8
（橘周太）
大連
旅順
旅順口閉塞作戦
1904.2～3
（広瀬武夫）
日本海海戦
1905.5
（東郷平八郎）
旅順総攻撃
1904.6～1905.1
（乃木希典・児玉源太郎）
203高地の激戦
天気晴朗
なれども
浪高し
ロシア
バルチック艦隊

ク艦隊を迎え撃ち、日本海海戦に勝利した。

同時に、ロシア国内では革命がおこり、日本との戦争に大軍を投入する余裕を失っていた。これをチャンスと見た日本政府は、友好国であるアメリカに仲介を頼み、何とか和平に持ち込んだのである。

1905年9月、アメリカで結ばれたポーツマス条約で、日本は韓国や遼東半島の利権を獲得したものの、賠償金は得られなかった。日露戦争の勝利が、一時的なものであると承知の政府首脳にとっては、予想通りの成果であった。ロシアがもしその気になれば、到底勝てる相手ではないのだ。だが、事情を知らされない国民は、増税・徴兵に堪え忍んだにもかかわらず賠償金がないことに憤慨、講和条約調印の当日には、日比谷焼き打ち事件がおこり、暴動が続いた。

日露戦争は、アジアの小国が大国ロシアに勝利したことで植民地各国に希望を与えたが、日本自身が国力を過大評価し、その後の軍国主義へ突き進むきっかけとなってしまった。世論は、日露戦争の勝利を「完全な勝利」と勘違いし、政府や軍部がそれを利用して、その後も国民を戦争へと駆り立てていったのである。

軍神・広瀬中佐の恋

日本近代戦争で、初めて「軍神《ぐんしん》」となった人物は、帝国海軍の広《ひろ》瀬《せ》武《たけ》夫《お》少佐（死後、中佐に昇進）である。日露戦争の旅順閉塞《りょじゅんへいそく》作戦で、沈没間近の船内で行方不明の部下を探し続け、敵の砲弾を受けて還らぬ人となったのである。

広瀬の部下を思いやる心、勇敢な行為が人々の感動を誘い、さらに柔道の達人で酒や女を遠ざけ、ひたすら職務には励んだ実直な人柄が人々の尊敬を集め、讃えられたのだった。

彼の純朴な人柄は、留学生・駐在武官として赴任したロシアでも愛されていた。ロシアの自然や文学、人々に深く触れた広瀬は、いくつかのロシア家族と親しく付き合うようになり、ロシア海軍コヴァレフスキー少将の次女でアリアズナという貴族の娘と恋におちる。

アリアズナは積極的な娘で、周囲のロシア青年にはない広瀬の強く誠実な人柄に惹かれていった。だが、2人の幸せな時間は短く、広瀬に帰国命令が下る。別れ際、彼はアリアズナにプーキシンの詩と自作の詩を数首贈っている。

その後、2人が再会することはなかった。皮肉にも、日露戦争により祖国同士が戦う悲劇に見舞われたのである。広瀬は壮絶な死を遂げ、それは敵国ロシアにも伝わった。アリアズナはじめ、彼を愛した人々は大いに嘆き悲しんだのである。

世界に感動を呼んだ佐久間艇長

1910年（明治43）4月15日、広島湾沖で潜水訓練中の潜水艇が沈没する事故が起きた。艇長の佐《さ》久《く》間《ま》勉《つとむ》海軍大尉以下、乗組員13人全員が窒息死する痛ましい事故である。

引き上げられた佐久間艇のハッチを開けた瞬間、人々は驚愕した。沈没事故では、乗組員たちが助かろうとハッチに殺到し、遺体が密集するのが常だった。乱闘のあとも珍しくない。

だが、佐久間艇の乗組員たちは違った。艇長の佐久間は司令塔で指揮をとるままに絶命し、舵取はハンドルを握ったまま、乗組員たちは各々の持ち場で息絶え、取り乱した様子が無かったのである。さらに驚くべきことに、佐久間は苦しい息の中で、39頁もの遺書を手帳に書き残していた。

遺書には、まず部下を死なせたことを謝り、部下が最期まで任務を尽くしたこと、この事故を将来活かすため沈没の原因とその後の処置について記されていた。最後に天皇に対して、部下の遺族が生活に困らないよう懇願していたのである。

この事件は、国内だけでなく欧米各国でも、新聞や雑誌が大きく取り上げ、日本人の勇姿を讃えた。また、各国の駐在武官は海軍省を訪れて弔意を表明し、日本全国から義《ぎ》捐《えん》金が集められ、明治天皇からも遺族に見舞い金が届くなど、異例の措置がとられた。佐久間ら乗組員の姿は、世界中に感動を与えたのである。

軍医・森鷗外の失態

『舞姫』や『高瀬舟』で有名な明治の文豪・森鷗外は、本名を林太郎《りんたろう》といい、陸軍軍医総監という軍医の最高峰まで上りつめた人物である。この林太郎が日露戦争に従軍したとき、彼の生涯で最も大きなミスを犯した。将兵の間で大流行した、脚気《かっけ》の対処についてである。

脚気とは、足がむくれて動けなくなり、最悪死にいたる病気である。その原因はビタミンB1不足で、現在ではほとんど絶えた病気だが、当時は伝染病とも疑われた原因不明の恐るべき病だった。帝国海軍では研究の結果、白米中心の食事が原因と考え、将兵に麦飯を供給するなどの対処をしていた。

陸軍軍医の林太郎は、「脚気は細菌による伝染病であり, 麦飯が効くなど迷信だ"。日本人なら伝統ある白米を食べるべきだ！」と猛烈に反対し、帝国陸軍は白米中心の食事を貫いた。だが不幸にも、この白米中心の食事こそ、脚気予防に必要なビタミンＢ１不足の原因だったのである。

結局、日露戦争に出兵した約100万人中、25万人が脚気患者で、うち2万7000人が死亡、そのほとんどが陸軍将兵だった。脚気の原因がビタミンB1不足であったことが正確に判明したのは、林太郎の死後であった。

夏目漱石と日露戦争

以下は、夏目漱石の小説『三四郎』の一場面である。

「どうも西洋人は美しいですね」と云った。

三四郎は別段の答も出ないので只はあと受けて笑っていた。すると髭の男は、

「御互は憐れだなあ」と云い出した。「こんな顔をして、こんなに弱っていては、いくら日露戦争に勝って、一等国になっても駄目ですね。尤も建物を見ても、庭園を見ても、いずれも顔相応の所だが、――あなたは東京が始めてなら、まだ富士山を見た事がないでしょう。今に見えるから御覧なさい。あれが日本一の名物だ。あれより外に自慢するものは何もない。ところがその富士山は天然自然に昔からあったものなんだから仕方がない。我々が拵えたものじゃない」と云って又にやにや笑っている。

三四郎は日露戦争以後こんな人間に出逢うとは思いも寄らなかった。どうも日本人じゃない様な気がする。

「然しこれからは日本も段々発展するでしょう」と弁護した。すると、かの男は、すましたもので、

「亡《ほろ》びるね」と云った。

上京したての学生・小川三四郎と広田先生との会話だが、日本が日露戦争勝利のムードに沸き立つ中、漱石は日本の行く末を冷ややかに見つめていたのである。

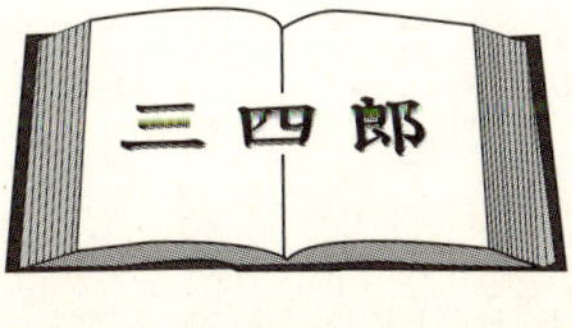

11 伊藤博文暗殺が朝鮮支配を完成させた！

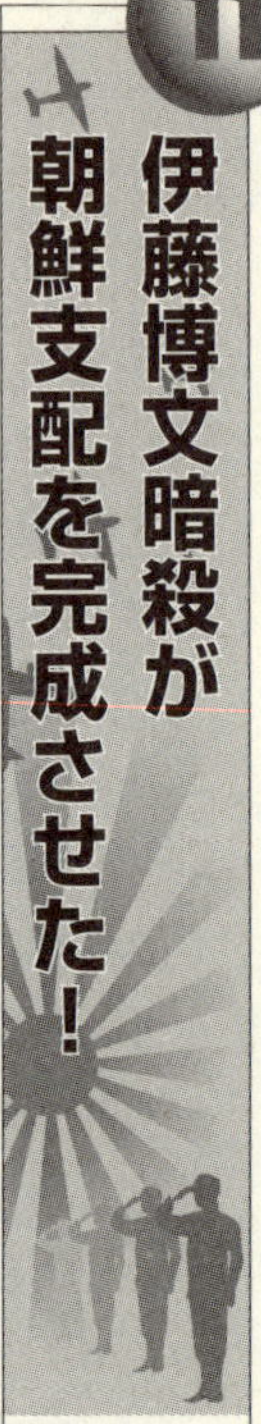

じりじりと進められた韓国支配。それを完成させたのは、皮肉にも一韓国青年の伊藤博文暗殺事件であった。

日本の韓国支配

「小早川、加藤、小西が世にあらば
今宵の月をいかに見るらむ」　寺内正毅《てらうちまさたけ》

「地図の上　朝鮮国を黒々と
墨をぬりつつ秋風ぞ吹く」　石川啄木《いしかわたくぼく》

この2つは、韓国併合当時の、対照的な反応である。陸軍大将の寺内は、初代朝鮮総督《ちょうせんそうとく》（韓国併合後の日本の朝鮮統治機関長）として、晴れ晴れとした気持ちで詠《よ》み上げた。かつて秀吉の朝鮮出兵で敗退した武将たちに、自慢するかのような内容である。これに比べ、文人の啄木は朝鮮に同情的で、日本のやり方を批判する気持ちがくみ取れる。

日露戦争後、日本はロシアが撤退した満州（中国東北部）や韓国の支配権を手に入れた。満州には関東《かんとう》庁（行政機関）と関東軍（軍隊）を置き、半官半民の南満州鉄道株式会社（満鉄《まんてつ》）を設立、満州経営に本格的に乗り出した。

一方、韓国に対しては、日露戦争に前後して徐々に支配権を強め、全3回に渡る日韓《にっかん》協約で、韓国の外交権・内政権を獲得し、韓国軍隊も解散させた。

この間、韓国皇帝がオランダ・ハーグの万国平和会議に使者を送り、日本の侵略を国際社会に訴えようという事件がおこるが、韓国の使者は会議参加を許されず、未遂で終わった。イギリス・アメリカ・ロシアはじめ列強は、韓国の統治権は日本にあるとし、外交を持たない韓国の訴えに耳を貸さなかったのである。日本の韓国支配は、もはや世界公認となっていた。孤立した韓国皇帝は退位させられ、日本の韓国支配はかえって進む結果となってしまったのである。

1904〜1910年

■韓国併合までの道

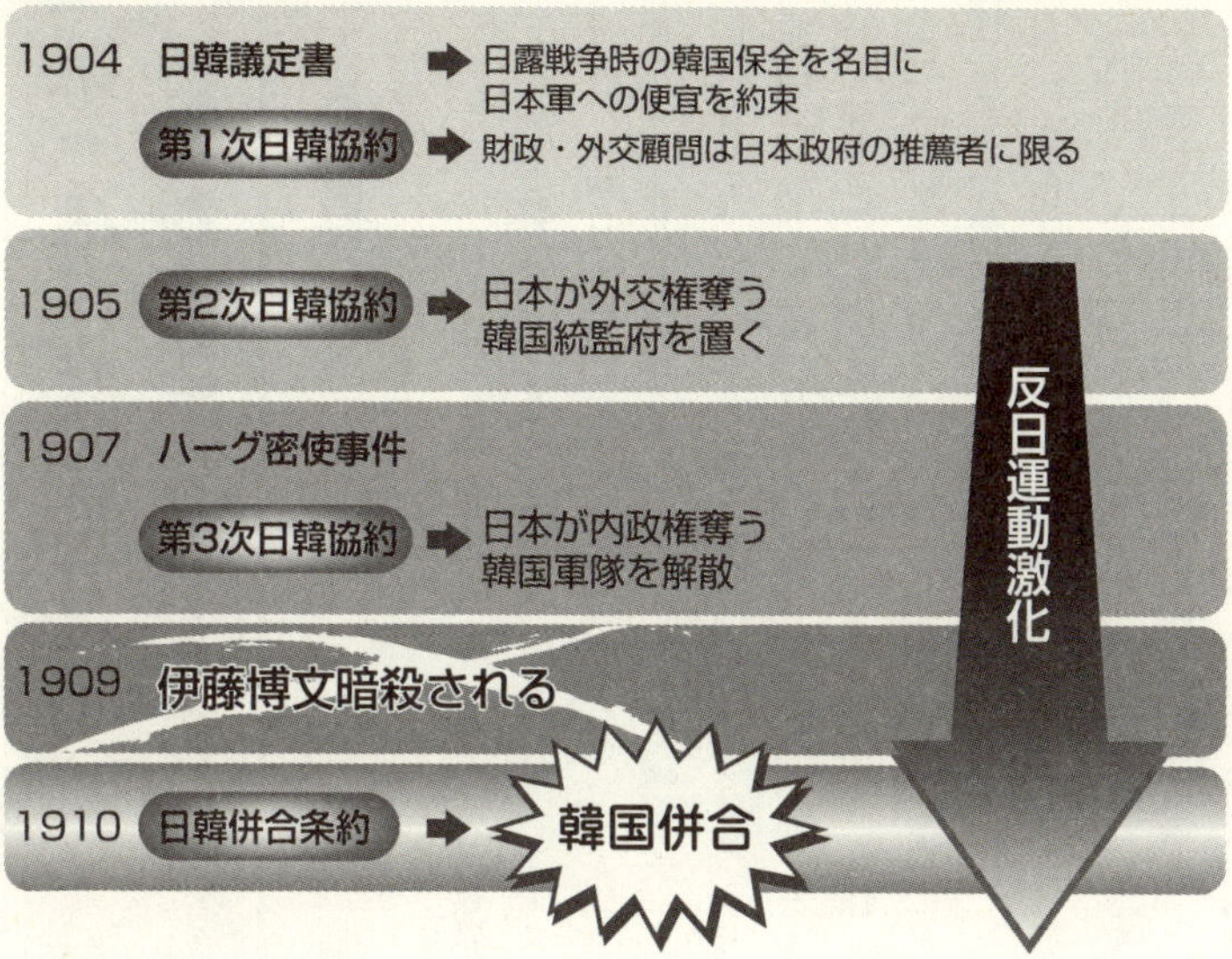
1904 日韓議定書
日露戦争時の韓国保全を名目に日本軍への便宜を約束
第1次日韓協約
財政・外交顧問は日本政府の推薦者に限る
1905 第2次日韓協約
日本が外交権奪う
韓国統監府を置く
1907 ハーグ密使事件
第3次日韓協約
日本が内政権奪う
韓国軍隊を解散
1909 伊藤博文暗殺される
1910 日韓併合条約
韓国併合
反日運動激化

伊藤博文暗殺される

日本の韓国支配が強まるのに対し、当然、韓国内では反日・愛国運動が盛んになっていった。そんな最中、ハルピンの駅で伊藤博文が安重根《あんじゅうこん》という韓国人青年に暗殺される事件がおこる。伊藤は、初代韓国統監《とうかん》（韓国の日本政府代表機関のトップ）で、一連の韓国支配の責任者であった。

伊藤は、犯人が韓国独立運動家だと知ると、「馬鹿な奴だ」と言って絶命したという。当時の彼は、同じ長州出身の山県有朋《やまがたありとも》（陸軍）や桂太郎《かつらたろう》（首相）と比べ、朝鮮支配に対して穏健派と見られていた。彼の最後の言葉は、「自分を殺せば事態は悪化する」という気持ちがあったのかもしれない。幕末・維新を第一線で活躍し、明治の世を築いたと自負していた伊藤が、まさか異国で果てるとは、自身も思わなかっただろう。

ともかく伊藤暗殺は、日本に韓国支配完成の口実を与える結果となってしまった。１９１０年、日韓併合条約が結ばれ、日本は韓国の全統治権を手に入れた。韓国は朝鮮と改称させられ、１９４５年まで日本の全面支配を受けることになったのである。

12 第一次世界大戦で日本が大国になれたのは？

戦争は、一方で経済の繁栄をもたらすものである。第一次世界大戦で、その恩恵に預かったのが日本であった。

列強不在の中国へ

「大正新時代の天佑《てんゆう》（天の助け）」

第一次世界大戦のことを、時の元老《げんろう》（引退した政界トップ）・井上馨《かおる》はこう表現した。この戦争は、オーストリア＝ハンガリー帝国の占領下であったサラエボで、オーストリア皇太子がセルビア人青年に暗殺されたことが引き金となった、オーストリア・ドイツ・イタリア同盟国とロシア・イギリス・フランス連合国の、ヨーロッパを巻き込んだ大戦争である。さらに中立を保っていたアメリカも、ドイツが民間商船を攻撃したことを機に、連合国側として参戦した。

日本は、１９１４年6月の開戦から2ヶ月後、日英同盟を理由にドイツに宣戦布告、ドイツのアジア根拠地である青島《チンタオ》と山東省《さんとうしょう》、南洋諸島の一部を占領する。

この戦争の主戦場はあくまでヨーロッパであり、列強の目がヨーロッパに向いているうちに、中国へ進出して利権を拡大しようと考えたのである。

さらに翌年1月、日本政府は中国へ「二十一ヶ条の要求」を突きつけた。これは、山東省のドイツ権益の継承、南満州・東部内蒙古《うちもうこ》の利権、中国最大の製鉄所・鉄鉱山である漢冶萍《かんやひょう》公司《コンス》の共同経営などを要求、中国の主権を脅かす強気な内容だ。中国国内では反対の声が沸き起こり、中国政府は列強へ支援を求めたが、ヨーロッパ戦争に手一杯で結局は何の援助もないまま、中国政府はやむなく要求の大部分を認めたのであった。

中国では、要求を受け入れた5月9日を「国恥《こくち》記念日」として、日本への敵意を心に焼きつけたのである。

世界の一等国へ

第一次世界大戦が日本にとっての「天佑」だったの

1914～1919年

■第1次世界大戦

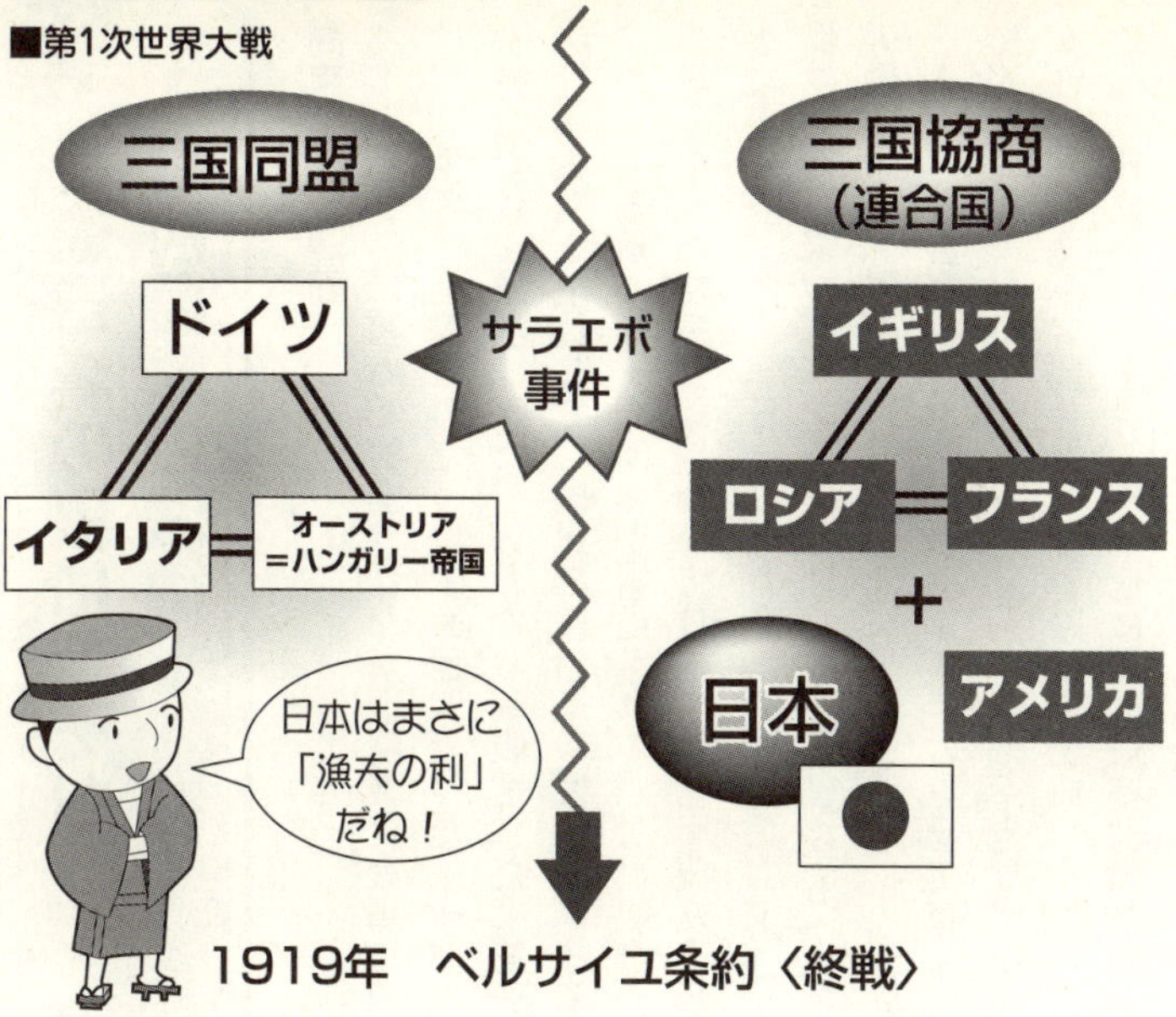
三国同盟
ドイツ
イタリア
オーストリア
＝ハンガリー帝国
サラエボ
事件
三国協商
（連合国）
イギリス
ロシア
フランス
＋
日本
アメリカ
日本はまさに
「漁夫の利」
だね！
1919年　ベルサイユ条約〈終戦〉

は、中国への進出だけではない。開戦前の日本政府は、短命内閣が入れ替わり、不安定な状況であった。これは、大正時代に入ると、民衆の政治への関心が高まり、長州系などの藩閥勢力が政権を独占しているという非難から、いわゆる護憲《ごけん》運動（「閥族《ばつぞく》打破・憲政擁護」をスローガンとした国民運動）が巻き起こっていたためである。

　そんな中おこったヨーロッパの戦争は、国民の関心を内政から逸《そ》らし、外敵に向かわせるという絶好の機会であった。

　さらに、列強がいない間にアジア・アフリカ市場を独占し、一気に輸入超国から輸出超国へ転身、明治以来の赤字は黒字へ変わった。とくに、戦争で船舶《せんぱく》が世界的に不足したため、造船業や海運業の飛躍は凄まじかった。いわゆる「船成金《ふねなりきん》」が続々登場し、日本は世界3位の海運国となった他、重工業を中心に産業革命を一気に成し遂げ、産業・経済ともに世界一等国へと発展したのである。

　火事場泥棒とも漁夫の利ともいわれるが、第一次世界大戦は、まさに日本にとって「天佑」であった。

13 普通選挙の裏にひそむ戦前最悪の法律！

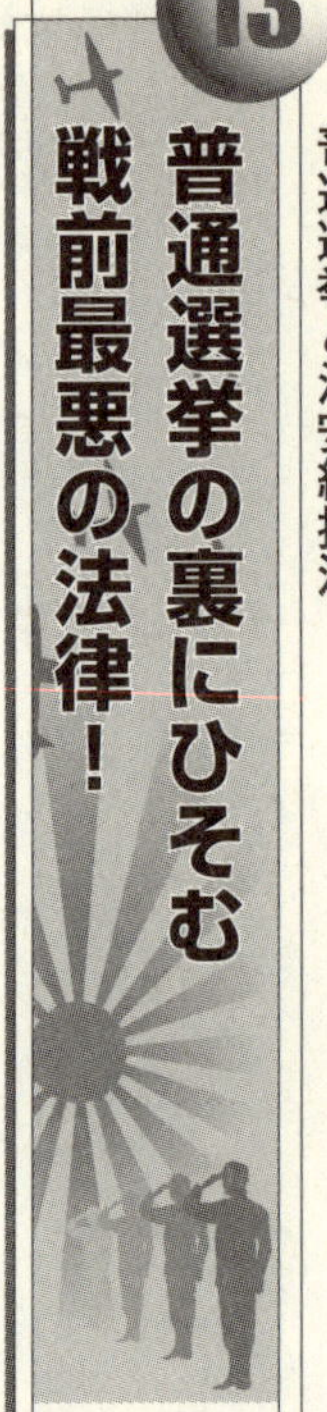

大正デモクラシーの高まる中、国民はついに普通選挙を勝ち取った。だが、その裏には恐るべき弾圧政策が潜んでいた。

高まる民衆運動

１８８９年に初めて制定された衆議院議員選挙法では、有権者は全人口のたった1%程度だった。一部の金持ちだけが参加できた、いわゆる制限選挙だ。第一次世界大戦を前後して、国民の政治への関心が高まるにつれ、各地で様々な団体が結成される。労働組合の基礎となった友愛会《ゆうあいかい》は、やがて日本労働総同盟友愛会となり、初めてのメーデーを開催した。さらに日本労働総同盟と改め、大企業や財閥と労働争議を繰り広げ、労働運動の主導的組織へと発展した。

また、社会主義者たちが１９１７年のロシア革命の影響を受けて日本共産党（非合法）を立ち上げる一方、女性たちも文学者団体として青踏社《せいとうしゃ》を結成、女性の参政権や地位の向上を訴えた。他にも、被差別部落で結成された全国水平社が出来たのもこの時期である。

普通選挙法の裏には

これらの民衆運動は大正デモクラシーと呼ばれ、知識人だけでなく労働者や農民までが、自由と民主主義を求めて加わり、政府としても民衆の要望を無視できなくなってきた。そこで時の加藤高明《たかあき》内閣は、１９２5年、ついに男子普通選挙法を公布したのである。

これは納税額による制限をなくし、有権者数は全人口の20%を越え、新しい時代の幕開けとなったかに見えた。だが、政府は対向する引き締め政策として、普通選挙法発布の直前に治安維持《ちあんいじ》法を出している。天皇制や侵略戦争に反対し、私有財産制を否定する共産主義者を弾圧するためのもので、3年後の改正法では、活動の指導者を死刑にできるようになった。

この法に基づいて生まれたのが、悪名高き「特高《とっこう》」（特別高等警察）である。特高は、共産主義者だけでなく、

1925年

■衆議院議員選挙の有権者

〈公布年・内閣〉	〈年齢・性別〉	〈直接国税〉	〈全人口中有権者%〉
1889 黒田清隆	25歳以上 男	15円以上	1.1%
1900 山県有朋	25歳以上 男	10円以上	2.2%
1919 原敬	25歳以上 男	3円以上	5.5%
1925 加藤高明	25歳以上 男	制限なし	20.8%
終戦 1945 幣原喜重郎	20歳以上 男女	制限なし	50.4%

制限選挙

普通選挙

自由・民主主義者、現体制に反対する運動家や思想家をすべて「犯罪者」として逮捕・拘禁した。『蟹工船《かにこうせん》』で知られる文学者・小林多喜二《たきじ》も特高に逮捕され、拘置所内で死亡した。病死と発表されたが、彼の体には無惨な拷問の痕《あと》が残っていたのである。

かつて自由民権運動が盛んだったときも、政府は国会開設の約束と弾圧政策を同時に出したが、この普通選挙法と治安維持法の抱き合わせも、政府によるアメとムチの政策であった。

国民は、確かに普通選挙制の獲得という快挙を成し遂げた。だが、自由な思想や言論を奪われる治安維持法は、その代償としてはあまりに大きく、恐ろしいものだったのである。

大正時代の文化

14 モダンガールにサラリーマン 都市文化が花開いた時代

大正文化は、都市を中心に民衆からおこった大衆文化であった。そして、女性の目覚ましい進出の時代だったのである。

大正デモクラシー

「元始、女性は実に太陽であった。真正の人であった。今、女性は月である、他に依って生き、他の光によって輝く、病人のような蒼白い顔の月である」

1911年、女性文学団体の青踏《せいとう》社を立ち上げた平塚らいてうの言葉である。「新しい女」と呼ばれた彼女に代表されるように、大正時代は、今まで社会でも家庭内でも虐げられていた女性たちが、自立を求めはじめた時代でもあった。

大正デモクラシーとは、日露戦争、第一次世界大戦などの影響で国内が豊かになったころに咲きはじめた文化である。政治への関心が高まり、新中間層と呼ばれる実業家や知識人、サラリーマンが進出し、都市を中心に政治・社会思想・芸術・文化など、あらゆるジャンルで自由主義的な空気が広がった時代であった。

女性の進出

第一次世界大戦がもたらした好景気は、都市への人口集中と同時に農業の停滞をもたらし、米価が上昇、都市労働者や貧農の生活は困窮した。そんな最中、ロシア革命鎮圧のためのシベリア出兵が行われると、軍や商人たちの米買い占めが横行し、民衆の台所事情を直撃した。そこで、民衆による米の買い占め反対運動が盛んになった。いわゆる米騒動である。

運動の中心は、主婦たちであった。富山県の魚津市からおこったこの騒動は、別名「女一揆」や「越中女房一揆」と呼ばれ、女性たちが集団で米屋を襲ったのである。この騒動は、時の内閣総理大臣・寺内正毅《てらうちまさたけ》を辞任に追い込むまでになったのである。

こうして、明治時代は家庭内の良き母であり、良き妻であることが求められ、ひたすら抑圧されてきた女

1905～1920年代

■モダンガールの出現

新劇
モガがゆく
トーキー
銀ブラ
三越
松坂屋
高島屋
伊勢丹
ほ～
農村は貧しいまま
都会との格差は
激しい……

性たちは、少しずつ社会の表舞台に出るようになった。冒頭に挙げた平塚らいてうを中心とした女性解放運動や教育運動が盛んになり、新しいタイプの女性像が生み出された。これは、当時としては画期的な変化で、現代の「女性が強くなった」という感覚など比較にならない現象であった。

そうした中、社会には続々と新しい女性の職業が登場した。事務員や電話交換手、タイピストといった従来の職業の他、バスガールやデパートガールに加え、飛行機や船で働くエアガール・マリンガールが出現した。アメリカン・シネマに登場しそうなモダンな服装の女性たちも登場し、モガ（モダンガール）や銀ブラ（銀座を闊歩《かっぽ》する）という言葉が流行した。

大正時代は、わずか15年という短期間ながらも、それまでの社会のあり方が大きく変わった時代であった。明治文化が上からの変革であったのに対し、大正文化はまさに、成長した民衆たちが自分たちで生み出した大衆文化そのものだった。都市と農村との生活格差は大きかったが、やがて来る戦争時代と比べてみると、自由で活気に溢れた時代だったのである。

芥川賞と直木賞のはじまり

現在も脈々と続く「芥川賞」「直木賞」の第1回受賞発表は、1935年7月であった。前者は石川達三《たつぞう》の『蒼氓《そうぼう》』、後者は川口松太郎《まつたろう》の『鶴八鶴次郎』『風流深川唄』『明治一代女』に与えられた。

両賞は、『南国太平記』などを著した大衆文芸作家・直木三十五《さんじゅうご》が、1934年に43歳で亡くなったとき、文藝春秋社の社長だった菊池寛《きくちかん》（作家で編集者）が、すでに亡くなっていた友人の芥川龍之介とともに、2人の名を記念して新進作家に文学賞を贈ることを思いつき、設立されたのである。毎年2回、1月と7月に発表された。

以後も受賞は続いたが、太平洋戦争のため芥川賞は1944年の第20回下半期の授賞（清水基吉《もとよし》『雁立《かりたち》』）、直木賞は同年上半期の授賞（岡田誠三《せいぞう》『ニューギニア山岳戦』）で中断したが、両賞とも1949年第21回上半期から復活した。

芥川賞は短編純文学作品（ストーリーより芸術性）、直木賞は長編大衆文学作品（娯楽作品）を対象とし、該当がない場合もあれば、複数作品が受賞するときもある。発表の名前の配列は、選考委員会の席上で早く決定した順とのこと。

ともに国内で最も代表的な文学賞で、毎回発表が楽しみなイベントである。

魔都・上海の裏の顔

19世紀半ば〜20世紀半ばの約100年間、中国の港・上海は「魔都《まと》」として繁栄し、東洋にあって異様な世界を築いていた。

1842年、清朝がアヘン戦争に敗れると、上海には戦勝国イギリスによる最初の租界《そかい》ができた。租界とは、国家が土地を租借するという意味だが、外国が警察・行政権を握る事実上の植民地である。その後フランスなどが加わり、日本も共同租界を持ち、列強は租界を拠点に中国侵略を進めていった。

上海は列強がビジネスの場としてしのぎを削ったため、東洋一の国際都市として栄えたが、外国人がアヘンの売買を秘密裏に行い、これに中国の秘密組織や各国のスパイ、特務機関、共産党などが絡まって、犯罪の巣窟となった。各々の租界によっよって警察権が違うため、境界では取り締まりが及びにくく、中国政府は何の手出しもできない状態だった。

西洋風ビルが建ち並ぶ海岸地帯は外灘《バンド》と呼ばれ、上海繁栄の象徴とされた。だが、イギリス租界の公園には「犬と中国人入るべからず」の看板が掲げられ、外国人に追いやられた貧しい中国人は、城内《じょうない》という貧民街での生活を強いられた。

ダンスホールやバー、劇場など、妖しいネオンを放つ上海の街は、英・仏・日本などの外国支配の象徴であり、中国の人々は、横暴な外国人への憎しみを蓄積していったのである。

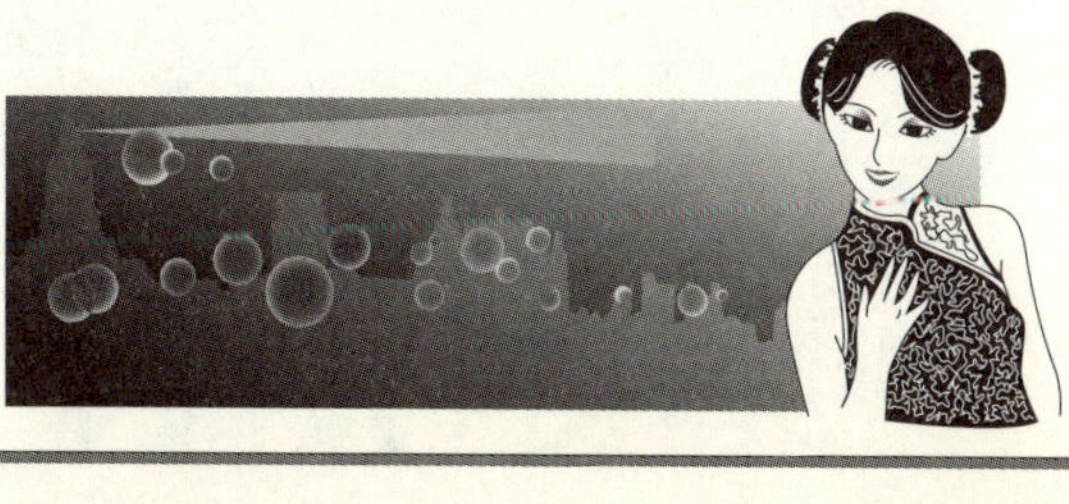

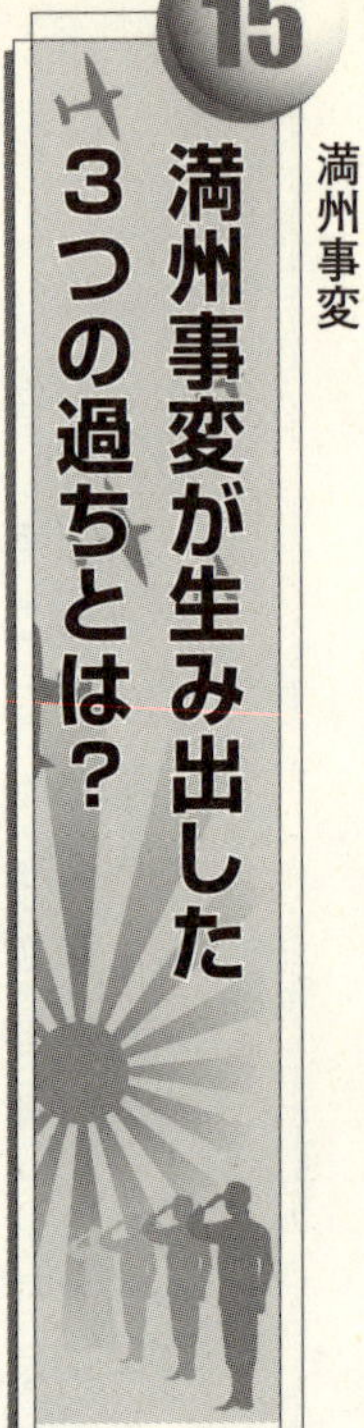

15 満州事変が生み出した3つの過ちとは？

政党が国民の信頼を失い、代わって軍部が台頭した。軍部は暴走をはじめ、満州事変を機に、日本は行き先を見失う。

軍部の台頭

第一次世界大戦の苦い経験から、列強は世界平和と民族自決を掲げて国際連盟《こくさいれんめい》を立ち上げた。だが、発案したアメリカは国内の反対で不参加、各国も植民地経営に精を出すばかりで、当初の崇高な目的とはかけ離れたものになっていた。が、一応は世界的に軍縮が叫ばれ、表向きは平和な時代が訪れていた。

一方、戦後になると列強がアジアで勢力を盛り返し、日本経済は再び悪化した。さらに関東大震災が起こり、国内は混乱状況の中、日本経済は金融恐慌や世界恐慌に翻弄され、東北地方を中心とした凶作や農村の困窮に襲われた。また、政党は財閥と結託、賄賂《わいろ》が横行する政党政治は国民の信頼を失っていった。そんな中、代わって台頭したのが軍部である。

1930年代に入ると、軍部の勢力をバックにテロ事件が横行するようになる。軍縮を進めていた浜口雄《お》幸《さち》首相が右翼に襲撃され、財界要人である井上準之助《じゅんのすけ》や団琢磨《だんたくま》も右翼団体に暗殺された。さらに三月事件や十月事件といった、軍事政権の確立を目指す陸軍過激派によるクーデター未遂事件があいついだ。そして、1932年には海軍青年将校らが、首相の犬養毅《いぬかいつよし》を暗殺するという五・一五事件がおこる。第一政党・政友《せいゆう》会《かい》総裁の犬養の死は、政党政治時代の終わりを告げた。

こうして国内の恐慌や貧困、不況、政党の腐敗といったマイナス要素が重なり、国民の期待は、軍部という一見清廉で果断な勢力へと向けられたのである。

満州事変

1931年、関東軍《かんとうぐん》（満州＝中国東北部に置かれた日本陸軍）が、中国軍の仕業と見せかけ、柳条湖《りゅうじょうこ》で南

1931～1933年

■軍部の台頭

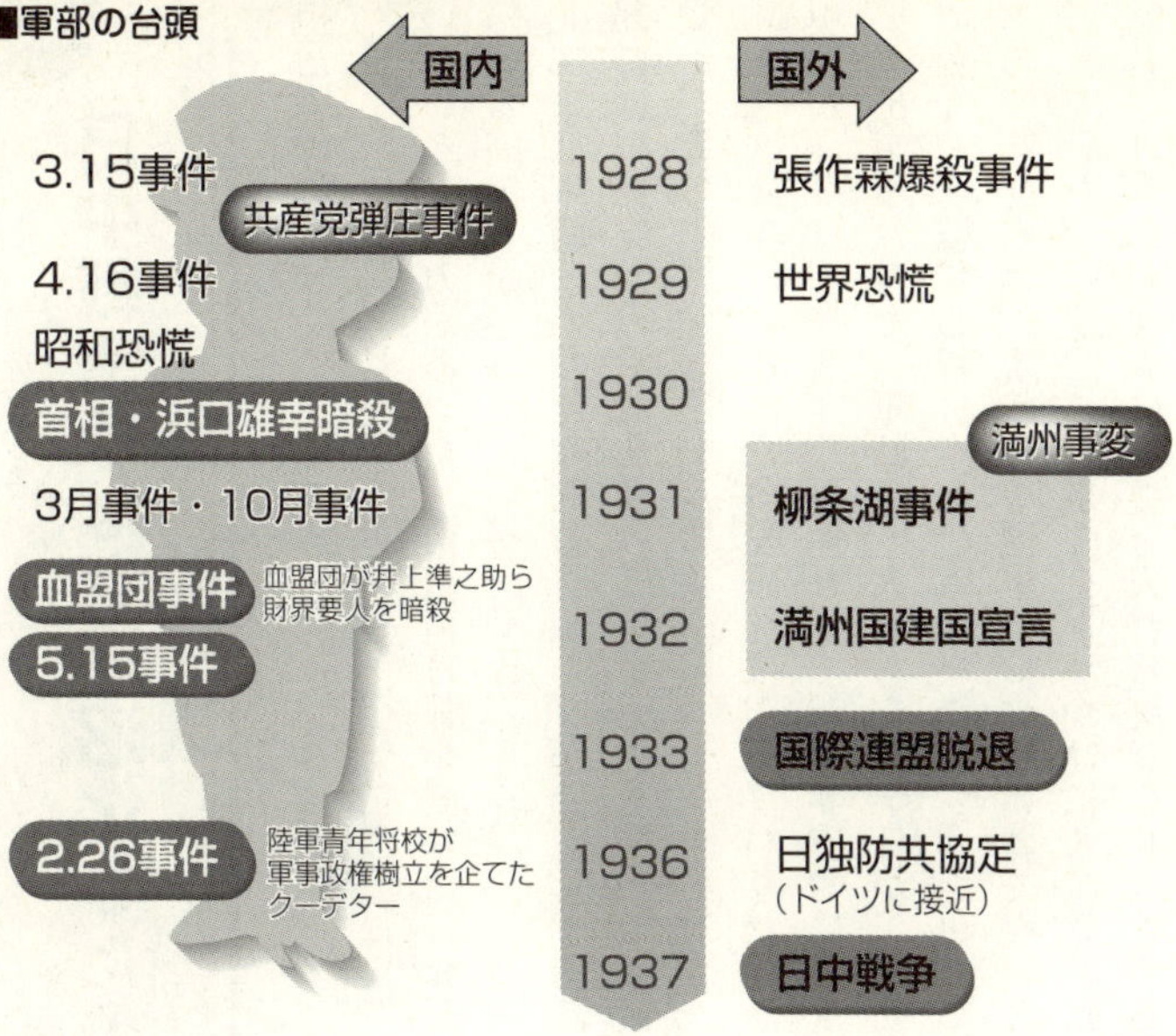
国内
国外
3.15事件
共産党弾圧事件
4.16事件
昭和恐慌
首相・浜口雄幸暗殺
3月事件・10月事件
血盟団事件
血盟団が井上準之助ら財界要人を暗殺
5.15事件
2.26事件
陸軍青年将校が軍事政権樹立を企てたクーデター
1928
1929
1930
1931
1932
1933
1936
1937
張作霖爆殺事件
世界恐慌
満州事変
柳条湖事件
満州国建国宣言
国際連盟脱退
日独防共協定
（ドイツに接近）
日中戦争

満州鉄道を爆破する事件がおこった。これを口実に、関東軍は満州をおよそ5ヶ月間で武力制圧した。さらに、清《しん》王朝（1911年に滅亡）最後の皇帝であった溥《ふ》儀《ぎ》を皇帝に据え、満州国として独立国をつくりあげた。実態は関東軍が実権を握る日本の傀儡《かいらい》国家である。

国際連盟は、日本の行為を侵略と判断し、満州国の承認取り消しを要請したが、日本代表団はこれを拒否し、国際連盟から脱退してしまったのである。

当時、国内での生産力を持たず、人口も増える一方だった日本にとって、独占市場としての中国、とくに満州は魅力的であった。

満州事変は、その後の日本にとって3つの大きな過《あやま》ちを生み出した。まず、日本が国際社会から孤立してしまったこと。次に、短期間の満州占領に成功したことで、日本軍は強く、中国軍は弱いと勘違いしたこと。そして3つ目は、出先機関にすぎない関東軍が中央の意向を無視して、独断で戦争を行ったことだ。中央は関東軍の暴走を抑えきれず、国家方針が定まらないまま、結果さえ良ければ何をしても良いというルールがまかり通るようになってしまったのである。

16

日中戦争はなぜ泥沼化したのか

日中戦争は、軍部ばかりではなく、政府やメディア、国民までもが中国を侮り、無謀な戦争に突入したのである。

抗日戦線の統一

日中《にっちゅう》戦争当時、日本が相手にしていた「中国」には、いろいろな勢力があった。南京に首都を置いた蒋介石《しょうかいせき》率いる国民党《こくみんとう》が一応の正統政府と見なされていたが、北部には軍閥《ぐんばつ》といわれる武力グループが分立し、内陸部には国民党から討伐を受けていた毛沢東《もうたくとう》率いる共産党が、農村を中心に勢力を保っていた。

1936年におこった西安《せいあん》事件は、バラバラだった中国が一つにまとまった事件として、世界史的にも重要な出来事だった。軍閥の一人である張学良《ちょうがくりょう》が、西安で蒋介石を監禁し、日本との戦争を決意させた事件である。蒋介石は、現状の中国軍では日本に勝てないと考えていた。だが、この事件をきっかけに共産党と和解し、日本との戦争に本腰を入れる決意をしたのである。日中戦争開戦の、1年前の出来事であった。

日中戦争はじまる

1937年7月7日、北京近郊の盧溝橋《ろこうきょう》で日中両軍の戦闘がはじまった。きっかけは一発の銃声であったが、どちらが発したのかはいまだに不明である。戦火はすぐに中国北部を巻き込み、8月には上海へ及んだ。

当初、日本政府は不拡大方針をとったが、満州事変のときと同様に、現地軍はどんどん戦線を拡大していった。12月に国民党の首都である南京を占領すると、軍部だけでなく、日本政府までが中国を侮《あなど》ってしまった。時の首相・近衛文麿《このえふみまろ》は、それまで進めていた日中和平工作を打ち切り、「蒋介石政権を相手とせず」という突き放した声明を出してしまったのである。

この、通称「相手とせず」声明は、軽はずみ極まりない声明で、近衛内閣最大の失策であった。南京占領に気を良くした日本の世論が、軍ばかりでなく政府や

1937〜1945年

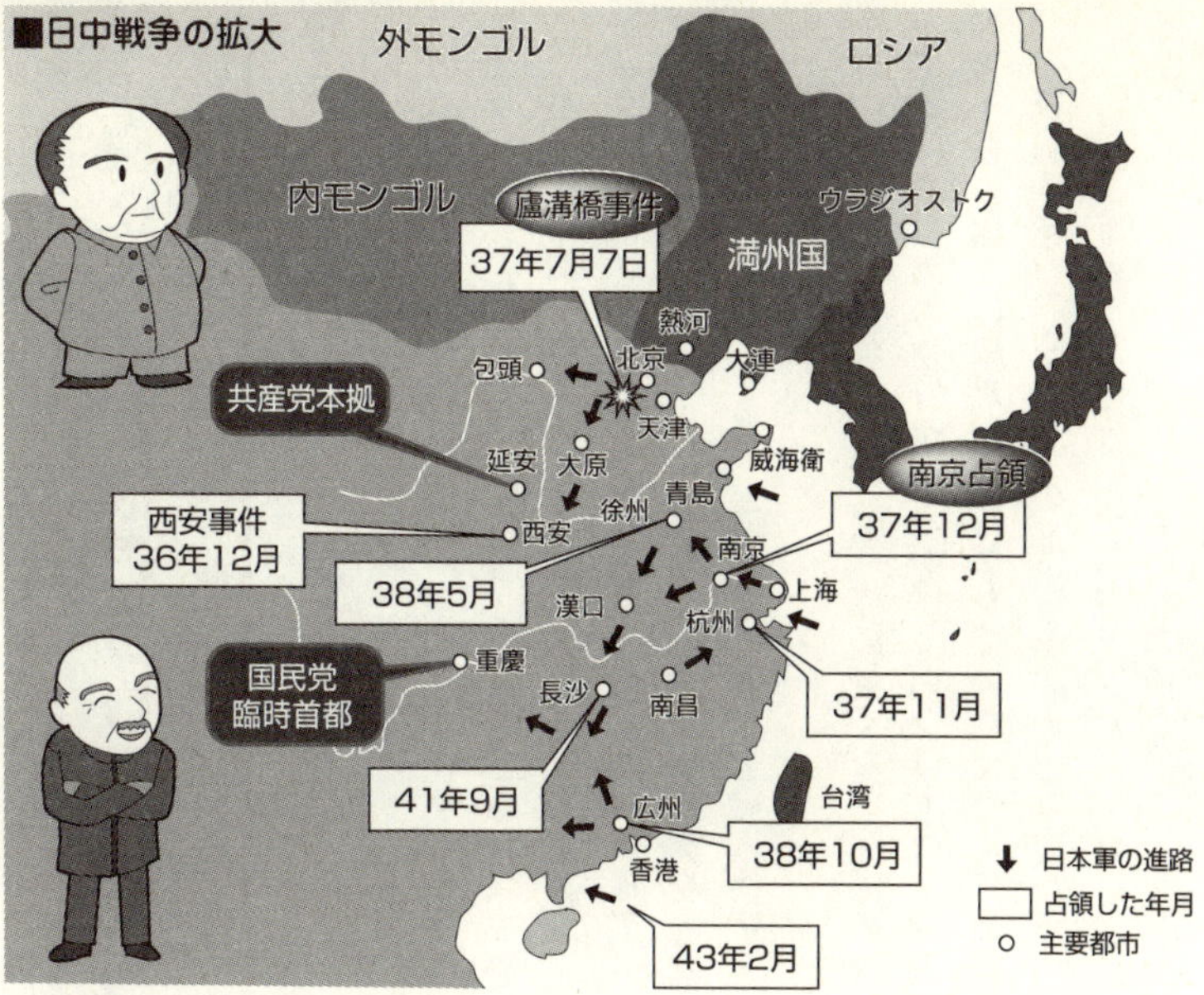
外モンゴル
ロシア
内モンゴル
ウラジオストク
満州国
盧溝橋事件
37年7月7日
熱河
北京
大連
包頭
天津
共産党本拠
延安
大原
威海衛
南京占領
37年12月
青島
徐州
西安事件
36年12月
西安
南京
38年5月
上海
漢口
杭州
国民党
臨時首都
重慶
長沙
南昌
37年11月
台湾
41年9月
広州
38年10月
香港
43年2月
日本軍の進路
占領した年月
主要都市
■日中戦争の拡大

国民までも慢心させたのである。

だが、南京を逃れた蒋介石は重慶《じゅうけい》に本拠を構え、中国軍はねばり強く抵抗し、戦線は膠着《こうちゃく》した。さすがに考え直した日本政府は「蒋介石が新しいアジアをつくろうとしている日本に協力するなら、相手にしても良い」という第2次近衛声明を出した。それでも反応がないと、中国に親日政権を樹立し、日本に都合の良い条件で和平を画策したのである。

だが、中国の民衆は蒋介石のもとに一致団結し、日本に抵抗し続けた。日本の中国侵略は、各都市を占領してつなぐ「点」と「線」の支配で、「面」の支配ではなかった。そのため、中国の広大な大地や多大な人口を相手に、日本軍は消耗戦を強いられたのである。

日中戦争当初、不拡大方針をとっていた日本政府は、これを「戦争」ではなく「事変」として局地的に処理するつもりだった。また、宣戦布告のないこの戦争に対し、日本政府および軍部は何の計画性も見通しも持たなかった。コロコロ態度を変えた近衛声明でもわかるように、その場しのぎで政策を転換させるという失態を繰り返したため、戦争は長期泥沼化したのである。

17 真珠湾攻撃はこうして始まった

中国との泥沼戦争の一方、日本はドイツと組んで領土拡大をはかる。そして、ついにアメリカとの全面戦争へ突入した。

第二次世界大戦

「トラ・トラ・トラ（我、奇襲に成功せり）」の暗号で有名な真珠湾《しんじゅわん》攻撃は、太平洋《たいへいよう》戦争の幕開けとなり、「宣戦布告なし」や「騙《だま》し討ち」といわれている。ハワイ停泊中のアメリカ艦隊を狙ったこの攻撃で、アメリカ側は３０００人の死傷者を出した。以後アメリカは、「リメンバー・パールハーバー（真珠湾を忘れるな）」の合い言葉のもと、団結して日本と戦う決意を固めたのである。

日中戦争は依然膠着《こうちゃく》状態で、先の見えない泥沼の戦争を続けるための物資が尽きかけていた日本は、欧米列強からの輸入に頼る状態になっていた。そこで政府は、資源確保のため南方への進出を考えるようになる。

一方、ヨーロッパではナチスドイツがポーランドに侵攻、イギリス・フランスはすぐにドイツに宣戦布告し、第二次世界大戦が始まっていた。

日本政府は、陸軍の強い勧めもあって、ヨーロッパで連勝を続けるドイツに接近し、１９４０年、ドイツ・イタリア・日本で三国同盟を結んだ。さらに、日本と対立していたソ連はドイツと不可侵条約を結び、その後、日本もソ連と中立条約を結んだ。北への心配はひとまず解消され、日本軍は仏領インドシナへ侵攻した。

こうした日本の動きに対し、アメリカ主導の経済封鎖が本格化した。いわゆるＡＢＣＤ包囲網（アメリカ・イギリス・中国・オランダ）である。追いつめられた日本は、もはや戦争しかないと決意を固めていく。

アメリカとの全面戦争

真珠湾攻撃の指揮をとった山本五《い》十《そ》六《ろく》海軍大将は、物量では日本の10倍という大国・アメリカとの戦争に

1941年

■第2次世界大戦時の国際関係

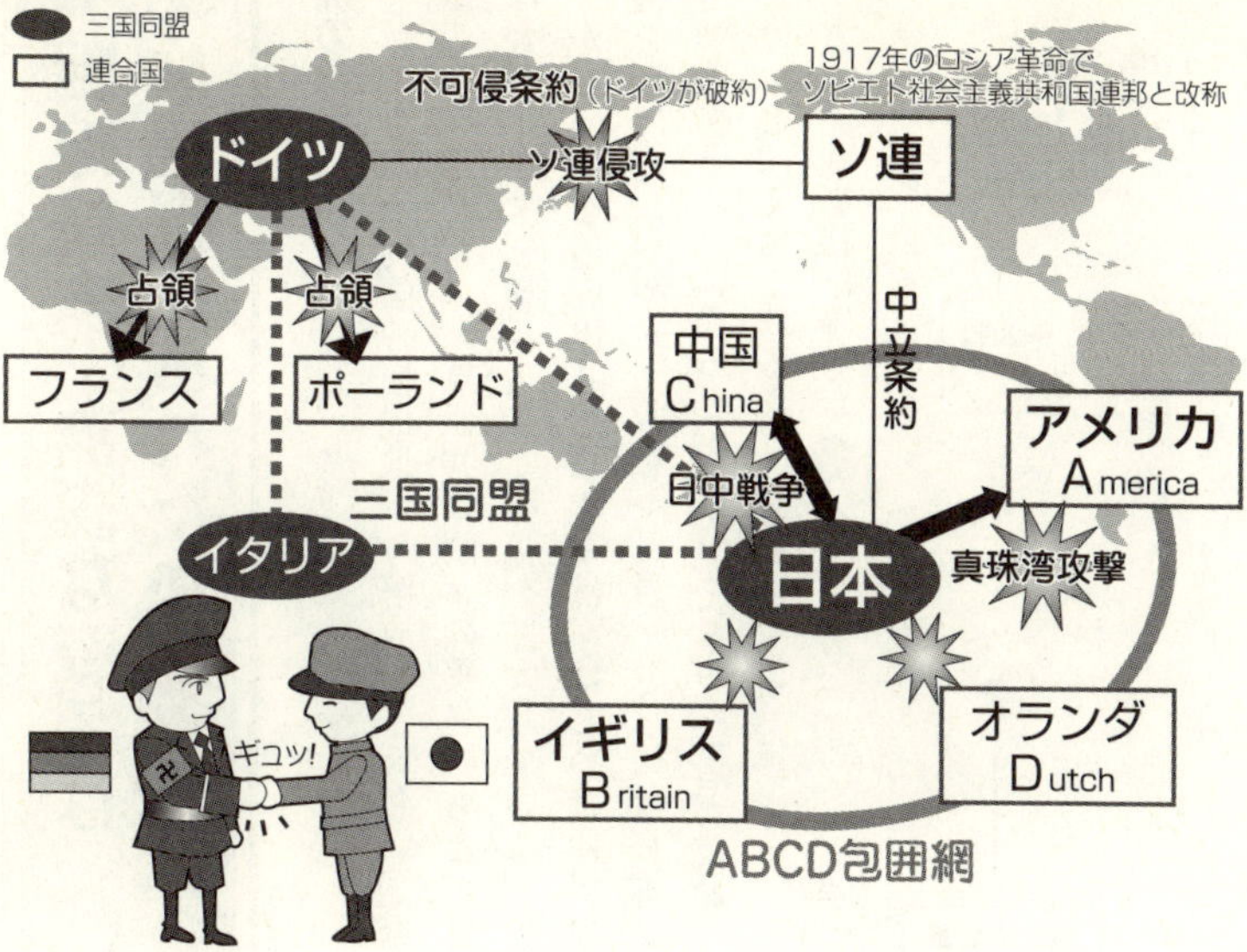
三国同盟
連合国
不可侵条約（ドイツが破約）
1917年のロシア革命で
ソビエト社会主義共和国連邦と改称
ドイツ
ソ連侵攻
ソ連
占領
占領
中立条約
フランス
ポーランド
中国
China
アメリカ
America
日中戦争
三国同盟
イタリア
日本
真珠湾攻撃
ギュッ！
イギリス
Britain
オランダ
Dutch
ABCD包囲網

は反対だった。だが国家方針が開戦と決まると、先制攻撃を仕掛けて、日本軍が優勢な早いうちに和平に持ち込み、戦争を終わらせるしか道はないと考えた。時の近衛《このえ》文麿《ふみまろ》首相に「戦争になったら勝てるか？」と問われ、「1年や1年半は存分に暴れ回ってご覧に入れる。その後は外交によって、和平交渉に持ち込んでいただきたい」と答えている。

攻撃直前、日本はアメリカと最後の交渉を行っていた。だが、アメリカの最後通牒《つうちょう》、いわゆるハル・ノート（米国務長官コーデル＝ハルが通告してきたため）は、中国・仏領インドシナからの撤退、中国における一切の権益放棄、ドイツとの同盟破棄など、日本にとっては譲れない条件で、交渉は打ち切りとなったのである。

こうして、真珠湾攻撃が実行された。仕掛けたのは日本だが、アメリカにとっては国民を戦争に向けさせ、日本およびドイツと戦うための絶好の口実となった。

日中戦争が混迷の中、日本は世界大戦に参戦することとなった。真珠湾攻撃で勝利をおさめ、力を過信した日本は退くこともできず、歯止めのきかないさらなる泥沼戦争へと突入していくのである。

太平洋戦争

18

戦線拡大、無謀な戦争はなぜ続けられたか？

太平洋諸国を巻き込み、戦線は拡大する一方。なぜ、無謀な戦争は続けられてしまったのか？

戦況の悪化

アジアを欧米列強の植民地から解放し、新しい国家をつくろうという「大東亜共栄圏《だいとうあきょうえいけん》」の美名のもと、日本は太平洋諸国を巻き込んで戦線を拡大していく。アジアから列強を追い出した日本軍は、はじめは住民の歓迎を受けたが、やがて収奪や動員、さらには日本文化を強要するようになると、住民から「支配者が代わっただけ」と深く憎まれるようになっていった。

一方、開戦当初は優勢だった日本軍も、ミッドウェー海戦でアメリカ海軍に惨敗して以後は、戦況が悪化、制海権を失って補給路を断たれ、各島の陸軍は孤立し、米軍の圧倒的兵力・物量の前に玉砕《ぎょくさい》があいついだ。

太平洋戦争は、計画性もないまま戦線を広げすぎた戦争だった。これは、比較的自由な行動をとれる参謀クラス（少・中・大佐といった佐官《さかん》）が無謀な計画を立て、上層部はそれを抑えられずに追認してしまうという、満州事変以来の日本軍の悪癖《あくへき》が主な原因であった。

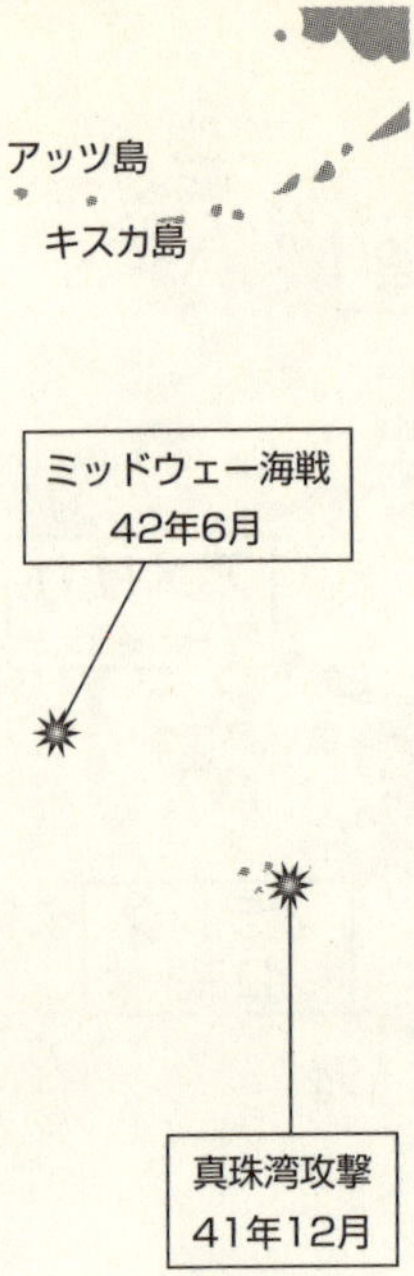
アッツ島
キスカ島
ミッドウェー海戦
42年6月
真珠湾攻撃
41年12月

国内の戦闘態勢

ところで、国内で反戦運動が活発にならなかったのは、政府の周到な国民・世論管理のたまものだった。すでに日中戦争勃発直後に国家総動員法《こっかそうどういんほう》を定め、

1941～1945年

■太平洋戦争の拡大

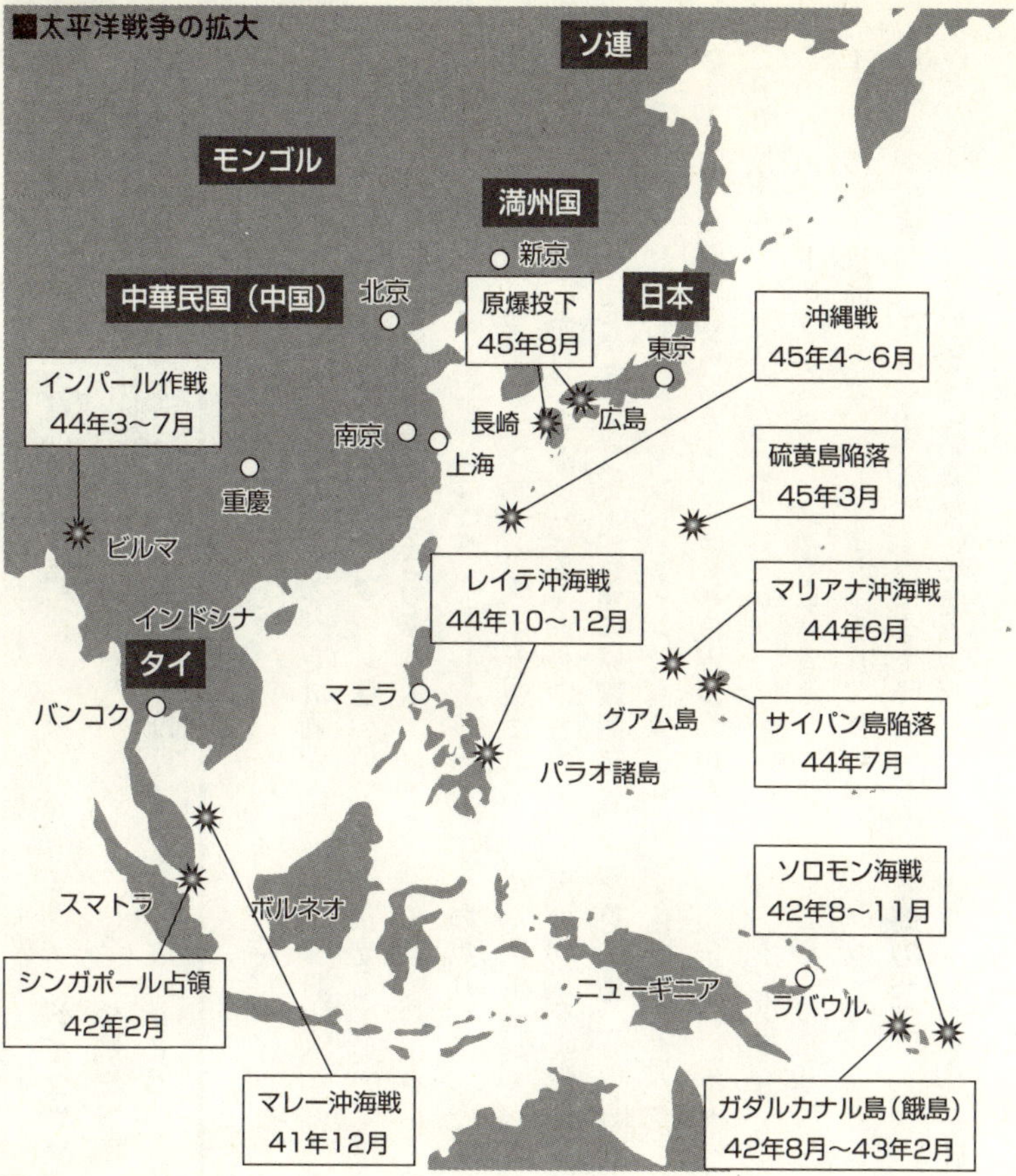
ソ連
モンゴル
満州国
新京
中華民国（中国）
北京
原爆投下
45年8月
日本
東京
沖縄戦
45年4～6月
インパール作戦
44年3～7月
南京
上海
長崎
広島
重慶
硫黄島陥落
45年3月
ビルマ
レイテ沖海戦
44年10～12月
マリアナ沖海戦
44年6月
インドシナ
タイ
マニラ
バンコク
グアム島
サイパン島陥落
44年7月
パラオ諸島
ソロモン海戦
42年8～11月
スマトラ
ボルネオ
シンガポール占領
42年2月
ニューギニア
ラバウル
マレー沖海戦
41年12月
ガダルカナル島（餓島）
42年8月～43年2月

国民や物資をいつでも戦争に動員できる体制をつくっていた。また新体制運動《しんたいせいうんどう》と称し、国内を上は首相から下は国民まで一本の組織として戦争へ向けさせた。さらに、政府に反対する者は内務省管轄の特高《とっこう》（特別高等警察）が厳しく取り締まり、反戦気運はことごとく潰されていった。

最も重要なのは、メディアが政府の管理下におかれ、国民は戦況や世界情勢について無知だったことである。政府がねつ造した「勝利報告」のみが伝えられ、日本軍が敗北を重ねていることを知らされなかったのである。

日本政府は和平の見通しもなく、撤退する勇気もなく、各地で孤軍奮闘する兵たちを次々と死なせていったのである。

19 ヒロシマ・ナガサキ原爆投下の秘密

ドイツやソ連への対抗から始められた原爆開発計画「マンハッタン計画」。日本はこうして世界唯一の被爆国となった。

マンハッタン計画

太平洋戦争の最中、アメリカでは恐るべき計画が進行していた。ニューヨーク市マンハッタン地区の研究所で極秘に進められた原子爆弾開発プロジェクト、コードネーム「マンハッタン計画」である。

１９３８年にドイツでウランの核分裂が発見されると、ドイツからの亡命科学者が、ユダヤ人科学者のアインシュタインを通じてアメリカ大統領に原爆開発を提案した。こうして始まったマンハッタン計画は１９４２年から4年間極秘に続き、およそ18億ドル（現在の２００億ドル）を費やしたといわれている。

この計画は、ドイツからのユダヤ人亡命者オッペンハイマー博士が指揮をとり、１９４５年7月、初めての原爆実験に成功、これをすぐに、あくまで降伏しない日本に対して使用することが決められた。

当時、ドイツはすでに降伏しており、列強の首脳会談で、日本への無条件降伏とソ連の3ヶ月以内の参戦が決定していた。アメリカが日本への原爆使用を急いだのは、戦争を早く終わらせるためではあるが、ソ連への焦りもあった。先に原爆の脅威を見せつけ、戦後の国際的立場を優位にしようとしたのだ。それに、原爆の効果を実際に確認しておきたかったこともある。

目的地は、京都、広島、小倉、新潟が選ばれたが、文化財が豊富な京都は除かれ、最終的には広島、長崎に決定した。これらの都市は、空襲で破壊されておらず、地形や規模が原爆の破壊能力を実験するのに最適であり、軍事基地や工場が集中していたためである。

原爆の悲劇

こうして8月6日に広島、9日には長崎へ原爆が投

1942～1945年

■連合国の対日処理会談

1943.11　カイロ会談　〈アメリカ・イギリス・中国〉

★日本の無条件降伏まで戦う　★朝鮮の独立
★満州・台湾の中国返還

カイロ宣言

↓

1945.2　ヤルタ会談　〈アメリカ・イギリス・ソ連〉

★ドイツの戦後処理
★ソ連の対日参戦と千島・南樺太のソ連領有を決定（秘密協定）

↓

1945.7～8　ポツダム会談　〈アメリカ・イギリス・ソ連〉

★日本へ無条件降伏を勧告
★軍国主義の絶滅・民主化・領土の制限など

ポツダム宣言

下された。広島の「リトルボーイ」はウラン爆弾、長崎の「ファットマン」はプルトニウム爆弾だった。アメリカは、2タイプの原爆開発に成功していたのだ。

広島・長崎は、閃光《せんこう》に包まれた一瞬の後、凄まじい爆撃に襲われ、上空にはキノコ雲が立ち上った。被爆地付近では、人々は跡形もなく消され、人の油だけがコンクリートにしみて残るという現象もあり、何がおきたかわからないまま死んだ人々がたくさんいた。火傷を負った人々は水を求めてさまよい、その体は皮膚がただれ裸姿である。水場は人で溢れかえり、たどり着いた多くの人々の死体が浮いていたという。

死者は広島では一挙に20万、長崎では7万といわれ、原爆後遺症に苦しみ、毎年亡くなる人は後を絶たない。

こうして、日本は唯一の被爆国となったのである。

しかし日本政府は、原爆を落とされてもまだ無条件降伏には消極的で、中立条約を結んでいたソ連による和平仲介に望みをかける始末であった。だが、すでに日本への攻撃を決めていたソ連はこれに取り合わず、結局日本政府はポツダム宣言を受諾、8月15日、ついに無条件降伏したのである。

20 満蒙開拓団の悲劇はなぜおこったか？

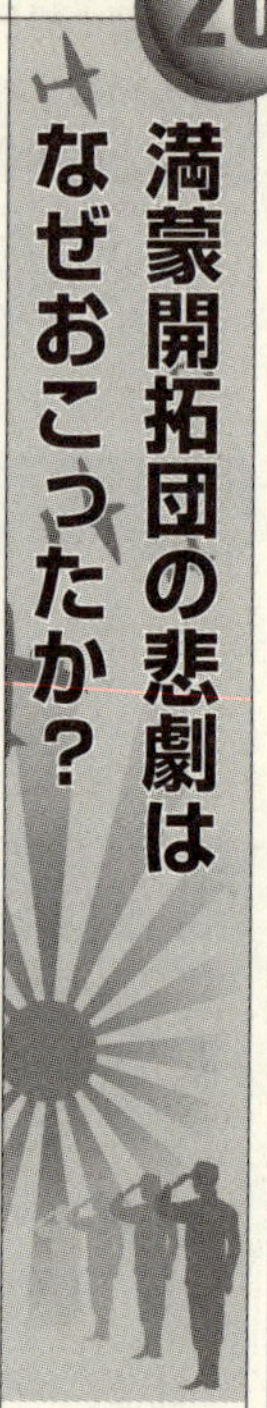

満州の悲劇は、中国残留孤児という問題を現代に残した。それは、日本政府と軍部の「無責任」が招いた悲劇である。

満州移住計画

「泣く子も黙る関東軍《かんとうぐん》」

満州（中国東北部）に駐屯した関東軍は、満州事変を引きおこして満州国を建国し、中国侵略の先鋭として日中戦争でも活躍、戦前日本軍の最精鋭部隊として、最も鼻息の荒い集団であった。

だが、太平洋戦争に突入して以後、その兵力はどんどん南方戦線へ送られ、終戦時の戦力はわずかになっていた。それどころか、長崎に原爆が落とされる数時間前、ソ連が国境を越えて満州に侵攻してきたとき、その情報を察知して真っ先に逃げ帰ったのは、この最強をうたわれた関東軍首脳たちであった。

終戦当時、満州には約30万の日本人が住んでおり、彼らは、家族単位で移住して農業をする満蒙開拓団《まんもうかいたくだん》と、兵力・労働力でそれを補う青少年義勇隊《せいしょうねんぎゆうたい》である。

日本は、満州を「五族（大和民族・漢民族・満州民族・朝鮮民族・蒙古民族）協和の王道楽土《おうどうらくど》」という名目で建国した。広大な土地を開拓して食料を獲得し、北（ソ連）の護りに備えるため、重要国策として大規模な農業開発事業を進めていたのである。だが実情は、日本国内の増えすぎた人口や経済不況を外へ追い出そうという策であった。さらに、現地の中国人を立ち退かせて入植したため、中国人からは恨まれていた。

置き去りにされた人々

１９４５年８月９日、圧倒的兵力と武器を誇るソ連軍が、満州に侵攻した。対する関東軍は、主力を南方に持っていかれていた上、首脳は真っ先に逃亡する始末。指揮系統もバラバラで、突撃作戦も空しく兵たちは次々と倒れていった。

1945年

■満州移民数の県別ランキング　合計321,873人〔昭和20年5月の満拓調査〕

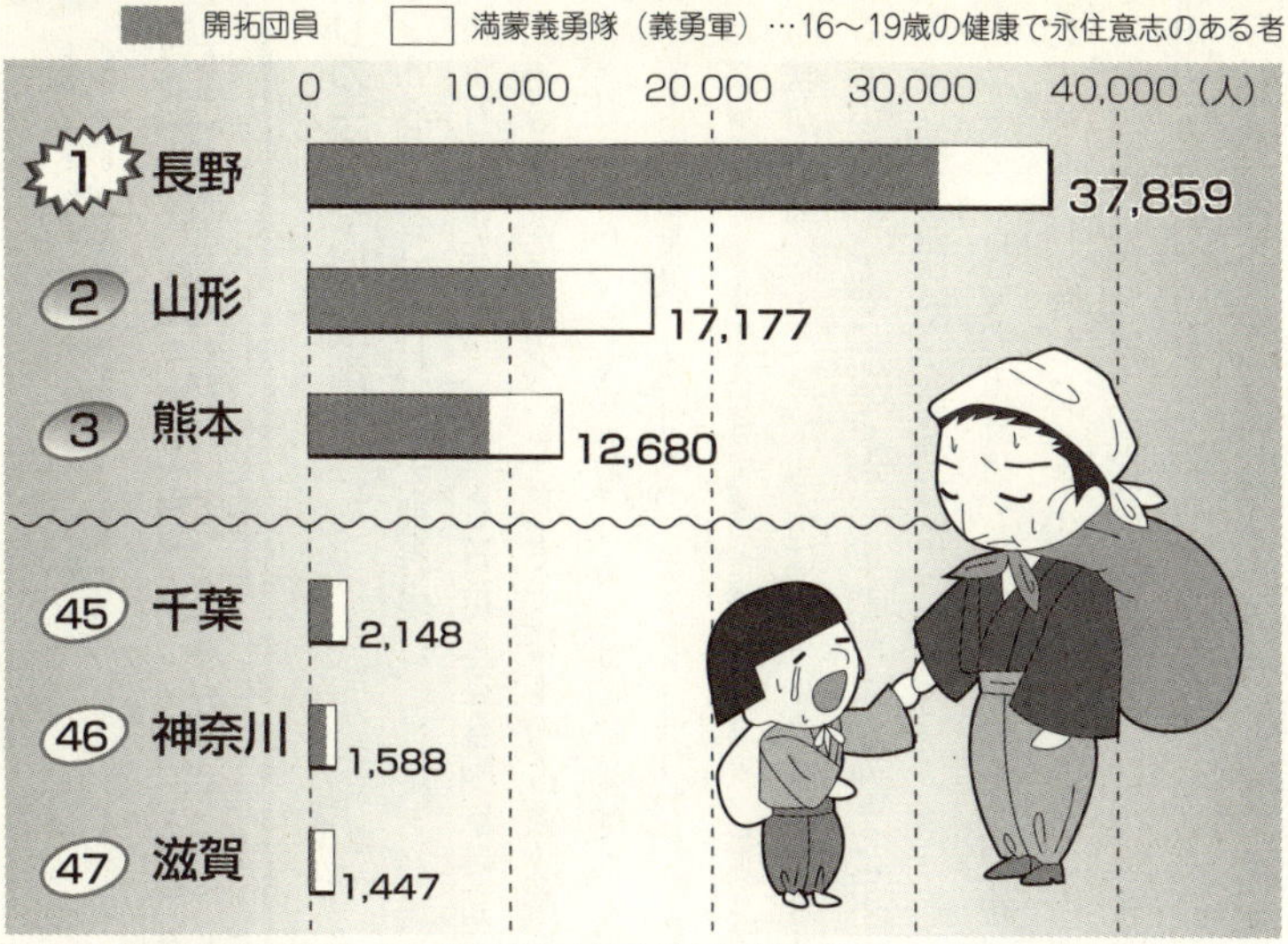
開拓団員
満蒙義勇隊（義勇軍）…16〜19歳の健康で永住意志のある者
0
10,000
20,000
30,000
40,000（人）
1 長野 37,859
2 山形 17,177
3 熊本 12,680
45 千葉 2,148
46 神奈川 1,588
47 滋賀 1,447

池田浩士「満蒙開拓団と長野県；いまだ語り明かされていない日本現近代史」（いのちのフォーラム2000　8/4）より

一方、満蒙開拓団では、働き盛りの男はみな兵隊にとられ、女性・子供・老人が留守を預かっていた。関東軍に置き去りにされ、日本政府からも援助がないまま、わずかな兵とともにソ連軍の前に置き去りにされたのである。ソ連軍の攻撃は激しく、運よく助かっても、次には厳しい逃避行が待っていた。

道中、老人や子供、病人から先に脱落し、食糧と交換に中国人の家に子供を残す母親も少なくなかった。こうした子供たちが、中国残留孤児《ざんりゅうこじ》である。また前途を悲観し、集団自決した集落もあった。ある人はソ連軍に殺され、ある人は途中で餓死、病死していった。終戦時の満州での死者・行方不明者は、8万人に及ぶ。また、ソ連軍の捕虜となった日本兵はシベリアで抑《よく》留《りゅう》され、厳しい労働の中、7万の人々が死亡もしくは行方不明となっている。

日本本土が終戦を迎えた後も、満州では戦いが続いていた。ソ連参戦を知りながら、家族を引き連れてこっそり逃げ出した関東軍首脳、無謀な満州移住計画を進めておきながら、開拓団を見捨てた日本政府や軍部の無責任さが、こうした悲劇を生み出したのである。

21

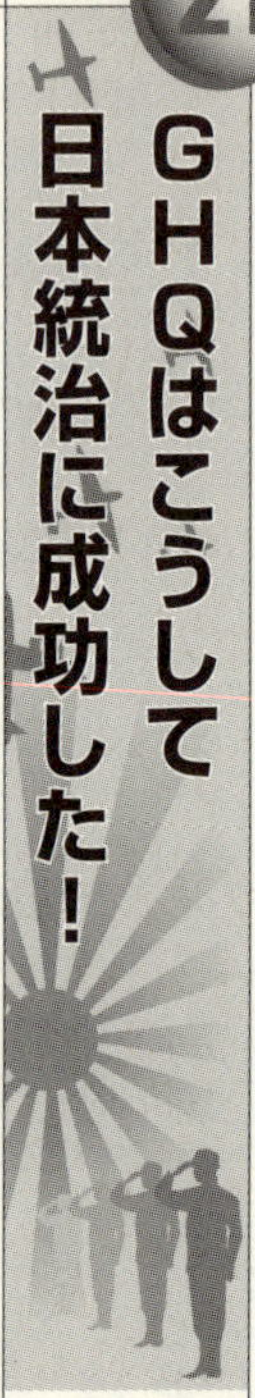

GHQはこうして日本統治に成功した！

敗戦に打ちひしがれた日本は、アメリカ主導の占領政策を受け入れた。それは、現代日本の基本となったのである。

アメリカ主導の占領政策

1945年8月30日、厚木《あつぎ》飛行場に、コーンパイプ片手に降り立った人物こそ、GHQ（連合国軍最高司令官総司令部）最高司令官として、日本の占領政策のためアメリカからやって来たマッカーサー元帥である。

日本の占領政策は、連合国の名のもとに行われたが、実質はアメリカの単独占領であった。よって後にソ連との冷戦が表面化すると、日本はアメリカ側に引き込まれるといった事態になるが、単独政策がゆえに、ドイツのような東西分裂を免れたともいえる。

ともかく、GHQの方針は、日本の軍国主義根絶と民主化である。10月11日、そのための5大改革指令が出された。それは、「婦人解放」「労働者の団結」「教育の自由」「専政制度の撤廃」「経済の民主化」である。

さらに、軍国主義を助長していた三井・三菱・住友・安田はじめ15の財閥解体が始まり、徹底した農地改革で従来の地主制を撤廃した。

他にも、治安維持法や特高の廃止、戦争犯罪者の裁判、国家と宗教の分離などが次々に進められ、天皇の「人間宣言」が、昭和天皇自らによって行われた。

1946年11月、日本国憲法が公布された。「王権在民」「人権尊重」「戦争放棄」をうたったこの憲法は、300万人の犠牲者を出した戦争の経験をもとに、いっさいの武力を放棄し、二度と戦争を行わないことを宣言した世界初の平和憲法である。天皇は国の象徴とされ、大きく形を変えながらも天皇制は生き残った。

マッカーサー主導のこうした改革は、GHQの指令を受けた日本政府が行うという間接統治法で行われたため、日本人のアメリカに対する反感は少なく、比較的すんなりと受け入れられたのである。

1945〜1947年

■連合国の日本占領政策

極東委員会 FEC
（米・英・中・ソ 他11ヵ国　議長国はアメリカ　本部はワシントン）

↓ 基本方針

アメリカ政府

↓ 指令

GHQ
連合国最高司令官総司令部

⇄ 諮問

対日理事会 ACJ
（米・英・中・ソ 4ヵ国　議長国はアメリカ　本部は東京）

↓ 勧告・指令

日本政府

↓ 実施

日本国民

非軍事化

- 戦犯の裁判
- 治安維持法・特高の廃止
- 政治犯の釈放
- 軍隊の解体

民主化

- 天皇の人間宣言
- 日本国憲法の制定
- 女性参政権・男女平等
- 労働組合の助長
- 財閥解体
- 農地改革
- 教育改革

マッカーサー

22

日本の現代①

経済大国へむけて疾走する日本

敗戦の混乱を乗り越え、経済大国へと成長した日本。そこには、アメリカとの親密な関係があった。

国際復帰

1950年、アメリカ率いる資本主義陣営とソ連率いる社会主義陣営の対立が、朝鮮戦争という代理戦争として表面化、冷戦《れいせん》時代が始まった。アメリカは日本を自陣営に引き入れるため、講和による日本の独立を急いだ。そして1951年、サンフランシスコ平和条約で日本は早くも国際復帰を果たし、同時に日米安全保障条約に調印、「日米同盟」の幕開けである。

一方、朝鮮戦争の特需《とくじゅ》のおかげで日本経済の復興が進み、産業は戦前の水準に復帰、戦争直後の混乱や食糧難はなくなり、農村も立ち直りはじめた。

当時の吉田茂《しげる》首相は、アメリカの要請に応じて警察予備隊を設置し、やがて保安隊へ改組、そして1954年には自衛隊として発足させたが、平和憲法に違反するのではと、戦前への逆戻りが危惧された。

その後、日本は日ソ共同宣言に調印してソ連と国交回復し、1956年には国際連合へ加盟を果たした。日ソの接近に危険を覚えたアメリカは、1960年に日米相互協力及び安全保障条約改定を迫り、時の岸信《きしのぶ》介《すけ》首相はこれに調印した。

この日米軍事同盟は、アメリカ軍に日本防衛義務を与えるもので、日本国内で反対運動が沸きおこった。60年安保《あんぽ》闘争である。社会現象にまで発展し、追いつめられた岸は辞任を余儀なくされたのである。

次の池田勇人《はやと》首相は、「所得倍増計画《しょとくばいぞうけいかく》」を打ち出して改革を進め、日本のGNPは、資本主義国内でアメリカに次ぐ第2位となった。国民生活は底上げされ、豊かさが求められる一方、急激な産業発達による公害問題が浮上した。ともあれ高度経済成長を遂げた日本は、世界トップの「経済大国」にのし上がったのである。

1950～1970年

■日本の現代Ⅰ

		〈歴代首相〉
1949	NATO（北大西洋条約機構）発足	吉田　茂
1950	朝鮮戦争（～53）警察予備隊発足	
1951	サンフランシスコ平和条約	
	日米安全保障条約	
1952	IMF加盟	
	保安隊の設置	
1954	防衛庁・自衛隊発足	鳩山一郎
1955	55年体制はじまる（～93）	
1956	日ソ共同宣言	石橋湛山
	国連加盟	
		岸　信介
1959	キューバ革命	
1960	日米安全保障条約改定（新安保）	池田勇人
	安保闘争	
	「国民所得倍増計画」宣言	
1961	農業基本法公布	
1962	キューバ危機	
1964	IMF8ヵ国へ移行	佐藤栄作
	OECDに加盟	
	東海道新幹線開通	
	東京オリンピック開催	
1965	日韓基本条約	
	アメリカ、ベトナム北爆（ベトナム戦争）	
1966	中国で文化大革命（～76）	
1967	第3次中東戦争	
	公害対策基本法	
1968	小笠原諸島返還協定（同年復帰）	
	GNP、資本主義国で第2位	
	核兵器拡散防止条約（70年日本参加）	
1969	アメリカのアポロ11号、月に到着	

23 国際情勢の中の日本

高度成長・バブル崩壊を経て、混迷の時代へ入った日本。アメリカとの関係を、改めて見直すべき時代へ突入している。

世界は新しい時代へ

　1960年代最大の出来事は、米ソ冷戦の代理戦争であるベトナム戦争である。南ベトナムに親米政権をつくったアメリカは自らも参戦、北ベトナム攻撃を開始した。だが戦線は膠着《こうちゃく》し、11年もの泥沼の戦いの後、アメリカは撤退、ベトナム勝利に終わった。このとき、アメリカの爆撃機は日本の米軍基地から出撃していた。

　日本国内では、田中角栄《かくえい》首相が中国との国交回復を遂げ、経済も安定を迎えたが、一時期中東戦争の影響で、オイルショックによる混乱がおこった。

　80年代にはいわゆるバブル経済という異常好景気が続いたが、90年代に入るとバブルが崩壊、先の見えない不況へと陥った。政府による改革も、経済の立て直しが第一目標とされるようになった。他にも、年金問題、環境問題など、見直すべき課題は山積みである。

　1989年、アメリカとソ連は、冷戦の終結を宣言する。その後、東西ドイツ統一、ソ連崩壊が続き、いよいよ国連による世界平和の時代が訪れたかに見えた。だが、アフリカ各国では内戦が次々おこり、中東でもパレスチナとイスラエルの争いは終わりが見えない。

　そんな中、21世紀最初の大事件として、アメリカで9・11同時多発テロがおこる。戦争のない世紀を期待されながらも、国家ではなく、姿の見えない勢力との「新しい戦争」の時代となったのである。

　一人勝ちを続けるアメリカに、イスラム世界を中心に反発がおこり、戦争は後を絶たない。EU（ヨーロッパ連合）拡大で平和を模索するヨーロッパに対し、日本はアフガン・イラク戦争を起こしたアメリカを一貫して支持した。戦後アメリカに従属してきた日本だが、自国の将来を考え直す時期が来ているのかもしれない。

1970年〜21世紀

■日本の現代Ⅱ

		〈歴代首相〉
1971	沖縄返還協定（72年復帰）	佐藤栄作
1972	日中共同声明	田中角栄
1973	第1次石油危機（第4次中東戦争）	三木武夫
1976	ロッキード事件	福田赳夫
1978	日中平和友好条約	大平正芳
	第2次石油危機	
1979	ソ連、アフガニスタン侵攻	
1980	イラン・イラク戦争（〜88）	鈴木善幸
1985	NTT・JT・JR（87）民営化	中曽根康弘
1988	リクルート事件	竹下登
1989	昭和天皇没（平成に改元）	宇野宗佑
	消費税の実施（3%）	海部俊樹
	冷戦終結宣言（米・ソ、マルタ宣言）	
	ベルリンの壁崩壊（90年東西ドイツ統一）	
1990	イラク、クウェートに侵攻	
1991	湾岸戦争	宮沢喜一
	ソ連消滅（ペレストロイカ）	
1992	PKO協力法成立、自衛隊カンボジアへ派遣	
1993	EU（ヨーロッパ連合）発足	細川護熙
1995	阪神・淡路大震災	羽田孜 村山富市
1997	消費税5%へ	橋本龍太郎
1999	新ガイドライン関連法	小渕恵三
2000	沖縄サミット開催	森喜朗
2001	米同時多発テロ、アフガニスタン戦争	小泉純一郎
	テロ対策特別措置法	
2002	日朝平壌宣言	
2003	イラク戦争	
2004	自衛隊イラクへ派遣	

れなかった。また都市への空襲や原爆、ソ連の満州侵攻など、勝利国の行為は不問にされるなど、今後の戦争犯罪および軍事裁判のあり方について、大きな問題を残した裁判だった。

極東国際軍事裁判判決（1948年11月）

絞首刑	東条英機《ひでき》（陸軍大将。太平洋戦争開始時の首相）	
	広田弘毅《こうき》（唯一の非軍人・首相。日中戦争開始時の外相）	
	松井石根《いわね》（陸軍大将。南京占領軍の最高責任者）	
	板垣征四郎《せいしろう》（陸軍大将。満州事変の中心人物）	
	武藤章《あきら》（陸軍中将。陸軍省軍務局長）	
	土肥原賢二《どいはらけんじ》（陸軍大将。満州北部の特務機関長）	
	木村兵太郎《へいたろう》（陸軍大将。ビルマ方面軍司令官）	
終身禁固	木戸幸一（内大臣）	小磯国昭《こいそくにあき》（陸軍大将・首相）
	平沼騏一郎《きいちろう》（首相）	畑俊六《はたしゅんろく》（陸軍元帥）
	賀屋興宣《かやおきのり》（蔵相）	梅津美治郎《うめづよしじろう》（陸軍大将）
	嶋田繁太郎《しげたろう》（海軍大将）	南次郎《じろう》（陸軍大将）
	白鳥敏夫《としお》（外交官）	鈴木貞一《ていいち》（陸軍中将）
	大島浩《ひろし》（陸軍中将）	佐藤賢了《けんりょう》（陸軍中将）
	星野直樹《なおき》（満州国総務長官）	橋本欣五郎《きんごろう》（陸軍大佐）
	荒木貞夫《さだお》（陸軍大将）	岡敬純《たかずみ》（海軍中将）
禁固20年	東郷重徳《しげのり》（外交官）	
禁固7年	重光葵《しげみつまもる》（外交官）	

近衛文麿《このえふみまろ》（首相）は逮捕時に服毒自殺。
松岡洋右《まつおかようすけ》（外交官）・永野修身《おさみ》（海軍大将）は裁判中に急死。
大川周明《おおかわしゅうめい》（右翼活動家）は発狂により免訴。

戦犯たちの敗戦

戦犯《せんぱん》とは、戦争犯罪人のことである。日本では敗戦後の1946年5月〜48年11月までの極東《きょくとう》国際軍事裁判（東京裁判）で裁かれたA級戦犯（戦争の計画、遂行など平和に対する罪）と同時に、日本が戦線を広げた太平洋諸国でもB級（捕虜虐待など通例の戦争犯罪）・C級（戦闘員の虐殺など人道に対する罪＝実行者）戦犯が連合軍の軍事裁判で裁かれた。

同じ敗戦国・ドイツのニュルンベルク裁判は、米英ソ仏4国の対等な立場で進められたのに対し、東京裁判はアメリカが主導権を握った。A級戦犯では100人以上が拘禁され、起訴された28人は全員が有罪となった。（右図参照）

一方、B・C級戦犯は5400人以上にのぼり、うち937人が死刑となった。その中には日本軍により動員されていた朝鮮人や台湾人が含まれている。十分な調査もなく、命令した上官の犠牲となって下級の実行者が裁かれるなど、問題の多い裁判であった。

東京裁判でインドのパール判事は、連合国判事でありながら、唯一戦犯全員の無罪を主張した。彼は「勝者による裁き」に異を唱え、戦争犯罪とは何かを提議したのである。

日本が侵略戦争を行い、中国はじめアジア諸国と人民に多大な苦しみを与えたことは、紛れもない事実だ。だが、その戦争犯罪を日本人が自らの手で裁かなかったため、国民に戦争責任の自覚のないまま、戦犯たちはその代表として裁かれた。

アメリカの占領政策で、天皇はじめ皇族や財界人は罪を逃れ、植民地統治や731部隊などの細菌戦部隊・毒ガス作戦も問わ

主な参考文献

『広辞苑　第三版』　岩波書店

『詳細日本史』　山川出版社

『日本史Ｂ用語集』　山川出版社

『新詳日本史図説』　浜島書店

『人間臨終図鑑』　山田風太郎　徳間書店

『日本史人物事典』　児玉幸多　編　講談社

『平家後抄』　角田文衛　講談社

『日本武将列伝』　源平鎌倉編　桑田忠親　秋田書店

『日本武将列伝』　南北朝室町編　桑田忠親　秋田書店

『日本武将列伝』　戦国群雄編　桑田忠親　秋田書店

『蝦夷の古代史』　工藤雅樹　平凡社

『藤原氏の正体－名門一族の知られざる闇』　関裕二　東京書籍

『怨霊の古代史－藤原氏の陰謀』　堀本正巳　北冬舎

『平清盛の闘い－幻の中世国家』　元木泰雄　角川書店

『楠木氏三代－正成・正行・正儀』　井之元春義　創元社

『内乱のなかの貴族－南北朝と「園太暦」の世界』　林屋辰三郎　角川書店

『信長－徹底分析十七章』　小和田哲男　KTC中央出版

『大谷刑部のすべて』　花ヶ前盛明　新人物往来社

『目からウロコの江戸時代』　武田櫂太郎　PHP研究所

『徳川将軍百話』　中江克己　河出書房新社

『日中戦争－和平か戦線拡大か』　臼井勝美　中央公論社

『日本の歴史がわかる本』　小和田哲男　三笠書房

『歴史群像シリーズ　平清盛』　学習研究社

『歴史群像シリーズ　織田信長』　学習研究社

『歴史群像シリーズ　戦国合戦大全』　学習研究社

『歴史群像シリーズ　幕末大全』　学習研究社

『歴史群像シリーズ　高杉晋作』　学習研究社

『歴史群像シリーズ　会津戦争』　学習研究社

『日本の歴史』シリーズ　講談社

『日本の歴史』シリーズ　中央公論社

『歴史読本1997年4月号　幕末佐幕派血風録』新人物往来社

『歴史読本クロニクル①　土方歳三の35年』新人物往来社

【む】
陸奥宗光 255
紫式部 67
村田新八 249
室町幕府 108, 116

【め】
明治6年の政変 245
明治14年の政変 250
明暦の大火 180
目安箱 186

【も】
毛沢東 276
毛利隆元 136
毛利元就 136
モダンガール（モガ） 271
以仁王 80
森鴎外（林太郎） 262
護良親王 105～106

【や】
柳沢吉保 182
山県有朋 212, 218, 265
山科本願寺 144
山背大兄王 44
山城の国一揆 124
山田浅右衛門 197
邪馬台国 30
大和政権 31～35
山名宗全 127
山内容堂 217, 220, 222
山本五十六 278
弥生時代 26
弥生人 22

【ゆ】
由井止雪 180
雄略天皇 33

【よ】
庸 50
煬帝 42, 60
与謝野晶子 258
吉田茂 288
吉田松陰 197, 207, 212, 218
吉田稔麿 218
吉野ヶ里遺跡 26
吉原 179
読本 192

【ら】
ラクスマン 202
楽浪郡 32, 61
蘭学 194

【り】
立憲改進党 251
律令国家 48
良民 50
臨済宗 100

【れ】
冷戦 288～291
レザノフ 202

【ろ】
六波羅探題 95, 104, 113
鹿鳴館時代 242

【わ】
倭寇 119

藤原頼通 66
譜代大名 170
普通選挙法（男子） 268
仏教 70
不平等条約 204, 254
フビライ＝ハン 98
フランシスコ＝ザビエル 174
古人大兄皇子 44
分国法 133
墳丘墓 26, 34
文明開化 242

【へ】
平安京 57〜59
平安仏教 70
平家物語 78, 82
平治の乱 77
ベトナム戦争 290
ペリー 203〜205
ベルツ 252

【ほ】
法皇 74
保元の乱 76
北条早雲 121, 134
北条高時 104
北条時政 92, 96
北条時宗 98
北条時行 106
北条仲時 113
北条政子 86, 92, 94, 112, 162
北条泰時 96
北条義時 93, 94, 96
奉書船貿易 176
法然 100
ポーツマス条約 259
北朝 108〜111
北面の武士 74
保科正之 180
戊辰戦争 224〜234
細川勝元 127, 138
細川頼之 110, 118
ポツダム宣言 283
堀越公方 121, 134
本能寺の変 150

【ま】
枕草子 67
マッカーサー 286
末期養子の禁 180
松平容保 229〜231
松平定信 189
松平信綱 175
松平慶永 206, 222
松永久秀 116, 138
丸橋忠弥 180
満州国 275
満州事変 274
マンハッタン計画 282
満蒙開拓団 284
万葉集 51, 68

【み】
水野忠邦 190
密教 70
ミッドウェー海戦 280
源実朝 93
源為朝 76
源為義 76
源範頼 80
源義家 75, 90
源義高 86
源義親 75
源義経 80〜82
源義朝 76, 90
源義仲 80, 86
源頼家 92
源頼朝 77, 80, 86, 90〜92
源頼政 80
宮本武蔵 175, 178
三好長慶 138
民撰議院設立の建白書 250

南総里見八犬伝　192
南朝　108～111

【に】
二十一ヶ条の要求　266
日英同盟　258
日米安全保障条約　288
日米修好通商条約　204
日米和親条約　204
日明貿易　118
日蓮　100
日蓮宗　100
日露戦争　258～260, 262～263
日韓併合条約　265
日清戦争　256
新田義貞　104, 107～108
日中戦争　276～278
日本国憲法　286
日本書紀　33, 36, 38, 42, 48
人情本　192
人足寄場　189

【ぬ】
額田王　46

【の】
農地改革　286
乃木希典　218, 258
ノルマントン号事件　254

【は】
廃刀令　244
廃藩置県　238
萩の乱　246
白村江の戦い　46, 61
箱館戦争　215, 232
婆娑羅　114
橋本左内　197, 207
長谷川平蔵　189
畠山重忠　92
畠山重保　92
畠山政長　127
畠山義就　127
8.18の政変　216
浜口雄幸　274
蛤御門の変　215～216, 218
ハリス　204
ハル・ノート　278
藩政改革　190
版籍奉還　238
班田収受法　44, 50, 52

【ひ】
東山文化　126
土方歳三　214, 230, 232～234
日野富子　116, 126
日比谷焼き打ち事件　259
卑弥呼　30, 60
白虎隊　230, 234
平塚らいてう　270
広瀬武夫　260

【ふ】
フェートン号事件　202
溥儀　275
福沢諭吉　243
福原　78
武家諸法度　170
藤原伊周　66
藤原純友　72
藤原高子　63
藤原忠通　76
藤原時平　64
藤原仲麻呂（恵美押勝）　54
藤原信頼　77
藤原秀郷　73
藤原不比等　48
藤原道長　66
藤原基経　62
藤原百川　55, 58
藤原良房　62
藤原頼長　76, 84

平正盛 75, 78
平宗盛 80, 82
多賀城 56
高倉天皇 78
高杉晋作 212, 218
高橋景保 195
滝沢馬琴 192
武田勝頼 142
武田信玄 116, 140, 149
橘奈良麻呂 54
橘逸勢 62
橘諸兄 54
脱藩 208
竪穴式石室 34
伊達政宗 149, 164
田中角栄 290
田沼意次 188
為永春水 193

【ち】
治安維持法 268
治外法権 254
地租改正 240
地頭 91, 112
調 50
茶々（淀君） 160, 168
張学良 276
朝鮮出兵 154
朝鮮戦争 288
チンギス＝ハン 98

【つ】
月読命 36
土一揆 124

【て】
出島 176, 194
寺内正毅 264, 270
天台宗 70
天智天皇 46
天保の改革 190
天武天皇 45, 47, 48

【と】
唐 44, 46, 60
東海道中膝栗毛 192
道鏡 55
道元 101
銅鐸 28
土岐頼遠 114
土偶 28
徳川家定 172, 206
徳川家重 172
徳川家継 172
徳川家綱 172, 180
徳川家斉 172
徳川家宣 172, 183
徳川家治 172, 188
徳川家光 160, 170, 172, 180
徳川家茂 172, 206, 208, 211, 220
徳川家康
149, 151, 155～159, 168～170, 172
徳川家慶 172
徳川綱吉 172, 181～184
徳川斉昭 206
徳川秀忠 158, 160, 170, 172
徳川慶喜 172, 206, 217, 220～226
徳川吉宗 172, 186
得宗 96, 102
特別高等警察（特高） 268, 281
外様大名 170
伴健岑 62
豊臣秀吉
143, 147, 150～157, 160, 163, 168
豊臣秀頼 156, 160, 168

【な】
中臣鎌足 44
中大兄皇子 44～46
長屋王 54
夏目漱石 263
鳴滝塾 194

新人　22
壬申の乱　46
信西　76
新選組　214, 224, 230, 232, 234
新体制運動　281
親藩　170
神風連の乱　246
神仏習合　71
神仏分離令　243
親兵　238
神武天皇　36
新モンゴロイド　22
親鸞　100, 144

【す】
隋　42, 60
推古天皇　42
垂仁天皇　37
陶隆房（晴賢）　132, 136
菅原道真　64
須佐之男命　36
調所広郷　190
崇徳上皇　76

【せ】
西安事件　276
征夷大将軍　56, 90, 106, 168
征韓論　244, 249
清少納言　67
西南戦争　246, 249
世界恐慌　274
関ヶ原の戦い　157〜159, 163
赤報隊　240
摂関政治　62
摂政　62
戦国時代　132
船中八策　216, 220
戦犯（ABC級）　292
前方後円墳　32, 34
賤民　50

【そ】
租　50
宋　60, 78
惣　124
『宋書』倭国伝　33
僧兵　74
曹洞宗　101
惣無事令　152
蘇我入鹿　38, 44
蘇我馬子　42〜44
蘇我蝦夷　38, 44
尊王攘夷　208

【た】
第一次世界大戦　266
第二次世界大戦　278
大覚寺統　102
大化の改新　44
太閤検地　153
大正デモクラシー　268, 270
大政奉還　217, 220
大仙陵古墳　34
大東亜共栄圏　280
大日本帝国憲法　252
太平洋戦争　280
大宝律令　48
平敦盛　83
平清盛　60, 76〜80, 82, 90
平国香　72
平国盛　85
平貞盛　73
平重衡　82
平忠正　76
平忠盛　78
平経盛　82
平時子　83
平徳子　78, 83
平知盛　82, 85
平教盛　82
平教経　82
平将門　72

古墳　32, 34
小村寿太郎　255
米騒動　270
古モンゴロイド　22
伊治呰麻呂　56
墾田永年私財法　52
近藤勇　214

【さ】
西郷隆盛
216, 222, 223, 226, 244～247, 249
最澄　60, 70
財閥解体　286
堺　146
坂上田村麻呂　56
佐賀の乱　246
坂本龍馬　208, 213, 216, 220
相楽総三　240
防人　50
佐久間勉　261
桜田門外の変　207
鎖国　176
佐々木道誉　114
薩長同盟　216
真田幸村　158, 168
沙本毘古　37
沙本毘売　37
早良親王　58
参勤交代　170
三国同盟（日独伊）　278
三世一身の法　52
三内丸山遺跡　25
サンフランシスコ平和条約　288

【し】
GHQ　286
シーボルト　194
時宗　100
氏姓制度　32
士族　244
執権　92
持統天皇　45, 68
士農工商　170
柴田勝家　152, 160
島津斉彬　206
島津久光　216, 238
島原の乱　174
持明院統　102
四民平等　244
下関条約　256
朱印船貿易　176
自由党　251
自由都市（自治都市）　146
自由民権運動　247, 250～252
修験道　71
守護　91
守護代　132
守護大名
116～118, 122, 124～127, 132
朱子学　189, 194
十返舎一九　192
荘園　53, 74
蔣介石　276
松下村塾　212, 218
彰義隊　226
承久の乱　94
上皇　74
浄土教　71
聖徳太子（厩戸王）　42～44, 60
浄土宗　100
浄土真宗　100, 144
聖武天皇　54
定免法　186
縄文土器　24
縄文時代　24
縄文人　22
生類憐みの令　182, 185
承和の変　62
白河天皇（上皇）　74, 78
新羅　32, 42, 46, 61
真言宗　70
真珠湾攻撃　278

桓武天皇 56〜59
管領 123, 126

【き】
岸信介 288
「魏志」倭人伝 30
寄進 53
北畠親房 97, 110
吉川元春 136
木戸孝允 217, 244
奇兵隊 213
格式 48
9.11同時多発テロ 290
九州説 30
旧人 22
教育勅語 243
享保の改革 186
極東国際軍事裁判 292
吉良上野介 184
キリスト教 174
銀閣寺 126
近畿説 30
金属器 26

【く】
空海 60, 70
久坂玄瑞 212, 218
楠木正成 103〜106, 108, 110
楠木正儀 110
百済 32, 46, 61
国一揆 124
群集墳 35

【け】
慶安事件 180
下剋上 132, 152
元 98
元寇 98
原子爆弾 282
憲法十七条 42
源氏物語 67
原人 22
遣隋使 42, 60
遣唐使 60, 64
建武の新政 106
元老 266

【こ】
5.15事件 274
合巻 192
高句麗 32, 46, 61
孝謙天皇（称徳天皇） 54
好色物 192
孝徳天皇 44, 46
高師直 108
公武合体 208, 220
光明皇后（藤原光明子） 54
孝明天皇 206, 208, 211, 220
古河公方 121
『後漢書』東夷伝 27
国学 194, 208
国際連合 288
国際連盟 274
国司 72, 74
国人 124, 132, 136
国風文化 60
御家人 91
後嵯峨天皇 102
御三家 186, 204
後三条天皇 66, 74
古事記 37〜38, 48
後白河上皇（天皇） 76, 79〜81, 90
御成敗式目 96
後醍醐天皇 102〜110
国家総動員法 280
後鳥羽上皇 86, 94
小西行長 157〜159
近衛文麿 276, 279
小早川隆景 136
小早川秀秋 158, 163
小林多喜二 269
後深草天皇 102

院政 74

【う】
上杉景勝 158
上杉謙信 140, 149
上杉憲実 120
宇多天皇（上皇） 64

【え】
永享の乱 120
栄西 100
ABCD包囲網 278
蝦夷共和国 232
江藤新平 245～246, 250
江戸幕府 170
榎本武揚 232
蝦夷 38, 56
猿人 22
役小角 71

【お】
お市の方 160
オイルショック 290
奥羽越列藩同盟 229
欧化政策 254
王政復古の大号令 222
応天門の変 62
応仁の乱 116, 126
近江令 48
大海人皇子 46
大石内蔵助 185
大内義隆 132, 136
大岡忠相 186
大伯皇女 68
大久保利通 216, 222, 244, 246, 249
大隈重信 250, 254
大坂の陣 161, 168
大谷吉継 158, 163
大津事件 255
大津皇子 68
大友皇子 46
大姫 86
大村益次郎 227
大輪田泊 78
お督 160
織田信雄 156
織田信忠 150
織田信長
116, 122, 139, 141～150, 156, 160
踊念仏 100
小野妹子 42
お初 160
オランダ商館 176

【か】
海援隊 216
改新の詔 44
貝塚 24
加賀の一向一揆 125, 144
嘉吉の乱 123
梶原景時 92
和宮 208, 211
刀狩令 153
勝海舟 216, 226, 232, 249
株仲間 188
鎌倉公方 120
鎌倉幕府 90
鎌倉府 120
鎌倉仏教 100
亀山社中 216
亀山天皇 102
加羅 32, 42, 61
河井継之助 228
川中島の合戦 140
冠位十二階 42
『漢書』地理史 27
関税自主権 255
寛政の改革 189
関東管領 120
関東軍 264, 274, 284
関東大震災 72, 274
関白 62, 152

索引

【あ】

青木周蔵　255
明石原人　22
赤松満祐　123
秋月の乱　246
明智光秀　143, 150
悪党　103
赤穂浪士　185, 215
浅井長政　160
浅野内匠頭　184
足利成氏　120
足利尊氏　104〜110, 115〜116
足利直義　107〜110, 115
足利茶々丸　134
足利政知　121, 134
足利持氏　120, 122
足利義昭　116, 139, 142
足利義詮　116
足利義量　116, 122
足利義勝　116
足利義澄　116
足利義稙　116
足利義輝　116, 138
足利義教　116, 120, 122
足利義晴　116
足利義尚　116, 126
足利義栄　116
足利義政　116, 121, 126
足利義視　126
足利義満　108, 110, 116〜119
足利義持　116, 119, 122
飛鳥浄御原宮　47
東歌　51
アテルイ（阿弖流為）　56
阿部正弘　204
アヘン戦争　256, 273
天草四郎時貞　174
天照大神　36
有間皇子　46
在原業平　63
安政の大獄　206
安藤昌益　198
安徳天皇　78, 83, 85

【い】

井伊直弼　206
池田勇人　288
池田屋事件　214, 218
異国船打払令　202
伊邪那岐　36
伊邪那美　36
胆沢城　57
石川啄木　264
石田三成　157〜159, 163
石山本願寺　139
板垣退助　245, 250
板倉重昌　175
一揆　124
一向一揆　124, 144
一向宗　124, 144
一遍　100
伊藤博文　212, 218, 252, 265
稲作　26
犬養毅　274
井上馨　212, 218, 254, 266
井上準之助　274
井上内親王　58
伊能忠敬　195
井原西鶴　192
今川氏親　134
今川義元　142
壹与　30
人江九一　218
岩倉遺欧使節団　249
岩倉具視　222, 244
岩宿旧人　22

まるかじり日本史

〈歴史浪漫研究会〉
歴史のロマンに想いを馳せ、多くの史跡を実際にめぐりつつ、
歴史上の人物や出来事を自由に想像して研究する有志の会。

2004年8月20日　初版

編　集　歴史浪漫研究会
発行者　隅　田　直　樹
発行所　リ　ベ　ラ　ル　社
〒460-0008
名古屋市中区栄4-12-26
栄CDビル4F
TEL　052-261-9101
FAX　052-261-9134
発　売　株式会社　星雲社
〒112-0012
東京都文京区大塚3-21-10
TEL　03-3947-1021

ISBN4－434－04810－4